中国增加值贸易的国民属性及其影响因素研究

陈钧浩 著

中国财经出版传媒集团
中国财政经济出版社

图书在版编目（CIP）数据

中国增加值贸易的国民属性及其影响因素研究／陈钧浩著． -- 北京：中国财政经济出版社，2023.6
 ISBN 978 - 7 - 5223 - 2080 - 9

Ⅰ.①中… Ⅱ.①陈… Ⅲ.①对外贸易－贸易增长－研究－中国 Ⅳ.①F752

中国国家版本馆 CIP 数据核字（2023）第 047719 号

责任编辑：高文欣　　　　　责任印制：史大鹏
封面设计：卜建辰　　　　　责任校对：徐艳丽

中国增加值贸易的国民属性及其影响因素研究
ZHONGGUO ZENGJIAZHI MAOYI DE GUOMIN SHUXING JIQI YINGXIANG YINSU YANJIU

中国财政经济出版社 出版

URL：http://www.cfeph.cn
E - mail：cfeph@ cfeph.cn

（版权所有　翻印必究）

社址：北京市海淀区阜成路甲 28 号　邮政编码：100142
营销中心电话：010 - 88191522
天猫网店：中国财政经济出版社旗舰店
网址：https://zgczjjcbs.tmall.com
北京财经印刷厂印刷　各地新华书店经销
成品尺寸：170mm×240mm　16 开　23.5 印张　367 000 字
2023 年 8 月第 1 版　2023 年 8 月北京第 1 次印刷
定价：88.00 元
ISBN 978 - 7 - 5223 - 2080 - 9
（图书出现印装问题，本社负责调换，电话：010 - 88190548）
本社质量投诉电话：010 - 88190744
打击盗版举报热线：010 - 88191661　　QQ：2242791300

前　言

生产要素跨国流动将要素流入国纳入跨国公司主导的全球价值链体系之中，由此形成了一国基于要素跨国流入的增加值贸易。由于增加值贸易本质上是由于跨国公司主导的要素跨国流动引起的，因此这类增加值贸易是流入要素和本国要素合作贡献的结果，增加值贸易从属地角度看是在本国产生的，但其增值归属或收益则需要在本国要素和外国流入要素之间进行分配，即存在国民属性问题或属权结构问题。

要素国际合作的特点决定，流入要素往往是高流动性高级要素，而本地合作要素往往是低端的低流动性要素，两者是形成增加值贸易各合作方的优势要素，形成要素国际合作的优势互补。流入要素主导着增加值贸易的属权结构，而本国综合要素收益则构成本国属权增加值。生产要素跨国流动促进了增加值贸易，带来了要素流入国闲置要素使用效应、要素质量提升效应和产出扩大效应等效应。

以加工贸易为代表的中国增加值贸易存在着明显的属权结构。借鉴收入法增加值核算方法，运用中国工业企业数据库和海关数据库匹配获得的数据，对中国增加值贸易的属权结构进行分析发现，按不同的计算方法本国增加值占45.7%到75.1%，相应的外国增加值占24.9%到54.3%，本国属权增加值率与属地增加值率相对背离水平在24.97%到53.29%，且在考察期内中国增加值贸易的本国增加值趋于下降，本国属权增加值率与属地增加值率背离有扩大趋势。分行业类型看，劳动密集型行业本国增加值占总增加值比重高于资本密集型行业和技术密集型行业。分企业类型看，非外资企业的本国增加值占总增加值比重明显高于外资企业。进一步分析可知，劳动报酬是中国增加值贸易中本国增加值的主要来源。

从生产的角度出发，增加值贸易中的本国增加值与产出水平、劳动投入、资本投入、中间品投入和全要素生产率等投入产出因素有关，也与增加值贸易的属权结构、企业资本投入结构、增加值率等结构性因素有关，尤其是与反映本国优势要素投入水平的不同类型劳动投入结构、反映生产技术能力的研发投入有关。实证检验表明，上述因素对中国增加值贸易中的本国增加值产生了显著影响。其中劳动投入对本国增加值产生正向影响，而对外国增加值产生负向影响，以低技能劳动与高技能劳动之比反映的劳动投入结构水平也对本国增加值有正向影响。与统计分析得出的中国增加值贸易的本国增加值主要来源是劳动报酬的结论形成印证。

反映增加值贸易属权结构的另一项指标是属权属地增加值背离值。生产规模、投入和产出等基本因素，税收和补贴等与政府政策有关的政策因素，资本投入结构、产出—增值结构、劳动资本投入结构、无形资产总资产比等结构因素均会对属权属地增加值背离产生影响。实证表明，产出类因素是导致属权属地增加值背离的主要基本因素，应交增值税、补贴是导致属权属地增加值背离的主要政策因素，结构类因素在实证分析中虽然没有获得有效一致的回归结果，但弱相关性是存在的。

针对中国增加值贸易国民属性的特点和趋势，提出应积极扩大开放，深度参与经济全球化，通过提升优势要素等级，改善中国增加值贸易属权结构。同时要加强增加值贸易监测，正确把握中国增加值贸易属权结构变化，通过打造更优开放环境，优化要素国际合作体制机制，并升级优势政策环境，推进中国增加值贸易升级。

作者

2023 年 4 月 16 日

目录

绪论 ··· 1

第一章 增加值贸易及其属权结构形成机制和相关效应 ············· 8
第一节 增加值贸易及其概念体系比较 ·································· 8
第二节 增加值贸易属权结构形成机制及其特征 ··················· 15
第三节 生产要素国际流动下增加值贸易的相关效应 ············ 20

第二章 基于企业层面属地增加值和属权增加值测算分析 ········ 30
第一节 属权增加值测算方法 ··· 30
第二节 全部加工贸易出口企业属地增加值和属权增加值分析 ······ 34
第三节 外资加工贸易出口企业属地增加值和属权增加值分析 ······ 50
第四节 外资纯出口企业属地增加值和属权增加值分析 ········ 66
第五节 外资非纯出口企业属地增加值和属权增加值分析 ····· 83
第六节 非外资企业属地增加值和属权增加值分析 ············· 100
本章小结 ·· 118

第三章 基于企业层面属权增加值与属地增加值背离分析 ······· 120
第一节 全部加工贸易企业属权属地增加值率比较分析 ······ 120
第二节 外资加工贸易企业属权、属地增加值率比较分析 ···· 140
第三节 外资纯出口加工贸易企业属权、属地增加值率比较分析 ···· 158
第四节 外资非纯出口加工贸易企业属权、属地增加值率
比较分析 ·· 177

第五节　非外资加工贸易企业属权、属地增加值率比较分析 …… 194
   本章小结 …… 215

第四章　增加值贸易本国收益影响因素分析 …… 217

   第一节　增加值贸易出口中的本国收益 …… 217
   第二节　增加值贸易出口中本国收益基本影响因素分析 …… 218
   第三节　增加值贸易出口中本国收益其他影响因素 …… 221
   第四节　增加值贸易出口中本国收益影响因素实证分析 …… 227
   第五节　增加值贸易出口中本国收益其他影响因素实证分析 …… 254
   本章小结 …… 280

第五章　属权属地增加值率背离影响因素分析 …… 281

   第一节　总体分析 …… 281
   第二节　行业差异探究 …… 334
   第三节　企业类型差异 …… 342
   本章小结 …… 352

第六章　结论与对策建议 …… 354

   第一节　主要结论 …… 354
   第二节　对策建议 …… 359

参考文献 …… 362
后记 …… 368

绪 论

一、问题提出

增加值贸易（Trade in Value Added，TiVA）最初是作为一个统计概念提出的。2010 年，世界贸易组织（WTO）为推进全球价值链下国际贸易统计方法改革，提出了"世界制造"倡议，试图测度价值链每个环节的增加值，解决重复计算的问题，还原国际贸易的真实面目。2011 年 6 月，时任 WTO 总干事的帕斯卡尔·拉米指出："同传统国际贸易统计相比，增加值贸易（Trade in Value Added）统计能更好地测度和反映全球贸易的新特征，是衡量世界贸易运行的一种更好方法。"[①]

就统计理念而言，早在 2001 年，美国普渡大学经济学教授大卫·哈默斯等提出了出口垂直专业化（Vertical Specialization）这一概念，并运用投入产出方法测算一国出口中包含的进口成分和一国出口中作为中间产品被其他国家进口的成分时就已经开始涉及。后来，WTO 首席经济学家罗伯特·库普曼等提出了增加值贸易核算方法。这一方法是通过多国投入产出表，测度最终产品生产过程中产生的国内和国外价值增值的贡献程度。多国投入产出表（世界投入产出表）提供了不同部门产品的交易情况，并将这些产品作为中间投入品和最终产品加以区分。增加值贸易核算弥补了出口垂直专业化方法的不足，成为基于全球价值链的国际分工体系下更加科学、有效的贸易分析工具。但这一增加值贸易核算方法只注意到了全球价值链下的国别生产分工，进而区分了最终产品增加值构成参与的国别情况或

[①] 2011 年 6 月 6 日，拉米在 WTO 和日本 IDE – JETRO 联合发布会"Trade Patterns and Global Value Chains in East Asia"上提出此观点，并指出我们生活在"世界制造（Made in the World）"的时代，世界贸易模式由货物贸易（Trade in Goods）向任务贸易（Trade in Tasks）转变。

世界地理分布，而没有进一步联系全球价值链形成背后的理论机理，并把增加值贸易作为一种贸易模式，进而注意到这些增加值的国民属性或属权问题。

全球价值链分工的实现过程是跨国公司通过生产要素国际流动将产品的不同增值环节配置到世界各国的过程。全球化经济使得各国资源禀赋和相对技术差异成为新型国际分工的动力，在全球价值链上跨国公司创造的贸易额占到全球贸易额的近80%。全球价值链表现为"增值"和"贸易"的双重过程，跨国公司所主导的全球价值链上所形成的贸易额都反映在增加值贸易核算统计上，因此，全球价值链分工所形成的增加值贸易已在事实上形成了一类贸易模式。2013年中国进出口贸易总额超过美国成为全球第一大贸易国，但中国仍不是贸易强国，也不是贸易利益第一国。其原因在于通过传统的海关统计的进出口贸易值已很难准确客观刻画和分析一国的对外贸易，尤其是衡量一国贸易获益。即使通过增加值贸易核算方法计算得到的出口增加值也无法准确衡量中国的贸易获益。因为生产要素的国际流动使得本国生产要素与国外生产要素就产品的某一生产环节共同生产，实现了要素合作型的国际专业化。生产要素的国际流动为本国生产要素融入全球生产链提供了机会，为流入国嵌入全球价值链分工提供了可能。然而，生产要素国际流动又使得基于全球价值链分工形成的增加值贸易出现了属权结构效应。要素流动全球价值链分工下，一国国际贸易的要素收益不再仅仅是一国属地意义上的出口增加值，而应该是属权意义上的出口增加值。因此，在全球价值链主导的世界贸易新格局下或增加值贸易模式下，增加值出口只有在准确区分其属权结构后才能反映一国真实的贸易地位和收益。2001—2019年期间，在华外资企业出口额占中国总出口额平均高达50.63%，贸易顺差贡献平均达44.94%，而其中的国外增加值可能高达40%以上。那么中国参与全球价值链增加值贸易收益如何？其贸易优势以及变化如何？是中国从贸易大国向贸易强国转型亟待回答的问题。见图0-1。

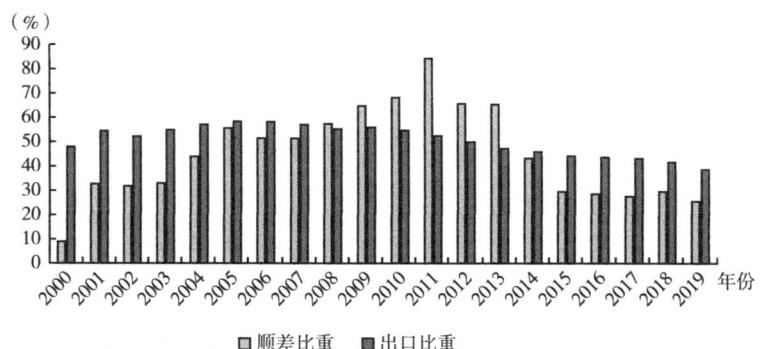

图 0-1 外商投资企业外贸顺差占中国外贸顺差的比重

数据来源：根据国家统计局网站（http://data.stats.gov.cn/）数据整理。

二、增加值贸易相关研究述评

1. 增加值贸易核算

以国内增加值核算出口总值的增加值贸易核算方法不断被推进。至今大致形成了四种方法：第一种，案例研究法，直接在公司层面通过调查问卷或专业咨询公司调研的形式收集微观数据，估算出产品的出口增加值贸易（Mataloni and Yorgason，2006）；第二种，中间产品动态跟踪法，直接在现有的统计体系中针对具体货物的原产地、出口目的地、进口价格、出口价格等进行动态跟踪分析，估算出一国在某一产品出口中的增加值贸易（Tempest，1996；Linden et al.，2007）；第三种，投入产出表法，通过世界投入产出表对产业的跨国生产投入关系进行核算，分解中间投入品和最终品，估算出东道国的增加值贸易（Hummel et al.，2001；刘遵义等，2007；Koopman et al.，2008；Johnson & Noguera，2012）。以上三种方法核算一国增加值贸易的基本思路是计算出口产品中所包含的中间进口品含量，将它从出口额中去除，剩下的部分即为本国出口贸易增加值（UNTCAD，2013）。第四种，生产增加值法，借鉴工业增加值收入统计方法，通过计算各生产要素在出口产品生产过程中获取的收入，进而测算出一国的增加值贸易额（高敏雪和葛金梅，2013；周琢和陈钧浩，2013）。上述文献为本书研究提供了方法论基础，特别是运用生产增加值法可以比较好地区分要素层面的增加值贡献,从而便于在微观企业层面分析测算增加值贸易的要素贡献。

2. 中国增加值贸易研究

出口增加值的研究为我们理解一国国际贸易的要素收益提供了一个很好的视角。对中国增加值贸易的研究大体可以分为以下几个方面:一是以增加值贸易额计算的贸易平衡情况。运用增加值贸易核算的中美两国双边贸易不平衡将缩小30%—40%(Johnson & Noguera,2012),甚至是46%(张咏华,2013)。二是增加值贸易总体特征与变化。中国出口增加值中包含了35%的国外增加值,其中加工贸易出口中包含的国外增加值达到42%(Dean,Feng & Wang,2007)。美国对中国的单位出口对其国内增加值的贡献,是中国对美国出口对中国国内增加值贡献的两倍多(刘遵义等,2007)。中国出口中的本国增加值比重呈现先降后升之势(Koopman,Wang & Wei,2008;程大中,2014;罗长远和张军,2014)。推动中国出口本国增加值上升的主要动力是民营企业与从事加工贸易的外资企业(张杰、陈志远和刘元春,2013)。三是增加值贸易的行业、企业和贸易方式差异。加工贸易的本国增加值显著低于一般贸易,外资企业本国增加值显著低于本土企业;生产技术复杂程度高的行业的出口本国增加值较低(张杰、陈志远和刘元春,2013)。在细分行业中,国内增加值较高的行业主要集中在国内自给能力较强的制造业或开放程度不高的金融中介等服务行业;而国外增加值较高的行业则集中在高技术密集、中间进口品占比较高的行业(廖泽芳和宁凌,2013)。

上述文献的一个显著遗漏是没有考虑生产要素国际流动对增加值贸易的影响。一是增加值贸易核算方面,未明确测算和区分生产要素国际流动下东道国增加值贸易的属权结构,忽略了增加值贸易的国民属性,往往将隶属于国外要素的增加值计入了东道国的增加值贸易。这不但高估了东道国增加值贸易额,而且也高估了以增加值贸易额计算的东道国贸易收益。二是增加值贸易的要素基础,全球价值链所形成的增加值贸易基于生产要素国际流动和国际合作,中国参与这部分增加值贸易的基础是要素优势,而现有文献虽然在贸易的要素含量方面作了定量研究、从增加值贸易的要素基础方面作了定性分析,但缺少对中国参与增加值贸易要素优势的定量分析,从而无法从跨国公司全球价值链配置下中国要素优势的层面深入探讨中国增加值贸易转型的现实条件。

3. 增加值贸易属权研究

最近也有文献开始关注增加值贸易的属权结构，如周琢、祝福坤（2020）和祝福坤等（2022），前者对中国外资企业的属权增加值进行了测算，后者使用跨国公司产出的双边分配矩阵，对全球价值链上跨国公司增加值形成进行了属权溯源。

上述文献注意到了增加值贸易属权结构问题，但没有系统深入探讨形成增加值贸易属权结构背后的机理，也没有进一步在增加值贸易属权结构下从国民属性的角度研究一国贸易收益的影响因素，并结合理论分析探讨背后的政策含义。

三、研究思路与内容

1. 研究思路

本研究以生产要素国际流动所推动形成的全球价值链分工下的增加值贸易的属权结构为研究对象，理论探讨增加值贸易属权结构形成的机理。并以中国有外资参与的加工贸易出口企业为分析实例，细致测算分析中国增加值贸易的属地增加值和属权增加值，以及两者的背离情况。在此基础上，进一步分析中国增加值贸易本国收益（以属权增加值计）的影响因素，以及属地增加值和属权增加值背离的影响因素，并提出改善中国增加值贸易属权结构，升级中国增加值的对策建议。研究思路如图 0-2。

2. 研究内容和章节安排

根据上述研究思路，我们从增加值贸易及其概念体系的比较入手，厘清由于生产要素国际流动引起的增加值贸易属权结构形成的内在逻辑和机制，揭示增加值贸易属权结构的特征，尝试借用劳动就业匹配模型理论分析生产要素流入国的增加值贸易效应。借用国民经济增加值统计方法，通过匹配中国工业企业数据库和海关数据库获得生产要素国际流入企业（外资企业）会计数据，分类别系统全面地测算外资企业的属地增加值和属权增加值，进一步比较分析属地增加值和属权增加值之间的背离情况。在此基础上，将本国属权增加值作

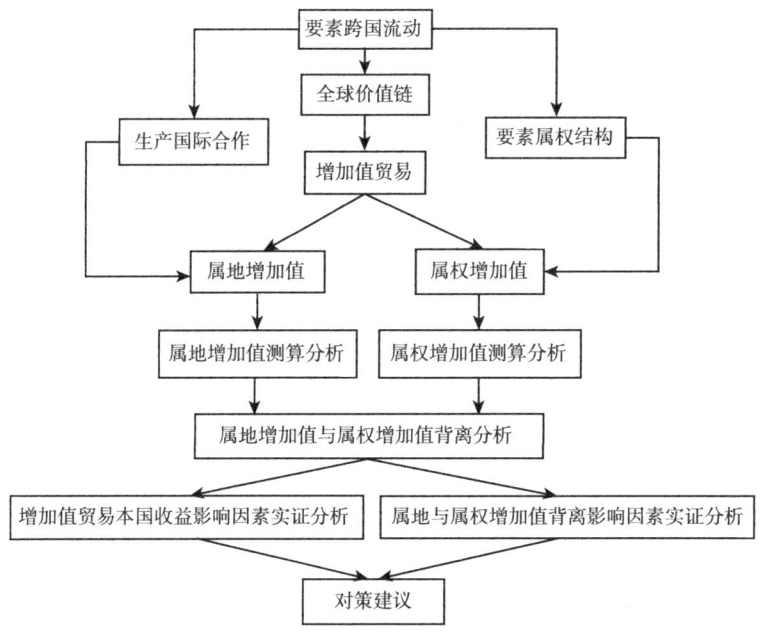

图 0-2 研究思路图

为增加值贸易中的本国收益,基于生产和统计角度理论分析和实证探讨相关影响因素,并多视角实证考察影响属权增加值与属地增加值背离的因素。在总结理论观点和实证结论的基础上,提出中国增加值贸易升级的政策建议。后续章节安排如下:

第一章为概念厘定和理论分析。从增加值贸易的概念入手,系统梳理和阐释增加值贸易的统计学意义及其背后蕴含的经济学意义。基于全球化经济下要素跨国流动这一特征,厘清增加值贸易属权结构形成机制及其基本特征。运用要素跨国流动理论探讨由此带来的增加值贸易效应,特别运用劳动力匹配模型理论分析给要素流入国带来的闲置要素使用效应、优势要素匹配效应、产出扩大效应、要素质量提升效应等。

第二章为测算分析增加值贸易的属地增加值和属权增加值。基于企业层面,根据中国工业企业数据库数据情况设计增加值构成的分解测算方法,通过匹配中国工业企业数据库和海关数据库筛选出具有加工贸易出口的企业并把企业按全部加工贸易企业、外资加工贸易企业、外资纯出口加工贸易企业、外资非纯出口加工贸易企业和非外资加工贸易企业五类,进行细分分类分析和比较分析。

第三章为测算分析增加值贸易属权增加值率与属地增加值率背离度。从统计分析意义上,计算分析两者增加值率差距及其偏离度,并构造 t 统计量来识别两者背离的统计显著性。同样地,本章仍然基于企业层面对不同类型企业进行分类分析和比较分析。

第四章分析增加值贸易本国收益影响因素。将属权增加值定义为本国增加值贸易收益,结合生产和统计视角,给出属权增加值构成的基本关系式,并以基本关系式为基础理出总产出、就业人数、资本、中间投入、全要素生产率等基本因素,进一步从行业类别、企业资本结构、增加值率、不同类型劳动投入、研发投入等方面梳理出影响本国属权增加值的其他因素。最后,运用工业企业数据和海关数据匹配获得的数据对上述理论命题(各因素对本国属权增加值的影响)进行实证分析。

第五章分析影响属权属地增加值背离的因素。作为第三章属权增加值与属地增加值背离度测算分析的进一步分析,从基本影响因素、行业差异、企业类型差异等方面运用统计与计量分析的方法对影响属权属地增加值率背离的因素进行实证探讨。

第六章为全书的理论观点和实证结果的总结和概括,并在此基础上提出改善和提升中国增加值贸易的对策建议。

第一章 增加值贸易及其属权结构形成机制和相关效应

生产要素的国际流动将要素流入国纳入了全球产品价值链体系,创造了一国的增加值贸易,也是要素国民属性和要素地域属性相背离的现实基础。生产要素的国际流动将各国的优势要素集聚在某国针对某一产品或生产环节进行专业化生产,这种分工的重要特征是要素合作型国际专业化(张幼文,2005)。本章在对增加值贸易及其概念体系比较的基础上,厘清由于生产要素国际流动引起的增加值贸易属权结构形成的内在逻辑和机制、增加值贸易属权结构的特征,分析生产要素国际流动的增加值贸易效应,进而通过构建理论模型探讨本国优势要素的匹配效应。

第一节 增加值贸易及其概念体系比较

一、增加值贸易概念提出——统计分析的需要

增加值贸易最初是一个统计视角的概念,即用增加值来统计分析贸易的情况。早在20世纪90年代便有学者指出传统贸易量(值)统计并没有真正反映贸易中的增加值含量(Irwin,1996;Feenstra,1998;Cameron & Cross,1999)[1]。最早运用增加值核算贸易的是美国普渡大学经济学教授大卫·哈默

---

[1] Irwin, Douglas A. 'The United States in a new global economy? A century's perspective,' American Economic Review, 1996, 41-6. Feenstra, Robert C. 'Integration of trade and disintegration oi production in the global economy,' Journal of Economic Perspectives, 1998, 12 (4), 31. Cameron, Grant, and Philip Cross 'The importance of exports to GDP and jobs,' Canadian Economic Observer, 1999.

斯（David Hummels, et al., 2001）等①在研究产品全球生产链发展及由此引起的出口垂直专业化问题时，运用投入产出表通过增加值测算一国出口中包含的进口成分，并以此来测度一国在出口贸易中的垂直专业化程度。道丁等（Daudin, et al., 2011）②最先提出了基于最终消费角度考虑的增加值贸易（Value – added Trade）的概念，并把基于传统海关统计的贸易称为标准贸易（Standard Trade）。之后，学者们就增加值贸易、出口中的国内增加值等概念从统计的角度进行了界定（Koopman et al., 2011③；Johnson & Nouera, 2012④）。因此，从增加值贸易概念提出本身来看，是为了区别与传统海关统计的贸易值（额），以便更好地分析存在全球商品生产链的世界贸易的真实情况以及各国在贸易中的真实地位和贸易所得。2011年6月，时任WTO总干事的帕斯卡尔·拉米指出："同传统国际贸易统计相比，增加值贸易统计能更好地测度和反映全球贸易的新特征，是衡量世界贸易运行的一种更好方法"。

1. 增加值贸易与总（全）值贸易

从统计的角度看，增加值贸易统计的是用货币表示的一国由本国生产创造的增加值和外国生产创造的增加值净流入流出的情况。它无法通过海关统计得到，必须借助世界投入产出表计算得到。全值贸易统计的是用货币表示的一国商品进出口的情况，它可以直接从一国海关统计得到。可见，两者都是对国际贸易的统计。现行统计国际贸易额的方法是世界各国出口贸易额的总和，但两种统计方法得到的国际贸易额一般是不相等的，只有当国际贸易中不存在中间产品贸易（包括服务贸易中存在的中间服务贸易）两者才相等。当存在中间产品贸易时，用增加值贸易统计的国际贸易额总是小于用全值贸易统计的国际贸易额，从一国的角度看也如此，两者的关系类似于"净值"和"毛值"之间的关系。从国别角度看，两者的净差也是不相等。特定两国间的增加值贸易

---

① David Hummels, Jun Ishii and Kei – Mu Yi. The Nature and Growth of Vertical Specialization in World Trade [J]. Journal of International Economics, 2001, 54 (1): 75 – 96.

② Daudin G., Rifflart C. & Schweisguth D.. Who Produces for Whom in the World Economy [J]. Canadian Journal of Economics/Revue canadienne d'economique, 2011, 44 (4): 1403 – 1437.

③ Koopman, Robert, Powers, et al. Give Credit Where Credit Is Due: Tracing Value Added in Global Production Chains [C], NBER Working Paper No. w16426, 2011.

④ Johnson R. C., Noguera G. Accounting for Intermediates: Production Sharing and Trade in Value Added [J]. Journal of International Economics, 2012, 86: 224 – 236.

统计既可能小于、也可能大于全值贸易统计。例如，当本国与另一国之间只有完全由各自国内生产的最终商品贸易，本国有大量中间产品通过第三国生产形成的最终产品出口到另一国，而另一国没有中间产品通过第三国生产形成的最终产品出口到本国，这时本国与另一国的净增加值贸易就会大于净总值贸易。当本国与另一国向对方国的出口中包含了大量第三国中间产品投入的最终产品时，本国与另一国的净增加值贸易就会小于净总值贸易。当然，本国与另一国相互贸易的均是本国生产的最终产品时，本国与另一国的净增加值贸易与净总值贸易相等。从一国对外贸易的角度看，两者的净差是一样的，即一国的净增加值出口和净出口是相等的。[①]

2. 增加值贸易与贸易增加值

Robert Stehrer（2012）[②] 进一步区分了增加值贸易和贸易增加值，考虑到原来学者使用的 Value Added Trade 无法进一步区分这两个概念，用 Trade in Value Added 和 Value Added in Trade 分别命名。并把这两个概念与总值贸易（Gross Trade）进行了比较。他认为增加值贸易（TiVA）计算的是一国包含在其他国家最终消费品中的直接或间接增值，并认为它从增加值的角度看一国的增加值贸易出口就是该国 GDP 减去最终需求支出。贸易增加值（VAiT）计算的是一国出口和进口中的增加值含量，关注的重点是一国出口和进口中包含了多少本国和外国的增加值。因此，贸易增加值可以理解为交易的本国增加值和外国增加值，它只是总值贸易的变形。这样，增加值贸易统计计算的是"净的增加值"，而贸易增加值统计计算的是"毛的增加值"。如果存在中间产品进出口的话，贸易增加值就会大于增加值贸易。

学术界对于增加值贸易的界定和认识比较一致，即出口并被国外吸收或消费的本国创造的价值增值（对于进口来说就被本国吸收或消费的外国创造的价值增值）。并认为运用增加值贸易统计计算的净出口与总值贸易统计计算的净出口是相同的。但对贸易增加值的理解有所差别，一种观点认为是出口贸易中本国新增的价值（李昕、徐滇庆，2013；葛明、赵素萍，2017），另一种观

---

① 相关讨论见葛明，赵素萍. 总值贸易、贸易增加值与增加值贸易的逻辑关系与实证比较 [J]. 武汉大学学报（哲学社会科学版），2017，70（02）：61-72.

② Robert Stehrer. Trade in Value Added and the Value Added in Trade [J]. WIOD Working Paper, 2012.

点认为是出口贸易中包含的本国增加值（Stehrer，2012；夏明、张红霞，2015）。两者的差别表现在两个方面：一是从进出口总额看，由于前一种观点剔除了中间产品的进出口，因此比后一种观点计算的结果要小；二是从净出口看，前一种观点认为与总值贸易计算的结果是不一致的，可能大于也可能小于总值贸易计算的净出口，后一种观点认为与总值贸易计算的结果是一致的。这一差别的原因在于，前一种观点没有考虑中间产品进出口所包含的本国增加值。

由上述比较分析可知，增加值贸易是从统计的角度提出的概念，运用增加值来计算国际贸易的目的是为了解决用传统海关统计计算的国际贸易存在失真而无法正确反映国际贸易真实状况的问题。在经济全球化时代，商品生产链在全球展开，国际贸易中存在着大量的中间产品贸易，根据 WTO 和 IDE - JETRO 联合发布的研究报告显示，1995—2009 年，中间产品贸易差不多增长了一倍，在非石油产品贸易中，中间产品出口占 51%，这意味着中间产品贸易已经占据了全球贸易的主导地位。[1] 这就使得传统的海关统计的国际贸易额存在着大量重复计算。根据 UNCTAD 在其分析报告《全球价值链与发展》中给出的测算结果[2]，2010 年全球 19 万亿美元的货物与服务出口中，重复计算的部分大概有 5 万亿美元，约占 28%。增加值统计方法是相对海关统计方法提出的，而贸易增加值统计方法和增加值贸易统计方法只是运用增加值进行统计时的角度差异而已。从贸易反映世界经济真实运行情况或贸易产生的机理（理论）角度看，增加值贸易统计方法以及由此产生的概念更具有意义。

二、增加值贸易概念解析——概念体系的比较

从概念角度看，增加值贸易（Trade in Value Added）是相对于总（全）值

---

[1] WTO&IDE - JETTRO. Trade Patterns and Global Value Chains in East Asia：From Trade in Goods to Trade in Tasks [DB/OL]. 2011. http：//www.wto.org/english/res_e/booksp_e/stat_tradepat_globval-chains_e.pdf.

[2] UNCTAD. Global Value Chains and Development：Investment and Value Added Trade in the Global Economy [DB/OL]. 2013. http：//unctad.org/en/PublicationsLibrary/diae2013d1_en.pdf.

贸易（Trade in Gross Value）①的概念。而这两个概念恰恰是作为对立面的关系出现的，也就是说，在没有提出增加值贸易概念时，人们也不需要总值贸易概念，因为传统的国际贸易额、国际贸易量等概念已经表达了总值贸易所具有的内涵。

概念是反映事物的本质属性的思维形式。概念的提出必然需要厘清和界定概念，即要明确概念的内涵和外延，进而重构概念体系并修正相关的理论。与国际贸易相对应的概念是国际分工，而在国际层面的分工实际上与劳动分工的本义有所差别，国际分工更多的是国家间商品生产与交换的连接纽带，它需要通过贸易的商品特别是其生产组织方式来体现。然而随着经济全球化时代的到来，国家间商品生产与交换连接关系出现了新的变化。为更好地认识这一状况，就需要厘清商品生产组织方式②、国际贸易与国际分工之间的关系。

1. 国际贸易与国际分工的关系

国际贸易与国际分工是一对相伴相生的概念。国际分工是国际贸易的基础，国际贸易是国际分工的条件。没有国际分工的深化就不可能有国际贸易的大发展，同时没有国际贸易的发展也不可能有国际分工的展开和深化。国际分工的方式随着时代的变化在不断演进。理论上，一般将传统的国际分工方式分为垂直型、水平型和混合型，这种分类方式往往通过贸易的商品结构层次来加以说明，比如垂直型分工一般是指发达国家生产出口工业制成品而进口原料，显然它是用一国生产完整的某类型商品并出口来界定国际分工。因此传统的国际分工是指国别之间完整商品生产的分工，或简称为商品（间）分工，它可以是产业间的，也可以是产业内的，但必须以完整的商品生产为界限，至少这种以完整商品生产的国际分工为主导。因此传统的国际贸易便是完整商品的国际交换，这样海关是容易统计分析的（当然海关也能够统计零部件等中间产品）。但这一点在理论分析上体现得更为明显，传统贸易理论包括比较优势理论、要素禀赋理论，甚至是第二次世界大战后的新贸易理论，一个隐含的分析前提就是国际贸易以完整商品作为交易对象。

---

① 上文提到，道丁用 Standard Trade 来称谓传统海关统计的贸易，如果翻译成标准贸易似乎不能体现它与增加值贸易作为概念对的关系，因此本文将传统海关统计的贸易称为总值贸易或全值贸易。这种称谓被 Robert Stehrer（2012）、李昕和徐滇庆（2013）、葛明和赵素萍（2017）等所使用。

② 由于这里找不能够确切表达的词汇，故且用组织方式。其意是指商品生产是在一国内组织完成，还是在全球范围内组织完成。

在经济全球化时代，国际贸易的内容不再仅仅是最终商品，而是包含了大量中间产品，甚至不再以最终商品为主导，而是以中间产品贸易为主导。这时的国际分工不再是以完整商品生产的国际分工为主导，而是以商品生产链分工为主导，这种国际分工背后的实质是要素的分工。[①] 也就是说，全球化经济时代中间产品贸易和要素分工构成了新的国际贸易与国际分工的对应关系。

2. 国际分工与商品生产组织方式的关系

上述国际分工的分析，隐含着一个对应的商品生产组织方式。传统国际分工与在一国内完成完整商品生产的商品生产组织方式形成互为因果关系。而要素分工与全球商品生产链的商品生产组织方式形成互为因果关系。基于这一对应关系考虑，我们可以称前者的国际分工为商品分工，而后者为要素分工。从历史演进的角度看，国际分工是社会分工跃出国界的结果，是社会分工的延伸和深化。商品分工是国际分工的初级阶段，而要素分工是国际分工的高级阶段。

3. 国际贸易与商品生产组织方式的关系

国际贸易与商品生产组织方式之间也存在着对应关系。这很容易理解。如果商品生产组织方式是在一国内完成的，那么对应的国际贸易是完整商品的贸易，可称为最终商品贸易。如果商品生产组织方式是以全球商品生产链的方式在不同国家间展开，那么最终商品的生产完成就需要有大量的中间产品贸易。当然，这种商品生产组织方式仍然会存在最终商品贸易。

分析国际贸易、国际分工与商品生产组织方式之间的关系有助于理解作为概念的增加值贸易与全值贸易之间的联系与区别。商品生产组织方式、国际贸易与国际分工三者形成相互依存互相联系的关系。在一般意义上，商品生产组织方式、国际贸易与国际分工之间的关系均适用于对全值贸易和增加值贸易发展的分析。

（1）从时代特征来看，增加值贸易对应的时代是全球化经济时代，而全值贸易对应的时代是生产国别化时代。这里所谓的全球化经济和生产国别化的差别主要在于商品生产是否跨越国界。经济全球化时代区别与生产国别化时代的显著特征是要素国际流动。要素国际流动和全球商品生产链展开是形成要素

[①] 张二震，方勇. 要素分工与中国开放战略的选择 [J]. 南开学报，2005（06）：9-15.

分工的基础。

（2）从分工类型看，增加值贸易对应的是要素分工，而全值贸易对应的是商品分工。在经济全球化时代，总值贸易仅反映贸易交换的情况，纯粹是统计意义上的，而增加值贸易不仅反映贸易也反映生产，增加值本身就是一个与生产密切联系的概念。因此，总值贸易的概念已经不能反映经济全球化中的新型国际分工，总值贸易所反映的以完整商品生产为基础的传统国际分工已经越来越被新型的以商品生产链为基础的要素分工所取代。总值贸易不但不能反映这种分工，而且也不能在统计上清晰反映一国参与这种分工形成的真实贸易（增加值）情况，因为总值贸易无法区分贸易背后的生产增值来自于国内还是来自于国外，而且总值贸易统计即使进行增加值分解，往往还包含着重复进出口的情况（这就是一部分学者对贸易增加值的理解）。

（3）从贸易与生产的关系看，增加值贸易反映的是以生产为联系纽带的贸易，这一概念体现的认识是生产占主导地位，贸易是生产的需要。而全值贸易反映的是以贸易为联系纽带的生产，这一概念体现的认识是贸易占主导地位，生产是贸易的需要。增加值贸易概念的提出更好地回应了全球商品生产链，因此它是从生产的角度看贸易。而全值贸易是与商品生产国别分工相联系的，因此它是从贸易的角度看生产。

（4）从生产与分工的关系看，增加值贸易反映的是商品生产链在国家间的展开，以要素分工为基础，分工的依据是要素价格；全值贸易反映的是商品生产在一国内完成，以商品分工为基础，分工的依据是商品价格。

（5）从贸易与分工的关系看，增加值贸易反映的是要素分工，全值贸易反映的是商品分工。

进一步分析容易发现，解释增加值贸易与全值贸易的理论也存在着重大差别。全值贸易解释的是完整商品的国际贸易怎样发生的，而增加值贸易解释的是生产要素跨国流动下包括中间产品在内的国际贸易怎样发生的。传统的比较优势理论、要素禀赋理论以及第二次世界大战后的新贸易理论均在不同角度对全值贸易的产生进行了合理的解释。但这些传统贸易理论无法解释增加值贸易的形成。原因在于，这些贸易理论均是假定生产要素不能跨国流动的情况。增加值贸易需要从全球化经济的本质特征即要素跨国流动的角度才能给出合理解释。全值贸易对应的是国别化经济情形，商品贸易是国家经济之间的唯一联系纽带。增加值贸易对应着的是全球化经济情形，要素国际流动全球化经济的本质特征，而要素国际流动才使得国际间的要素分工成为可能。因此，在全球化经济时代，只有增加值贸易才能更准确地反映一国贸易参与国际分工和国际贸易的情况。

需要说明的是，比较优势是所有贸易均会遵循的规律。但贸易的实现最终要通过基于比较优势转化为可比较的价格来决定。在经济全球化条件下，增加值贸易的发生则是直接通过要素的价格优势得以实现。详见表1-1。

表1-1　　　　　　　　增加值贸易与总值贸易的区别

	增加值贸易	总（全）值贸易
时代背景	生产全球化时代	生产国别化时代
分工类型	商品生产链分工（要素分工）	完整商品生产分工（商品分工）
贸易与生产的关系	以生产为联系纽带的贸易	以贸易为联系纽带的生产
生产与分工的关系	商品生产链国家间展开，分工依据是要素价格	商品生产链一国内展开，分工依据是商品生产率（价格）
贸易与分工的关系	贸易与要素分工相联系，贸易是要素分工的反映	贸易与商品分工相联系，贸易是商品分工的反映
贸易形态	大量中间产品贸易	最终产品贸易
统计上	全球视角	国别视角
形成机理	要素跨国流动，要素价格优势	要素不跨国流动，商品价格优势

资料来源：作者自制。

第二节　增加值贸易属权结构形成机制及其特征

一、增加值贸易的属地与属权分离

增加值贸易形成的基础是全球商品生产链的展开，而全球商品生产链的主导者是跨国公司，跨国公司为了实现对全球商品生产链的控制往往会采用跨国直接投资在东道国或以合资或以独资形式设立工厂或分支机构。这就必然伴随着以资本为载体的生产要素跨国流动。而全球商品生产链实现的国际分工是要素分工（也有称为产品内分工）。换言之，要形成国际间有效的要素分工，要素跨国流动必不可少。

因此，前面的分析仍然有一个重要遗漏，即增加值贸易除了国别属性问题，还有一个国别属权问题。也就是说，存在要素跨国流动情况下的贸易产生的本国增加值只是属地意义上的，但并非属权意义上的。假如全球商品生产链的形成纯粹由企业间的合作形成，即以合约的形式组织起来，我们用增加值贸易统计方法就能够厘清各国间交易的本国增加值。因为，这时贸易出口的增加值全部由本国要素创造，从贸易收益的角度看，假如把增加值看成一国收益（会计意义上的），那么，用已有增加值贸易统计法分析得到的贸易收益就完全属于本国。但在要素跨国流入情况下形成的增加值出口，并非完全属于本国，其中一部分是属于外国流入要素的，比如外资的利润、受雇的外国技术人员的报酬等。因此，在增加值贸易统计时还必须将这部分增加值贸易的属权结构理清。也就是说，存在要素跨国流入情况下，一国的增加值贸易核算必须扣除流入要素创造的增加值，之后才是真实的一国增加值贸易出口。同样，在计算增加值进口时，也要扣除本国在国外创造并进口到国内的增加值。

一般意义上，由于增加值贸易形成必然存在着要素跨国流动的情况，因此，在对增加值贸易分析时，尤其是增加值贸易收益分析时，必须考虑增加值贸易的属权结构问题。由要素跨国流动导致的贸易增值中包括属于本国的增加值和属于外国的增加值，两者的构成情况就可以定义为增加值贸易的属权结构。它与通常意义上的增加值贸易分析即我们所称的属地增加值的结构分析（用于取代传统贸易的国别结构分析）形成互补，使增加值贸易分析更加完整。

二、增加值贸易属权结构形成机制

如果把增加值贸易形成比喻成一辆火车的话，那么市场经济条件就是铁轨铺设的地基，价格（收益）是其发动机，跨国公司主导的全球生产链就是轨道，跨国公司主导的外商直接投资是其车厢，而要素流入国的政策环境则是其能源动力。如果没有市场经济条件，要素流动和增加值贸易无从发生的；如果没有价格机制发挥作用就好比火车没有发动机，要素流动就无从谈起；如果没有全球生产链展开那么就不会有增加值贸易存在。如果没有外商直接投资也就不存在增加值贸易属权结构问题,如果没有要素流入国吸引外资进入的相关政策与制度环境就不可能有要素流入也就不可能有增加值贸易属权结构的展开。

1. 生产要素国际流动的特征

生产要素具有不同的流动能力。可以分为高流动性要素和低流动性要素。高流动性要素具有高投入、高收益、高技术性,如技术、高端人才、品牌、营销网络、经营管理能力等。高流动性要素由于具有高技术性特征需要高投入,高投入要求有高收益,其高流动性的目的是在全球市场中寻求高收益,往往处于高稀缺性和垄断状态,在生产要素组合过程中处于主动地位。低流动性要素具有低投入、低收益、低技术性,如低端劳动力、土地及自然资源等。低流动性要素由于其低技术性,投入也低,因此寻求高收益的能力差,往往处于高充裕性和高竞争状态,在生产要素组合过程中处于相对被动的地位。

2. 生产要素国际流动的动力

在市场条件下,生产要素随着价格(收益)进行配置,这是经济学的基本原理和市场经济对资源配置的核心动力。它适用于一国经济也适用于全球化经济。生产要素国际流动表现为高流动性要素向低流动性要素流动的基本特征。其原因是,高流动性要素为了寻求高收益可以在全球范围内流动,并通过一定的垄断优势获得更高的收益(经济租金),而低流动性要素不具有这一能力,只能被动接受选择。也就是说,在市场经济无制度性摩擦的情况下,要素流动取决于其价格(收益),其流动的基本特征是,在生产空间上向价格(收益)高的地方流动,在产业或生产链上向价格(收益)高的位置流动。

3. 本国优势要素对流入要素的吸引作用

高级要素跨国流入的根本原因在于本国优势要素的吸引。这里所讲的优势要素不同于要素禀赋理论中丰裕要素的概念。要素禀赋理论只将生产要素区分为丰裕要素和稀缺要素,但同类要素之间是无差异或同质的。本项研究所指的优势要素对要素流入国来说通常是丰裕要素,但关键在于它是具有高性价比的要素。高流动性外国高级要素实现收益最大化,本国这些高性价比的优势要素对其具有明显的吸引作用。除此之外,要素流入国的良好市场环境、生产配套能力以及相关优惠的引资政策会增强这种吸引力。

4. 要素合作型国际分工形成增加值贸易

生产要素国际流动最终将会形成要素合作型国际分工。这种分工基于要素禀赋与生产片段化的状态。跨国公司通过高流动性要素把不同国家的生产要素纳入到其商品（服务）生产过程，并根据纳入生产链国家的要素禀赋情况和商品（服务）生产链不同阶段对要素投入需要，实现商品生产成本最小化和收益最大化。由于静态条件下，一国的要素禀赋情况、商品生产链不同阶段的要素投入情况是给定的，因此不同国家在商品生产链中的位置也被确定了。从商品生产分工的角度看，就形成了要素合作型国际专业化分工。这里的要素合作是指商品生产的合作；国际专业化就是不同国家在商品生产链中的位置相对固定，即不同要素禀赋的国家专门从事商品生产链中某一部分的生产。由于生产片段化和商品生产链分布在不同的国家，自然形成以生产合作为基础的增加值贸易。

5. 要素的不同国民属性形成增加值贸易属权结构

不同于一国全部使用本国要素进行生产出口的全值贸易，其形成的增加值全部归属本国，由于形成增加值贸易的基础是来自不同国家要素合作生产的结果，因此，增加值贸易的出口增加值中既有来自本国要素的贡献，也有来自流入的外国要素的贡献。这形成了增加值贸易的属权结构，即出口增加值中归属本国所有的出口增加值和归属外国所有的出口增加值的构成。详见图 1-1。

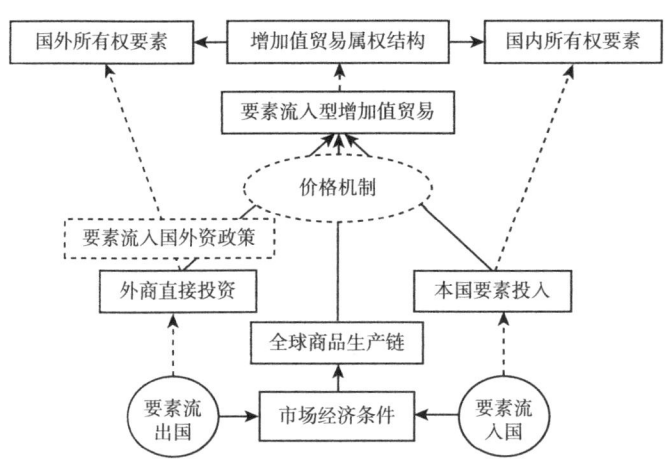

图 1-1　要素流入下增加值贸易属权结构形成机制

三、增加值贸易的属权结构特征

如前所述，生产要素国际流动下形成的增加值贸易从本质上看就是跨国公司全球生产链展开的结果。而跨国公司在全球展开生产链的推动力是其所拥有的高流动性要素,这些要素一般以外商直接投资为载体,其表象就是外商直接投资。因此,生产要素国际流动下的增加值贸易表象上就是外资企业的进出口活动,从增加值贸易角度看就是外资企业的出口贸易中在东道国创造的增加值。因此,分析增加值贸易的属权结构,区分参与其中的要素的国别属性是基础。在市场条件下,参与其中的要素结合或要素结构特征就决定着增加值贸易的属权结构特征。

1. 要素的属权结构是增加值贸易属权结构的基础

市场经济得以有效运行的条件是要素的所有权明确。在西方自由市场经济条件下,一国内的要素所有权以私有化形式存在,其收益本身就具有明确的属权,即归要素所有者所有。这也是西方经济学坚持的在讨论价格形成的同时实际上也讨论了收入分配问题。在要素跨国流动的全球化经济条件下,要素除了个体或单位属性的所有权之外,还存在着国别所有权的属性。

商品生产的要素投入存在着属权结构问题,在现代企业层面表现为股权结构、产权结构等问题,因此,增加值贸易从企业层面看具有属权结构。从国家层面看同样存在属权结构,这就是投入的要素是本国拥有所有权从而拥有收益权的要素,还是国外拥有所有权从而拥有收益权的要素。这一问题,在当今以要素流动为主要特征的全球化经济中,显得尤其突出。现有的增加值贸易主要研究的属地意义上的,也就是只区分贸易值是在本国生产增值的还是外国生产增值,但没有区分贸易值中的生产增值(收益)是归本国的还是归外国,这就必须从贸易值生产投入要素属权的角度去区分。

当今世界从总量角度看,严格意义上的传统贸易(即贸易商品完全由一国属权意义上的要素生产形成的贸易)的比重已经非常低了,特别是发达国家之间和嵌入全球价值链参与贸易的发展中国家,绝大部分的贸易都是增加值贸易。从全球价值链角度看,所有由此形成的增加值贸易均存在着属权结构问题。也就是说,只有区分增加价值贸易创造中本国要素和外国要素投入的情况才能分析清楚一国到底在这类增加值贸易中获得了多大的收益。

2. 要素的收益结构决定增加值贸易的属权结构

要素的收益在市场条件下决定于要素的价格,但在企业内部由于主导要素决定着剩余分配权,要素收益不纯粹决定于要素的市场价格。

（1）流入要素主导增加值贸易的属权结构

一是流入要素的主导性。从生产出口形成的角度看，生产要素国际流动下的增加值贸易是由外资所主导的，因为它是高流动性国外要素与低流动性低成本国内要素结合的结果。流入要素不但主导着生产，也主导着收益分配。没有外资进入本国与之匹配的要素，要么在本国该类要素过度竞争的市场中处于闲置状态，要么在本国充分竞争的市场中获得仅与成本类似的收益。

二是流入要素高收益。由于流入要素的主导性，而本质上高流动性要素寻求高收益的属性，决定了流入要素获得高收益，而本国要素获得相对低的收益，本国要素虽然获得低收益但其收益相比没有要素流入时要高。因此，流入要素在生产要素国际流动下的增加值贸易中往往主导着属权结构，或者说，流入要素既决定着这类增加值贸易是否能够形成，也决定着贸易增加值中属权收益的分配。

（2）综合要素收益构成本国属权增加值

对于要素流入国而言，在生产要素国际流动下的增加值贸易中，参与生产的除了狭义上与流入要素结合直接进入生产的生产要素之外，还包括广义上的要素如经济要素、全球化经济要素[①]。因此，本国的收益不仅仅是本国参与贸易生产的低流动性生产要素的所得，还来自于经济要素和全球化经济要素应该获得的报酬，这些报酬主要体现在政府的税收之中。两者相加即综合要素收益才是本国收益或本国属权增加值。

第三节 生产要素国际流动下增加值贸易的相关效应

一、生产要素国际流动下增加值贸易的效应

从上述分析中不难看出，生产要素国际流动存在着增加值贸易效应。即生产要素国际流动会促进增加值贸易。它有以下几个渠道：一是生产要素国际流动扩大了分工的可能性。按传统贸易理论，无论是以劳动生产率为分析前提的比较优势理论，还是以要素禀赋为分析前提的要素禀赋理论，其贸易与分工是

---

① 张幼文等. 要素流动——全球化经济学原理[M]. 北京：人民出版社，2013：61-70.

以完整商品生产为基础,都是基于要素不能跨国流动为前提的。而生产要素国际流动显然从产品生产组织特别是要素组合匹配的角度看增加了生产分工的可能性,从而促进了分工,由于贸易与分工是一个硬币的两面,分工增进也意味着贸易增进。如果这种生产要素国际流动是基于全球商品生产链展开的,自然促进增加值贸易。二是生产要素国际流动扩大了贸易的可能性。尤其是生产要素国际流动的目的是形成跨国生产能力,使得商品生产链在国际展开,意味着需要更多生产部件(中间产品)在国际流动,从而极大地促进中间产品贸易。因此,中间产品贸易既是增加值贸易展开的条件也是增加值贸易展开的结果。

二、生产要素国际流入下本国优势要素的匹配效应及其相关影响

本国优势要素的匹配效应主要是从要素流入国的角度探讨,指由于要素流入使得本国被跨国公司纳入其全球商品生产链的要素能够得到充分利用,体现一国在全球商品生产链中某一片段生产的要素优势。从跨国公司的角度看,就是能够在东道国找到适合其全球生产链布局的合适要素。

匹配效应体现在几个方面:一是闲置要素使用效应。即使本国优势要素能够得到充分利用,由于这些要素一般是本国的充裕要素,因此有利于促进本国要素充分和高效利用。二是国内参与要素质量提升效应。国外高级要素的流入带来知识溢出,本国要素特别是劳动要素的干中学效应,以及要素收益的提升带来投资追加,促进要素质量提升。三是国内产出扩大效应,本国闲置要素纳入生产使用、参与要素质量提升等将带来要素流入国的产出扩大。另外,这种要素流入匹配形成生产出口的过程中,还蕴含着本国参与要素的"高性价比"特征和国外流入要素的高收益特征。

生产要素跨国流动是以资本为载体,而资本流入一般会带来就业岗位的增加。因此我们可以通过劳动就业匹配相关模型来展开上述效应的探讨分析。我们借鉴 Albrecht 和 Vroman(2002)的模型展开讨论。

考虑一个长期经济模型,假设经济中具有低技能和高技能两类技能的工人,工人具有中性风险偏好。两类工人的构成外生给定,p 比例的工人具有低技能,$1-p$ 比例的工人具有高技能。为简化讨论,工人的数量标准化为 1。已雇佣岗位的解约率外生给定为 δ。工作岗位以其技能要求来描述,分为低技能

岗位和高技能岗位。产出由岗位的技能要求决定，生产产出 $x(s,y)$ 取决于下式：

$$x(s,y) = \begin{cases} y & if\ s \geq y \\ 0 & if\ s < y \end{cases} \tag{1-1}$$

式（1-1）中，s 表示在该岗位上工人的技能水平，y 表示该岗位的技能要求。如果岗位被雇佣，它的成本是 $w(s,y)+c$，即付给工人的工资加上固定成本。如果岗位空缺，固定成本仍然需要支付，因此空缺岗位的即时成本为 c。如果岗位出现空缺，它的技能要求就是选择使得空缺岗位的价值最大。给定技术和工人技能分布，技能要求只能在 $y_1 = s_1$ 和 $y_2 = s_2$ 之间选择。

假设失业工人和空缺岗位之间是随机匹配的，取决于匹配函数 $m(u,v)$，其中 u 表示失业率，v 表示空缺岗位率。假设匹配函数具有规模报酬不变的性质。$m(u,v) = m\left(1, \frac{v}{u}\right)u = m(\theta)u$，$m'(\theta) > 0$，$\theta = \frac{v}{u}$，工人的就业达成率就是 $m(\theta)$，低技能工人遇到空缺岗位的概率与高技能工人一样，但他们不能达到高技能岗位的要求。令 ϕ 代表低技能空缺岗位的比例，那么低技能工人获得雇佣机会的有效可达率为 $\phi m(\theta)$。相似地，空缺岗位遇到失业工人的达成率为 $\frac{m(\theta)}{\theta}$，假设它是 θ 的减函数。所有的空缺岗位具有相同的达成率，但高技能空缺岗位遇到的工人不一定能满足其技能要求。令 γ 代表失业工人中低技能工人的比例，相应地，高技能空缺岗位的有效达成率为 $(1-\gamma)\frac{m(\theta)}{\theta}$。

令 $U(s)$ 表示 s 型工人失业的价值，$N(s,y)$ 表示 s 型工人获得 y 型岗位雇佣时的价值，$V(y)$ 表示 y 型空缺岗位的价值，$J(s,y)$ 表示 y 型岗位雇佣 s 型工人的价值。这样，当且仅当下列条件满足时匹配才能形成：

$$N(s,y) + J(s,y) \geq U(s) + V(y) \tag{1-2}$$

当匹配成功时，工资 $w(s,y)$ 由纳什讨价还价条件决定：

$$N(s,y) - U(s) = \beta[N(s,y) + J(s,y) - U(s) - V(y)] \tag{1-3}$$

其中，β 表示外生给定的工人对生产剩余占有的比例。

接下来建立各类价值的函数。令 r 为贴现率，δ 为外生给定的岗位解约率，b 为闲暇的即时价值。

s 型工人被雇佣在 y 型技能岗位上的价值为:

$$N(s,y) = \frac{w(s,y) + \delta U(s)}{r + \delta}, \quad \text{当 } s \geq y \text{ 时} \tag{1-4}$$

也可以写为

$$rN(s,y) = w(s,y) + \delta[U(s) - N(s,y)]$$

也就是说,其价值流量为工资加上期望瞬时资本损失。

类似地,企业 y 型技能岗位雇佣 s 型工人的价值为:

$$J(s,y) = \frac{y - w(s,y) - c + \delta V(y)}{r + \delta}, \quad \text{当 } s \geq y \text{ 时} \tag{1-5}$$

低技能工人和高技能工人失业的价值可写为:

$$rU(s_1) = b + m(\theta)\phi[N(s_1,s_1) - U(s_1)] \tag{1-6}$$

$$rU(s_2) = b + m(\theta)\{\phi\max[N(s_2,s_1) - U(s_2), 0] + (1-\phi)[N(s_2,s_2) - U(s_2)]\} \tag{1-7}$$

假设低技能工人不能从事高技能工作,因此其岗位达成率为 $m(\theta)\phi$。相似地,高技能工人既可以从事低技能工作也可从事高技能工作,其低技能岗位达成率为 $m(\theta)\phi$,高技能岗位达成率为 $m(\theta)(1-\phi)$。低技能岗位可能不值得高技能工人去受雇,因此高技能工人在低技能岗位就业的价值是取两者的最大值,即 $\max[N(s_2,s_1) - U(s_2), 0]$。

最后,低技能和高技能空缺岗位的价值是:

$$V(s_1) = -c + \frac{m(\theta)}{\theta}\{\gamma[J(s_1,s_1) - V(s_1)] + (1-\gamma)\max[J(s_2,s_1) - V(s_1), 0]\} \tag{1-8}$$

$$V(s_2) = -c + \frac{m(\theta)}{\theta}(1-\gamma)[J(s_2,s_2) - V(s_2)] \tag{1-9}$$

低技能空缺岗位价值函数反映了这样的假设,即高技能工人可能不值得去受雇低技能岗位。相似地,高技能空缺岗位价值函数体现了这样的假设,即只有高技能工人才能从事这些工作。这样,高技能空缺岗位的有效达成率 $\frac{m(\theta)}{\theta}(1-\gamma)$。在自由进出的长期中,两种类型空缺岗位的价值必定为零,即 $V(s_1) = V(s_2) = 0$。

再回到等式(1-1)并进行替换,当且仅当 $y - c \geq rU(s)$ 当 $s \geq y$ 时匹配

才可能建立。

从等式（1-3）可知，s 型工人在 y 型岗位获得的工资其公式可写为：

$$w(s,y) = \beta(y-c) + (1-\beta)rU(s), 当 y-c \geq rU(s) 时 \quad (1-10)$$

这时工资是匹配后的净产出（产出减固定成本）和工人失业的价值流量的加权平均。均衡时有三种工资，分别为：

$$w(s_1,s_1) = \beta(s_1-c) + (1-\beta)rU(s_1) \quad (1-11)$$

$$w(s_2,s_1) = \beta(s_1-c) + (1-\beta)rU(s_2) \quad (1-12)$$

$$w(s_2,s_2) = \beta(s_2-c) + (1-\beta)rU(s_2) \quad (1-13)$$

高技能工人总是获得比低技能工人更高的工资。如果高技能工人获得低技能岗位，即如式（1-12）所示，那么他们将获得比在相同岗位上的低技能工人更高的工资。这是因为高技能工人比低技能工人有更有价值的选择，也就是说 $rU(s_2) > rU(s_1)$。尽管高技能工人在低技能岗位获得的工资比其在高技能岗位获得的工资要低。这也反映了不同类型工作有不同的生产率。最后，注意到等式（1-4），以及均衡条件 $V(s_1) = V(s_2) = 0$，意味着：

$$J(s,y) = \frac{(1-\beta)[y-c-rU(s)]}{r+\delta} \quad (1-14)$$

在不同的参数下，可能产生两种均衡，第一种均衡是高技能工人值得从事低技能岗位工作，称为交叉匹配均衡；另一种是高技能工人不值得从事低技能岗位工作，即高技能工人只在高技能岗位就业，称为分割匹配均衡。在这里我们仅从交叉匹配均衡下来讨论相关效应。

为了获得均衡解，需要获得在均衡时 4 个内生变量 ϕ，γ，u 和 θ 的值。均衡时除了上述均衡条件外，还有两个稳态条件。分别是：（1）低技能工人获得就业岗位的人数与低技能工人重新失业的人数相等；（2）高技能工人失业的人数等于高技能工人重新失业的人数。

第一个稳态条件可写为：

$$\phi m(\theta)\gamma u = \delta(p - \gamma u) \quad (1-15)$$

$\phi m(\theta)$ 表示低技能空缺岗位的达成率，γ 表示失业工人中低技能工人的比例，故低技能工人重新获得就业的人数为 $\phi m(\theta)\gamma u$。重新失业的低技能工人的人数为 δ 乘以低技能工人的就业人数 $p - \gamma u$。

第二个稳态条件可写为：

$$m(\theta)(1-\gamma)u = \delta(1-p-(1-\gamma)u) \qquad (1-16)$$

在交叉匹配均衡中，高技能工人面临着 $m(\theta)$ 的空缺岗位达成率，高技能工人失业人数为 $(1-\gamma)u$，因此高技能工人重新就业的人数为 $m(\theta)(1-\gamma)u$。高技能工人的人数为 $1-p$，其中有数量为 $(1-\gamma)u$ 的高技能工人失业，因此重新失业的高技能工人为 $\delta(1-p-(1-\gamma)u)$。

对方程式 (1-15) 和 (1-16) 求解得到用 θ 和 γ 表示的 ϕ 和 u，分别为：

$$\phi = \frac{(1-\gamma)pm(\theta) + (p-\gamma)\delta}{m(\theta)\gamma(1-p)} \qquad (1-17)$$

$$u = \frac{\delta(1-p)}{(1-\gamma)(\delta + m(\theta))} \qquad (1-18)$$

由式 (1-17) 可知，ϕ 随着 γ 增加而减少[①]，随着 θ 增加而增加（只要 $\gamma > p$）[②]。当高技能工人受雇于低技能岗位上述条件必然满足。

均衡时要求 $V(s_1)=0$ 和 $V(s_2)=0$。根据式 (1-8)、(1-9) 和 (1-14)，这两个条件可以分别写为：

$$-c + \frac{m(\theta)}{\theta}\left[\gamma\left(\frac{(1-\beta)[s_1 - c - rU(s_1)]}{r+\delta}\right) + (1-\gamma)\left(\frac{(1-\beta)[s_1 - c - rU(s_2)]}{r+\delta}\right)\right] = 0 \qquad (1-19)$$

$$-c + \frac{m(\theta)}{\theta}(1-\gamma)\frac{(1-\beta)[s_2 - c - rU(s_2)]}{r+\delta} = 0 \qquad (1-20)$$

式 (1-19) 使用了高技能工人值得在低技能岗位就业的假设，即 $J(s_2, s_1) > 0$。

接下来是替代两个失业的价值。使用等式 (1-4)、(1-6)、(1-7) 和 (1-10) 以及 $N(s_2, s_1) > U(s_2)$ 有：

---

① $\dfrac{d\phi}{d\gamma} = \dfrac{[-pm(\theta) - \delta] - [(1-\gamma)pm(\theta) + (p+\gamma)\delta]m(\theta)(1-p)}{[m(\theta)\gamma(1-p)]^2} < 0$

② $\dfrac{d\phi}{d\theta} = \dfrac{(1-\gamma)pm'(\theta) \cdot m(\theta)\gamma(1-p) - [(1-\gamma)pm(\theta) + (p-\gamma)\delta]m'(\theta)\gamma(1-p)}{[m(\theta)\gamma(1-p)]^2}$

$= \dfrac{[(1-\gamma)pm(\theta) - (1-\gamma)pm(\theta) - (p-\gamma)\delta]m'(\theta)\gamma(1-p)}{[m(\theta)\gamma(1-p)]^2}$

$= \dfrac{-(p-\gamma)\delta m'(\theta)\gamma(1-p)}{[m(\theta)\gamma(1-p)]^2} > 0 \; (if \; p < \gamma)$

$$rU(s_1) = \frac{b(r+\delta) + m(\theta)\phi\beta(s_1-c)}{r+\delta+m(\theta)\phi\beta} \tag{1-21}$$

$$rU(s_2) = \frac{b(r+\delta) + \beta m(\theta)[\phi s_1 + (1-\phi)s_2 - c]}{r+\delta+\beta m(\theta)} \tag{1-22}$$

式（1-21）和式（1-22）表明，两种类型工人失业的价值流量等于闲暇价值和各自雇佣价值流量的加权平均。由式（1-21）可知，$rU(s_1)$ 随着 θ 和 ϕ 增加而增加，由式（1-22）可知，$rU(s_2)$ 随着 θ 增加而增加，但随着 ϕ 增加而减少。也就是说，两类技能空缺岗位比例给定时，两种类型工人失业的价值均随着空岗率/失业率比例的上升而增加。空岗率/失业率比例给定时，低技能工人的失业价值将因为低技能空缺岗位比例增加而增加，而高技能工人的失业价值将随着低技能空缺岗位减少而增加。

现在可以通过均衡条件即 $V(s_1)=V(s_2)=0$ 求解均衡。并简化使之成为仅包含 θ 的方程。

第一个条件（等价值条件，即 $V(s_1)=V(s_2)$，运用等式（1-19）和等式（1-20）的左边相等）可以写为：

$$\gamma(s_1 - c - rU(s_1)) - (1-\gamma)(s_2 - s_1) = 0 \tag{1-23}$$

使用式（1-21），可以得到：

$$s_1 - c - rU(s_1) = \frac{(s_1 - c - b)(r+\delta)}{r+\delta+\beta m(\theta)\phi}$$

因此，等价值条件式（1-23）又可以写为：

$$(s_1 - c - b)(r+\delta) = (1-\gamma)[(s_2 - c - b)(r+\delta) + \beta m(\theta)\phi(s_2 - s_1)] \tag{1-24}$$

从等式（1-22）可得：

$$s_2 - c - rU(s_2) = \frac{(s_2 - c - b)(r+\delta) + \beta m(\theta)\phi(s_2 - s_1)}{r+\delta+\beta m(\theta)}$$

将之代入第二个条件，即 $V(s_2)=0$（即等式（1-20）），并使用等式（1-18）可得：

$$c = \frac{m(\theta)}{\theta} \frac{(1-\beta)(s_1 - c - b)}{r+\delta+\beta m(\theta)} \tag{1-25}$$

根据前面对 $m(\theta)$ 假设，上式具有唯一的 θ 解。如果将这个解代入等价值条件（1-24），注意到 $\phi=\phi(\theta,\gamma)$，这样可以得到 γ 的二次函数。这个二次函数具有唯一的满足 $1 > \gamma > p$ 的解。

交叉匹配均衡下的产出为：

$$Y = s_1\{(1-u) - [1-u-(p-u\gamma)](1-\phi)\} + s_2[1-u-(p-u\gamma)](1-\phi) \quad (1-26)$$

企业从单个岗位获得的超额收益为：

$$\pi = y - w - c \quad (1-27)$$

以低技能岗位为例，其表达式可以写为：

$$\pi = s_1 - w(s_1, s_1) - c$$

将式（1-11）和式（1-21）代入可得：

$$\pi = s_1 - \beta(s_1 - c) - (1-\beta)\frac{b(r+\delta) + m(\theta)\phi\beta(s_1-c)}{r+\delta+m(\theta)\phi\beta} - c \quad (1-28)$$

接下来分析要素流入产生的一些匹配效应。

1. 闲置要素使用效应——以劳动就业为例

首先是 c，c 代表岗位设置需要承担的固定成本。

由式（1-25）可知，$\frac{\partial \theta}{\partial c} < 0$，显然当 c 很高时，θ 会很小，而 $\theta = \frac{v}{u}$，为空缺岗位率 v 和失业率 u 之比。θ 小意味着岗位数不足。这与事实是相符的。显然岗位的设置需要一定的资本投入，当本国缺少资本使得 c 很高时，无法提供更多就业岗位，这时外资流入一方面将增加就业岗位，另一方面将起到降低 c 的作用，促进 θ 提高，即提高就业达成率，从而产生就业匹配效应。因此，作为要素跨国流入载体的外资进入将促进本国就业匹配效应。

2. 本国参与要素的高性价比

但此时国内参与要素的收益（工资）是相对低的。将式（1-21）代入式（1-11）可得低技能工人的工资表达式：

$$w_{11} = \beta(s_1 - c) + (1-\beta)\frac{b(r+\delta) + m(\theta)\phi\beta(s_1-c)}{r+\delta+m(\theta)\phi\beta} \quad (1-29)$$

式（1-29）可知，$\frac{\partial w_{11}}{\partial s_1} > 0$，即低技能工人的工资随其技能水平提升而提升。$\frac{\partial w_{11}}{\partial \theta} > 0$，即工资随就业达成率的上升而上升，当就业达成率很低时，工

资自然很低。这时本国参与要素（低技能工人）的"性价比"就很高，尤其是在高技能与低技能工人之间的技能水平差距较大时更为明显。

注意到，式（1-23）可知，$\frac{\partial \gamma}{\partial s_2}>0$，由式（1-17）可知，$\frac{\partial \phi}{\partial \gamma}<0$，故$\frac{\partial \phi}{\partial s_2}<0$，由式（1-29）可知，$\frac{\partial w_{11}}{\partial \phi}>0$，从而$\frac{\partial w_{11}}{\partial s_2}<0$，即当$s_1$保持不变，而$s_2$增加时，$w_{11}$将减小。则$\frac{s_1}{w_{11}}$将增加，即表示本国参与要素的"性价比"增加。高"性价比"本国参与要素可以理解为参与国际要素合作的优势要素。

3. 流入要素高收益

式（1-28）表明当$\beta<\frac{1}{2}$时，必定有$\frac{\partial \pi}{\partial \beta}<0$。$\beta$为外生给定的工人对生产剩余占有的比例，它取决于工人在纳什讨价还价中的能力。显然，当本国工人受雇于外资企业的初期，其纳什讨价还价的能力是很弱的，上述条件是现实的。因此，对于外资企业来说，本国工人相比于外资母国的工人其纳什讨价还价的能力显然要低很多，这也就说明了外资企业通过要素流动获得了更高的收益。这就是流入要素的高收益效应。

4. 要素质量提升效应

本国要素质量提升效应来自三个方面：一是本国工人就业实现后通过干中学提升了自身的技能水平，也就是s_1将不断提升；二是外资企业提供的本国工人就业岗位培训和职业技能培训促进s_1的提升；三是由于$\frac{\partial w_{11}}{\partial s_1}>0$即随着$s_1$的提升，中国参与国际合作要素的工资水平将不断提升，工资的提升使得工人有资金自主投入参加职业能力培训等积累人力资本，不但可以使低技能工人提升技能素质，即s_1的提升，部分低技能工人可能跃升为高技能工人，即$s_1 \rightarrow s_2$。

5. 产出扩大效应

产出扩大来自三个方面的影响：一是要素投入数量增加，即闲置要素使用效应；二是要素质量提升，从式（1-26）可知，$\frac{\partial Y}{\partial s_1}>0$，同时产出也将不断提升；三是低技能工人比例下降，由于部分低技能工人通过干中学、企业培训和工资增加后的人力资本投入增加等带来技能跃升至高技能等级，也就是说从总量上看，低技能工人比例 p 将下降，由式（1-26）可知，$\frac{\partial Y}{\partial p} < 0$，即随着 p 下降，总产出 Y 将增加。

第二章　基于企业层面属地增加值和属权增加值测算分析

本章借鉴已有研究提出属权增加值测算的方法，并借用国民经济增加值统计方法，根据中国工业企业数据库数据情况设计增加值构成的分解测算方法，通过匹配中国工业企业数据库和海关数据库（考虑到数据可靠性，我们以2000—2006年的样本作为研究对象），筛选出具有加工贸易出口的企业25153家共72713个样本，对之进行属地增加值和属权增加值测算。并从全部加工贸易企业、外资加工贸易企业（进一步分为外资纯出口加工贸易企业和外资非纯出口加工贸易企业）和非外资加工贸易企业五个类别，从总体、年份、行业及其构成对其属地增加值和属权增加值情况进行全面分析与比较，以揭示特征与差异。

第一节　属权增加值测算方法

一、属权增加值测算方法和数据来源

根据现有文献，核算出口增加值主要有两个方法：一个为基于竞争性跨国投入产出表进行核算（Koopman et al.，2014，罗长远和张军，2014），但由于投入产出表编制的局限性，这一方法无法就企业和要素的所有权进行识别，而难以进一步核算国民属权意义上的一国出口增加值。而且由于以"等比例投入"作为前提假设，无法对出口部门和非出口部门产出的要素投入量进行明确地区分。另一个方法是利用微观企业数据进行核算（Upward et al.，2013，Ma et al.，2015，Kee & Tang，2016），该方法可有效地区分不同所有制、不同空间概念上企业的出口增加值。我们将借鉴 Kee & Tang（2016）的研究方法，

测算分解中国增加值贸易中来自不同属权要素的增加值,以区分增加值贸易中的本国增加值和外国增加值。

增加值是指常住单位生产过程创造的新增价值,反映企业生产过程中产出超过中间投入的价值。这一概念源于工业生产统计。它可以按生产法计算,也可以按收入法计算。按生产法计算,它等于总产出减去中间投入;按收入法计算,它等于劳动者报酬、生产税净额、固定资产折旧和营业盈余之和。增加值贸易从核算方法上看,就是统计出口货物生产过程中的新增加价值。

按照增加值的收入法计算,企业层面的属地出口增加值(VA_{it})可以表述为:

$$VA_{it} = w_{it} \cdot L_{it} + r_{it} \cdot K_{it} + \pi_{it} + T_{it} \qquad (2-1)$$

其中,w_{it} 表示 t 期 i 企业支付给工人的单位工资,L_{it} 表示 t 期 i 企业出口商品生产中投入的劳动数量,$w_{it} \cdot L_{it}$ 表示 t 期 i 企业出口商品生产中应该支付的劳动者报酬,r_{it} 表示 t 期 i 企业的资产价格(利息率),K_{it} 表示 t 期 i 企业出口商品生产中投入的固定资产数量,$r_{it} \cdot K_{it}$ 表示 t 期 i 企业出口中应该计取的固定资产折旧,π_{it} 表示 t 期 i 企业出口商品生产中的企业盈余,T_{it} 表示 t 期 i 企业出口商品生产中应缴的生产税净额。

正如第一章中所指出的那样,一国出口增加值中既含有外国生产要素的贡献部分也包括了本国生产要素的贡献部分。从增加值要素收入法核算的角度,一国出口增加值既要分配给外国生产要素,也要分配给本国生产要素。因此在生产要素国际流动但所有权不改变的情况下,出口增加值就存在属权结构问题。[①]

在运用收入法计算的过程中,假定企业使用的资本(包括机器设备、知识、专利、销售网络和品牌等以外资为载体从外国流入的生产要素),那么企业出口中所含的固定资产折旧和营业盈余就成为增加值贸易中的外国增加值部分,它也可以看作外国生产要素的收益。其中,出口企业的固定资产折旧可以看作是对机器设备等外国流入的有形要素的补偿,营业盈余是对知识、专利、

---

① 需要说明的是,考虑到无法利用中国工业企业数据库和海关数据库对中间投入品的生产增值过程进行权属属地分析,本书仅对企业层面增加值贸易出口生产过程所形成的增加值进行属权属地的区分。显然,对于企业来说,这样的核算是合适的,但加总到一国的增加值贸易核算其属权属地的区别则是存在偏误的。

销售网络、品牌等外国流入的无形要素的报酬。实际中，即使是外资企业资本投入也并非完全是外资，它往往与本国资本有一定的构成比例，这在后面实际测算时将按出口企业内外资构成比例分配固定资产折旧和营业盈余这两部分形成的增加值。

劳动报酬是本国工人提供劳动应得的报酬，生产税净额可以看作本国政府为企业生产提供相关服务的报酬。这样增加值贸易出口中的本国增加值或属权增加就有劳动者报酬、生产税净额和按本国投入资本比重分割的固定资产折旧、营业盈余。于是企业层面的属权增加值（NVA_{it}）可表达为：

$$NVA_{it} = w_{it} \cdot L_{it} + T_{it} + \varphi_{it}(r_{it} \cdot K_{it} + \pi_{it}) \tag{2-2}$$

其中，φ_{it} 表示 t 期 i 企业本国资本投入比重。按行业加总企业的属权增加值可以得到行业 j 的属权增加值：

$$NVA_{jt} = \sum_{i \in \Omega_j} NVA_{it}$$

其中，Ω_j 表示行业 j 内企业的集合。

要进行上述增加值的分解并进行属权和属地增加值测算必须具有企业层面的相关数据。工业企业数据库有来自国家统计局对国有企业和规模以上工业企业调查的数据，数据指标涉及了企业利润表、资产负债表和现金流量表中的相关指标，但没有企业出口方式和外商投资企业作为投资所进口的机器设备等相关贸易指标。海关产品数据库是海关记录的企业每一条详细的海关进出口记录。因此，对工业企业数据库和海关产品数据率按企业名称进行匹配可以筛选出加工贸易出口企业，从而可以按上述方法对各企业的属地增加值和属权增加值进行测算分析。

我们选取的统计样本为加工贸易出口企业。出于以下两方面考虑：第一，已有文献的研究成果。Kee and Tang（2016）运用加工贸易出口企业数据计算了2000年至2007年间中国的属地出口增加值，Kee and Tang（2016）认为加工贸易的统计方式可清晰地区分国内中间品和国外中间品，且加工贸易企业的进口都用于出口，进而有利于出口增加值的统计。第二，加工贸易方式是我们研究的有要素流入企业（一般称为外资企业）的主要贸易方式。考虑到数据的真实性我们测算的年份为2000—2006年。

首先，将海关数据库中具有加工贸易（包括来料加工装配贸易（代码

14)、进料加工贸易（代码 15）、来料加工装配进口的设备（代码 20）、出料加工贸易（代码 27））进出口信息的数据保留，并将海关原始的月份数据按年份分进口和出口分别加总成年度数据。

其次，与工业企业数据库相应年份按企业名称进行匹配，并去掉企业名称缺失、出口交货值为 0、无外资（外商资本金和港澳台资本金均为 0 或为负）、实收资本为 0 等数据，并去掉了行业类型为有色金属矿采选业（代码 09）、非金属矿采选业（代码 10）、烟草制品业（代码 16）、废弃资源和废旧材料回收加工业（代码 43）、电力、热力的生产和供应业（代码 44）、燃气生产和供应业（代码 45）、水的生产和供应业（代码 46）的数据，共得到 25153 家企业 72173 个数据。其中外资企业（包括注册类型代码为 2 开头的港澳台投资企业和 3 开头的外商投资企业）24720 家，共 71139 个数据；外资纯出口企业（指工业销售产值等于出口交货值的企业）11886 家，共 28605 个数据；外资非纯出口企业（指工业销售产值大于出口交货值的企业）17296 家，共 42535 个数据；非外资企业（注册类型为非上述两类企业）692 家，共 1034 个数据。

二、增加值构成的分解测算方法

根据式（2-1）和式（2-2）分别对中国加工贸易出口的属地增加值和属权增加值进行计算时，考虑到增加值四项构成项目中除了折旧（即本年折旧）有明确的数据外，生产税净额、劳动者报酬和营业盈余都可以有不同的测算角度。因此，我们根据工业企业数据库财务数据采用多种方法对这三项数据进行估算。

对于劳动者报酬，采用了以下两种方法测算：

（1）劳动者报酬① = 工资总额 + 福利费

（2）劳动者报酬② = 工业增加值 − 生产税净额 − 本年折旧 − 营业盈余[①]

对于生产税净额，采用以下两种方法测算：

（1）生产税净额① = 增值税 + 税收 + 制造费用中的税收 − 补贴收入

（2）生产税净额② = 主营业务税金及附加 + 本年应交增值税 + 税金及上

---

① 此式实际上是以计算得到的营业盈余即营业盈余测算的第一式为差项。

交的各种专项费用－补贴收入①

对于营业盈余②，采用了以下两种方法测算：

（1）营业盈余①＝营业利润＋生产补贴－从利润中开支的工资和福利－从税后利润中提取的公益金③

（2）营业盈余②＝工业增加值－生产税净额－本年折旧－劳动者报酬④

由于生产税净额测算获得的值只有一个，因此，增加值分解共有三种情况：

增加值①＝劳动者报酬①＋生产税净额＋折旧＋营业盈余①

增加值②＝劳动者报酬②＋生产税净额＋折旧＋营业盈余①

增加值③＝劳动者报酬①＋生产税净额＋折旧＋营业盈余②

其中增加值②和③与工业企业数据库中的工业增加值相等，而增加值①则与工业增加值不相等。

第二节　全部加工贸易出口企业属地增加值和属权增加值分析

2000—2006年共有25153家符合上述要求的加工贸易出口企业，根据前述方法进行属地增加值的测算和属权增加值的分解测算，并分别从总体、分年份、分行业三个维度报告和分析测算结果如下。

一、属地增加值及其构成情况

从我们采用的计算方法显示的构成情况看，估算得到的工业增加值均值（即按增加值①方法计算）低于工业企业调查数据库提供的工业增加值（或按

---

① 此式的相关财务数据在实际获得时与生产税净额测算的①式是一样的，因此实际上生产税净额测算只有一个值。

② 营业盈余除了本书所列两种方法外还有两种方法：（1）营业盈余＝工业总产值（现值）－主营业务成本－营业费用－管理费用－利息＋补贴收入；（2）营业盈余1＝主营业务收入－主营业务成本－营业费用－主营业务税金及其他－管理费用－财务费用；但考虑到各年财务数据中不一致，有些年份缺少主营业务收入、主营业务成本等项，故未采用这两种方法。

③ 此式后两项无法从工业企业数据库财务数据中分离得到，故以前两项相加作为近似。

④ 此式实际上是以计算得到的劳动者报酬即劳动者报酬测算的第一式65.0%为差项。

增加值②和增加值③方法计算）均值①36.7%。按统计核算公式得到的劳动者报酬和营业盈余分别低于对应按差项计算得到的均值低61.7%和65.0%（详见图2-1）。从构成比例看，按单独计算劳动者报酬和营业盈余，生产税净额和折旧在增加值中的比重相比通过差项得到劳动者报酬或营业盈余时的比重分别低4.85%和7.31%（详见表2-1）。

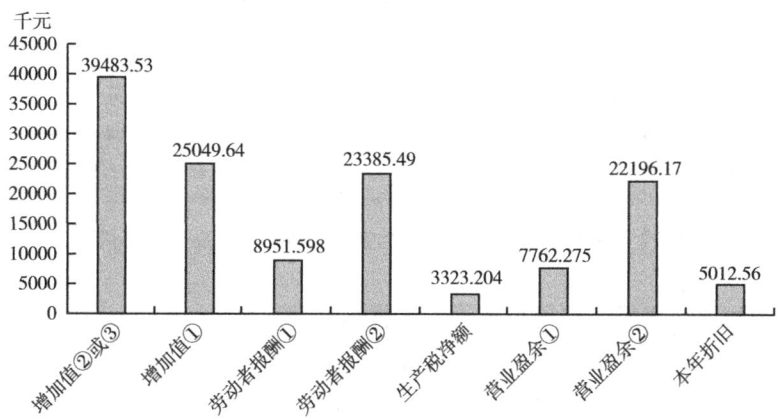

图2-1 全部加工贸易企业增加值及其构成情况

注：本图及后面的图、表如无特别说明均为作者根据中国工业企业数据库和海关数据库匹配后计算整理得到。

表2-1　　　不同核算方法下的全部加工贸易企业增加值构成比例

	劳动者报酬	生产税净额	营业盈余	本年折旧	合计
增加值①	35.74%	13.27%	30.99%	20.01%	100%
增加值②	59.23%	8.42%	19.66%	12.70%	100%
增加值③	22.67%	8.42%	56.22%	12.70%	100%

二、分年份增加值及其构成情况

在研究的考察期内，增加值及其构成除2001年增加值①、生产税净额和营业盈余①略有下降，2004年相比2003年除劳动者报酬①其他各项数值均略

---

① 以下本章分析中各指标均指相应企业类型的均值。

有下降外，总体呈不断增加的趋势（详见图2-2）。其中劳动者报酬①是唯一一项连续增加的增加值构成项。

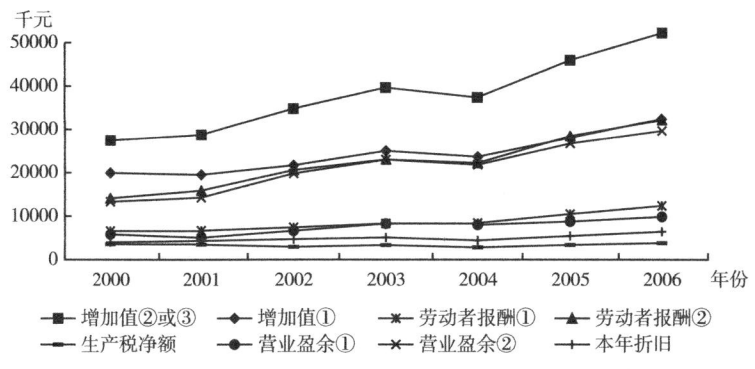

图2-2 分年份全部加工贸易企业增加值及其构成项变化情况

从增加值构成看，按增加值①方法核算（详见图2-3），劳动者报酬的比重最高且总体呈上升趋势，2000—2006年间从33.06%增加到了38.11%，增加了5.05个百分点。生产税净额的比重最低且总体上呈下降趋势，2000—2006年间从17.77%，下降到了11.78%，下降了5.99个百分点，两者相加占增加值比重下降0.94个百分点，即纯归本国的增加值比重下降了0.94个百分点。营业盈余的比重居中于第二位，呈波动上升，2000—2006年间从29.12%上升到了30.33%，上升了1.21个百分点，本年折旧的比重居于第三位，呈波动下降，2000—2006年间从20.05%下降到了19.79%，下降了0.26个百分点，两者相加占增加值比重上升了0.94个百分点。

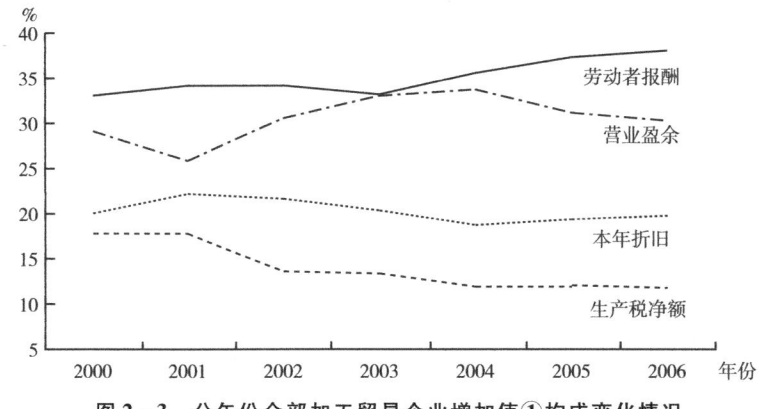

图2-3 分年份全部加工贸易企业增加值①构成变化情况

按增加值②方法核算（见图2-4），劳动者报酬的比重也为最高且呈上升趋势，2000—2006年间从51.36%增加到了61.55%，增加了10.19个百分点，生产税净额的比重也为最低且总体上呈下降趋势，2000—2006年间从12.91%下降到了7.32%，下降了5.59个百分点，两者相加占增加值比重上升了4.6个百分点，即纯归本国的增加值比重提高了4.6个百分点。营业盈余的比重也居于第二位且呈波动下降，2000—2006年间从21.16%下降到了18.84%，下降了2.32个百分点，本年折旧的比重也居于第三位且呈波动下降，2000—2006年间从14.57%下降到了12.29%，下降了2.28个百分点，两者相加占增加值比重下降了4.6个百分点。

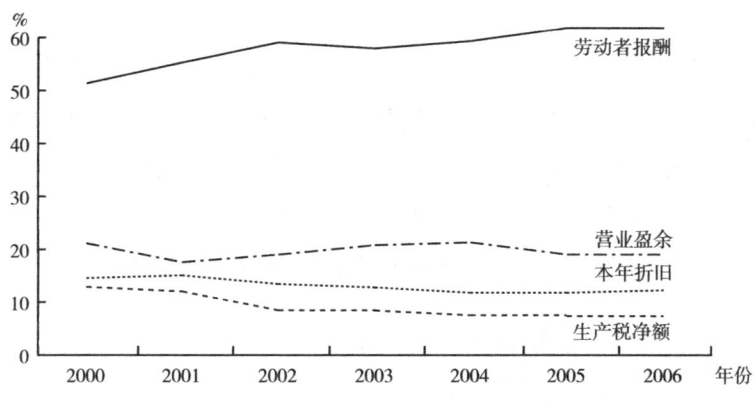

图2-4　分年份全部加工贸易企业增加值②构成变化情况

按增加值③方法核算（详见图2-5），劳动者报酬的比重居于第二位且总体上呈波动略有下降，2000—2006年间从24.02%下降到了23.68%，下降了0.34个百分点，生产税净额的比重仍为最低且总体上呈下降趋势，2000—2006年间从12.91%下降到了7.32%，下降了5.59个百分点，两者相加占增加值比重下降了5.93个百分点，即纯归本国的增加值比重下降了5.93个百分点。营业盈余的比重居于最高且总体上呈上升趋势，2000—2006年间从48.50%上升到了56.71%，上升了8.21个百分点，本年折旧的比重仍居于第三位且呈波动下降，2000—2006年间从14.57%下降到了12.29%，下降了2.28个百分点，两者相加占增加值的比重上升了5.93个百分点。

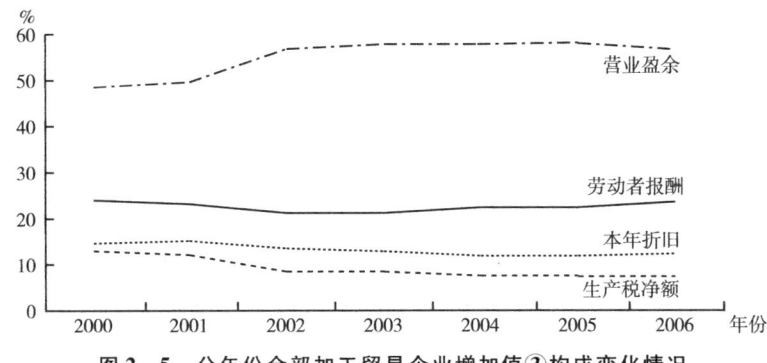

图 2-5 分年份全部加工贸易企业增加值③构成变化情况

三、分行业增加值及其构成情况

各项均值最高的行业为石油加工、炼焦及核燃料加工业，增加值①、增加值②或③、劳动者报酬①、劳动者报酬②、营业盈余①最低的是木材加工及木、竹、藤、棕、草制品业，营业盈余②最低的是纺织服装、鞋、帽制造业，生产税净额最低的是文教体育用品制造业，本年折旧最低的是工艺品及其他制造业（见图 2-6 至图 2-13，各图中加粗斜体数据为最低值）。

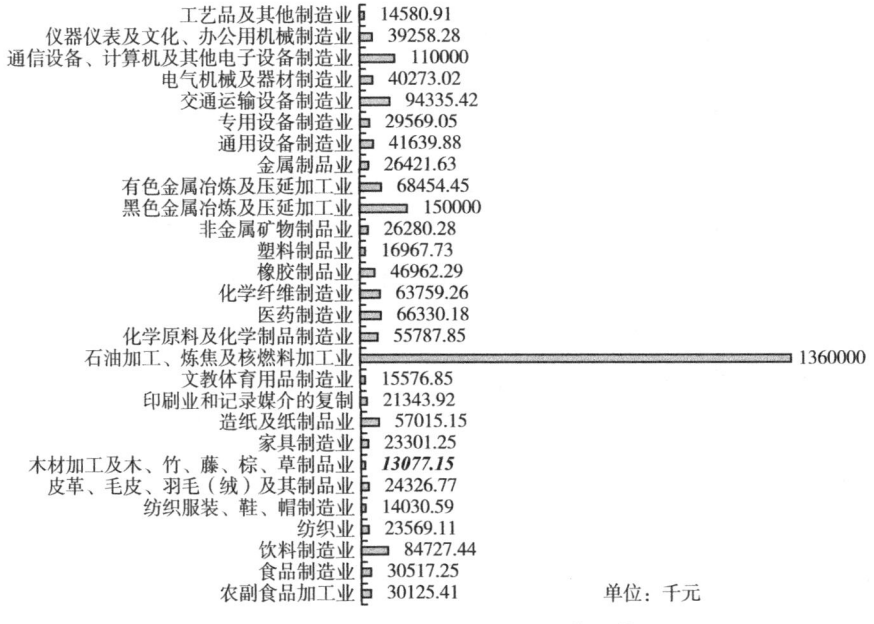

图 2-6 全部企业各行业增加值②或③

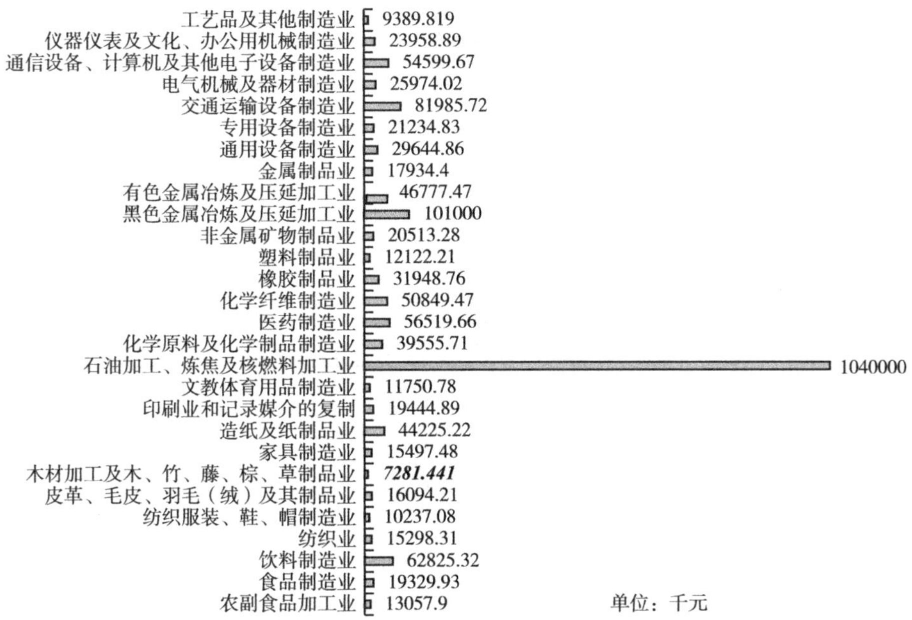

第二章 基于企业层面属地增加值和属权增加值测算分析

行业	增加值
工艺品及其他制造业	9389.819
仪器仪表及文化、办公用机械制造业	23958.89
通信设备、计算机及其他电子设备制造业	54599.67
电气机械及器材制造业	25974.02
交通运输设备制造业	81985.72
专用设备制造业	21234.83
通用设备制造业	29644.86
金属制品业	17934.4
有色金属冶炼及压延加工业	46777.47
黑色金属冶炼及压延加工业	101000
非金属矿物制品业	20513.28
塑料制品业	12122.21
橡胶制品业	31948.76
化学纤维制造业	50849.47
医药制造业	56519.66
化学原料及化学制品制造业	39555.71
石油加工、炼焦及核燃料加工业	1040000
文教体育用品制造业	11750.78
印刷业和记录媒介的复制	19444.89
造纸及纸制品业	44225.22
家具制造业	15497.48
木材加工及木、竹、藤、棕、草制品业	**7281.441**
皮革、毛皮、羽毛(绒)及其制品业	16094.21
纺织服装、鞋、帽制造业	10237.08
纺织业	15298.31
饮料制造业	62825.32
食品制造业	19329.93
农副食品加工业	13057.9

单位:千元

图2-7 全部企业各行业增加值①

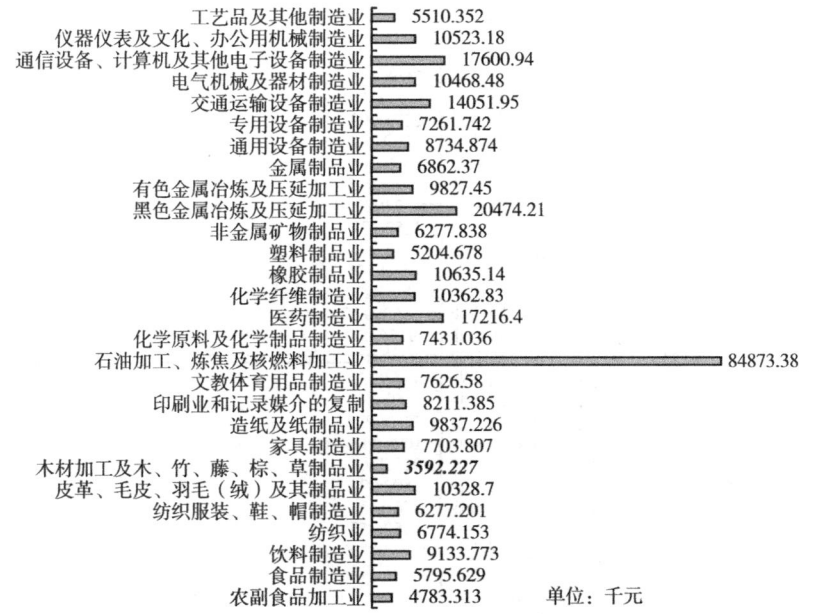

行业	劳动者报酬
工艺品及其他制造业	5510.352
仪器仪表及文化、办公用机械制造业	10523.18
通信设备、计算机及其他电子设备制造业	17600.94
电气机械及器材制造业	10468.48
交通运输设备制造业	14051.95
专用设备制造业	7261.742
通用设备制造业	8734.874
金属制品业	6862.37
有色金属冶炼及压延加工业	9827.645
黑色金属冶炼及压延加工业	20474.21
非金属矿物制品业	6277.838
塑料制品业	5204.678
橡胶制品业	10635.14
化学纤维制造业	10362.83
医药制造业	17216.4
化学原料及化学制品制造业	7431.036
石油加工、炼焦及核燃料加工业	84873.38
文教体育用品制造业	7626.58
印刷业和记录媒介的复制	8211.385
造纸及纸制品业	9837.226
家具制造业	7703.807
木材加工及木、竹、藤、棕、草制品业	**3592.227**
皮革、毛皮、羽毛(绒)及其制品业	10328.7
纺织服装、鞋、帽制造业	6277.201
纺织业	6774.153
饮料制造业	9133.773
食品制造业	5795.629
农副食品加工业	4783.313

单位:千元

图2-8 全部企业各行业劳动者报酬①

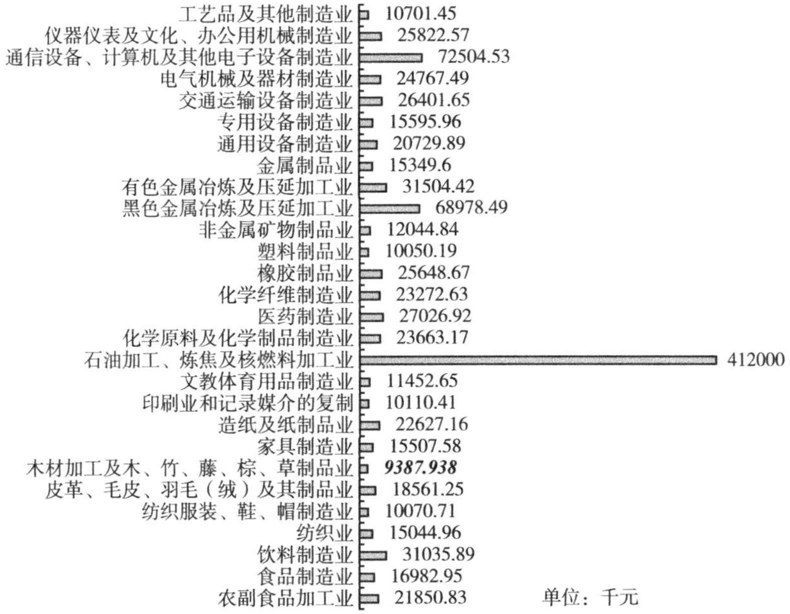

行业	劳动者报酬（千元）
工艺品及其他制造业	10701.45
仪器仪表及文化、办公用机械制造业	25822.57
通信设备、计算机及其他电子设备制造业	72504.53
电气机械及器材制造业	24767.49
交通运输设备制造业	26401.65
专用设备制造业	15595.96
通用设备制造业	20729.89
金属制品业	15349.6
有色金属冶炼及压延加工业	31504.42
黑色金属冶炼及压延加工业	68978.49
非金属矿物制品业	12044.84
塑料制品业	10050.19
橡胶制品业	25648.67
化学纤维制造业	23272.63
医药制造业	27026.92
化学原料及化学制品制造业	23663.17
石油加工、炼焦及核燃料加工业	412000
文教体育用品制造业	11452.65
印刷业和记录媒介的复制	10110.41
造纸及纸制品业	22627.16
家具制造业	15507.58
木材加工及木、竹、藤、棕、草制品业	**9387.938**
皮革、毛皮、羽毛（绒）及其制品业	18561.25
纺织服装、鞋、帽制造业	10070.71
纺织业	15044.96
饮料制造业	31035.89
食品制造业	16982.95
农副食品加工业	21850.83

单位：千元

图 2-9　全部企业各行业劳动者报酬②

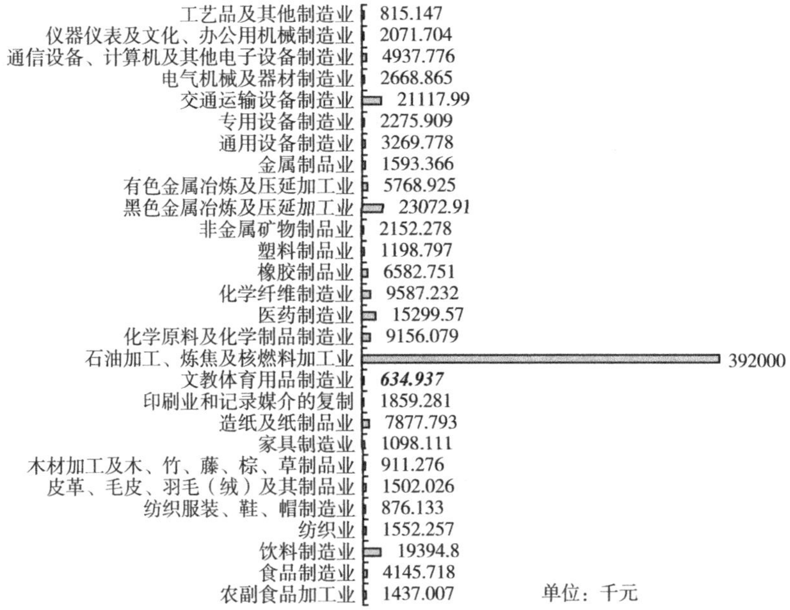

行业	生产税净额（千元）
工艺品及其他制造业	815.147
仪器仪表及文化、办公用机械制造业	2071.704
通信设备、计算机及其他电子设备制造业	4937.776
电气机械及器材制造业	2668.865
交通运输设备制造业	21117.99
专用设备制造业	2275.909
通用设备制造业	3269.778
金属制品业	1593.366
有色金属冶炼及压延加工业	5768.925
黑色金属冶炼及压延加工业	23072.91
非金属矿物制品业	2152.278
塑料制品业	1198.797
橡胶制品业	6582.751
化学纤维制造业	9587.232
医药制造业	15299.57
化学原料及化学制品制造业	9156.079
石油加工、炼焦及核燃料加工业	392000
文教体育用品制造业	**634.937**
印刷业和记录媒介的复制	1859.281
造纸及纸制品业	7877.793
家具制造业	1098.111
木材加工及木、竹、藤、棕、草制品业	911.276
皮革、毛皮、羽毛（绒）及其制品业	1502.026
纺织服装、鞋、帽制造业	876.133
纺织业	1552.257
饮料制造业	19394.8
食品制造业	4145.718
农副食品加工业	1437.007

单位：千元

图 2-10　全部企业各行业生产税净额

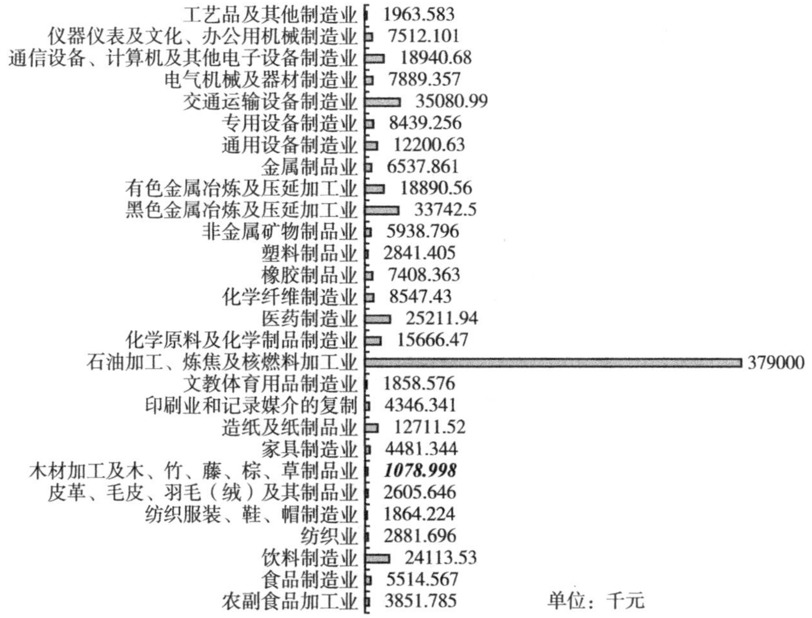

第二章 基于企业层面属地增加值和属权增加值测算分析

行业	数值
工艺品及其他制造业	1963.583
仪器仪表及文化、办公用机械制造业	7512.101
通信设备、计算机及其他电子设备制造业	18940.68
电气机械及器材制造业	7889.357
交通运输设备制造业	35080.99
专用设备制造业	8439.256
通用设备制造业	12200.63
金属制品业	6537.861
有色金属冶炼及压延加工业	18890.56
黑色金属冶炼及压延加工业	33742.5
非金属矿物制品业	5938.796
塑料制品业	2841.405
橡胶制品业	7408.363
化学纤维制造业	8547.43
医药制造业	25211.94
化学原料及化学制品制造业	15666.47
石油加工、炼焦及核燃料加工业	379000
文教体育用品制造业	1858.576
印刷业和记录媒介的复制	4346.341
造纸及纸制品业	12711.52
家具制造业	4481.344
木材加工及木、竹、藤、棕、草制品业	*1078.998*
皮革、毛皮、羽毛（绒）及其制品业	2605.646
纺织服装、鞋、帽制造业	1864.224
纺织业	2881.696
饮料制造业	24113.53
食品制造业	5514.567
农副食品加工业	3851.785

单位：千元

图 2-11 全部企业各行业营业盈余①

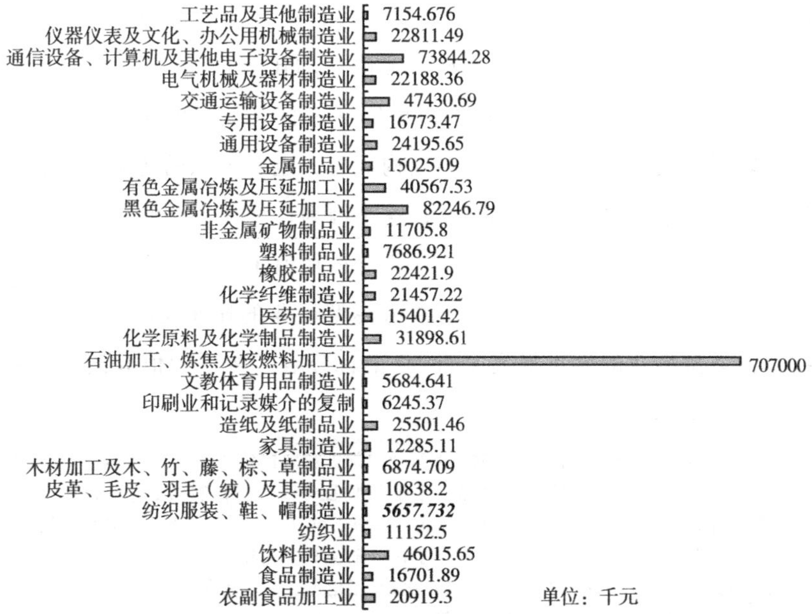

行业	数值
工艺品及其他制造业	7154.676
仪器仪表及文化、办公用机械制造业	22811.49
通信设备、计算机及其他电子设备制造业	73844.28
电气机械及器材制造业	22188.36
交通运输设备制造业	47430.69
专用设备制造业	16773.47
通用设备制造业	24195.65
金属制品业	15025.09
有色金属冶炼及压延加工业	40567.53
黑色金属冶炼及压延加工业	82246.79
非金属矿物制品业	11705.8
塑料制品业	7686.921
橡胶制品业	22421.9
化学纤维制造业	21457.22
医药制造业	15401.42
化学原料及化学制品制造业	31898.61
石油加工、炼焦及核燃料加工业	707000
文教体育用品制造业	5684.641
印刷业和记录媒介的复制	6245.37
造纸及纸制品业	25501.46
家具制造业	12285.11
木材加工及木、竹、藤、棕、草制品业	6874.709
皮革、毛皮、羽毛（绒）及其制品业	10838.2
纺织服装、鞋、帽制造业	*5657.732*
纺织业	11152.5
饮料制造业	46015.65
食品制造业	16701.89
农副食品加工业	20919.3

单位：千元

图 2-12 全部企业各行业营业盈余②

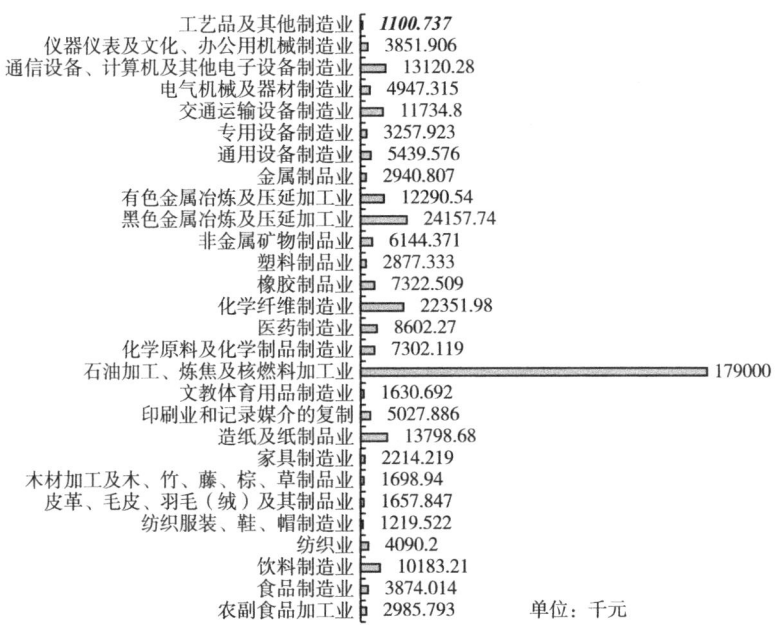

图 2-13 全部企业各行业本年折旧

进一步以要素密集型①区分看（表 2-2），就劳动者报酬的比重，按增加值①测算的各项构成看，劳动密集型行业的平均比重最高，为 43.88%，技术密集型行业为 29.03%，稍高于资本密集型行业的 26%，但相比劳动密集型行业则明显较低。按增加值②测算的各项构成看，也有类似的比重排序，不同的是各类型行业的这一平均比重都更高，这是因为按增加值②测算方法计算时把劳动者报酬作为了差项，其比重偏高。相比增加值①测算方法，劳动密集型行业的比重提高了近 18 个百分点，资本密集型行业的比重提高了近 21 个百分点，技术密集型行业的比重提高了近 20 个百分点。按增加值③测算的各项构

---

① 我们所考察的 28 个行业中，劳动密集型行业包括：农副食品加工业，食品制造业，饮料制造业，纺织业，纺织服装、鞋、帽制造业，皮革、毛皮、羽毛（绒）及其制品业，木材加工及木、竹、藤、棕、草制品业，家具制造业，造纸及纸制品业，印刷业和记录媒介的复制，文教体育用品制造业，橡胶制品业，塑料制品业，工艺品及其他制造业等 14 个行业；资本密集型行业包括：石油加工、炼焦及核燃料加工业，非金属矿物制品业，黑色金属冶炼及压延加工业，有色金属冶炼及压延加工业，金属制品业，通用设备制造业，专用设备制造业等 7 个行业；技术密集型行业包括：化学原料及化学制品制造业，医药制造业，化学纤维制造业，交通运输设备制造业，电气机械及器材制造业，通信设备、计算机及其他电子设备制造业，仪器仪表及文化、办公用机械制造业。

成看，也有类似的比重排序，不同的是，各类型行业的这一平均比重相比增加值①测算方法普遍更低，这也是因为按增加值③测算方法计算时把营业盈余作为差项，劳动者报酬的比重偏低。相比而言，劳动密集型行业的比重降低了14个百分点，资本密集型行业的比重降低了7.5个百分点，技术密集型行业的比重降低了近9个百分点。

就营业盈余的比重，按增加值①测算的各项构成看，资本密集型行业的平均比重最高，为36.65%，而技术密集型则为34.32%，这两类行业的这一平均比重明显高于劳动密集型行业的23.42%。同样，按增加值②测算的各项构成看，也有类似的比重排序，不同的是各类型行业的这一平均比重相比增加值①测算方法普遍更低，这是也因为按增加值②测算方法计算时把劳动者报酬作为了差项，营业盈余的比重偏低。相比增加值①测算方法，劳动密集型行业的这一比重下降了7.5个百分点，资本密集型行业的这一比重下降了10.5个百分点，技术密集型行业的这一比重下降了近10个百分点。按增加值③测算的各项构成看，也有类似的比重排序，这也是因为按增加值③测算方法计算时把营业盈余作为差项，其比重偏高。不同的是各类型行业的这一平均比重相比增加值①测算方法普遍更高，相比而言，劳动密集型行业的比重提高了24个多百分点，资本密集型行业的比重提高了近18个百分点，技术密集型行业的比重提高了近15个百分点。

就生产税净额的比重，按增加值①测算的各项构成看，技术密集型行业的平均比重最高，为17.54%，资本密集型行业为16.28%，劳动密集型行业最低为13.07%，相比劳动者报酬和营业盈余这两项的比重，各类型行业生产税净额平均比重之间的差距明显缩小。按增加值②和增加值③测算的各项构成看，也有类似的比重排序，不同的是各类型行业的这一平均比重相比增加值①测算方法普遍更低，这是因为按增加值②和增加值③测算方法计算时分别把劳动者报酬和营业盈余作为了差项，生产税净额的比重偏低。相比增加值①测算方法，劳动密集型行业的这一比重降低了4个多百分点，资本密集型行业的这一比重降低了4.5个百分点，技术密集型行业的这一比重也降低了4个多百分点。不同的是各类型行业的这一平均比重差距相比增加值①测算方法明显加大。

就本年折旧的比重，按增加值①测算的各项构成看，技术密集型行业的平均比重最高，为21.59%，资本密集型行业为21.06%，劳动密集型行业最低为19.64%，相比前三项的比重，各类型行业本年折旧平均比重之间的差距最小，其比重排序与生产税净额相同。按增加值②和增加值③测算的各项构成看，也有类似的比重排序和比重差距，不同的是各类型行业的这一平均比重相比增加值①测算方法普遍更低，这是也因为按增加值②和增加值③测算方法计算时分别把劳动者报酬和营业盈余作为了差项，本年折旧的比重偏低。相比增加值①测算方法，各类型行业的这一比重均降低了约6个百分点。

从纯归本国的增加值比重即劳动者报酬和生产税净额的平均比重之和看，无论按何种增加值测算方法计算，劳动密集型行业的平均比重均为最高，资本密集型的比重为最低。按增加值②测算方法计算得到的平均比重绝对值最高，按增加值③测算方法计算的平均比重绝对值最低。按增加值①测算方法计算的比重差距最大，而按增加值③测算方法计算的各类型行业的比重差距最小。见表2-2。

表2-2　　　　分行业类型全部加工贸易企业增加值构成情况

		劳动密集型	资本密集型	技术密集型
增加值①	劳动者报酬	43.88%	26.00%	29.03%
	生产税净额	13.07%	16.28%	17.54%
	营业盈余	23.42%	36.65%	34.32%
	本年折旧	19.64%	21.06%	21.59%
增加值②	劳动者报酬	61.63%	46.97%	48.69%
	生产税净额	8.94%	11.77%	13.33%
	营业盈余	15.97%	26.16%	24.66%
	本年折旧	13.45%	15.12%	15.37%
增加值③	劳动者报酬	29.85%	18.52%	19.89%
	生产税净额	8.94%	11.77%	13.33%
	营业盈余	47.75%	54.62%	49.24%
	本年折旧	13.45%	15.12%	15.37%

四、总体属权增加值情况

为分解得到属权增加值,我们通过计算外资和内资分别占实收资本的比重得到分解营业盈余和本年折旧的比重,分别称为国外资本比重和国内资本比重。全部加工贸易出口企业的外国资本比重为83.6%,而本国资本比重为16.4%。这一比重本质上体现的是企业资本以内外资表示的属权构成。从全部加工贸易出口企业的增加值构成情况看,按不同核算方法计算,归属国外的增加值占总增加值均值的比重在24.9%—54.3%,归属本国的增加值占总增加值的比重在45.7%—75.1%(图2-14)。

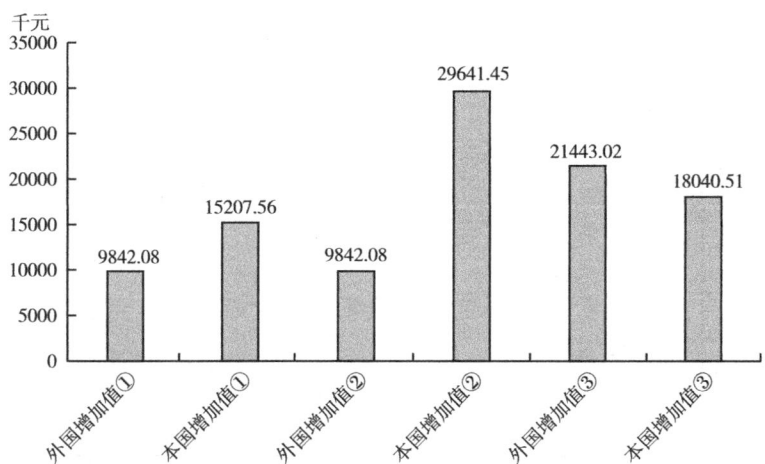

图2-14 全部加工贸易出口企业属权增加值构成情况

五、分年份全部加工贸易出口企业属权增加值情况

分年份看(见表2-3),全部加工贸易出口企业的外国部分比重在2000—2006年间呈逐年递增趋势,相应的本国部分比重则呈逐年递减趋势。这说明,加工贸易出口企业的外资比重在不断增加,同时意味着在保持其他情况不变的情况下,国外资本在本国获得的增加值比重趋于增加。

表 2-3　　　　　　分年份全部加工贸易出口企业内外资比重

年份	2000	2001	2002	2003	2004	2005	2006
外国资本比重	79.7%	81.1%	81.6%	83.4%	84.5%	85.2%	86.6%
本国资本比重	20.3%	18.9%	18.4%	16.6%	15.5%	14.8%	13.4%

从绝对量变化趋势看（图 2-15），按不同方法计算得到的外国增加值和本国增加值总体上都表现出上升趋势，其中按增加值②测算的本国增加值和按增加值③测算外国增加值的变化趋势最为明显，分别增加了 92.3% 和 127.6%。从两者的差距变化看，按增加值②测算得到本国增加值和外国增加值差距有所扩大，本国增加值与外国增加值之比从 2000 年的 2.77 增加到 2006 年的 2.90。而按增加值①和增加值③测算的本国增加值和外国增加值的差距趋于缩小，分别从 1.74 和 1.07 缩小到 1.42 和 0.74。

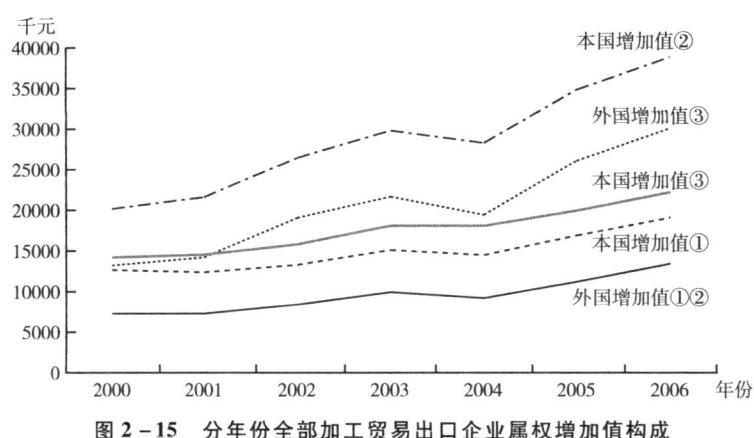

图 2-15　分年份全部加工贸易出口企业属权增加值构成

注：由于增加值①和增加值②测算时的营业盈余得到的方法相同，因此按属权资本比计算得到的这两种增加值下的外国增加值①和增加值②相等。在计算分行业外国增加值时也一样。

六、分行业全部加工贸易出口企业属权增加值情况

从内外资比重情况看，外资占实收资本比重最高的行业是造纸及纸制品业，为 89.9%，比重最低的是石油加工、炼焦及核燃料加工业，占 46.3%。分行业类型看，劳动密集型行业的平均外资占实收资本比重为 82.2%，资本

密集型行业的这一比重为77.5%,技术密集型行业的这一比重为82.9%,可见,技术密集型行业和劳动密集型行业的外资比重差不多,但比资本密集型要高近5个百分点。

从属权增加值行业均值的绝对量看,石油加工、炼焦及核燃料加工业无论哪种方式核算,无论是本国增加值还是外国增加值都是最大。这是因为这个行业中的企业数量少,共15家企业,但单体规模大,平均固定资产为19.1亿元,是平均固定资产规模最小的纺织服装、鞋、帽制造业的168.6倍,是平均固定资产规模第二的黑色金属冶炼及压延加工业6.8倍。木材加工及木、竹、藤、棕、草制品业除了外国增加值③,其他方法计算的本国增加值和外国增加值均值均为最小。外国增加值③最小的行业是纺织服装、鞋、帽制造业。这两个行业均为劳动密集型的轻工业行业,平均固定资产规模分别是考察行业中排名倒数第5位和倒数第1位(详见图2-16至图2-21,各图中加粗斜体数据为最低值)。

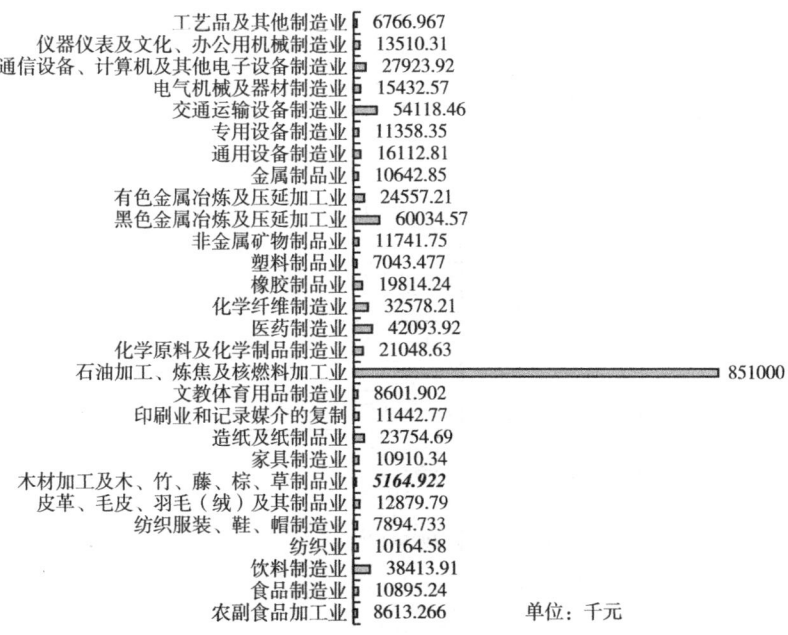

图2-16 2000—2006年各行业平均本国增加值①

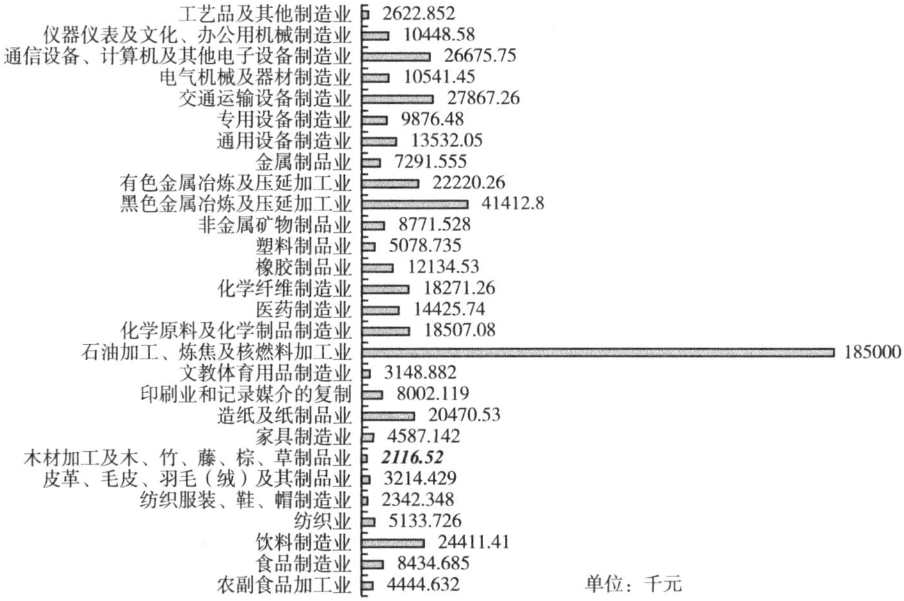

行业	平均外国增加值
工艺品及其他制造业	2622.852
仪器仪表及文化、办公用机械制造业	10448.58
通信设备、计算机及其他电子设备制造业	26675.75
电气机械及器材制造业	10541.45
交通运输设备制造业	27867.26
专用设备制造业	9876.48
通用设备制造业	13532.05
金属制品业	7291.555
有色金属冶炼及压延加工业	22220.26
黑色金属冶炼及压延加工业	41412.8
非金属矿物制品业	8771.528
塑料制品业	5078.735
橡胶制品业	12134.53
化学纤维制造业	18271.26
医药制造业	14425.74
化学原料及化学制品制造业	18507.08
石油加工、炼焦及核燃料加工业	185000
文教体育用品制造业	3148.882
印刷业和记录媒介的复制	8002.119
造纸及纸制品业	20470.53
家具制造业	4587.142
木材加工及木、竹、藤、棕、草制品业	*2116.52*
皮革、毛皮、羽毛（绒）及其制品业	3214.429
纺织服装、鞋、帽制造业	2342.348
纺织业	5133.726
饮料制造业	24411.41
食品制造业	8434.685
农副食品加工业	4444.632

单位：千元

图 2-17　2000—2006 年各行业平均外国增加值①

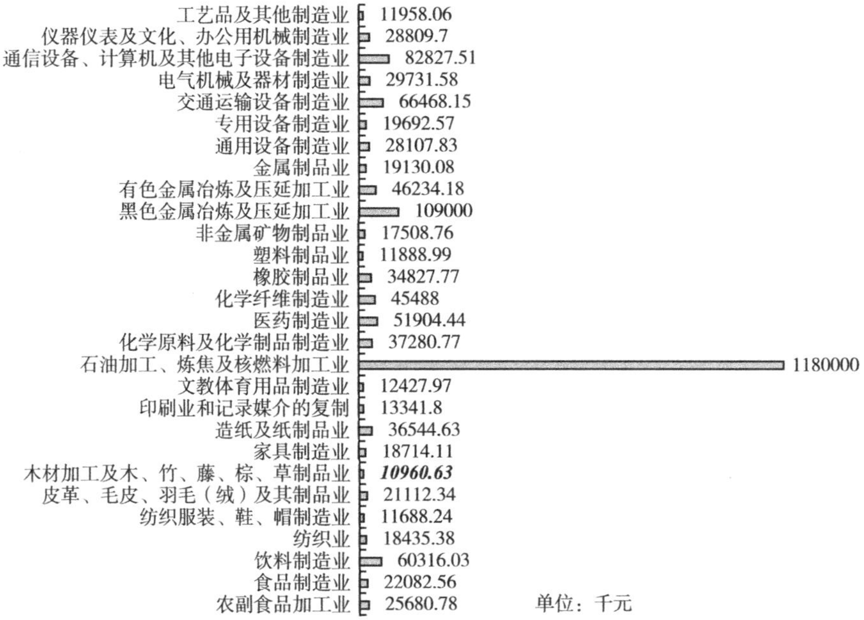

行业	平均本国增加值
工艺品及其他制造业	11958.06
仪器仪表及文化、办公用机械制造业	28809.7
通信设备、计算机及其他电子设备制造业	82827.51
电气机械及器材制造业	29731.58
交通运输设备制造业	66468.15
专用设备制造业	19692.57
通用设备制造业	28107.83
金属制品业	19130.08
有色金属冶炼及压延加工业	46234.18
黑色金属冶炼及压延加工业	109000
非金属矿物制品业	17508.76
塑料制品业	11888.99
橡胶制品业	34827.77
化学纤维制造业	45488
医药制造业	51904.44
化学原料及化学制品制造业	37280.77
石油加工、炼焦及核燃料加工业	1180000
文教体育用品制造业	12427.97
印刷业和记录媒介的复制	13341.8
造纸及纸制品业	36544.63
家具制造业	18714.11
木材加工及木、竹、藤、棕、草制品业	*10960.63*
皮革、毛皮、羽毛（绒）及其制品业	21112.34
纺织服装、鞋、帽制造业	11688.24
纺织业	18435.38
饮料制造业	60316.03
食品制造业	22082.56
农副食品加工业	25680.78

单位：千元

图 2-18　2000—2006 年各行业平均本国增加值②

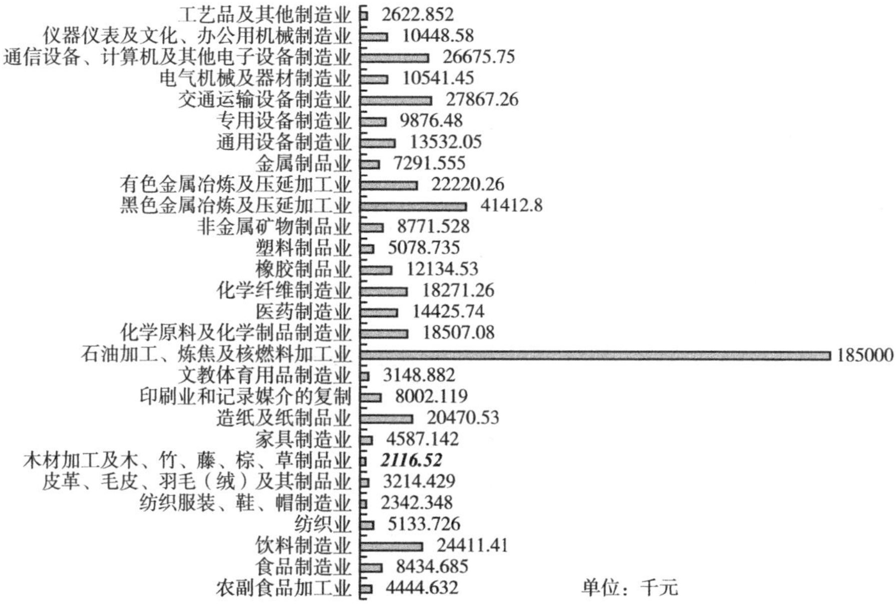

第二章 基于企业层面属地增加值和属权增加值测算分析

图 2-19　2000—2006 年各行业平均外国增加值②

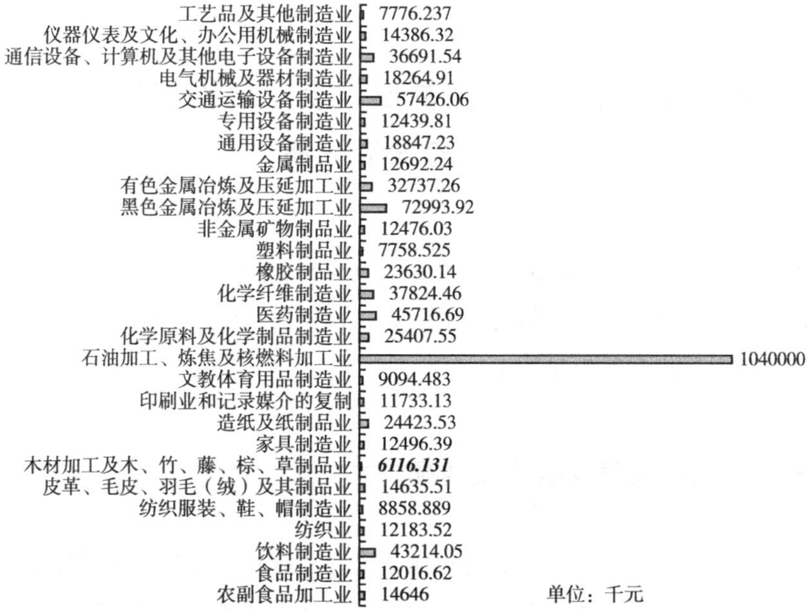

行业	数值（千元）
工艺品及其他制造业	2622.852
仪器仪表及文化、办公用机械制造业	10448.58
通信设备、计算机及其他电子设备制造业	26675.75
电气机械及器材制造业	10541.45
交通运输设备制造业	27867.26
专用设备制造业	9876.48
通用设备制造业	13532.05
金属制品业	7291.555
有色金属冶炼及压延加工业	22220.26
黑色金属冶炼及压延加工业	41412.8
非金属矿物制品业	8771.528
塑料制品业	5078.735
橡胶制品业	12134.53
化学纤维制造业	18271.26
医药制造业	14425.74
化学原料及化学制品制造业	18507.08
石油加工、炼焦及核燃料加工业	185000
文教体育用品制造业	3148.882
印刷业和记录媒介的复制	8002.119
造纸及纸制品业	20470.53
家具制造业	4587.142
木材加工及木、竹、藤、棕、草制品业	*2116.52*
皮革、毛皮、羽毛（绒）及其制品业	3214.429
纺织服装、鞋、帽制造业	2342.348
纺织业	5133.726
饮料制造业	24411.41
食品制造业	8434.685
农副食品加工业	4444.632

单位：千元

图 2-20　2000—2006 年各行业平均本国增加值③

行业	数值（千元）
工艺品及其他制造业	7776.237
仪器仪表及文化、办公用机械制造业	14386.32
通信设备、计算机及其他电子设备制造业	36691.54
电气机械及器材制造业	18264.91
交通运输设备制造业	57426.06
专用设备制造业	12439.81
通用设备制造业	18847.23
金属制品业	12692.24
有色金属冶炼及压延加工业	32737.26
黑色金属冶炼及压延加工业	72993.92
非金属矿物制品业	12476.03
塑料制品业	7758.525
橡胶制品业	23630.14
化学纤维制造业	37824.46
医药制造业	45716.69
化学原料及化学制品制造业	25407.55
石油加工、炼焦及核燃料加工业	1040000
文教体育用品制造业	9094.483
印刷业和记录媒介的复制	11733.13
造纸及纸制品业	24423.53
家具制造业	12496.39
木材加工及木、竹、藤、棕、草制品业	*6116.131*
皮革、毛皮、羽毛（绒）及其制品业	14635.51
纺织服装、鞋、帽制造业	8858.889
纺织业	12183.52
饮料制造业	43214.05
食品制造业	12016.62
农副食品加工业	14646

单位：千元

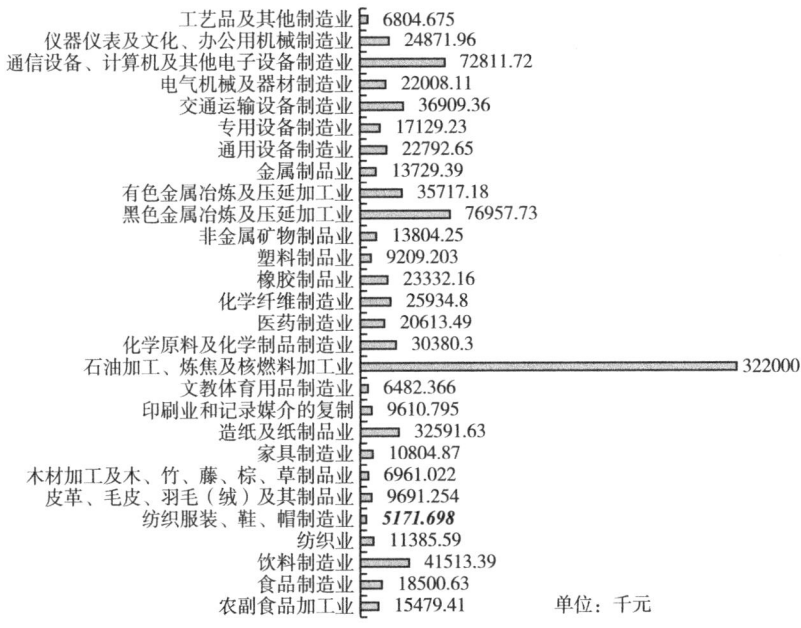

图 2-21 2000—2006 年各行业平均外国增加值③

第三节 外资加工贸易出口企业属地增加值和属权增加值分析

2000—2006 年共有 24720 家外资加工贸易出口企业，根据前述方法进行属地增加值的测算和属权增加值的分解测算，并分别从总体、分年份、分行业三个维度报告和分析测算结果如下。

一、属地增加值及其构成情况

从我们采用的计算方法得到的构成情况看，对外资加工贸易出口企业估算得到的工业增加值低于工业企业调查数据库提供的工业增加值 36.59%，相比全部加工贸易出口企业这一差距扩大了 0.04%。按统计核算公式得到的劳动者报酬均值和营业盈余分别低于对应按差项计算得到的低 61.4% 和 65.2%（见图 2-22），相比全部加工贸易出口企业，前者缩小了 0.3 个百分点，而后者扩大了 0.14 个百分点。从构成比例看，在增加值①核算方法下，生产税净额和折旧在增加值中的比重相比按增加值②或③核算方法计算时的比重分别低 4.61% 和 7.42%（见表 2-4），这一差距相比全部加工贸易出口企业有所扩大。

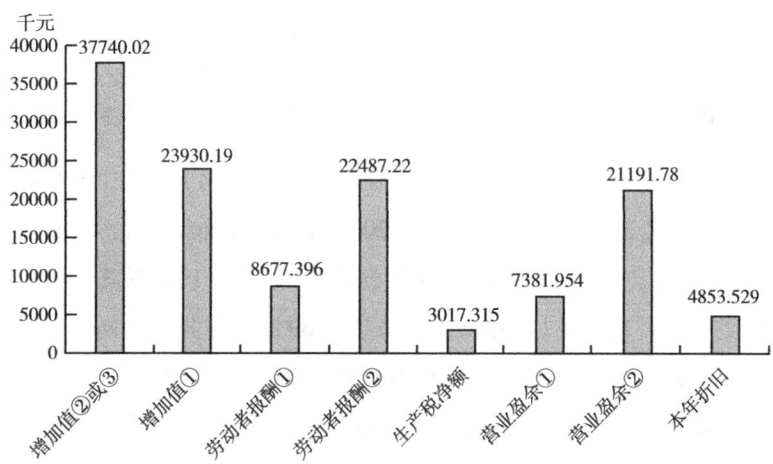

图 2-22 外资加工贸易企业增加值及其构成情况

表 2-4 不同核算方法下的外资加工贸易企业增加值构成比例

	劳动者报酬	生产税净额	营业盈余	本年折旧	合计
增加值①	36.26%	12.61%	30.85%	20.28%	100.00%
增加值②	59.58%	8.00%	19.56%	12.86%	100.00%
增加值③	22.99%	8.00%	56.15%	12.86%	100.00%

二、分年份属地增加值及其构成情况

在研究的考察期内，外资加工贸易出口企业增加值及其构成除 2001 年增加值①、生产税净额和营业盈余①略有下降，2004 年相比 2003 年除劳动者报酬①其他各项数值均略有下降外，总体呈不断增加的趋势（见图 2-23）。其中劳动者报酬①是唯一一项连续增加的增加值构成项。

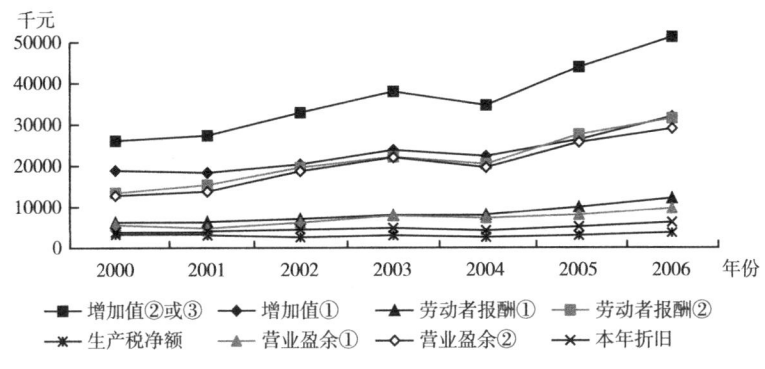

图 2-23 分年份外资加工贸易企业增加值及其构成项变化情况

从增加值构成看,按增加值①方法核算(图 2-24),劳动者报酬的比重最高且总体上呈波动上升趋势。2000—2006 年从 33.06% 增加到 38.21%,增加了 5.15 个百分点。生产税净额的比重最低且总体上呈下降趋势,2000—2006 年从 17.22% 下降到 11.53%,下降了 5.69% 个百分点,两者相加占增加值比重下降 0.54% 个百分点,即纯归本国的增加值比重下降了 0.54 个百分点,相比全部企业降幅略小。营业盈余的比重居中于第二位呈波动上升,2000—2006 年从 29.55% 上升到 30.45%,上升了 0.9 个百分点,本年折旧的比重居于第三位呈波动下降,2000—2006 年间从 20.17% 下降到 19.80%,下降了 0.37 个百分点,两者相加占增加值比重上升了 0.54 个百分点。

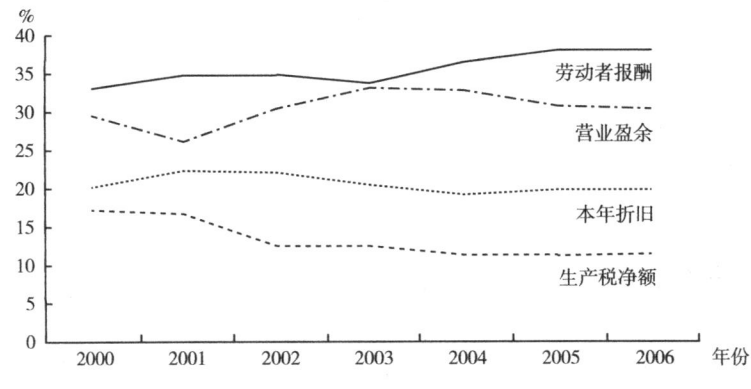

图 2-24 分年份全部外资加工贸易企业增加值①构成变化情况

按增加值②方法核算(图 2-25),劳动者报酬的比重也为最高且呈上升趋势,2000—2006 年从 51.58% 增加到 61.47%,增加了 9.89 个百分点,生产税净额的比重也为最低总体上呈下降趋势，2000—2006年从12.45%下降到7.19%，下降了5.26个百分点，两者相加占增加值比重上升了4.63个百分点，即纯归本国的增加值比重提高了4.63个百分点，相比全部企业增幅略高。营业盈余的比重也居于第二位且呈波动下降，2000—2006年从21.38%下降到18.99%，下降了2.39个百分点，本年折旧的比重也居于第三位且呈波动下降，2000—2006年从14.59%下降到12.35%，下降了2.24个百分点，两者相加占增加值比重下降了4.63个百分点。

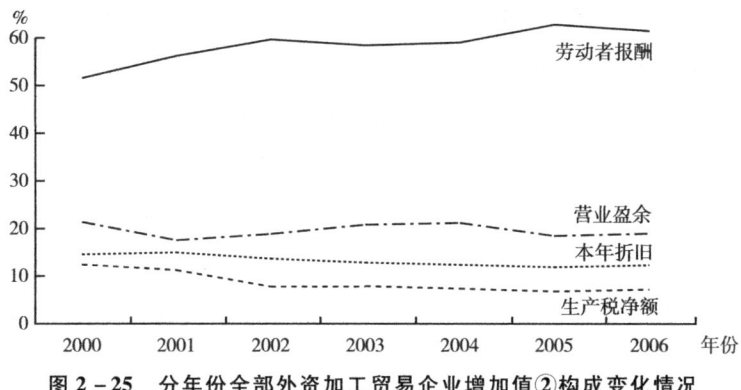

图2-25 分年份全部外资加工贸易企业增加值②构成变化情况

按增加值③方法核算（图2-26），劳动者报酬的比重居于第二位且总体上呈波动略有下降，2000—2006年从23.92%下降到23.83%，下降了0.09个百分点；生产税净额的比重仍为最低且总体上呈下降趋势，2000—2006年从12.45%下降到7.19%，下降了5.26个百分点，两者相加占增加值比重下降了5.36个百分点，即纯归本国的增加值比重下降了5.36个百分点，相比全部企

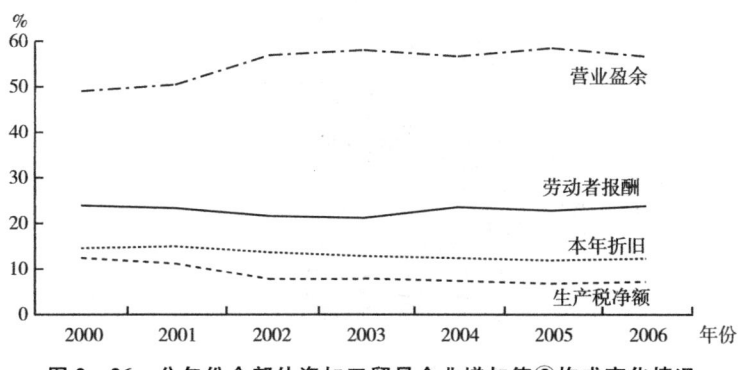

图2-26 分年份全部外资加工贸易企业增加值③构成变化情况

业降幅略小。营业盈余的比重居于最高且总体上呈上升趋势,2000—2006年从49.04%上升到56.64%,上升了7.60个百分点,本年折旧的比重仍居于第三位且呈波动下降,2000—2006年从14.59%下降到12.35%,下降了2.24个百分点,两者相加占增加值的比重上升了5.36个百分点。

三、分行业属地增加值及其构成情况

与全部加工贸易企业一样,外资加工贸易企业各项均值最高的行业也是石油加工、炼焦及核燃料加工业,增加值①、增加值②或③、劳动者报酬①、劳动者报酬②、营业盈余①最低的也是木材加工及木、竹、藤、棕、草制品业,营业盈余②最低的也是纺织服装、鞋、帽制造业,生产税净额最低的也是文教体育用品制造业,本年折旧最低的也是工艺品及其他制造业(见图2-27至图2-34,各图中加粗斜体数据为最低值)。与全部加工贸易企业的区别在于除劳动者报酬②的最值之外,其余各项增加值及其构成项的最高和最低都低于全部加工贸易企业。

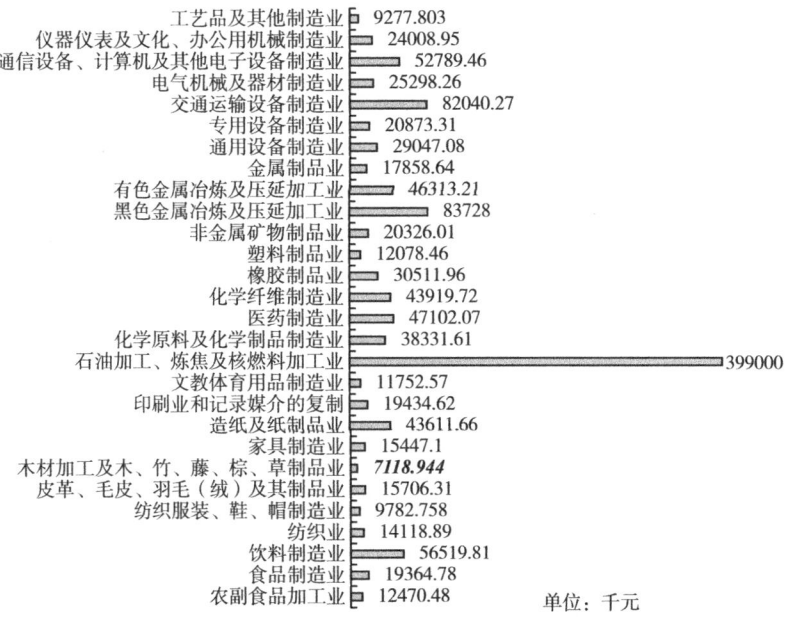

图2-27 外资企业各行业增加值①均值

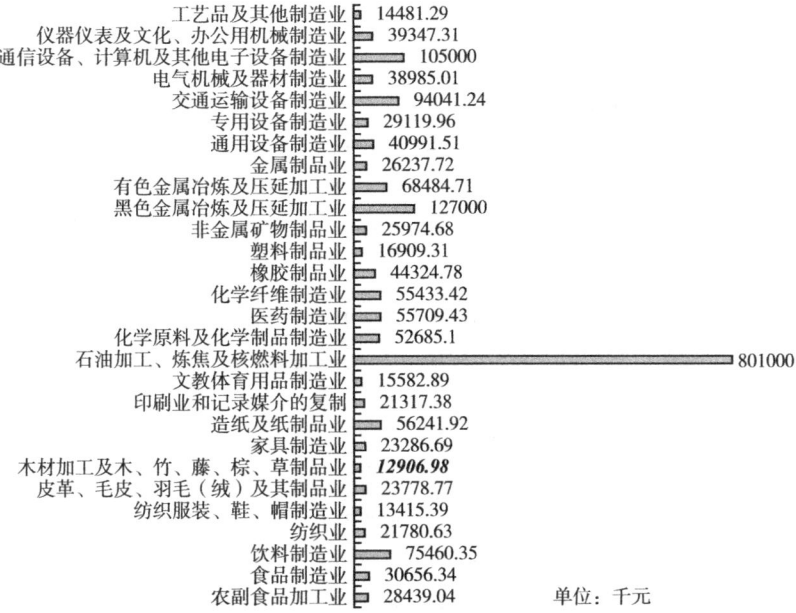

图 2-28 外资企业各行业增加值②或③均值

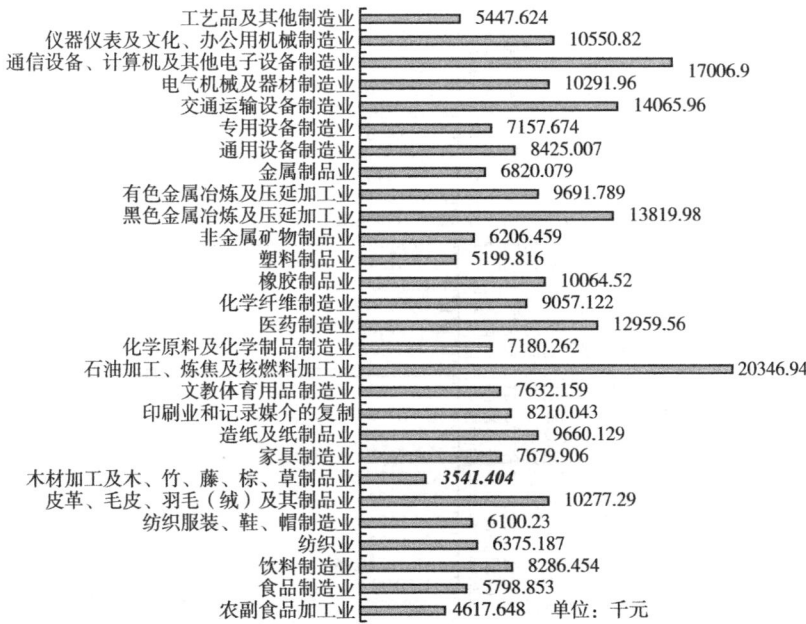

图 2-29 外资企业各行业劳动者报酬①均值

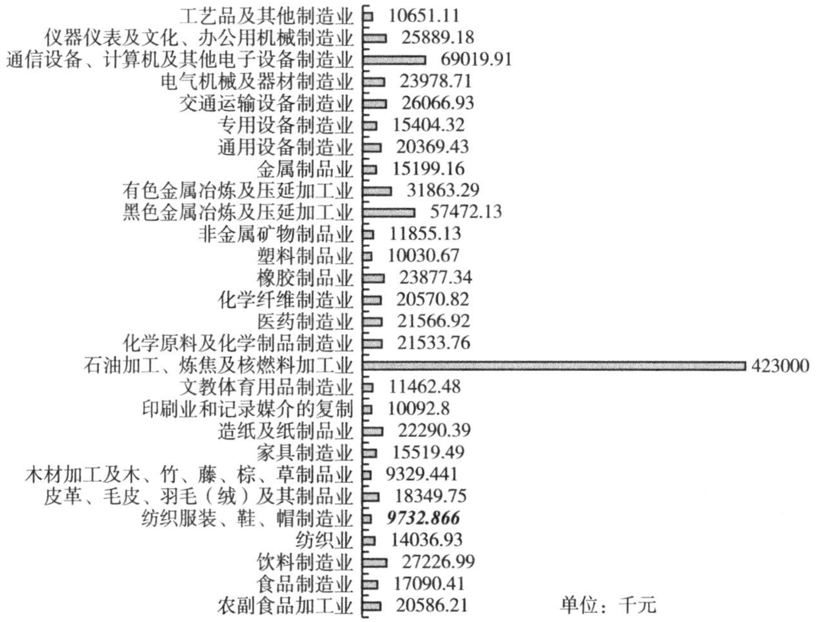

行业	劳动者报酬均值
工艺品及其他制造业	10651.11
仪器仪表及文化、办公用机械制造业	25889.18
通信设备、计算机及其他电子设备制造业	69019.91
电气机械及器材制造业	23978.71
交通运输设备制造业	26066.93
专用设备制造业	15404.32
通用设备制造业	20369.43
金属制品业	15199.16
有色金属冶炼及压延加工业	31863.29
黑色金属冶炼及压延加工业	57472.13
非金属矿物制品业	11855.13
塑料制品业	10030.67
橡胶制品业	23877.34
化学纤维制造业	20570.82
医药制造业	21566.92
化学原料及化学制品制造业	21533.76
石油加工、炼焦及核燃料加工业	423000
文教体育用品制造业	11462.48
印刷业和记录媒介的复制	10092.8
造纸及纸制品业	22290.39
家具制造业	15519.49
木材加工及木、竹、藤、棕、草制品业	9329.441
皮革、毛皮、羽毛（绒）及其制品业	18349.75
纺织服装、鞋、帽制造业	*9732.866*
纺织业	14036.93
饮料制造业	27226.99
食品制造业	17090.41
农副食品加工业	20586.21

单位：千元

图 2-30　外资企业各行业劳动者报酬②均值

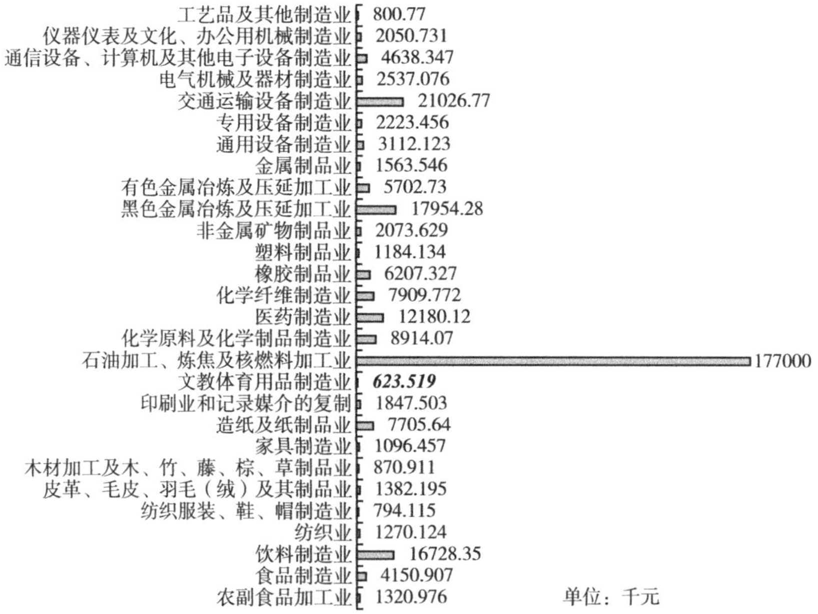

行业	生产税净额均值
工艺品及其他制造业	800.77
仪器仪表及文化、办公用机械制造业	2050.731
通信设备、计算机及其他电子设备制造业	4638.347
电气机械及器材制造业	2537.076
交通运输设备制造业	21026.77
专用设备制造业	2223.456
通用设备制造业	3112.123
金属制品业	1563.546
有色金属冶炼及压延加工业	5702.73
黑色金属冶炼及压延加工业	17954.28
非金属矿物制品业	2073.629
塑料制品业	1184.134
橡胶制品业	6207.327
化学纤维制造业	7909.772
医药制造业	12180.12
化学原料及化学制品制造业	8914.07
石油加工、炼焦及核燃料加工业	177000
文教体育用品制造业	*623.519*
印刷业和记录媒介的复制	1847.503
造纸及纸制品业	7705.64
家具制造业	1096.457
木材加工及木、竹、藤、棕、草制品业	870.911
皮革、毛皮、羽毛（绒）及其制品业	1382.195
纺织服装、鞋、帽制造业	794.115
纺织业	1270.124
饮料制造业	16728.35
食品制造业	4150.907
农副食品加工业	1320.976

单位：千元

图 2-31　外资企业各行业生产税净额均值

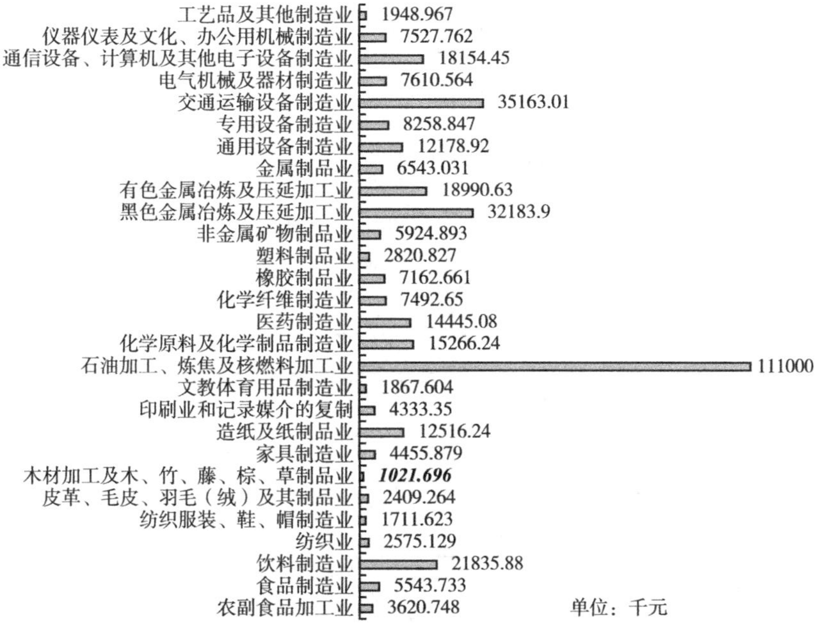

第二章 基于企业层面属地增加值和属权增加值测算分析

行业	营业盈余①均值
工艺品及其他制造业	1948.967
仪器仪表及文化、办公用机械制造业	7527.762
通信设备、计算机及其他电子设备制造业	18154.45
电气机械及器材制造业	7610.564
交通运输设备制造业	35163.01
专用设备制造业	8258.847
通用设备制造业	12178.92
金属制品业	6543.031
有色金属冶炼及压延加工业	18990.63
黑色金属冶炼及压延加工业	32183.9
非金属矿物制品业	5924.893
塑料制品业	2820.827
橡胶制品业	7162.661
化学纤维制造业	7492.65
医药制造业	14445.08
化学原料及化学制品制造业	15266.24
石油加工、炼焦及核燃料加工业	111000
文教体育用品制造业	1867.604
印刷业和记录媒介的复制	4333.35
造纸及纸制品业	12516.24
家具制造业	4455.879
木材加工及木、竹、藤、棕、草制品业	*1021.696*
皮革、毛皮、羽毛（绒）及其制品业	2409.264
纺织服装、鞋、帽制造业	1711.623
纺织业	2575.129
饮料制造业	21835.88
食品制造业	5543.733
农副食品加工业	3620.748

单位：千元

图 2-32　外资企业各行业营业盈余①均值

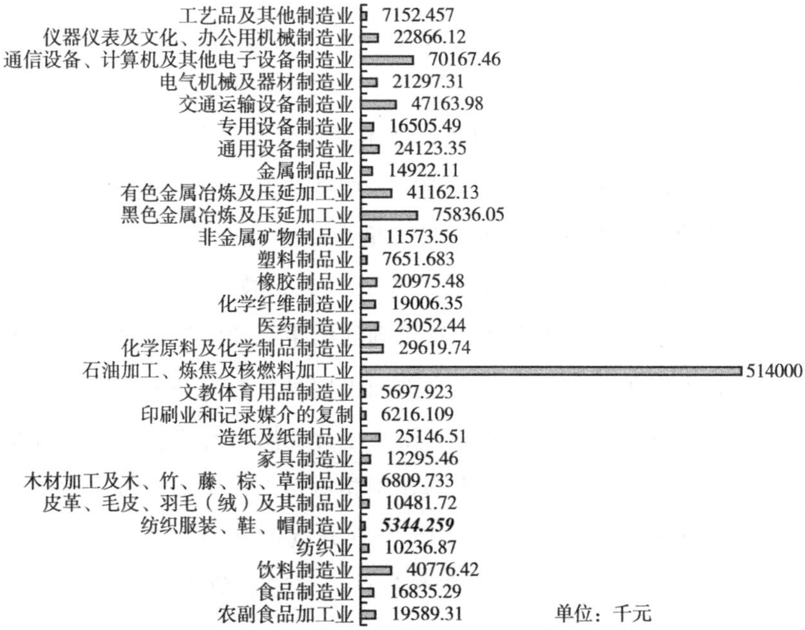

行业	营业盈余②均值
工艺品及其他制造业	7152.457
仪器仪表及文化、办公用机械制造业	22866.12
通信设备、计算机及其他电子设备制造业	70167.46
电气机械及器材制造业	21297.31
交通运输设备制造业	47163.98
专用设备制造业	16505.49
通用设备制造业	24123.35
金属制品业	14922.11
有色金属冶炼及压延加工业	41162.13
黑色金属冶炼及压延加工业	75836.05
非金属矿物制品业	11573.56
塑料制品业	7651.683
橡胶制品业	20975.48
化学纤维制造业	19006.35
医药制造业	23052.44
化学原料及化学制品制造业	29619.74
石油加工、炼焦及核燃料加工业	514000
文教体育用品制造业	5697.923
印刷业和记录媒介的复制	6216.109
造纸及纸制品业	25146.51
家具制造业	12295.46
木材加工及木、竹、藤、棕、草制品业	6809.733
皮革、毛皮、羽毛（绒）及其制品业	10481.72
纺织服装、鞋、帽制造业	*5344.259*
纺织业	10236.87
饮料制造业	40776.42
食品制造业	16835.29
农副食品加工业	19589.31

单位：千元

图 2-33　外资企业各行业营业盈余②均值

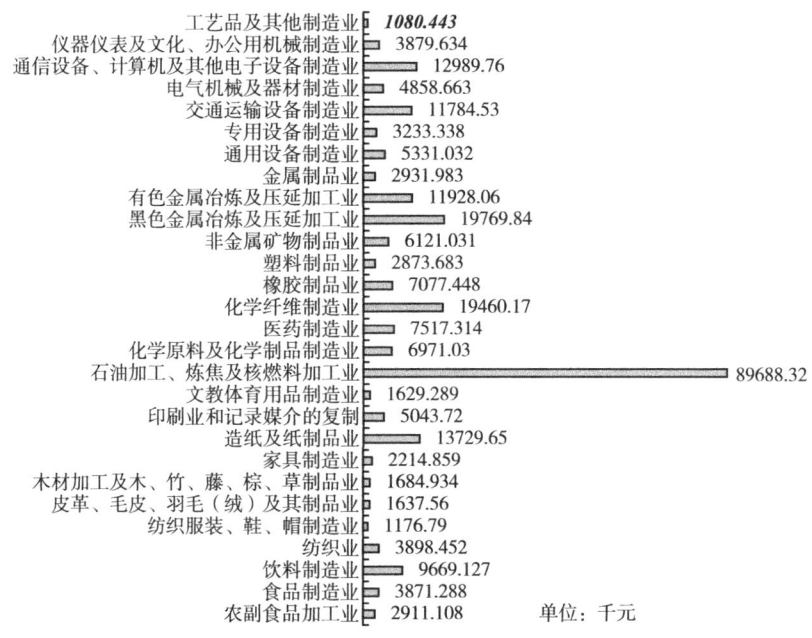

图 2-34 外资企业各行业本年折旧均值

进一步以要素密集型区分看（表 2-5），从劳动者报酬的比例看，按增加值①测算的各项构成看，劳动密集型行业的劳动者报酬平均比例最高，为 44.15%，资本密集型则为 24.94%，技术密集型则为 28.69%，与全部加工贸易企业相比，前者略高，后两者略低。按增加值②测算的各项构成看，各类型行业的劳动者报酬的平均比例明显更高，劳动密集型行业高了 17.5 个百分点，资本密集型行业高了的近 25 个百分点，技术密集型行业高了近 20 个百分点，不同于增加值①测算方法得到的结果，此时资本密集型行业的这一比重高于技术密集型行业。相比全部加工贸易企业劳动密集型行业和资本密集型行业的比例略有提高，而技术密集型行业则略有降低。按增加值③测算的各项构成看，劳动者报酬的平均比例相对增加值①测算方法得到的比重较低，其中劳动密集型行业低了约 15 个百分点，资本密集型行业和技术密集型行业则分别低了约 7 个和 9 个百分点。与增加值①测算方法的结果类似，劳动密集型行业的比例最高，资本密集型行业的比例最低。相比全部加工贸易企业劳动密集型行业的比重略有提高，而其他两个类型行业的相应比重略有降低。

就营业盈余的比例，按增加值①测算的各项构成看，资本密集型行业的平均比例最高，为36.36%，而技术密集型则为32.32%，这两类行业的这一平均比重明显高于劳动密集型的23.24%。这一比例相比全部加工贸易出口企业各类型行业均略有降低。同样，按增加值②测算的各项构成看，也有类似的比重排序，不同的是各类型行业的这一平均比重相比增加值①测算方法普遍更低且比重差距有所缩小，这也是因为按增加值②测算方法计算时把劳动者报酬作为了差项，营业盈余的比重偏低。相比增加值①测算方法，劳动密集型行业的这一比例下降了近7.5个百分点，资本密集型行业的这一比重下降了近11.5个百分点，技术密集型行业的这一比重下降了近9个百分点。按增加值③测算的各项构成看，也有类似的比重排序，这也是因为按增加值③测算方法计算时把营业盈余作为差项，其比重偏高。不同的是各类型行业的这一平均比例相比增加值①测算方法普遍更高，但比例差距有所缩小。相比而言，劳动密集型行业的比例提高了近24.5个百分点，资本密集型行业的比例提高了近21个百分点，技术密集型行业的比例提高了近10.5个百分点。

就生产税净额的比例，按增加值①测算的各项构成看，技术密集型行业的平均比例最高，为17.16%，资本密集型行业居中为16.92%，劳动密集型行业最低为12.72%。相比劳动者报酬和营业盈余这两项的比重，各类型行业生产税净额平均比重之间的差距明显缩小。各类型行业的这一比重绝对值与全部加工贸易企业相仿。按增加值②和增加值③测算的各项构成看，也有类似的比重排序，不同的是各类型行业的这一平均比重相比增加值①测算方法普遍更低，这是因为按增加值②和增加值③测算方法计算时分别把劳动者报酬和营业盈余作为了差项，生产税净额的比例偏低。相比增加值①测算方法，劳动密集型行业的这一比重降低了4个百分点，资本密集型行业的这一比重降低了近6.5个百分点，技术密集型行业的这一比重也降低了4个多百分点，与全部加工贸易企业类似。

就本年折旧的比例，按增加值①测算的各项构成看，技术密集型行业的平均比例最高，为21.83%，资本密集型行业为21.75%，劳动密集型行业最低为19.89%，相比全部加工贸易企业各类型行业平均比例均略有提高。与前三项的比重相比,各类型行业本年折旧平均比重之间的差距最小,其比重排序与生产税净额相同。按增加值②和增加值③测算的各项构成看,也有类似的比重排序和比重差距,不同的是各类型行业的这一平均比重相比增加值①测算方法普遍更低,这是也因为按增加值②和增加值③测算方法计算时分别把劳动者报酬和营业盈余作为了差项,本年折旧的比重偏低。相比增加值①测算方法,各类型行业的这一比重均降低了6—7个百分点左右。

就纯归本国的增加值比重即劳动者报酬和生产税净额的平均比重之和看,无论按何种增加值测算方法计算,劳动密集型行业的平均比重均为最高,资本密集型的比重为最低。各项比重绝对值与全部加工贸易企业均十分接近,按增加值②测算方法计算得到的平均比重绝对值最高,且相比全部加工贸易企业最大最小的比重差距缩小了2个百分点左右,但相比全部加工贸易企业最大最小的比重差距扩大了2个百分点左右。按增加值③测算方法计算的平均比重绝对值最低。按增加值①测算方法计算的比重差距最大,而按增加值③测算方法计算的各类型行业的比重差距最小。

表2-5 分行业类型外资企业加工贸易企业增加值构成情况

		劳动密集型	资本密集型	技术密集型
增加值①	劳动者报酬	44.15%	24.94%	28.69%
	生产税净额	12.72%	16.92%	17.16%
	营业盈余	23.24%	36.36%	32.32%
	本年折旧	19.89%	21.75%	21.83%
增加值②	劳动者报酬	61.76%	50.11%	48.21%
	生产税净额	8.73%	10.53%	13.08%
	营业盈余	15.88%	24.68%	23.11%
	本年折旧	13.63%	14.72%	15.58%
增加值③	劳动者报酬	30.02%	17.51%	19.66%
	生产税净额	8.73%	10.53%	13.08%
	营业盈余	47.62%	57.28%	51.66%
	本年折旧	13.63%	14.72%	15.58%

四、总体属权增加值情况

外资加工贸易企业的外国资本比重为 84.3%，而本国资本比重为 15.7%。与全部加工贸易企业相比本国资本比重上升了 0.7 个百分点。从全部外资加工贸易企业的增加值构成情况看，按不同核算方法计算，归属国外的增加值占总增加值的比重在 25.98%—56.66%，归属本国的增加值占总增加值的比重在 43.34%—74.02%。从绝对值看，相比全部加工贸易企业，全部外资加工贸易企业按不同测算方法计算的按属权区分的增加值均有不同程度的降低。

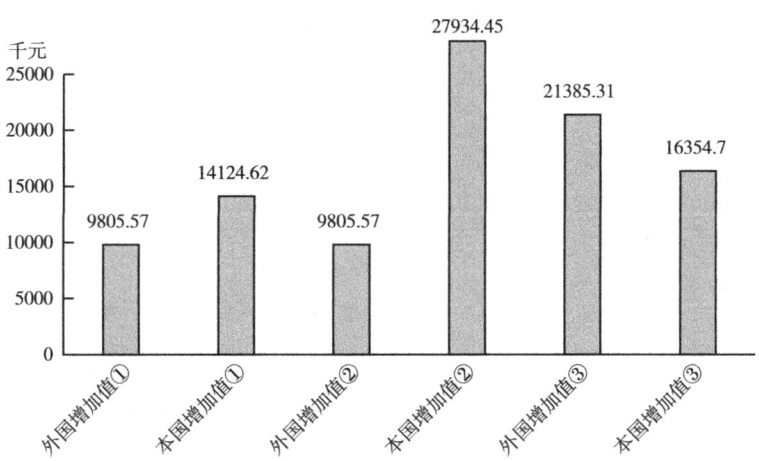

图 2-35　外资加工贸易出口企业属权增加值构成情况

五、分年份外资加工贸易出口企业属权增加值情况

分年份看（表 2-6），外资加工贸易企业的外国部分比重在 2000—2006 年呈逐年递增趋势，相应的本国部分比重则呈逐年递减趋势。这说明，与全部加工贸易企业一样，外资加工贸易出口企业的外资比重也在不断增加，同时意味着在保持其他情况不变的情况下，国外资本在本国获得的增加值比重趋于增加。

表2-6　　　　　分年份全部外资加工贸易出口企业内外资比重

	2000	2001	2002	2003	2004	2005	2006
外国资本比重	80.7%	81.9%	82.5%	84.1%	84.8%	85.7%	87.2%
本国资本比重	19.3%	18.1%	17.5%	15.9%	15.2%	14.3%	12.8%

从绝对量变化趋势看（见图2-36），按不同方法计算得到的外国增加值和本国增加值总体上都表现出上升趋势，其中按增加值②测算的本国增加值和按增加值③测算外国增加值的变化趋势最为明显，分别增加了101.6%和127.7%。从两者的差距变化看，按增加值②测算得到本国增加值和外国增加值差距趋于扩大，本国增加值与外国增加值之比从2000年的2.56增加到2006年的2.80，与全部加工贸易企业相比差距扩大幅度增加。而按增加值①和增加值③测算的本国增加值和外国增加值的差距趋于缩小，分别从1.58和0.96缩小到1.37和0.70。

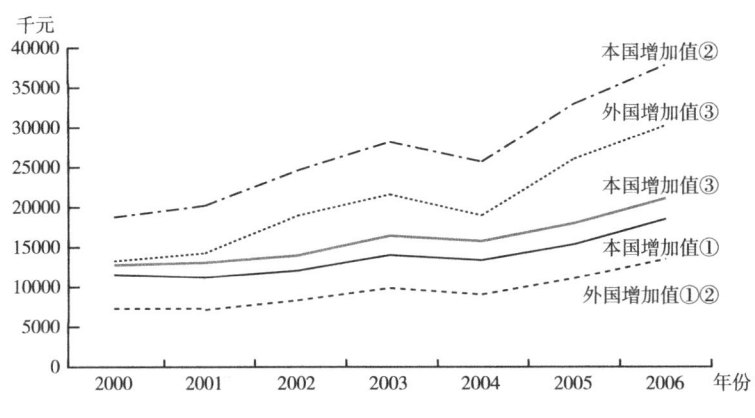

图2-36　分年份全部外资加工贸易出口企业属权增加值构成

六、分行业外资加工贸易出口企业属权增加值情况

从内外资比重情况看，外资占实收资本比重最高的行业仍是造纸及纸制品业，为90%，相比全部加工贸易企业这一比重略有提高，比重最低的也仍是石油加工、炼焦及核燃料加工业，占49.9%，相比全部加工贸易企业这一比重提高了3.6个百分点。分行业类型看，劳动密集型行业的平均外资占实收资

本比重为82.8%,资本密集型行业的这一比重为78.8%,技术密集型行业的这一比重为83.8%。相比全部加工贸易企业,各类型行业外资比重明显更高,但技术密集型行业的外资比重仍为最高,资本密集型行业仍为最低,且比重差距有所缩小。

从属权增加值行业均值的绝对量看,与全部加工贸易企业相同,石油加工、炼焦及核燃料加工业无论哪种方式核算,无论是本国增加值还是外国增加值都是最大。木材加工及木、竹、藤、棕、草制品业也是除了外国增加值③,其他本国增加值和外国增加值均为最小。外国增加值③最小的行业也是纺织服装、鞋、帽制造业(见图2-37至图2-42,各图中加粗斜体数据为最低值)。但相比全部加工贸易企业,各项增加值均值的绝对值都较低,最大值下降的幅度更大。最小值下降最少的是木材加工及木、竹、藤、棕、草制品业的外国增加值①和②,下降了1293元,下降最多的同一行业的本国增加值③,下降了16.93万元;最大值下降最少的也是外国增加值①和②,下降了9843.77万元,下降最多的则是本国增加值①,下降了53900万元。

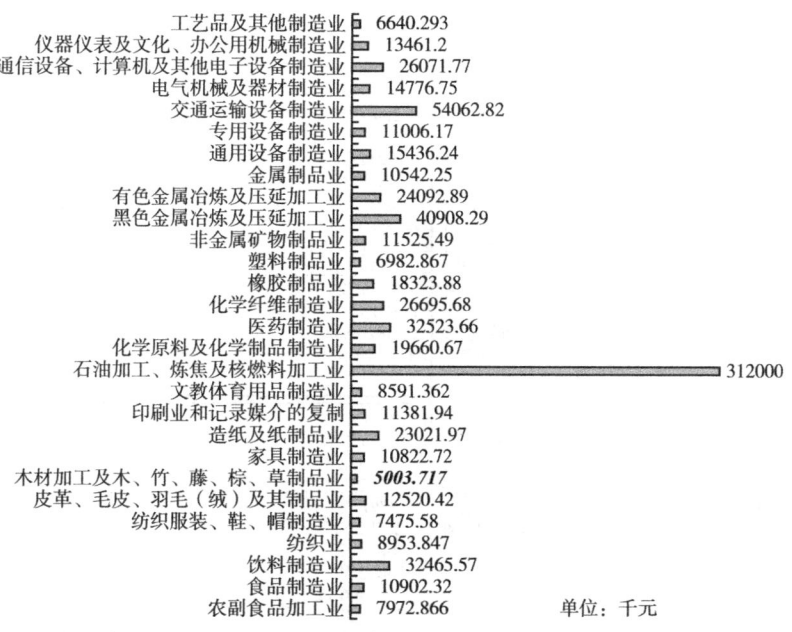

图2-37　2000—2006年各行业平均本国增加值①

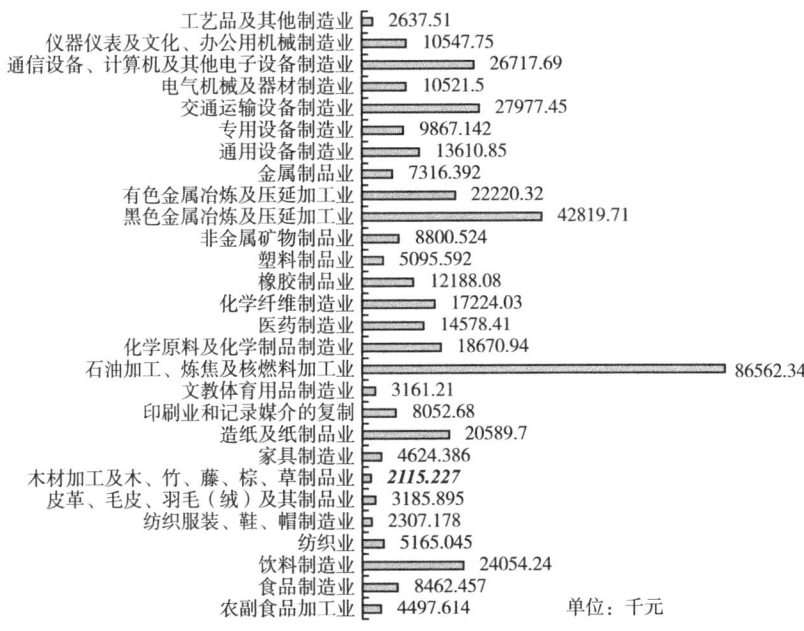

图 2-38　2000—2006年各行业平均外国增加值①

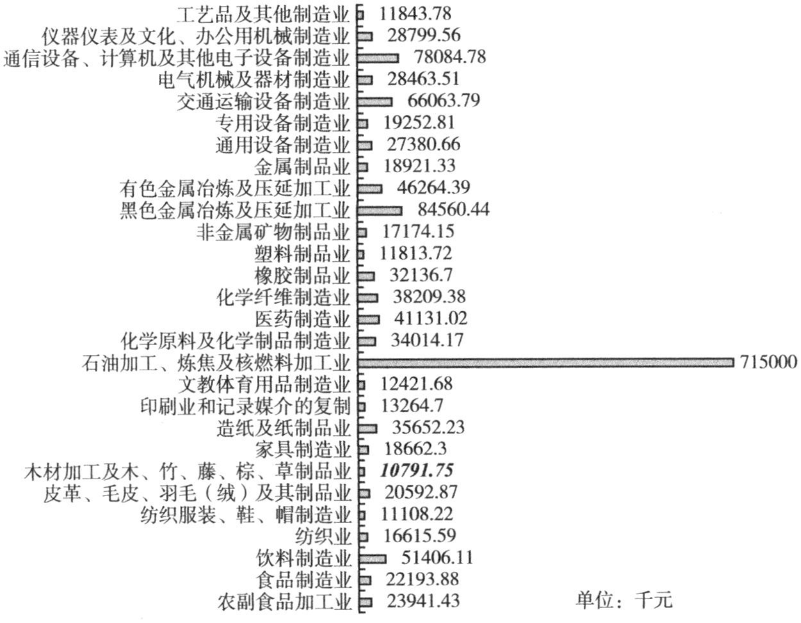

行业	外国增加值
工艺品及其他制造业	2637.51
仪器仪表及文化、办公用机械制造业	10547.75
通信设备、计算机及其他电子设备制造业	26717.69
电气机械及器材制造业	10521.5
交通运输设备制造业	27977.45
专用设备制造业	9867.142
通用设备制造业	13610.85
金属制品业	7316.392
有色金属冶炼及压延加工业	22220.32
黑色金属冶炼及压延加工业	42819.71
非金属矿物制品业	8800.524
塑料制品业	5095.592
橡胶制品业	12188.08
化学纤维制造业	17224.03
医药制造业	14578.41
化学原料及化学制品制造业	18670.94
石油加工、炼焦及核燃料加工业	86562.34
文教体育用品制造业	3161.21
印刷业和记录媒介的复制	8052.68
造纸及纸制品业	20589.7
家具制造业	4624.386
木材加工及木、竹、藤、棕、草制品业	*2115.227*
皮革、毛皮、羽毛（绒）及其制品业	3185.895
纺织服装、鞋、帽制造业	2307.178
纺织业	5165.045
饮料制造业	24054.24
食品制造业	8462.457
农副食品加工业	4497.614

单位：千元

图 2-39　2000—2006年各行业平均本国增加值②

行业	本国增加值
工艺品及其他制造业	11843.78
仪器仪表及文化、办公用机械制造业	28799.56
通信设备、计算机及其他电子设备制造业	78084.78
电气机械及器材制造业	28463.51
交通运输设备制造业	66063.79
专用设备制造业	19252.81
通用设备制造业	27380.66
金属制品业	18921.33
有色金属冶炼及压延加工业	46264.39
黑色金属冶炼及压延加工业	84560.44
非金属矿物制品业	17174.15
塑料制品业	11813.72
橡胶制品业	32136.7
化学纤维制造业	38209.78
医药制造业	41131.02
化学原料及化学制品制造业	34014.17
石油加工、炼焦及核燃料加工业	715000
文教体育用品制造业	12421.68
印刷业和记录媒介的复制	13264.7
造纸及纸制品业	35652.23
家具制造业	18662.3
木材加工及木、竹、藤、棕、草制品业	*10791.75*
皮革、毛皮、羽毛（绒）及其制品业	20592.87
纺织服装、鞋、帽制造业	11108.22
纺织业	16615.59
饮料制造业	51406.11
食品制造业	22193.88
农副食品加工业	23941.43

单位：千元

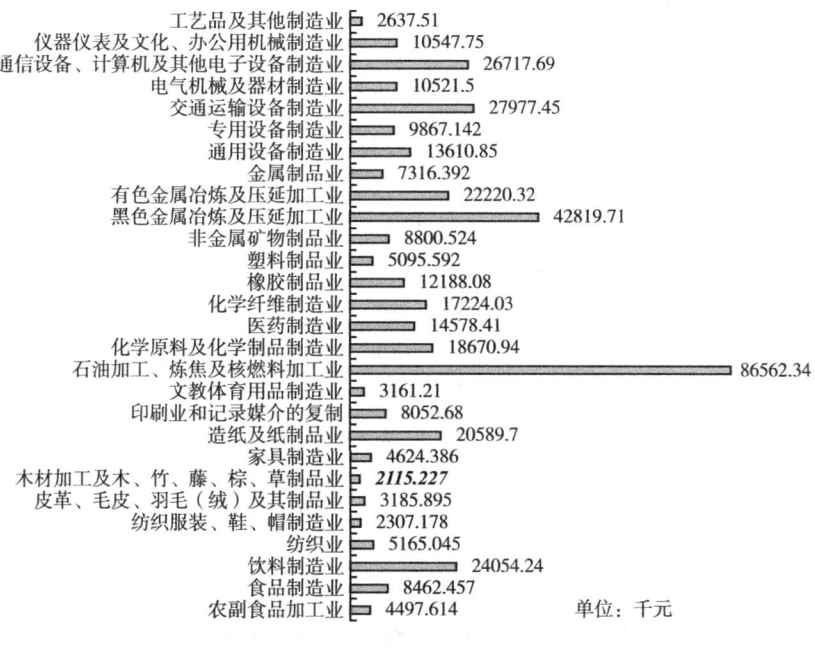

图 2-40 2000—2006 年各行业平均外国增加值②

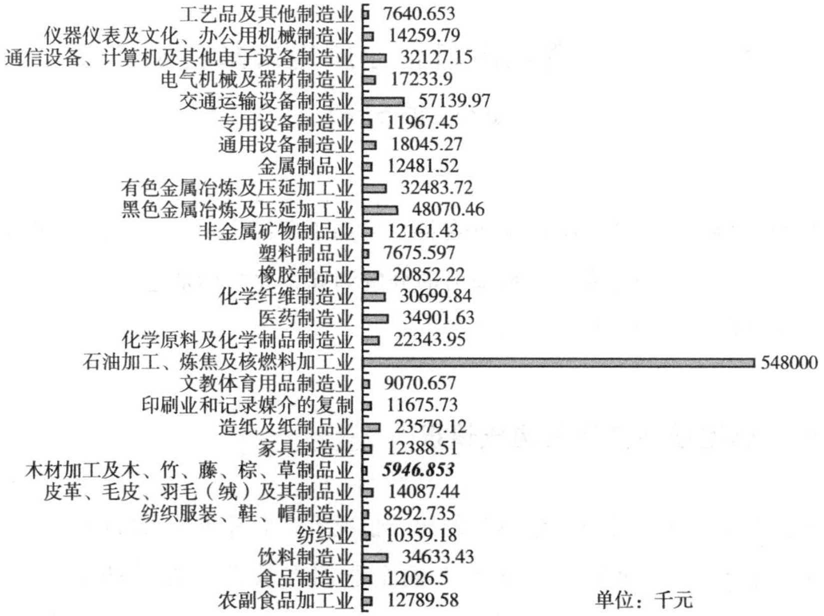

图 2-41 2000—2006 年各行业平均本国增加值③

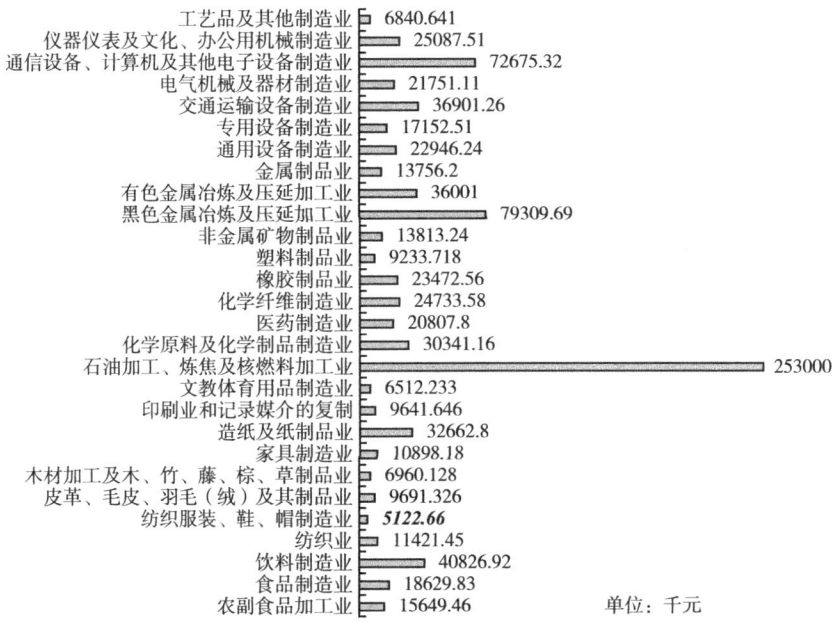

图 2-42 2000—2006 年各行业平均外国增加值③

第四节 外资纯出口企业属地增加值和属权增加值分析

2000—2006 年共有 11886 家外资纯出口加工贸易出口企业，根据前述方法进行属地增加值的测算和属权增加值的分解测算，并分别从总体、分年份、分行业三个维度报告和分析测算结果如下。

一、属地增加值及其构成情况

根据我们采用的计算方法得到的构成情况看，对外资纯出口加工贸易出口企业估算得到的工业增加值低于工业企业调查数据库提供的工业增加值 37.61%，相比全部外资加工贸易出口企业这一差距扩大了 1%。按统计核算公式得到的劳动者报酬和营业盈余分别低于对应按差项计算得到的 51.5% 和

75.9%（见图2-43），相比外资加工贸易出口企业前者下降了9.9个百分点，后者提高了10.7个百分点。从构成比例看，在增加值①核算方法下，生产税净额和折旧在增加值中的比重相比按增加值②或③核算方法计算时的比重分别低2.19%和6.88%（见表2-7），这一差距相比外资加工贸易出口企业分别缩小1.58个百分点和0.5个百分点。

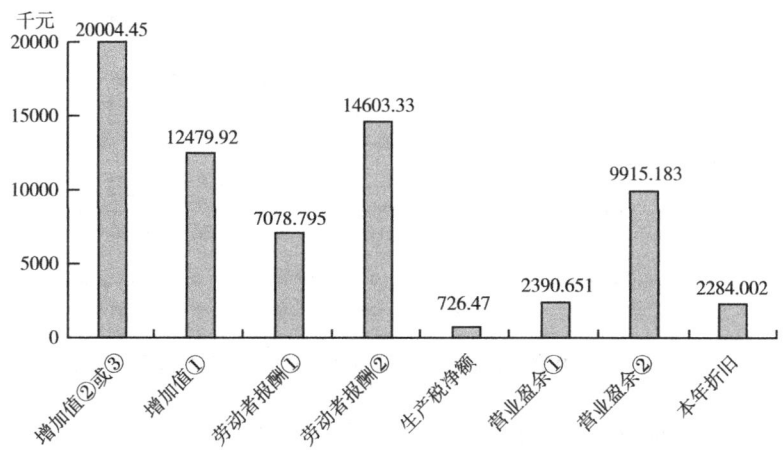

图2-43 外资纯出口加工贸易企业增加值及其构成情况（均值）

表2-7 不同核算方法下的外资纯出口加工贸易企业增加值构成比例

	劳动者报酬	生产税净额	营业盈余	本年折旧	合计
增加值①	56.72%	5.82%	19.16%	18.30%	100.00%
增加值②	73.00%	3.63%	11.95%	11.42%	100.00%
增加值③	35.39%	3.63%	49.56%	11.42%	100.00%

二、分年份属地增加值及其构成情况

在研究的考察期内，外资纯出口加工贸易出口企业增加值及其构成项呈现明显的波动上升态势。相比2000年，2001年除本年折旧之外其他各构成项和增加值均有所下降，其中下降幅度最大的是营业盈余①，下降了16.2%。相比2003年，2004年除劳动者报酬①外，其他各构成项和增加值也均有较大幅度的下降，其中下降幅度最大的是生产税净额，下降了 30.6%，但其之后两年的增幅均超过了 100%，分别为 115.2% 和 120.6%。总体上呈上升趋势的是劳动者报酬①，累计增长 94.9%（见图 2-44）。

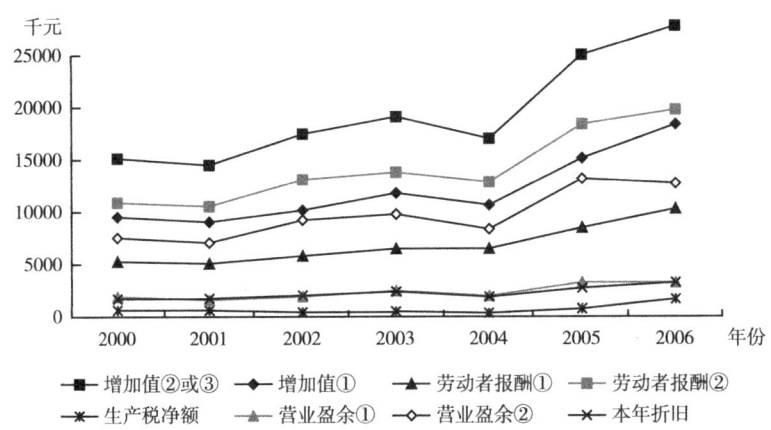

图 2-44 分年份外资纯出口加工贸易企业增加值及其构成项变化情况

从增加值构成看，按增加值①方法核算（图 2-45），劳动者报酬的比重最高且总体上呈波动中略有上升，2000—2006 年从 55.73% 增加到 55.95%，增加了 0.58 个百分点，劳动者报酬的比重明显高于全部企业加工贸易出口企业和全部外资加工贸易出口企业。生产税净额的比重最低且总体上呈先下降后升趋势，2000—2006 年从 6.62% 下降到 2.04%，再上升到 8.95%，期间上升了 2.33 个百分点，两者相加占增加值比重上升了 2.91%，即纯归本国的增加值比重上升了 2.91%，相比全部外资加工贸易企业这一比重明显上升。营业盈余的比重居中于第二位，在波动中下降，2000—2006 年从 20.03% 下降到 17.51%，下降了 2.52 个百分点，本年折旧的比重居于第三位也在波动略有下降，2000—2006 年从 17.97% 下降到 17.59%，下降了 0.38 个百分点，两者相加占增加值比重下降了 2.91 个百分点。

按增加值②方法核算（图 2-46），劳动者报酬的比重也为最高且波动变化，且明显高于全部外资加工贸易出口企业，2000—2006 年从 71.94% 增加到最高的 75.53%，再下降到 70.95%，期间下降了 0.99%，生产税净额的比重也为最低总体上呈先降后升之势，2000—2006 年从 4.16% 下降到 2.04% 再上升到 5.90%，期间上升了 1.74%。劳动者报酬与生产税净额相加占增加值比重上升了 0.75%，即纯归本国的增加值比重提高了 0.75%，相比全部企业增幅略高，两者相加占增加值比重高于全部外资加工贸易企业 8 个百分点。营业盈余的比重也居于第二位且在波动中略有下降，且明显低于全部外资加工贸易出口企业，2000—2006 年从 12.60% 下降到 11.55%，下降了 1.05%，本年折旧的比重也居于第三位且在波动中略有上升，2000—2006 年从 11.30% 上升到 11.60%，上升了 0.30%，两者相加占增加值比重下降了 0.75%。

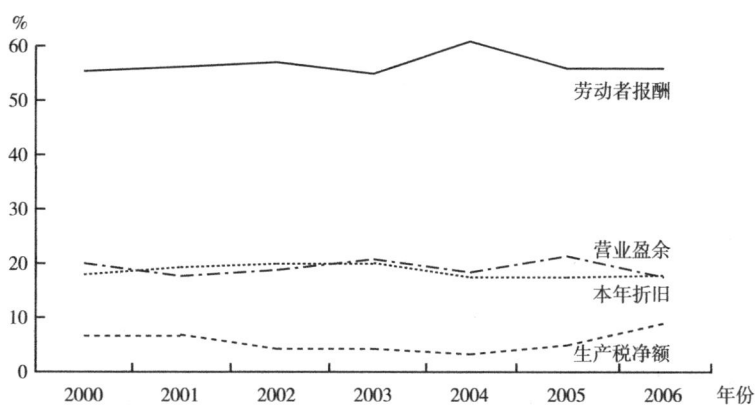

图 2-45　分年份外资纯出口加工贸易企业增加值①构成变化情况

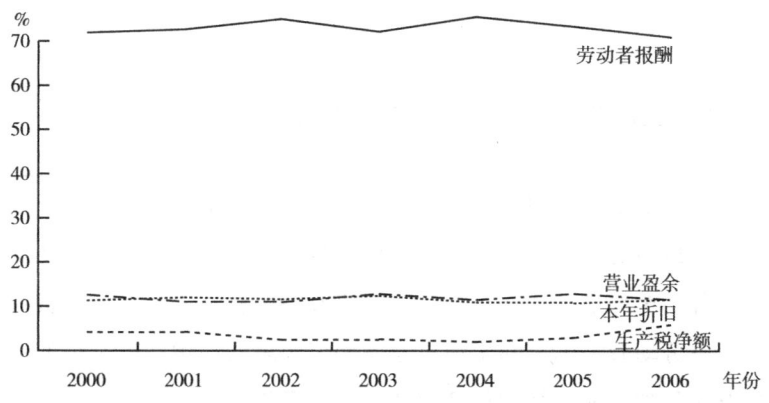

图 2-46　分年份外资纯出口加工贸易企业增加值②构成变化情况

按增加值③方法核算（图 2-47），劳动者报酬的比重居于第二位且总体上呈波动中上升，且明显高于全部外资加工贸易出口企业，2000—2006 年从 34.81% 上升到 36.89%，上升了 2.08 个百分点，生产税净额的比重仍为最低且总体上呈先降后升趋势，2000—2006年从4.16%下降到2.04%，再上升到5.90%，期间上升了1.74%。两者相加占增加值比重上升了3.82%，即纯归本国的增加值比重上升了3.82%，比全部外资企业的这一比重升高了约7个百分点。营业盈余的比重居于最高且总体上呈波动下降趋势，2000—2006年从49.72%下降到45.61%，下降了4.11个百分点，本年折旧的比重也居于第三位且在波动中略有上升，2000—2006年从11.30%上升到11.60%，上升了0.30个百分点，两者相加占增加值的比重下降了3.82个百分点。

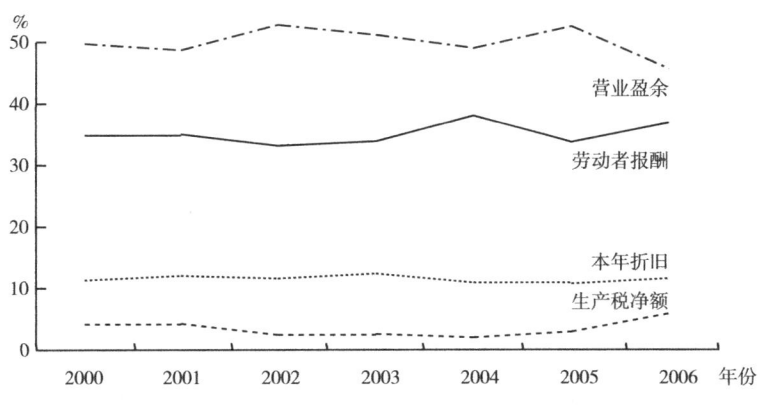

图2-47 分年份外资纯出口加工贸易企业增加值③构成变化情况

三、分行业属地增加值及其构成情况

与外资加工贸易企业明显不同，外资纯出口加工贸易企业除营业盈余①之外其他构成项最高的行业是通信设备、计算机及其他电子设备制造业。在外资加工贸易中各项全部最高的石油加工、炼焦及核燃料加工业，在外资纯出口加工贸易企业中劳动者报酬①和生产税净额均值却最低；增加值①最低的是有色金属冶炼及压延加工业，增加值②或③、劳动者报酬②和营业盈余②均值最低的是化学纤维制造业，营业盈余①均值最低的与全部外资加工贸易企业一样也是木材加工及木、竹、藤、棕、草制品业，本年折旧均值最低的也是工艺品及其他制造业（见图2-48至图2-55，各图中加粗斜体数据为最低值）。各项增加值及其构成项的最高和最低都低于全部外资加工贸易企业。

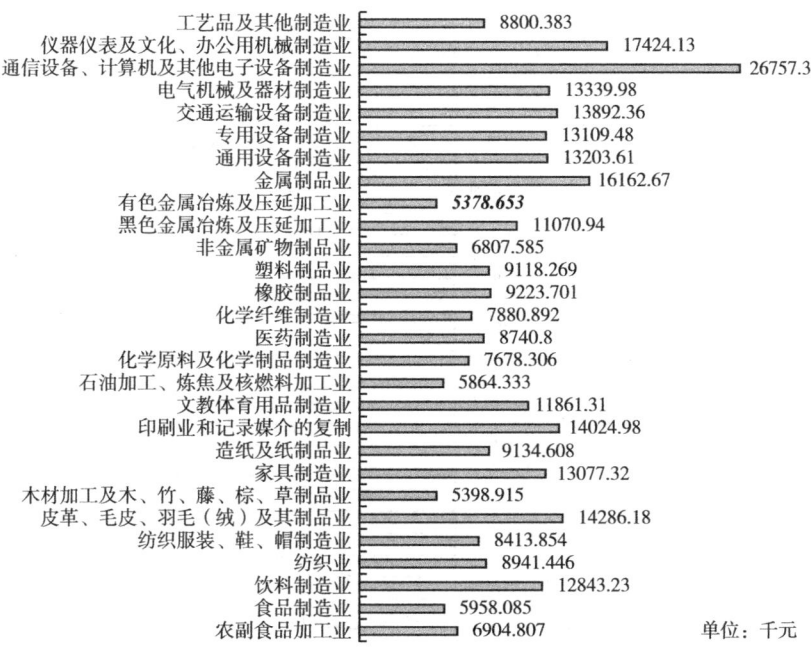

图2-48 外资纯出口企业各行业增加值①

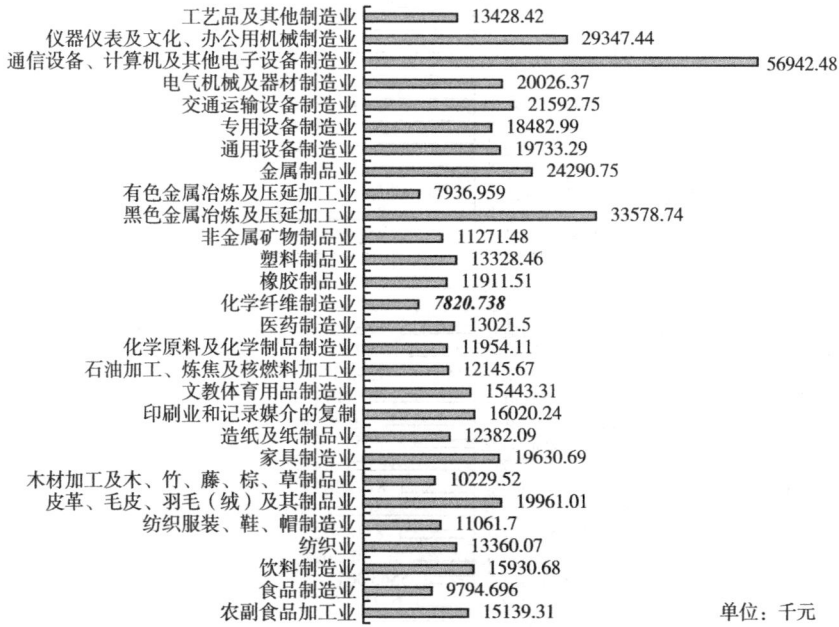

图2-49 外资纯出口企业各行业增加值②或③

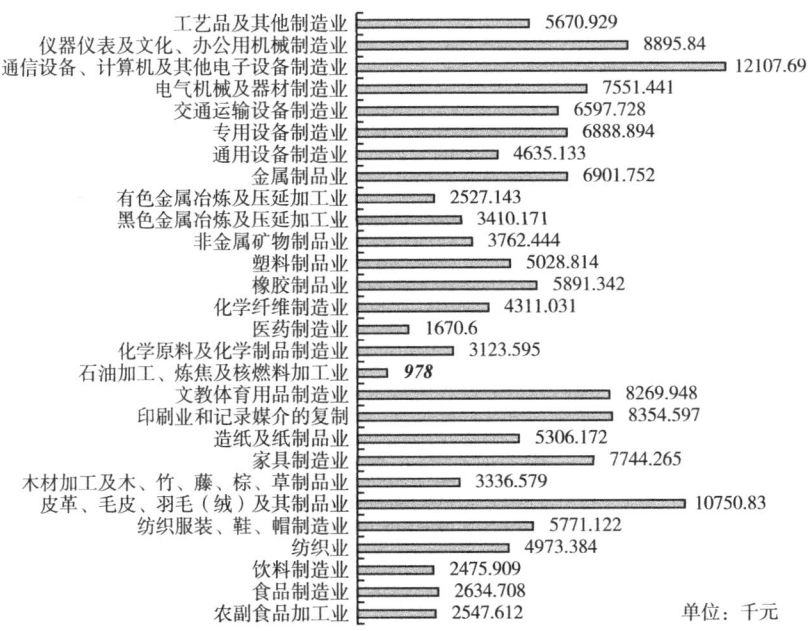

图 2-50 外资纯出口企业各行业劳动者报酬①

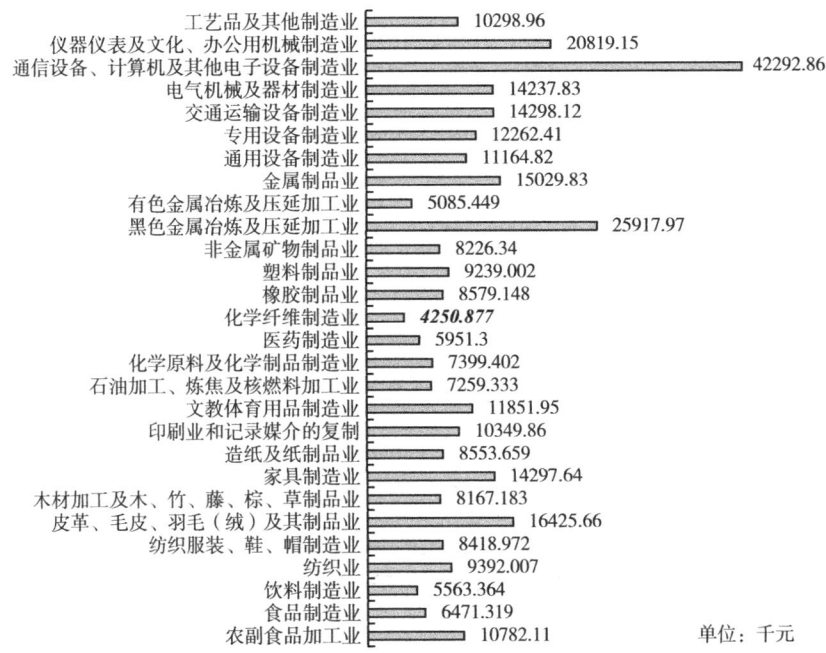

图 2-51 外资纯出口企业各行业劳动者报酬②

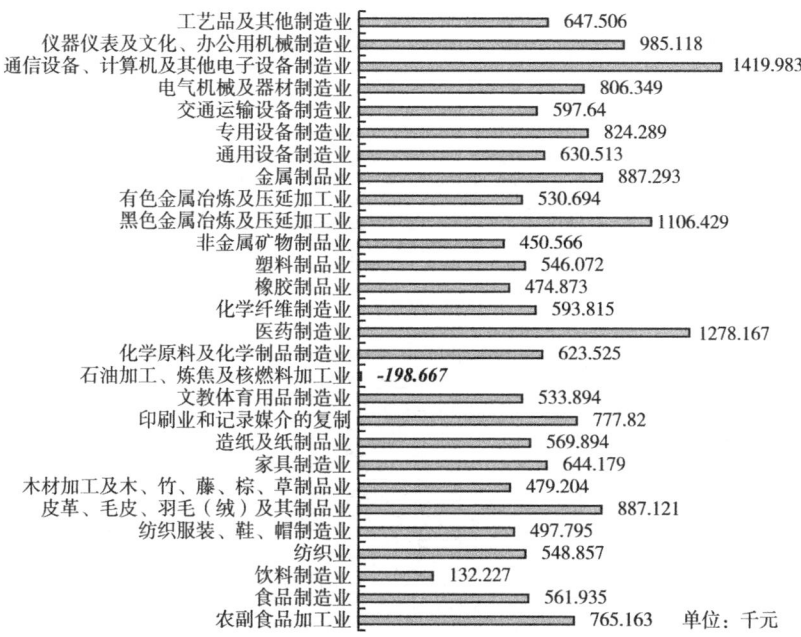

图 2-52 外资纯出口企业各行业生产税净额

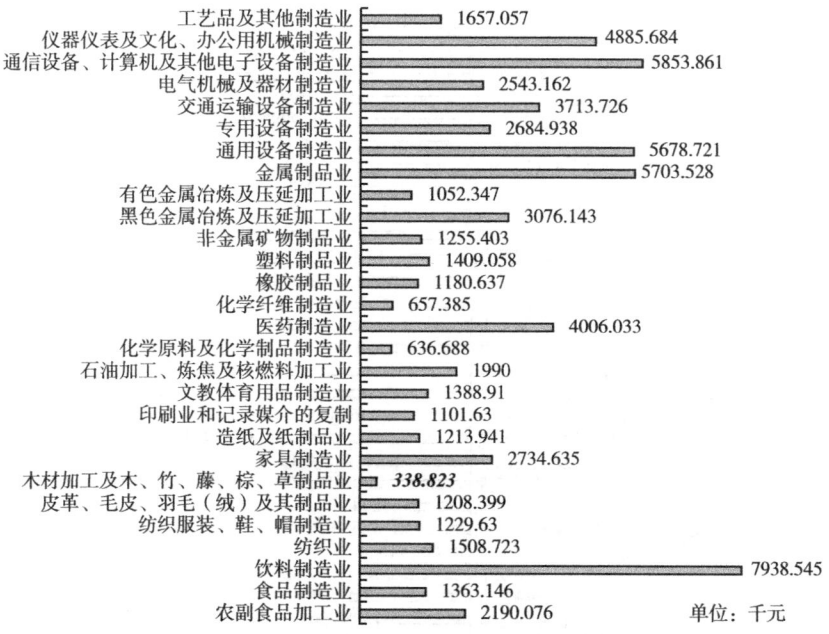

图 2-53 外资纯出口企业各行业营业盈余①

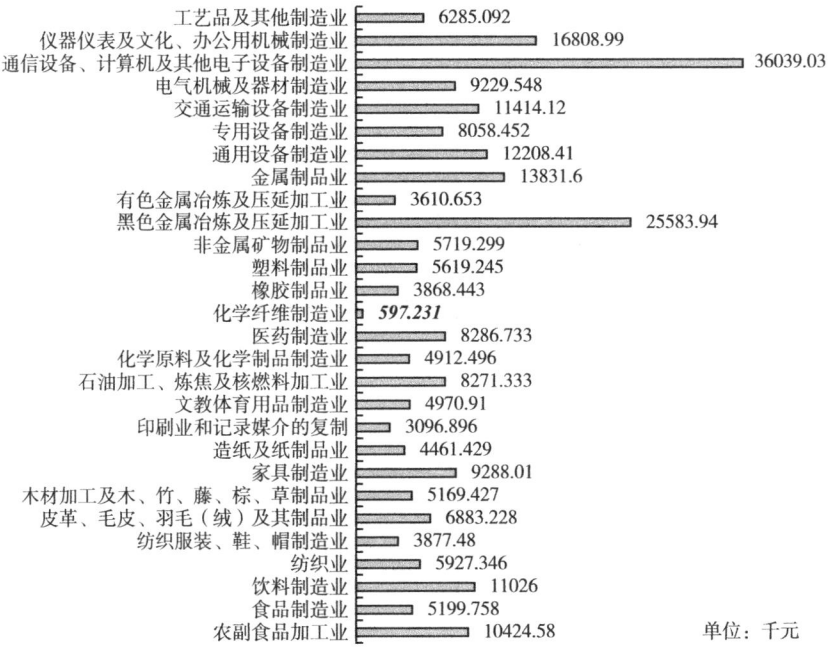

图 2-54 外资纯出口企业各行业营业盈余②

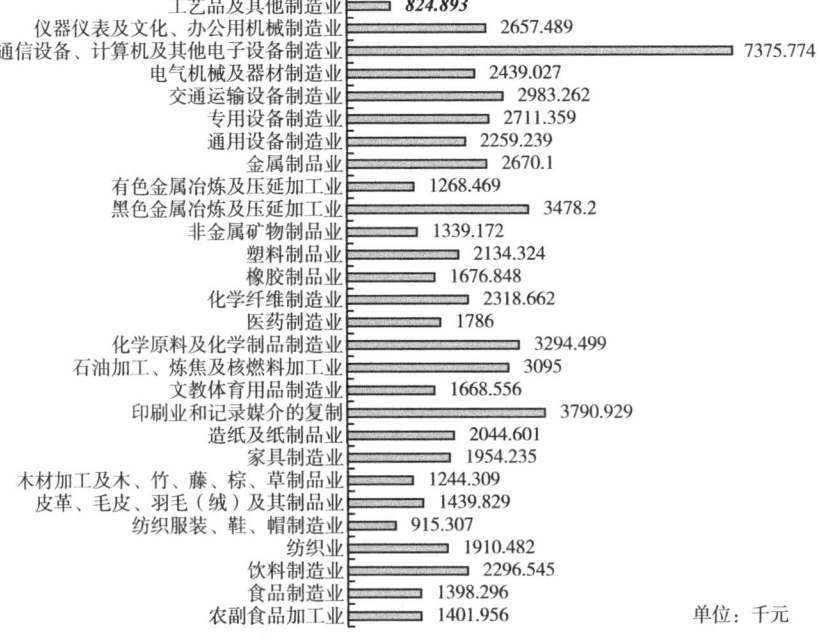

图 2-55 外资纯出口企业各行业本年折旧

进一步以要素密集型区分看（表2-8），从劳动者报酬的比重看，按增加值①测算的各项构成看，劳动密集型行业的劳动者报酬平均比重最高，为56.55%，资本密集型行业则为40.01%，技术密集型行业则为44.99%，与全部外资加工贸易企业相比，提高12—16个百分点。按增加值②测算的各项构成看，各类型行业的劳动者报酬的平均比重明也显更高，劳动密集型行业提高13.6个百分点，资本密集型行业提高25.5个百分点，技术密集型行业高18.5个百分点，不同于增加值①测算方法得到的结果，此时资本密集型行业的这一比重高于技术密集型行业。相比全部外资加工贸易企业各类型行业的这一比重提高8—15个百分点。按增加值③测算的各项构成看，劳动者报酬的平均比重相对增加值①测算方法得到的比重明显降低，分别降低14—17个百分点，与增加值①测算方法的结果类似，劳动密集型行业的比重最高，资本密集型行业的比重最低。相比全部外资加工贸易企业，分别提高7—9个百分点。

就营业盈余的比重，按增加值①测算的各项构成看，资本密集型行业的平均比重最高，为28.36%，而技术密集型则为22.26%，劳动密集型为18.82%。这一比重相比全部外资加工贸易企业各类型行业降低4.5—8个百分点，比重差距有所缩小。同样，按增加值②测算的各项构成看，也有类似的比重排序，不同的是各类型行业的这一平均比重相比增加值①测算方法降低5—12个百分点，比重差距有较大幅度的缩小。相比全部外资加工贸易企业这一平均比重降低2.5—8.5个百分点，比重差距有所缩小。按增加值③测算的各项构成看，也有类似的比重排序，不同的是各类型行业的这一平均比重相比增加值①测算方法提高25—30个百分点，但比重差距有所扩大。相比全部外资加工贸易企业这一平均比重，劳动密集型行业降低4.5个百分点，技术密集型行业降低4个百分点，而资本密集型行业则提高0.3个百分点，最大最小的比重差距扩大4个百分点。

就生产税净额的比重，与全部外资加工贸易企业相同，无论按哪一种方法测算，其比重为各增加值构成项中最低的一项。按增加值①测算的各项构成看，技术密集型行业的平均比重最高，为7.37%，资本密集型行业最低，为5.66%，劳动密集型行业为6.31%，相比劳动者报酬和营业盈余这两项的比重，各类型行业生产税净额平均比重之间的差距明显缩小。相比全部外资加工贸易企业这一比重降低6—11.5个百分点，比重最低的行业变为了资本密集型行业。按增加值②和增加值③测算的各项构成看，也有类似的比重排序，不同的是各类型行业的这一平均比重相比增加值①测算方法普遍更低，这是因为按增加值②和增加值③测算方法计算时分别把劳动者报酬和营业盈余作为了差项，生产税净额的比重偏低。相比增加值①测算方法，各类型行业的这一比重分别降低2—2.5个百分点。与全部外资加工贸易企业相比，各类型行业的这一比重分别降低4—8个百分点。

就本年折旧的比重，按增加值①测算的各项构成看，资本密集型行业的平均比重最高，为25.97%，技术密集型行业为25.05%，劳动密集型行业最低，为18.31%。相比全部外资加工贸易企业，这一比重最高的行业变为资本密集型，劳动密集型行业的这一比重降低1.5个百分点，而另两个行业则提高3—4个百分点，比重差距明显扩大，但比重排序则与全部外资加工贸易企业保持一致。与全部外资加工贸易企业相似，本年折旧的比重与前三项的比重相比，各类型行业本年折旧平均比重之间的差距最小，其比重排序与营业盈余相同，这一点不同于全部外资加工贸易企业。按增加值②和增加值③测算的各项构成看，也有类似的比重排序和比重差距，不同的是各类型行业的这一平均比重相比增加值①测算方法普遍更低，这也是因为按增加值②和增加值③测算方法计算时分别把劳动者报酬和营业盈余作为了差项，本年折旧的比重偏低。相比增加值①测算方法，各类型行业的这一比重均降低2—3个百分点。

就纯归本国的增加值比重即劳动者报酬和生产税净额的平均比重之和看，无论按何种增加值测算方法计算，劳动密集型行业的平均比重均为最高，但按增加值①和增加值③测算方法计算，资本密集型的纯归本国的增加值比重为最低，而按增加值②测算方法计算，则技术密集型的比重最低，但与资本密集型的比重相差不到0.5个百分点。各项比重绝对值与全部外资加工贸易企业相比均有一定的提高，比重提高幅度最大的是按增加值②测算方法计算的资本密集型行业，提高超过8个百分点。例外的是，按增加值③核算的资本密集型行业的这一比重与全部外资加工贸易企业几乎一样，仅低0.01个百分点。与全部外资加工贸易企业相似，按增加值②测算方法计算得到的平均比重绝对值最高，且相比全部外资加工贸易企业最大最小的比重差距缩小2个百分点左右，但相比全部加工贸易企业最大最小的比重差距缩小 2.5 个百分点。按增加值③测算方法计算的平均比重绝对值最低。按增加值①测算方法计算的比重差距最大，而按增加值②测算方法计算的各类型行业的比重差距最小。详见表 2-8。

表 2-8　分行业类型外资纯出口加工贸易企业增加值构成情况

		劳动密集型	资本密集型	技术密集型
增加值①	劳动者报酬	56.55%	40.01%	44.99%
	生产税净额	6.31%	5.66%	7.37%
	营业盈余	18.82%	28.36%	22.60%
	本年折旧	18.31%	25.97%	25.05%
增加值②	劳动者报酬	70.15%	65.54%	63.50%
	生产税净额	4.18%	3.38%	5.04%
	营业盈余	13.03%	16.68%	14.47%
	本年折旧	12.65%	14.40%	16.99%
增加值③	劳动者报酬	39.47%	24.66%	30.56%
	生产税净额	4.18%	3.38%	5.04%
	营业盈余	43.71%	57.56%	47.41%
	本年折旧	12.65%	14.40%	16.99%

四、总体属权增加值情况

外资纯出口加工贸易企业的外国资本比重为 89.2%，而本国资本比重为 10.8%。与全部外资加工贸易企业相比本国资本比重下降了 4.9 个百分点。从外资纯出口加工贸易企业的增加值构成情况看，按不同核算方法计算，归属外国的增加值均值占总增加值均值的比重在 20.84%—55.00%，归属本国的增加值均值占总增加值均值的比重在 45%—79.16%。与全部外资加工贸易企业相比，本国增加值比重有所上升，而外国增加值比重有所下降。从绝对值看，相比全部加工贸易企业，全部外资加工贸易企业按不同测算方法计算的按属权区分的增加值均有不同程度的降低（图 2-56）。

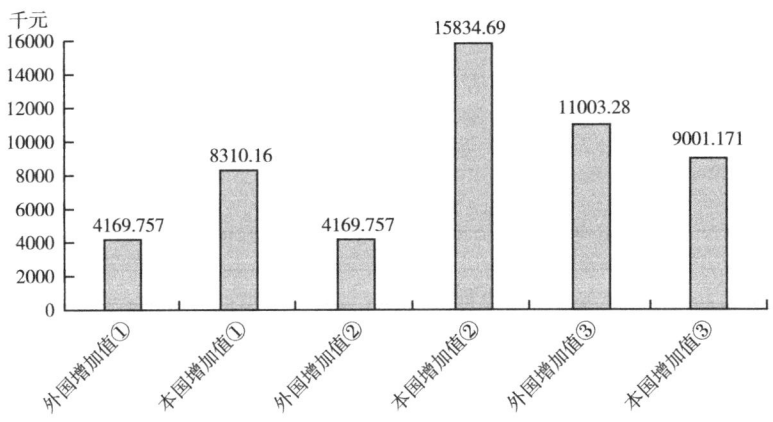

图2-56 外资纯出口加工贸易出口企业属权增加值构成情况

五、分年份全部外资加工贸易出口企业属权增加值情况

分年份看（详见表2-9），外资纯出口加工贸易企业的外国部分比重均值在2000—2006年总体上呈逐年递增趋势，相应的本国部分比重均值则呈逐年递减趋势。但与全部外资加工贸易企业不同的是，2002年其外国资本比重有所下降。

表2-9　　　　　　分年份外资纯出口加工贸易业内外资比重

年份	2000	2001	2002	2003	2004	2005	2006
外国资本比重	87.0%	88.2%	87.3%	88.7%	89.7%	90.3%	91.1%
本国资本比重	13.0%	11.8%	12.7%	11.3%	10.3%	9.7%	8.9%

从绝对量变化趋势看（详见图2-57），按不同方法计算得到的外国增加值均值和本国增加值均值总体上都表现出上升趋势，其中按增加值①测算的本国增加值和按增加值③测算本国增加值的变化趋势最为明显，分别增加了94.1%和92.4%。从两者的差距变化看，与全部外资加工贸易企业正好相反，按增加值②的本国增加值和外国增加值的差距趋于缩小，本国增加值与外国增加值之比从2000年的3.79降低到2006年的3.63。而按增加值①和增加值③测算得到本国增加值和外国增加值差距趋于扩大，分别从2.01和0.82扩大到2.05和0.89。

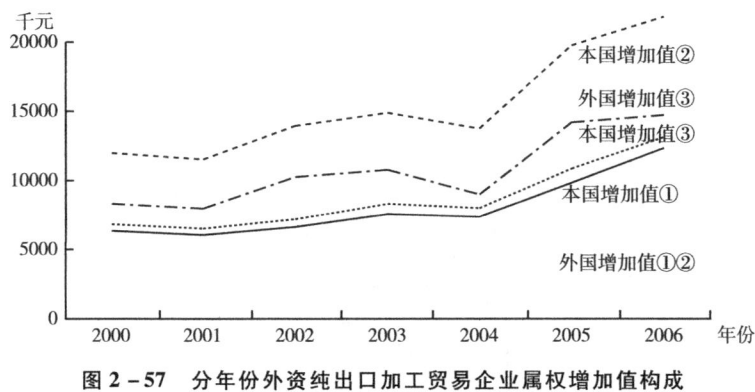

图 2-57 分年份外资纯出口加工贸易企业属权增加值构成

六、分行业外资纯出口加工贸易企业属权增加值情况

从内外资比重情况看,与全部外资加工贸易企业不同,外资占实收资本比重最高的行业是黑色金属冶炼及压延加工业,为 99.4%,相比全部加工贸易企业该行业这一比重提高 14.2 个百分点,但比重最低的仍是石油加工、炼焦及核燃料加工业,占 25%,相比全部加工贸易企业这一比重降低了 24.9 个百分点。分行业类型看,劳动密集型行业的平均外资占实收资本比重为 87.1%,资本密集型行业的这一比重为 81.6%,技术密集型行业的这一比重为 91.5%。相比全部外资加工贸易企业,各类型行业外资比重明显更高,但技术密集型行业的外资比重仍为最高,资本密集型行业仍为最低,且比重差距有明显扩大。

从属权增加值行业均值的绝对量看,与全部外资加工贸易企业不同,通信设备、计算机及其他电子设备制造业成为各项增加值最大的行业,该行业资产规模在所有考察的行业中居第 8 位,平均资产规模为 3.04 亿元。相比全部外资加工贸易企业,各项增加值最小的行业有所分散且无重叠行业,外国增加值①和②最小的行业为石油加工、炼焦及核燃料加工业,本国增加值①和③最小的行业为有色金属冶炼及压延加工业,外国增加值②和本国增加值③最小的行业为化学纤维制造业(详见图 2-58 至图 2-63,各图中加粗斜体数据为最低值)。但相比全部外资加工贸易企业对应行业,各项增加值均值的绝对值都较大幅度的降低。最小值下降最少的是有色金属冶炼及压延加工业的本国增加值①,降低 2054.1 万元,降低最多的是石油加工、炼焦及核燃料加工业的外国增加值①或②,降低 8529.1 万元;最大值下降最少的是外国增加值①或②,

下降1412万元，降低最多的则是本国增加值②，降低3374万元。

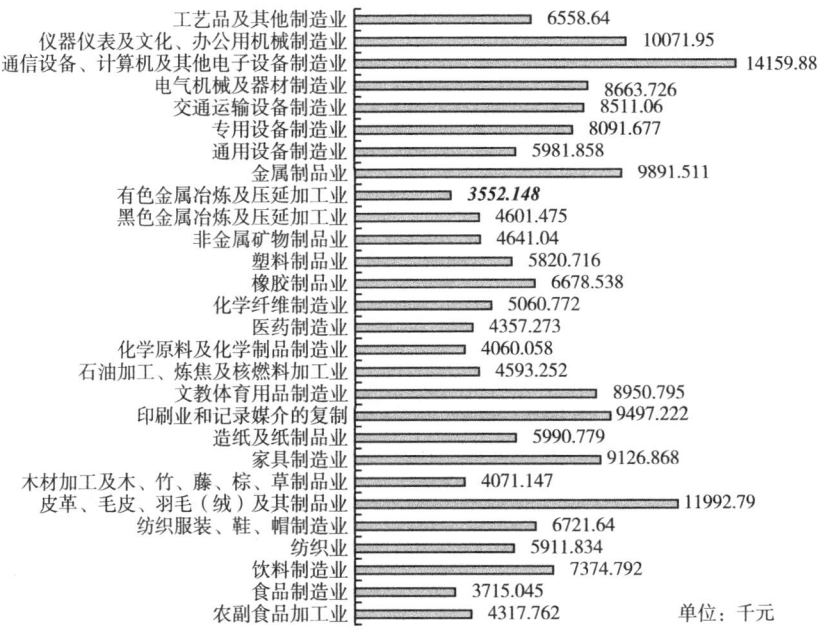

图2-58 2000—2006年各行业平均本国增加值①

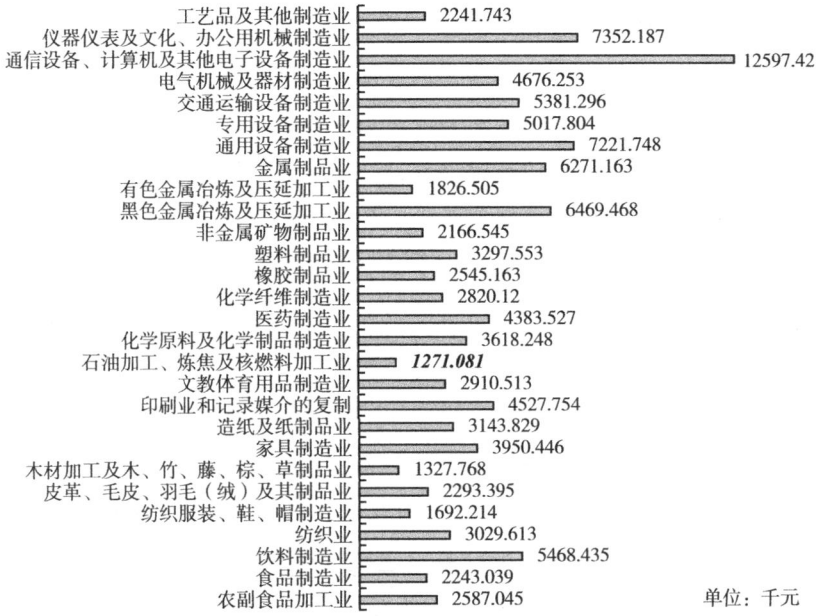

图2-59 2000—2006年各行业平均外国增加值①

第二章 基于企业层面属地增加值和属权增加值测算分析

图 2-60　2000—2006 年各行业平均本国增加值②

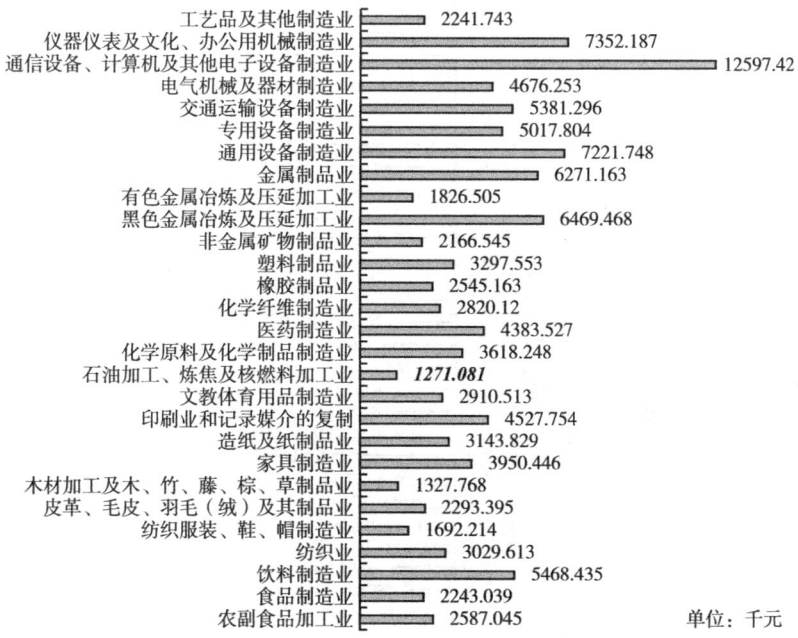

图 2-61　2000—2006 年各行业平均外国增加值②

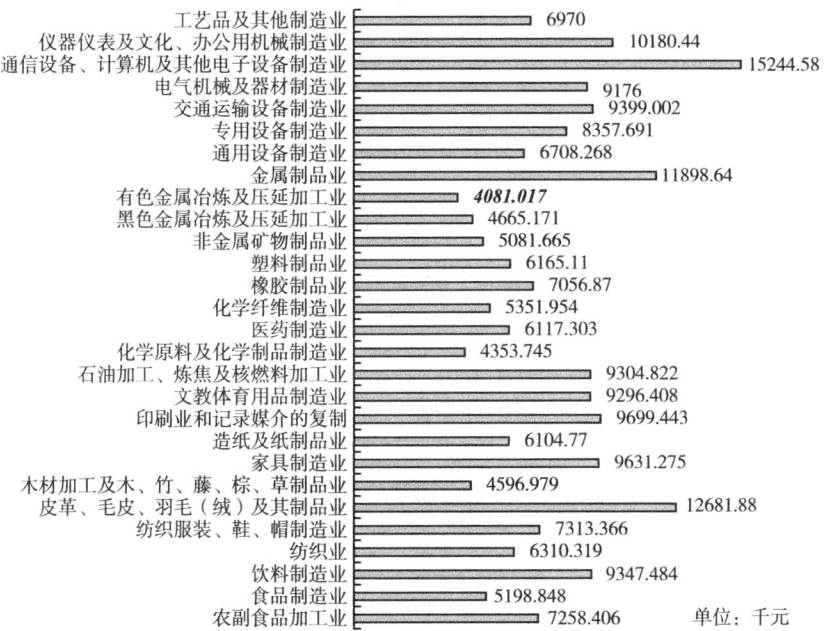

图 2-62 2000—2006 年各行业平均本国增加值③

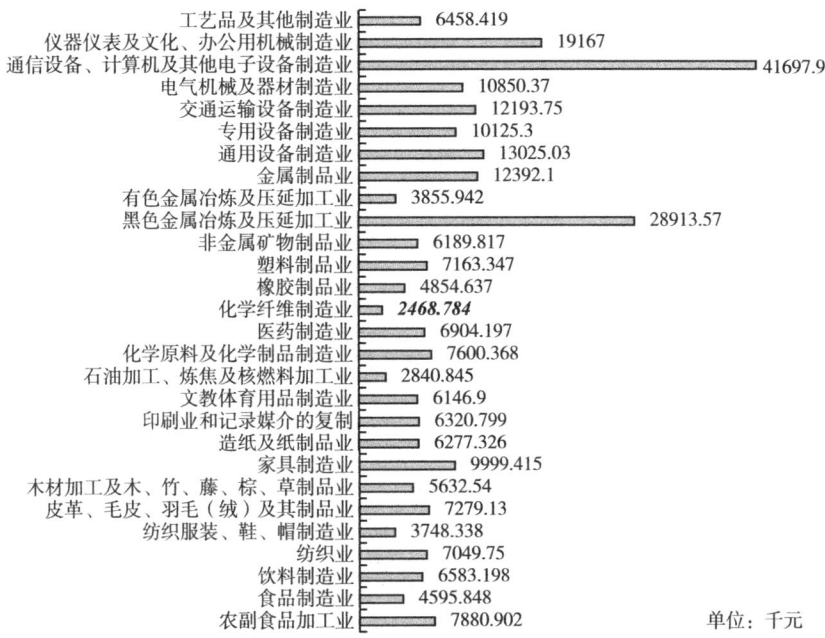

图 2-63 2000—2006 年各行业平均外国增加值③

第五节　外资非纯出口企业属地增加值和属权增加值分析

2000—2006年共有17296家外资非纯出口加工贸易出口企业，根据前述方法进行属地增加值的测算和属权增加值的分解测算，并分别从总体、分年份、分行业三个维度报告和分析测算结果。

一、属地增加值及其构成情况

根据我们采用的计算方法得到的构成情况看，对外资非纯出口加工贸易企业估算得到的工业增加值低于工业企业调查数据库提供的工业增加值36.32%，这一差距略低于外资纯出口加工贸易企业，与全部外资加工贸易出口企业这一差距相似。按统计核算公式得到的劳动者报酬均值和营业盈余均值分别低于对应按差项计算得到的均值低64.91%和62.68%（见图2-64），与外资纯出口加工贸易企业相比，前者上升13.4个百分点，后者下降13.2个百分点。从构成比例看，在增加值①核算方法下，生产税净额和折旧在增加值中的比重相比按增加值②或③核算方法计算时的比重分别低5.23%和7.56%

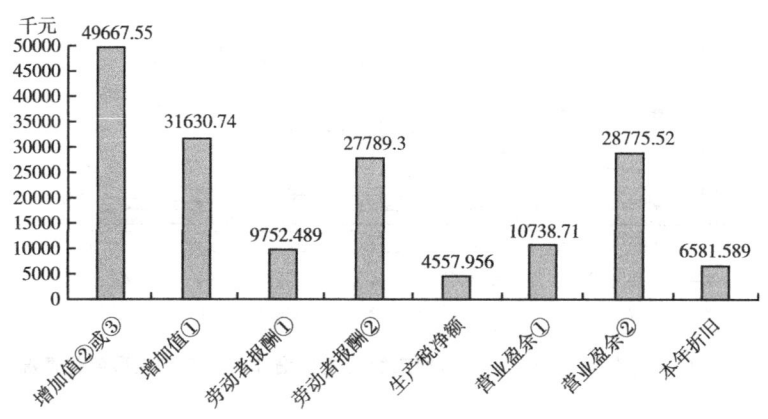

图2-64　外资非纯出口加工贸易企业增加值及其构成情况

(详见表2-10),这一差距相比全部外资加工贸易出口企业分别扩大3.04个百分点和0.68个百分点。

表2-10　不同核算方法下的外资非纯出口加工贸易企业增加值构成比例

	劳动者报酬	生产税净额	营业盈余	本年折旧	合计
增加值①	30.83%	14.41%	33.95%	20.81%	100.00%
增加值②	55.95%	9.18%	21.62%	13.25%	100.00%
增加值③	19.64%	9.18%	57.94%	13.25%	100.00%

二、分年份属地增加值及其构成情况

在研究的考察期内,外资非纯出口加工贸易企业增加值及其构成项也呈现较明显的波动上升态势。相比2000年,2001年增加值①、生产税净额和营业盈余①有所下降,其中下降幅度最大的是营业盈余①,下降16.52%,相比外资纯出口加工贸易企业降幅略有放大。相比2003年,2004年除劳动者报酬①外,其他各构成项和增加值也均有下降,但降幅相比外资纯出口加工贸易企业明显缩小,其中下降幅度最大的是生产税净额,下降10.97%。总体上呈上升趋势的是劳动者报酬①,累计增长93.37%(见图2-65)。

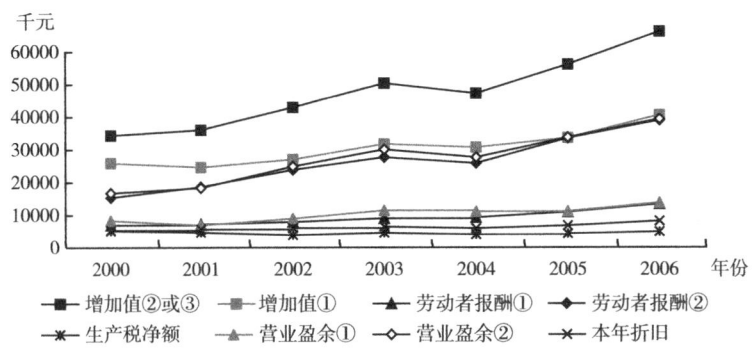

图2-65　分年份外资非纯出口加工贸易企业增加值及其构成项变化情况

从增加值构成看,按增加值①方法核算(见图2-66),外资非纯出口加工贸易企业表现出明显不同于外资纯出口加工贸易企业的特征,劳动者报酬的比重居于第二位,而营业盈余的比重上升为最高。劳动者报酬的比重总体上呈波动上升趋势,2000—2006 年从 26.88% 增加到 33.14%,增加 6.26 个百分点,虽然劳动者报酬的比重上升明显高于外资纯出口加工贸易企业,但这一比重到 2006 年仅为外资纯出口加工贸易企业的 3/5。生产税净额的比重仍为最低且总体上呈不断下降的趋势,2000—2006 年从 20.15% 下降到 12.27%,下降 7.88 个百分点,两者相加占增加值比重下降 1.62 个百分点,即纯归本国的增加值比重下降 1.62 个百分点,两者相加占增加值比重相比外资纯出口加工贸易企业低 19.5 个百分点,比全部外资加工贸易企业低 4.3 个百分点。营业盈余的比重最高且呈现较大幅度的波动上升趋势,2000—2006 年从 32.19% 上升到 34.15%,上升 1.96 个百分点,其中最低为 2001 年的 28.26%,最高为 2004 年的 36.39%。本年折旧的比重仍居于第三位也在波动中略有下降,2000—2006 年从 20.78% 下降到 20.43%,下降 0.35 个百分点,两者相加占增加值比重上升 1.62 个百分点。

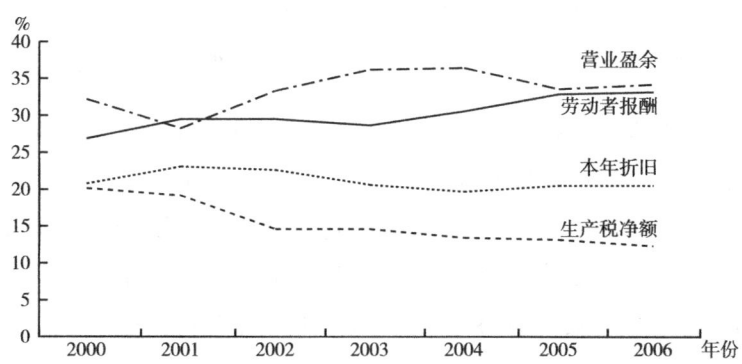

图 2-66 分年份外资非纯出口加工贸易企业增加值①构成变化情况

按增加值②方法核算(见图 2-67),劳动者报酬的比重仍为最高且总体呈上升趋势,其比重略低全部外资加工贸易出口企业,变化趋势与后者较为相似,2000—2006 年从 44.79% 上升到 58.95%,上升 14.16 个百分点;生产税净额的比重也为最低总体上呈下降趋势,2000—2006 年从 15.22% 下降到 7.54%,下降 7.68 个百分点,两者相加占增加值比重上升 6.48 个百分点,即纯归本国的增加值比重提高了 6.48 个百分点,相比外资纯出口加工贸易企业增幅明显升高,但两者相加占增加值比重低于外资纯出口加工贸易企业10.4个百分点。营业盈余的比重也居于第二位且在波动中略有下降,且明显高于外资纯出口加工贸易企业,且略高于全部外资加贸易企业,2000—2006年从24.31%下降到20.97%,下降3.34个百分点。本年折旧的比重也居于第三位且在波动中略有下降,2000—2006年从15.68%下降到12.54%,下降3.14个百分点,两者相加占增加值比重下降6.48个百分点。

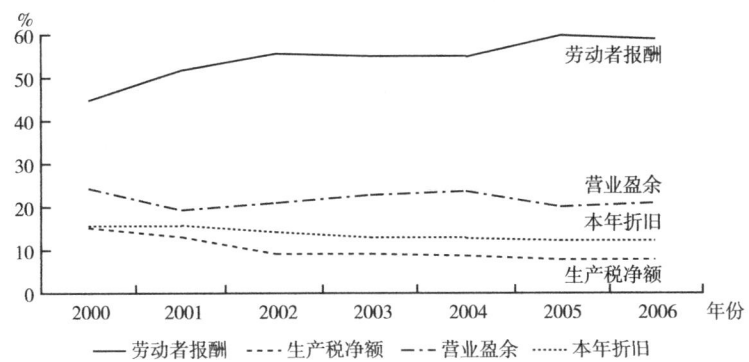

图2-67 分年份外资纯出口加工贸易企业增加值②构成变化情况

按增加值③方法核算(见图2-68),劳动者报酬的比重居于第二位且总体上变化不大,且明显低于外资纯出口加工贸易企业,2000—2006年从20.29%上升到20.35%。生产税净额的比重也为最低总体上呈下降趋势,2000—2006年从15.22%下降到7.54%,期间下降7.68个百分点,两者相加占增加值比重下降7.62个百分点,即纯归本国的增加值比重下降7.62个百分点,两者相加占增加值比重相比外资纯出口加工贸易企业下降约13.9个百分点。营业盈余的比重居于最高且总体不断上升的趋势,2000—2006年从48.81%上升到59.57%,上升10.76个百分点,2006年的比重高于外资纯出口加工贸易企业近14个百分点;本年折旧的比重也居于第三位且在波动中略有下降,2000—2006年从15.68%下降到12.54%,下降3.14个百分点,两者相加占增加值的比重上升7.62个百分点。

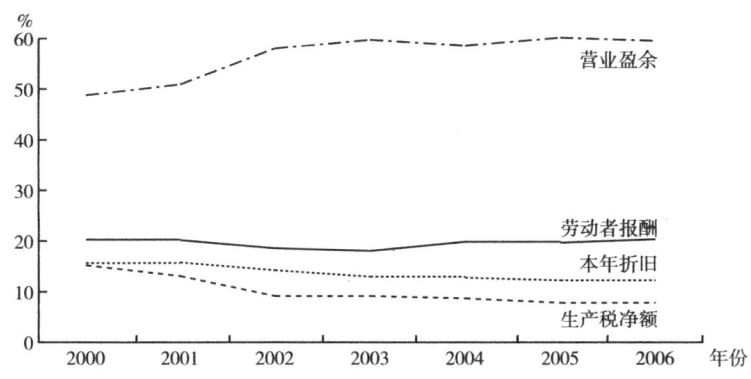

图 2-68 分年份外资纯出口加工贸易企业增加值③构成变化情况

三、分行业属地增加值及其构成情况

与外资纯出口加工贸易企业明显不同，但与全部外资加工贸易企业类似，外资非纯出口加工贸易企业各项最高的行业也是石油加工、炼焦及核燃料加工业，增加值①、增加值②或③、劳动者报酬①、营业盈余①最低的也是木材加工及木、竹、藤、棕、草制品业，但劳动者报酬②最低的是印刷业和记录媒介的复制，营业盈余②最低的也是纺织服装、鞋、帽制造业，同时，该行业又是本年折旧最低的行业，生产税净额最低的也是文教体育用品制造业（见图 2-69 至图 2-76，各图中加粗斜体数据为最低值）。与全部外资加工贸易企业和外资纯出口加工贸易企业相比，各项增加值及其构成项均高于前两者。与全部外资加工贸易企业相比，各项增加值的最高值提高 187.44 万元（劳动者报酬①）至 7600 万元（增加值②或③），最低值提高 14.17 万元（生产税净额）至 230.6 万元（增加值②或③）。与外资纯出口加工贸易企业相比，各项增加值的最高值提高 1011.37 万元（劳动者报酬①）至 82005.75 万元（增加值②或③），最低值提高 60.02 万元（本年折旧）至 739.23 万元（增加值②或③）。

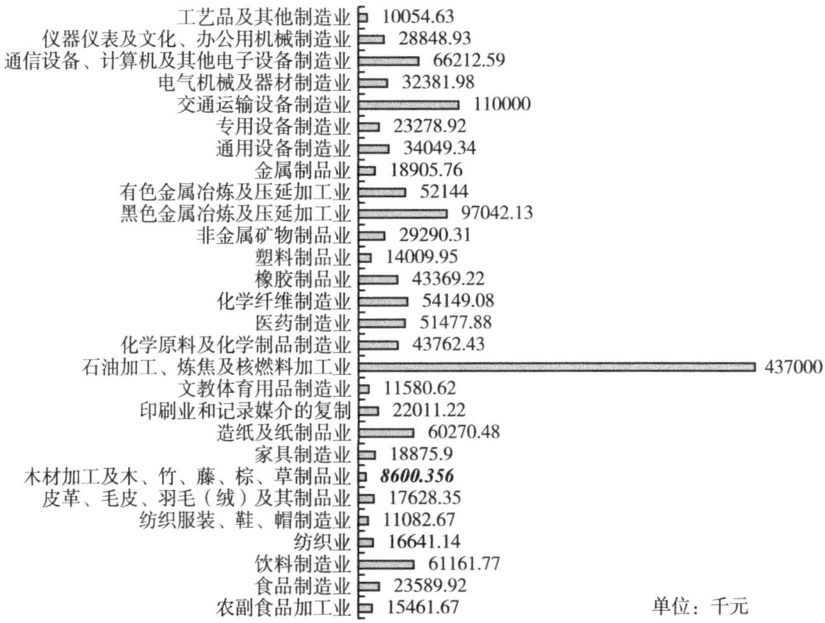

行业	增加值（千元）
工艺品及其他制造业	10054.63
仪器仪表及文化、办公用机械制造业	28848.93
通信设备、计算机及其他电子设备制造业	66212.59
电气机械及器材制造业	32381.98
交通运输设备制造业	110000
专用设备制造业	23278.92
通用设备制造业	34049.34
金属制品业	18905.76
有色金属冶炼及压延加工业	52144
黑色金属冶炼及压延加工业	97042.13
非金属矿物制品业	29290.31
塑料制品业	14009.95
橡胶制品业	43369.22
化学纤维制造业	54149.08
医药制造业	51477.88
化学原料及化学制品制造业	43762.43
石油加工、炼焦及核燃料加工业	437000
文教体育用品制造业	11580.62
印刷业和记录媒介的复制	22011.22
造纸及纸制品业	60270.48
家具制造业	18875.9
木材加工及木、竹、藤、棕、草制品业	**8600.356**
皮革、毛皮、羽毛（绒）及其制品业	17628.35
纺织服装、鞋、帽制造业	11082.67
纺织业	16641.14
饮料制造业	61161.77
食品制造业	23589.92
农副食品加工业	15461.67

单位：千元

图 2-69　外资非纯出口企业各行业增加值①

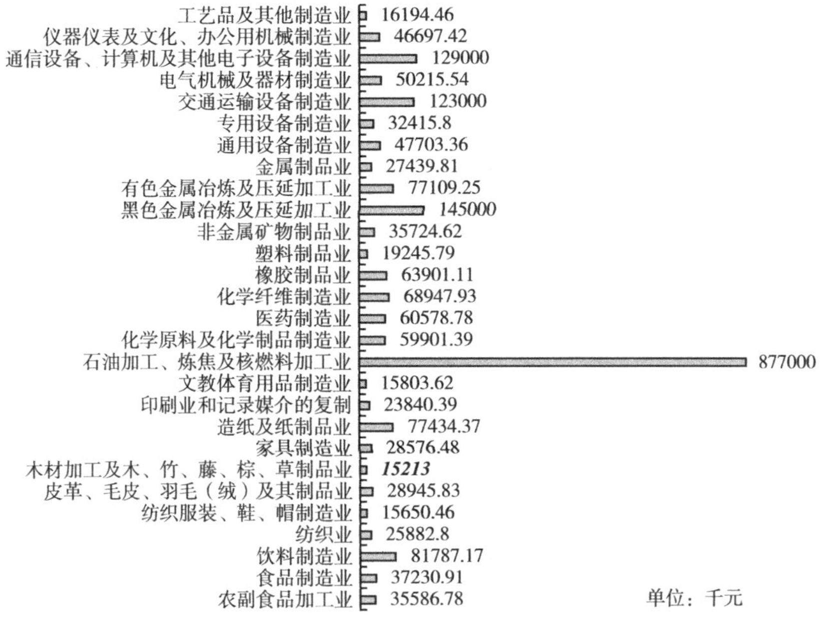

行业	增加值（千元）
工艺品及其他制造业	16194.46
仪器仪表及文化、办公用机械制造业	46697.42
通信设备、计算机及其他电子设备制造业	129000
电气机械及器材制造业	50215.54
交通运输设备制造业	123000
专用设备制造业	32415.8
通用设备制造业	47703.36
金属制品业	27439.81
有色金属冶炼及压延加工业	77109.25
黑色金属冶炼及压延加工业	145000
非金属矿物制品业	35724.62
塑料制品业	19245.79
橡胶制品业	63901.11
化学纤维制造业	68947.93
医药制造业	60578.78
化学原料及化学制品制造业	59901.39
石油加工、炼焦及核燃料加工业	877000
文教体育用品制造业	15803.62
印刷业和记录媒介的复制	23840.39
造纸及纸制品业	77434.37
家具制造业	28576.48
木材加工及木、竹、藤、棕、草制品业	**15213**
皮革、毛皮、羽毛（绒）及其制品业	28945.83
纺织服装、鞋、帽制造业	15650.46
纺织业	25882.8
饮料制造业	81787.17
食品制造业	37230.91
农副食品加工业	35586.78

单位：千元

图 2-70　外资非纯出口企业各行业增加值②或③

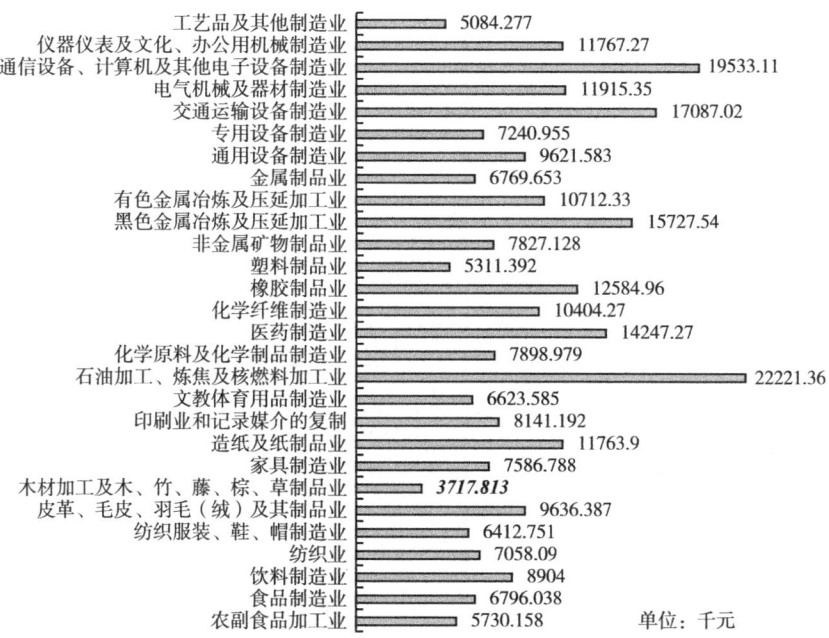

图 2-71　外资非纯出口企业各行业劳动者报酬①

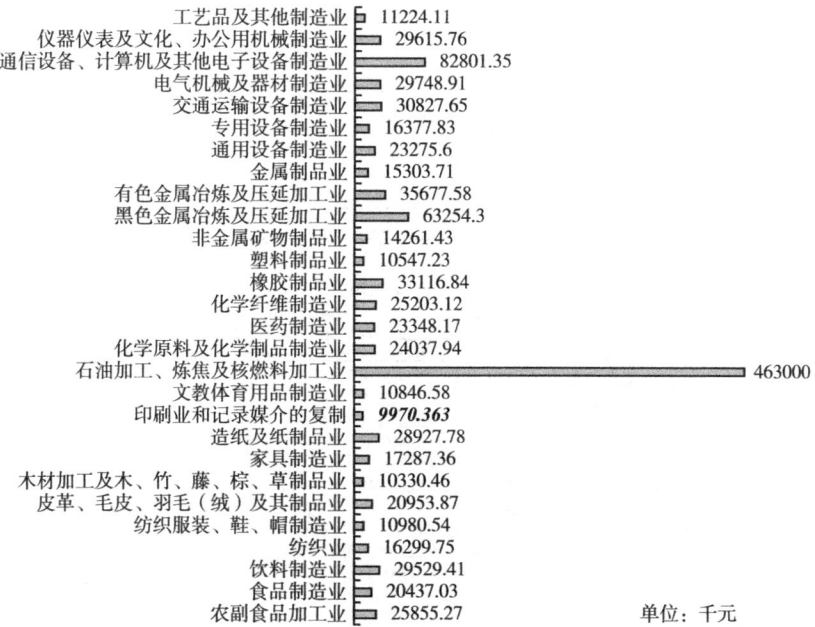

图 2-72　外资非纯出口企业各行业劳动者报酬②

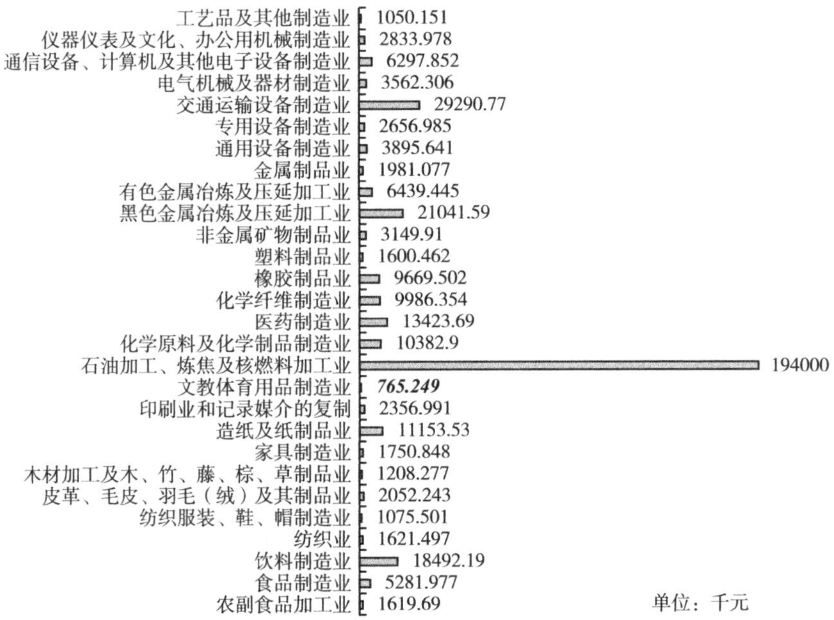

行业	生产税净额(千元)
工艺品及其他制造业	1050.151
仪器仪表及文化、办公用机械制造业	2833.978
通信设备、计算机及其他电子设备制造业	6297.852
电气机械及器材制造业	3562.306
交通运输设备制造业	29290.77
专用设备制造业	2656.985
通用设备制造业	3895.641
金属制品业	1981.077
有色金属冶炼及压延加工业	6439.445
黑色金属冶炼及压延加工业	21041.59
非金属矿物制品业	3149.91
塑料制品业	1600.462
橡胶制品业	9669.502
化学纤维制造业	9986.354
医药制造业	13423.69
化学原料及化学制品制造业	10382.9
石油加工、炼焦及核燃料加工业	194000
文教体育用品制造业	**765.249**
印刷业和记录媒介的复制	2356.991
造纸及纸制品业	11153.53
家具制造业	1750.848
木材加工及木、竹、藤、棕、草制品业	1208.277
皮革、毛皮、羽毛(绒)及其制品业	2052.243
纺织服装、鞋、帽制造业	1075.501
纺织业	1621.497
饮料制造业	18492.19
食品制造业	5281.977
农副食品加工业	1619.69

单位：千元

图 2-73　外资非纯出口企业各行业生产税净额

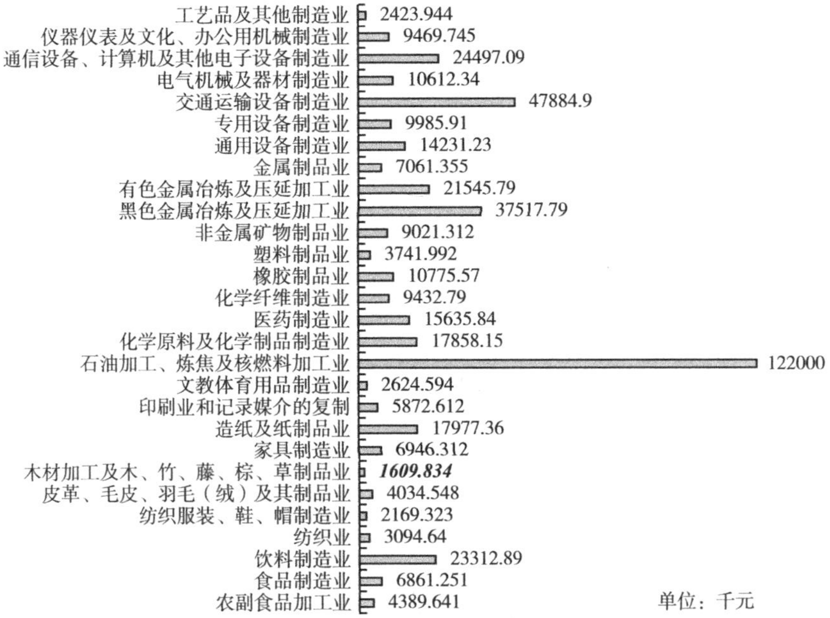

行业	营业盈余(千元)
工艺品及其他制造业	2423.944
仪器仪表及文化、办公用机械制造业	9469.745
通信设备、计算机及其他电子设备制造业	24497.09
电气机械及器材制造业	10612.34
交通运输设备制造业	47884.9
专用设备制造业	9985.91
通用设备制造业	14231.23
金属制品业	7061.355
有色金属冶炼及压延加工业	21545.79
黑色金属冶炼及压延加工业	37517.79
非金属矿物制品业	9021.312
塑料制品业	3741.992
橡胶制品业	10775.57
化学纤维制造业	9432.79
医药制造业	15635.84
化学原料及化学制品制造业	17858.15
石油加工、炼焦及核燃料加工业	122000
文教体育用品制造业	2624.594
印刷业和记录媒介的复制	5872.612
造纸及纸制品业	17977.36
家具制造业	6946.312
木材加工及木、竹、藤、棕、草制品业	**1609.834**
皮革、毛皮、羽毛(绒)及其制品业	4034.548
纺织服装、鞋、帽制造业	2169.323
纺织业	3094.64
饮料制造业	23312.89
食品制造业	6861.251
农副食品加工业	4389.641

单位：千元

图 2-74　外资纯出口企业各行业营业盈余①

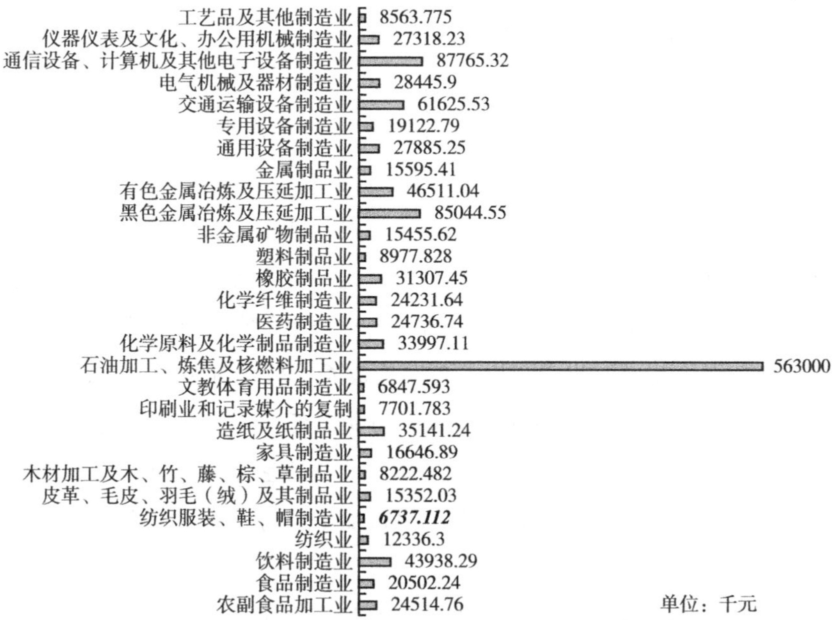

图2-75 外资非纯出口企业各行业营业盈余

行业	数值
工艺品及其他制造业	8563.775
仪器仪表及文化、办公用机械制造业	27318.23
通信设备、计算机及其他电子设备制造业	87765.32
电气机械及器材制造业	28445.9
交通运输设备制造业	61625.53
专用设备制造业	19122.79
通用设备制造业	27885.25
金属制品业	15595.41
有色金属冶炼及压延加工业	46511.04
黑色金属冶炼及压延加工业	85044.55
非金属矿物制品业	15455.62
塑料制品业	8977.828
橡胶制品业	31307.45
化学纤维制造业	24231.64
医药制造业	24736.74
化学原料及化学制品制造业	33997.11
石油加工、炼焦及核燃料加工业	563000
文教体育用品制造业	6847.593
印刷业和记录媒介的复制	7701.783
造纸及纸制品业	35141.24
家具制造业	16646.89
木材加工及木、竹、藤、棕、草制品业	8222.482
皮革、毛皮、羽毛（绒）及其制品业	15352.03
纺织服装、鞋、帽制造业	*6737.112*
纺织业	12336.3
饮料制造业	43938.29
食品制造业	20502.24
农副食品加工业	24514.76

单位：千元

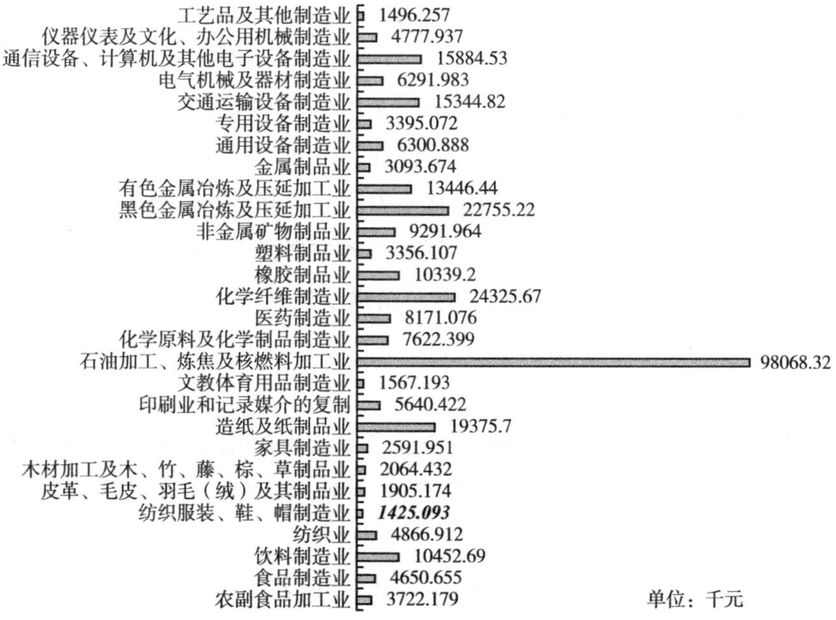

图2-76 外资非纯出口企业各行业本年折旧

行业	数值
工艺品及其他制造业	1496.257
仪器仪表及文化、办公用机械制造业	4777.937
通信设备、计算机及其他电子设备制造业	15884.53
电气机械及器材制造业	6291.983
交通运输设备制造业	15344.82
专用设备制造业	3395.072
通用设备制造业	6300.888
金属制品业	3093.674
有色金属冶炼及压延加工业	13446.44
黑色金属冶炼及压延加工业	22755.22
非金属矿物制品业	9291.964
塑料制品业	3356.107
橡胶制品业	10339.2
化学纤维制造业	24325.67
医药制造业	8171.076
化学原料及化学制品制造业	7622.399
石油加工、炼焦及核燃料加工业	98068.32
文教体育用品制造业	1567.193
印刷业和记录媒介的复制	5640.422
造纸及纸制品业	19375.7
家具制造业	2591.951
木材加工及木、竹、藤、棕、草制品业	2064.432
皮革、毛皮、羽毛（绒）及其制品业	1905.174
纺织服装、鞋、帽制造业	*1425.093*
纺织业	4866.912
饮料制造业	10452.69
食品制造业	4650.655
农副食品加工业	3722.179

单位：千元

进一步以要素密集型区分看（见表2-11），从劳动者报酬的比重看，按增加值①测算的各项构成看，劳动密集型行业的劳动者报酬平均比重最高，为39.28%，资本密集型则为23.39%，技术密集型则为26.79%，与外资纯出口加工贸易企业相比，均降低12—18个百分点。按增加值②测算的各项构成看，各类型行业的劳动者报酬的平均比重明也显更高，劳动密集型行业提高19.4个百分点，资本密集型行业提高15个百分点，技术密集型行业高20个百分点，不同于增加值①测算方法得到的结果，此时资本密集型行业的这一比重高于技术密集型行业。相比外资纯出口加工贸易企业各类型行业的这一比重降低7—17个百分点。按增加值③测算的各项构成看，劳动者报酬的平均比重相对增加值①测算方法得到的比重明显降低，分别降低7—13个百分点，比重差距也缩小了。与增加值①测算方法的结果类似，劳动密集型行业的比重最高，资本密集型行业的比重最低。相比外资纯出口加工贸易企业，分别降低8—13个百分点。

就营业盈余的比重，按增加值①测算的各项构成看，资本密集型行业的平均比重最高，为37.25%，而技术密集型则为33.53%，劳动密集型为26.21%。这一比重相比外资纯出口加工贸易企业各类型行业提高7.5—11个百分点，比重差距略有扩大。同样，按增加值②测算的各项构成看，也有类似的比重排序，不同的是各类型行业的这一平均比重相比增加值①测算方法降低8—12个百分点，比重差距有较大幅度的缩小。相比外资纯出口加工贸易企业这一平均比重提高4—10个百分点，比重差距有所缩小。按增加值③测算的各项构成看，也有类似的比重排序，不同的是各类型行业的这一平均比重相比增加值①测算方法提高35—40个百分点，比重差距有所扩大。相比外资纯出口加工贸易企业这一平均比重提高0.3—7个百分点，最大最小的比重差距缩小7个百分点。

就生产税净额的比重，与全部外资加工贸易企业相同，无论按哪一种方法测算，其比重为各增加值构成项中最低的一项。按增加值①测算的各项构成看，技术密集型行业的平均比重最高，为17.89%，劳动密集型行业最低为14.11%，资本密集型行业为17.5%，相比劳动者报酬和营业盈余这两项的比重，各类型行业生产税净额平均比重之间的差距明显缩小。相比外资纯出口加工贸易企业这一比重提高7.8—12个百分点，且比重最低的行业由资本密集型行业变为了劳动密集型行业。按增加值②和增加值③测算的各项构成看，也有类似的比重排序，不同的是各类型行业的这一平均比重相比增加值①测算方法普遍更低，这是因为按增加值②和增加值③测算方法计算时分别把劳动者报酬和营业盈余作为了差项，生产税净额的比重偏低。相比增加值①测算方法，各类型行业的这一比重分别降低4.5—7.5个百分点。与外资纯出口加工贸易企业相比，各类型行业的这一比重分别提高5.5—9个百分点。

就本年折旧的比重，按增加值①测算的各项构成看，资本密集型行业的平均比重最高，为21.84%，技术密集型行业为21.74%，劳动密集型行业最低，为20.39%。与外资纯出口加工贸易企业相比，比重排序一致，但劳动密集型行业的这一比重提高2个百分点，而另两个行业则降低3—4个百分点，比重差距明显缩小。与外资纯出口加工贸易企业相似，本年折旧的比重与前三项的比重相比，各类型行业本年折旧平均比重之间的差距最小，其比重排序与生产税净额相同，这一点与外资纯出口加工贸易企业不同。按增加值②和增加值③测算的各项构成看，也有类似的比重排序，但比重差距稍有扩大，不同的是各类型行业的这一平均比重相比增加值①测算方法普遍更低，这是也因为按增加值②和增加值③测算方法计算时把分别把劳动者报酬和营业盈余作为差项，本年折旧的比重偏低。与外资纯出口加工贸易企业相比，这一比重略有降低，相比增加值①测算方法，各类型行业的这一比重均降低7—8个百分点。

就纯归本国的增加值比重即劳动者报酬和生产税净额的平均比重之和看，与外资纯出口加工贸易企业类似，无论按何种增加值测算方法计算，劳动密集型行业的平均比重均为最高，但按增加值①和增加值③测算方法计算，资本密集型的比重为最低，而按增加值②测算方法计算，则技术密集型的比重最低，与外资纯出口加工贸易企业不同的是，技术密集型与资本密集型的比重差距缩小2—3个百分点。各项比重绝对值与外资纯出口加工贸易企业相比均有一定的降低，比重降低幅度最大的是按增加值②测算方法计算的资本密集型行业，降低9.6个百分点，按增加值①测算方法计算的劳动密集型行业也降低9.5个百分点。与外资纯出口加工贸易企业相似，按增加值②测算方法计算得到的平均比重绝对值最高，且相比外资纯出口加工贸易企业最大最小的比重差距扩大 2 个百分点左右。与外资纯出口加工贸易企业相同,按增加值③测算方法计算的平均比重绝对值最低;按增加值①测算方法计算的比重差距最大,而按增加值②测算方法计算的各类型行业的比重差距最小。

表 2-11　　　　分行业类型外资非纯出口企业增加值构成情况

		劳动密集型	资本密集型	技术密集型
增加值①	劳动者报酬	39.28%	23.39%	26.79%
	生产税净额	14.11%	17.50%	17.89%
	营业盈余	26.21%	37.25%	33.53%
	本年折旧	20.39%	21.84%	21.74%
增加值②	劳动者报酬	58.67%	48.24%	46.73%
	生产税净额	9.62%	11.05%	13.69%
	营业盈余	17.83%	25.62%	24.09%
	本年折旧	13.88%	15.04%	15.58%
增加值③	劳动者报酬	26.26%	16.62%	18.54%
	生产税净额	9.62%	11.05%	13.69%
	营业盈余	50.23%	57.24%	52.29%
	本年折旧	13.88%	15.04%	15.58%

四、总体属权增加值情况

外资非纯出口加工贸易企业的外国资本比重为 81%,而本国资本比重为 19%。与外资纯出口加工贸易企业相比本国资本比重均值提高 8.2 个百分点。从外资非纯出口加工贸易企业的增加值构成情况看,按不同核算方法计算,归属外国的增加值均值占总增加值均值的比重在 27.37%—57.11%,归属本国的增加值均值占总增加值均值的比重在 42.89%—72.63%。与外资纯出口加工贸易企业相比,本国增加值比重下降,而外国增加值比重则提高。从绝对值看,相比外资纯出口加工贸易企业,外资非纯出口加工贸易企业按不同测算方法计算的按属权区分的增加值均有不同程度的提高

（见图2-77）。

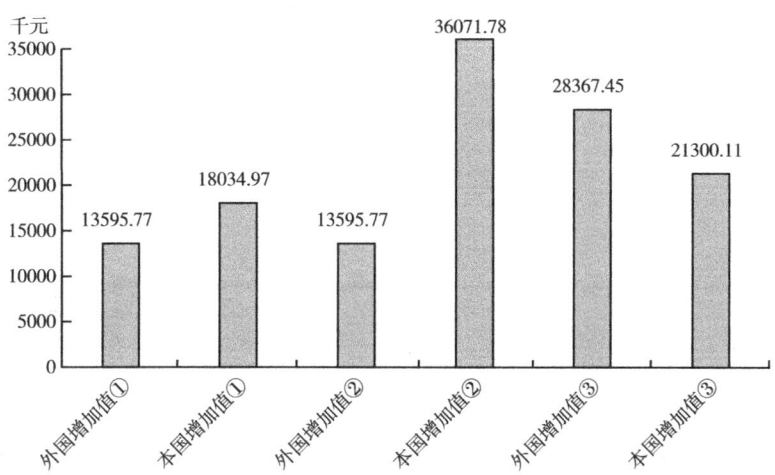

图2-77 外资非纯出口加工贸易企业属权增加值构成情况

五、分年份全部外资加工贸易出口企业属权增加值情况

分年份看（见表2-12），外资非纯出口加工贸易企业的外国部分比重均值在2000—2006年间呈逐年递增趋势，相应的本国部分比重均值则呈逐年递减趋势。相比外资纯出口加工贸易企业外国部分比重明显降低。

表2-12　分年份外资非纯出口加工贸易业内外资比重

	2000	2001	2002	2003	2004	2005	2006
外国资本比重	75.9%	77.7%	79.3%	81.1%	81.3%	82.7%	84.8%
本国资本比重	24.1%	22.3%	20.7%	18.9%	18.7%	17.3%	15.2%

从绝对量变化趋势看（见图2-78），按不同方法计算得到的外国增加值和本国增加值总体上都表现出上升趋势，其中按增加值②测算的本国增加值和按增加值③测算外国增加值的变化趋势最为明显，分别增加100.7%和135.3%。从两者的差距变化看，与外资纯出口加工贸易企业正好相反，按增加值②的本国增加值和外国增加值的差距趋于扩大，本国增加值与外国增加值

之比从 2000 年的 2.29 提高到 2006 年的 2.63。而按增加值①和增加值③测算得到本国增加值和外国增加值差距趋于缩小，分别从 1.48 和 1.02 缩小到 1.22 和 0.65。

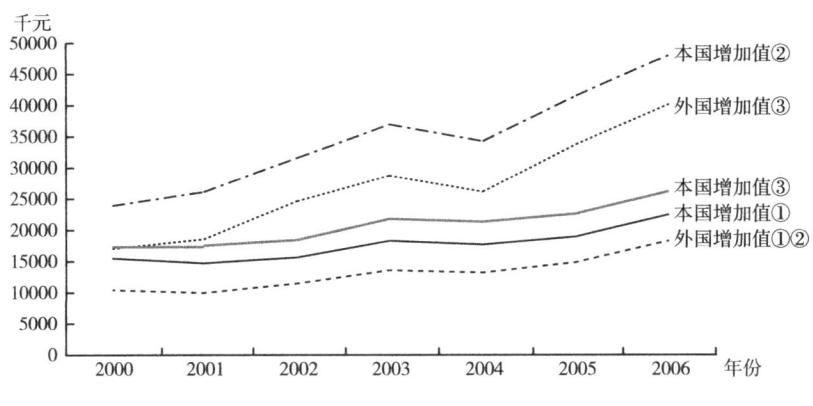

图 2-78　分年份外资非纯出口加工贸易企业属权增加值构成

六、分行业外资非纯出口加工贸易企业属权增加值情况

从内外资比重情况看，与全部外资加工贸易企业相同，外资占实收资本比重最高的行业仍是造纸及纸制品业，为 88.2%，相比全部外资加工贸易企业这一比重略有降低，比重最低的也仍是石油加工、炼焦及核燃料加工业，占 52.3%，相比全部外资加工贸易企业这一比重提高 2.4 个百分点。分行业类型看，劳动密集型行业的平均外资占实收资本比重为 79.5%，资本密集型行业的这一比重为 77.1%，技术密集型行业的这一比重为 81%。相比全部外资加工贸易企业，各类型行业外资比重有一定降低，但技术密集型行业的外资比重仍为最高，资本密集型行业仍为最低，且比重差距有一定的缩小。

从属权增加值行业均值的绝对量看，与全部外资加工贸易企业相似，石油加工、炼焦及核燃料加工业无论哪种方式核算，无论是本国增加值还是外国增加值都是最大。外国增加值③最小的行业也是纺织服装、鞋、帽制造业。但有所不同的是，木材加工及木、竹、藤、棕、草制品业是除了本国增加值②和外国增加值③，其他本国增加值和外国增加值均为最小。文教体育用品制造业则成为本国增加值②最小的行业（见图 2-79 至图 2-84，各图中加粗斜体数据为最低值）。与外资纯出口加工贸易企业不同，相比全部外资加工贸易企业对应行业，除文教体育用品制造业的本国增加值②降低 17.57 万元之外，各项增加值的绝对值都较大幅度的提高。最小值提高最少的是木材加工及木、竹、藤、棕、草制品业的外国增加值①或②，提高 67.82 万元，提高最多的是木纺织服装、鞋、帽制造业的外国增加值③，提高 130.51 万元；最大值提高最少的是外国增加值①或②，提高 825.4 万元，提高最多的则是本国增加值②，提高 6800 万元。相比外资纯出口企业对应行业也有类似的降低或提高，但降低或提高的幅度均更大，特别是最大值这一提高幅度均在 10 倍以上的。

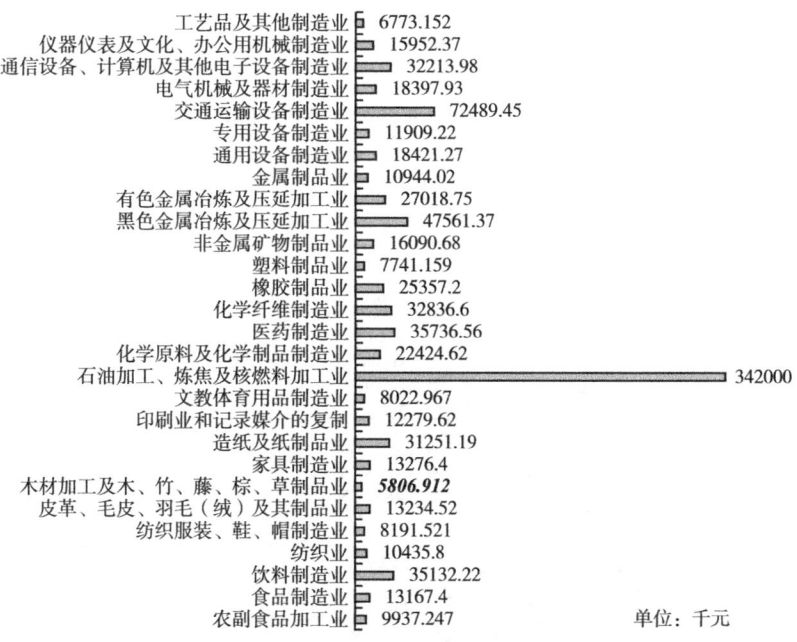

图 2-79　2000—2006 年各行业平均本国增加值①

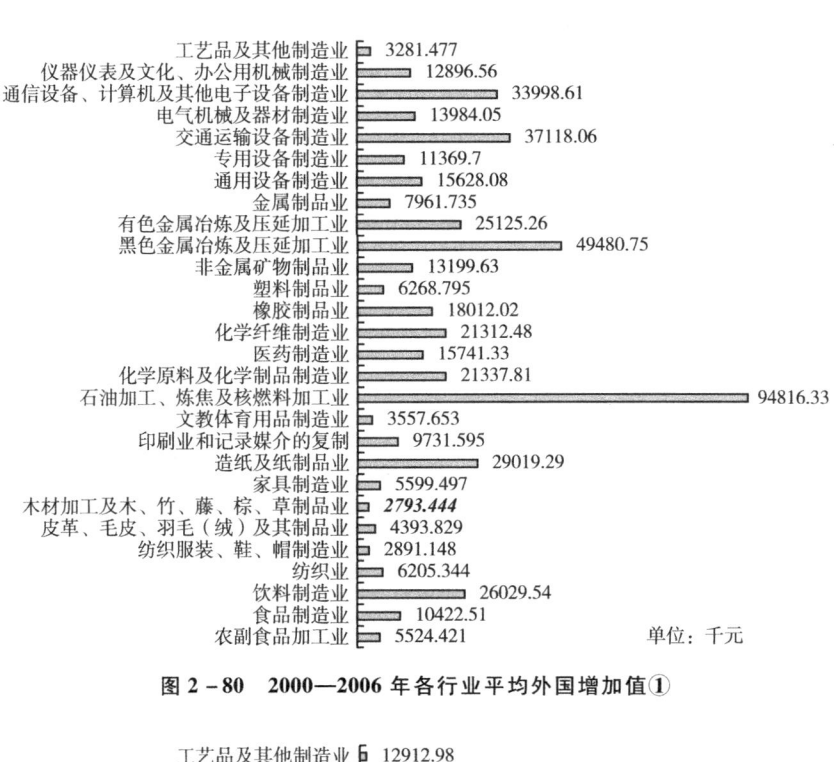

图 2-80　2000—2006 年各行业平均外国增加值①

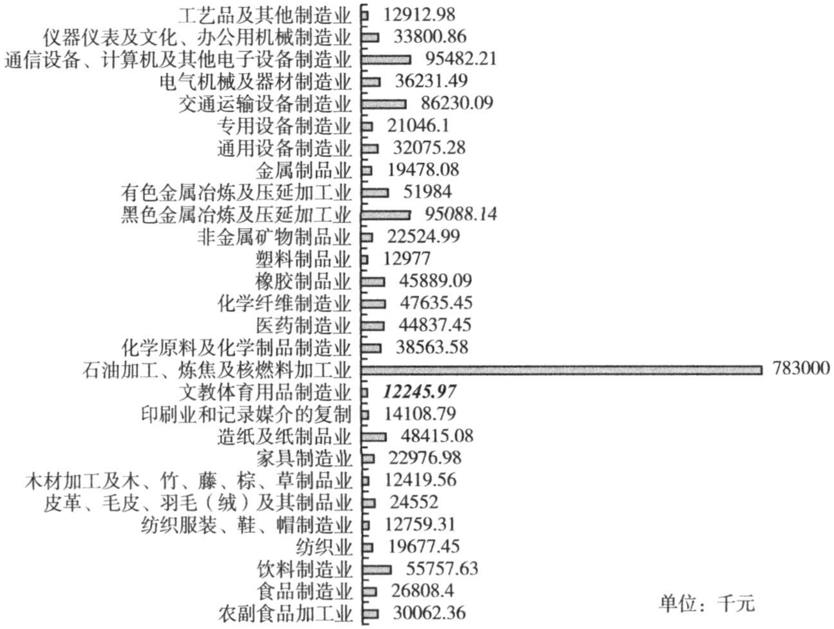

图 2-81　2000—2006 年各行业平均本国增加值②

第二章 基于企业层面属地增加值和属权增加值测算分析

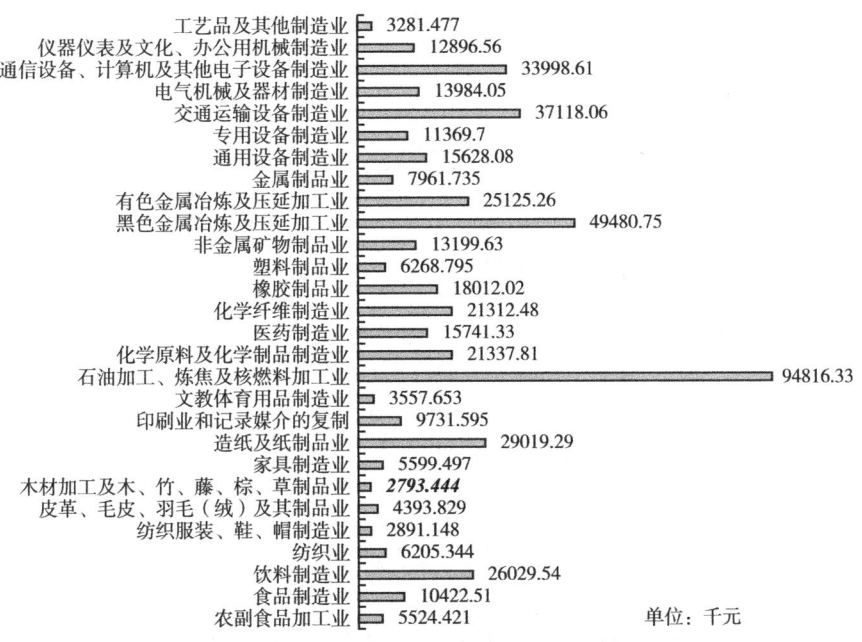

图 2-82 2000—2006 年各行业平均外国增加值②

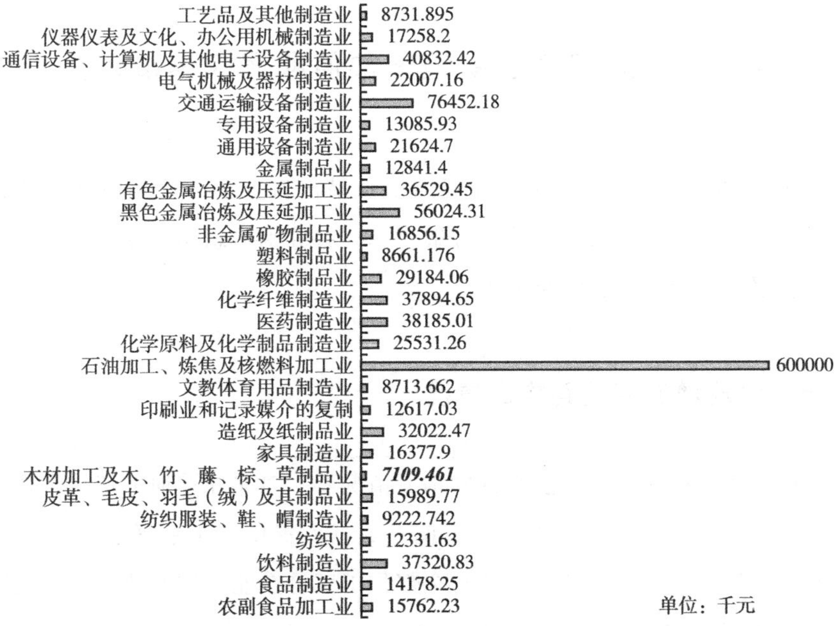

行业	数值（千元）
工艺品及其他制造业	3281.477
仪器仪表及文化、办公用机械制造业	12896.56
通信设备、计算机及其他电子设备制造业	33998.61
电气机械及器材制造业	13984.05
交通运输设备制造业	37118.06
专用设备制造业	11369.7
通用设备制造业	15628.08
金属制品业	7961.735
有色金属冶炼及压延加工业	25125.26
黑色金属冶炼及压延加工业	49480.75
非金属矿物制品业	13199.63
塑料制品业	6268.795
橡胶制品业	18012.02
化学纤维制造业	21312.48
医药制造业	15741.33
化学原料及化学制品制造业	21337.81
石油加工、炼焦及核燃料加工业	94816.33
文教体育用品制造业	3557.653
印刷业和记录媒介的复制	9731.595
造纸及纸制品业	29019.29
家具制造业	5599.497
木材加工及木、竹、藤、棕、草制品业	**2793.444**
皮革、毛皮、羽毛（绒）及其制品业	4393.829
纺织服装、鞋、帽制造业	2891.148
纺织业	6205.344
饮料制造业	26029.54
食品制造业	10422.51
农副食品加工业	5524.421

单位：千元

图 2-83 2000—2006 年各行业平均本国增加值③

行业	数值（千元）
工艺品及其他制造业	8731.895
仪器仪表及文化、办公用机械制造业	17258.2
通信设备、计算机及其他电子设备制造业	40832.42
电气机械及器材制造业	22007.16
交通运输设备制造业	76452.18
专用设备制造业	13085.93
通用设备制造业	21624.7
金属制品业	12841.4
有色金属冶炼及压延加工业	36529.45
黑色金属冶炼及压延加工业	56024.13
非金属矿物制品业	16856.15
塑料制品业	8661.176
橡胶制品业	29184.06
化学纤维制造业	37894.65
医药制造业	38185.01
化学原料及化学制品制造业	25531.26
石油加工、炼焦及核燃料加工业	600000
文教体育用品制造业	8713.662
印刷业和记录媒介的复制	12617.03
造纸及纸制品业	32022.47
家具制造业	16377.9
木材加工及木、竹、藤、棕、草制品业	**7109.461**
皮革、毛皮、羽毛（绒）及其制品业	15989.77
纺织服装、鞋、帽制造业	9222.742
纺织业	12331.63
饮料制造业	37320.83
食品制造业	14178.25
农副食品加工业	15762.23

单位：千元

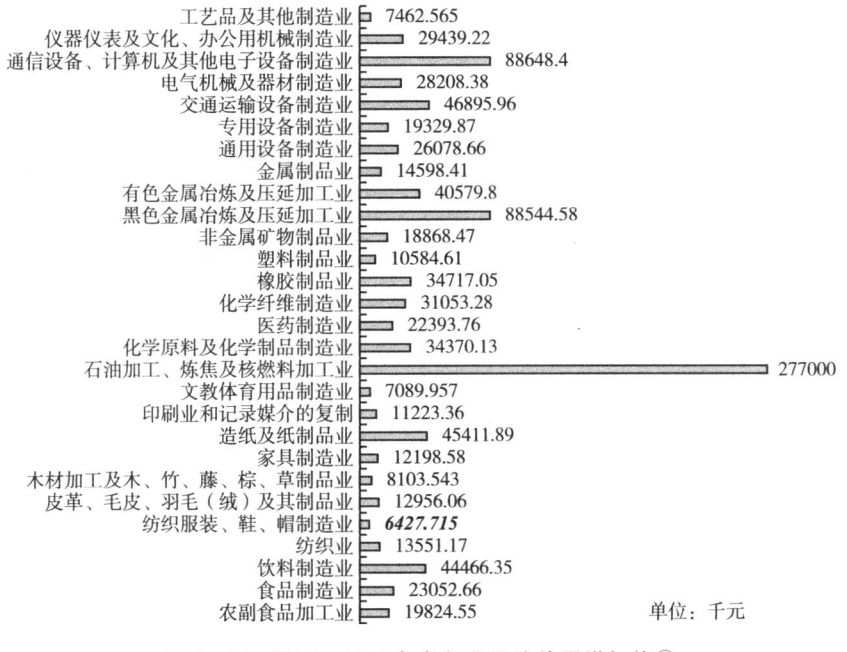

图 2-84 2000—2006 年各行业平均外国增加值③

第六节 非外资企业属地增加值和属权增加值分析

2000—2006 年共有 692 家非外资加工贸易出口企业,根据前述方法进行属地增加值的测算和属权增加值的分解测算,并分别从总体、分年份、分行业三个维度报告和分析测算结果如下。

一、属地增加值及其构成情况

根据我们采用的计算方法得到的构成情况看,对非外资加工贸易企业估算得到的工业增加值均值低于工业企业调查数据库提供的工业增加值 35.85%,这一差距略低于外资加工贸易企业和全部加工贸易企业。按统计核算公式得到的劳动者报酬和营业盈余分别低于对应按差项计算得到的低 67.35% 和 62.83%(见图 2-85),与外资加工贸易企业相比,前者上升 5.8 个百分点,后者下降 2.3 个百分点。从构成比例看,在增加值①核算方法下,生产税净额和折旧在增加值中的比重相比按增加值②或③核算方法计算时的比重分别低 8.56% 和 5.61%(见表 2-13),这一差距相比全部加工贸易企业分别扩大 3.71 个百分点和缩小 1.7 个百分点。与全部外资企业相比分别扩大 3.95 个百分点和缩小 1.79 个百分点。

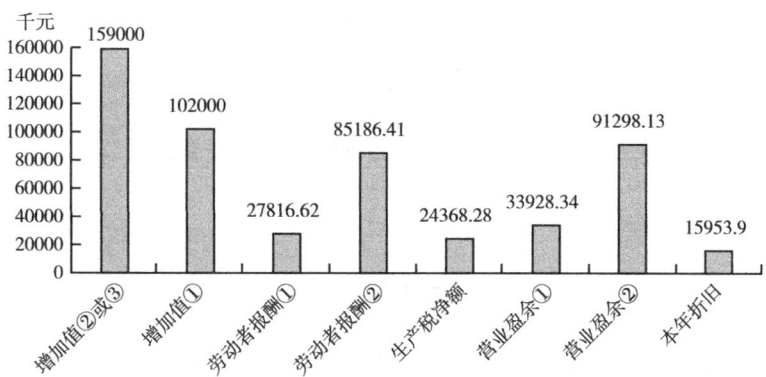

图 2-85 非外资加工贸易企业增加值及其构成情况

表 2-13   不同核算方法下的非外资加工贸易企业增加值构成比例

	劳动者报酬	生产税净额	营业盈余	本年折旧	合计
增加值①	27.27%	23.89%	33.26%	15.64%	100.00%
增加值②	53.58%	15.33%	21.34%	10.03%	100.00%
增加值③	17.49%	15.33%	57.42%	10.03%	100.00%

二、分年份增加值及其构成情况

在研究的考察期内,非外资加工贸易企业增加值及其构成项也呈现明显先升后降的态势(见图 2-86)。其中的 2004 年为高点年份,相比 2003 年最高增幅达 414.46%,为营业盈余③;最低增幅也有 44.88%,为本年折旧。2003 年相比 2002 年劳动者报酬①、劳动者报酬②、生产税净额和营业盈余②均有不同幅度的微幅下降。2002 年的本年折旧相比 2001 年也有小幅下降。与 2000 年相比,2006 年除生产税净额下降 15.39% 后,增加值及其其余构成项都略有上升,其中营业盈余②上升幅度最大,上升103.13%,增加值①的增幅最小,仅增加3.22%。

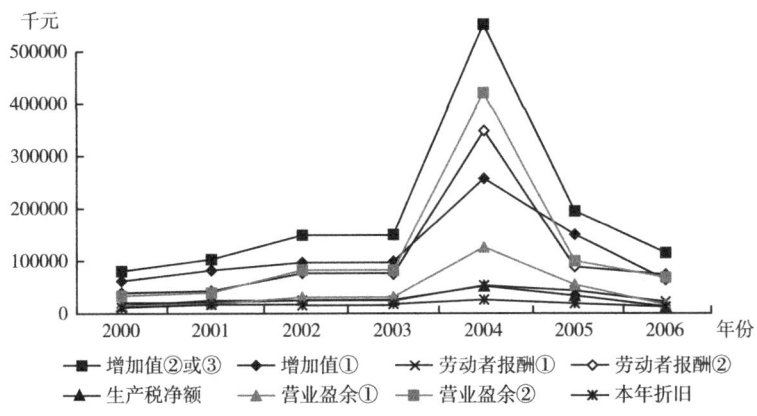

图2-86 分年份非外资加工贸易企业增加值及其构成项变化情况

从增加值构成看,按增加值①方法核算(见图2-87)),非外资加工贸易企业表现出明显不同于外资加工贸易企业的特征,各项构成的比重不再是泾渭分明而是出现劳动者报酬、营业盈余和生产税净额交替占居最大的情况。劳动者报酬的比重呈先降后升之势,从2000年的32.97%下降到2004年的20.65%,再上升到2006年的34.57%,比重位次从第一下降到第二再回到第一位,期间比重上升1.60个百分点。生产税净额呈先升后降之势,从2000年的24.46%上升到2001年的30.27%,之后一直下降到2006年的20.05%,比重位次从第二位上升到第一位后2004年起下降为第三位,期间比重下降4.41个百分点。两者相加占增加值比重下降2.81个百分点,即纯归本国的增加值比重下降2.81个百分点,两者相加占增加值比重相比外资加工贸易企业高4.88个百分点,比全部加工贸易企业高4.73个百分点。营业盈余的比重呈现先升后降之势,从2000年的23.90%增加到2004年的49.03%之后,下降到2006年的25.97%,比重位次从第三位上升到2003年后的第一位,2006年又回到了第三位,期间比重上升2.07个百分点。本年折旧的比重一直最低且呈波动变化之势,2000—2006年从18.67%上升到19.41%,上升0.74个百分点,两者相加占增加值比重上升2.81个百分点。

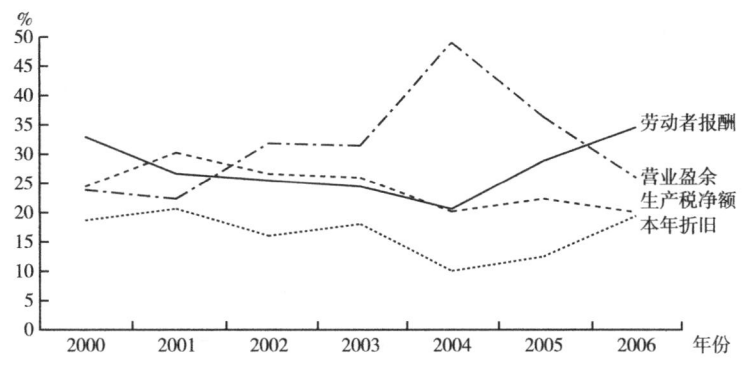

图 2-87　非外资加工贸易企业增加值①构成变化情况

按增加值②方法核算（见图 2-88），劳动者报酬的比重仍为最高且总体呈波动上升趋势，其比重总体上与全部外资加工贸易出口企业相似，但变化幅度大于后者，2000—2006 年从 48.63% 上升到 64.06%，期间上升 15.43 个百分点；生产税净额的比重总体上呈波动下降趋势且比重位次从第二位下降到第三位，2000—2006 年从 18.75% 下降到 11.11%，期间下降 7.64 个百分点，下降幅度与全部外资加工贸易企业相似，但绝对比重和比重位次高于后者。劳动者报酬和生产税净额相加占增加值比重上升 7.79 个百分点，即纯归本国的增加值比重提高 7.79 个百分点，相比全部外资加工贸易企业增幅明显升高，且两者相加占增加值比重高于全部外资加工贸易企业 6.51 个百分点。营业盈余的比重呈先升后降之势，比重则从第二位上升到第三位，且明显低于全部外资加工贸易企业，2000—2006 年从 18.32% 上

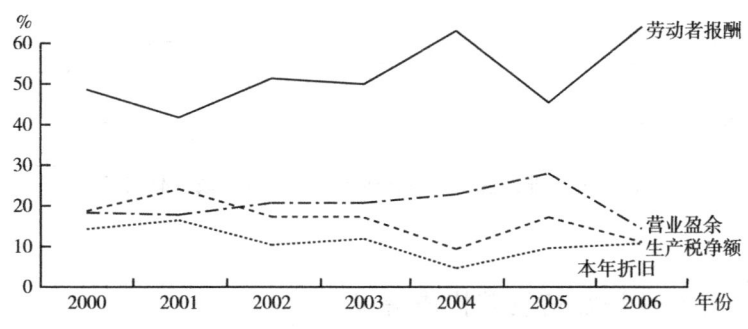

图 2-88　非外资加工贸易企业增加值②构成变化情况

升到2005年的27.97%后，迅速下降到2006年的14.38%，期间下降3.94个百分点。本年折旧的比重最低且在波动中呈下降之势，2000—2006年从14.31%下降到10.75%，下降3.56个百分点，营业盈余与本年折旧相加占增加值比重下降7.50个百分点。

按增加值③方法核算（见图2-89），劳动者报酬的比重总体上呈波动下降之势，比重位次与生产税净额交替居于第二位，比重绝对值总体上略低于全部外资加工贸易企业，2000—2006年从25.26%下降到19.15%，下降6.11个百分点。生产税净额的比重总体上呈波动下降趋势，2000—2006年从18.75%下降到11.11%，期间下降7.64个百分点，下降幅度与全部外资加工贸易企业相似，但绝对比重和比重位次高于后者。劳动者报酬和生产税净额相加占增加值比重下降13.75个百分点，即纯归本国的增加值比重下降13.75个百分点，两者相加占增加值比重相比全部外资加工贸易企业基本相同。营业盈余的比重居于最高且总体呈波动上升的趋势，2000—2006年从41.69%上升到59.29%，上升17.60个百分点，2006年的比重略高于全部外资加工贸易企业；本年折旧的比重最低且在波动中呈下降之势，2000—2006年从14.31%下降到10.75%，下降3.56个百分点，营业盈余与本年折旧相加占增加值比重上升14.04个百分点。

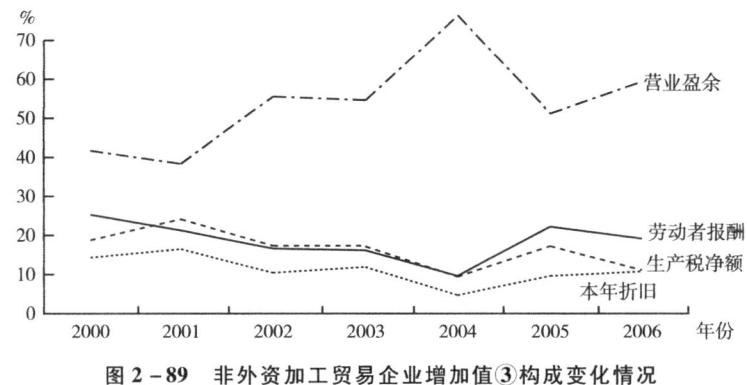

图2-89 非外资加工贸易企业增加值③构成变化情况

三、分行业增加值及其构成情况

与外资纯出口加工贸易企业类似，除劳动者报酬②最高的为通信设备、计算机及其他电子设备制造业外,其余最高的行业都是石油加工、炼焦及核燃料加工业。但不同的是,各增加值及构成项最低的行业有很大的不同,增加值①、增加值②或③、营业盈余①和本年折旧最低的是文教体育用品制造业,劳动者报酬①最低的行业是食品制造业,生产税净额最低的是家具制造业,劳动者报酬②和营业盈余②最低的是有色金属冶炼及压延加工业,且营业盈余②为 -616.84 万元(见图 2-90 至图 2-97,各图中加粗斜体数据为最低值)。与外资加工贸易企业相比,非外资企业各项增加值及其构成项均值的最高值除劳动者报酬②外均高于前者,分别提高了 43065.31 万元(劳动者报酬①)至 424100 万元(增加值②或③),而劳动者报酬②则降低了 6000 万元。与外资加工贸易企业相比,非外资企业各项增加值及其构成项均值的最低值中,增加值①、增加值②或③、劳动者报酬①、生产税净额和本年折旧均高于前者,提高了 60.79 万元(生产税净额)至 436.37 万元(增加值②或③),劳动者报酬②、营业盈余①和营业盈余②均低于前者,降低了 51.77 万元(营业盈余①)至 603.24 万元(劳动者报酬②)。

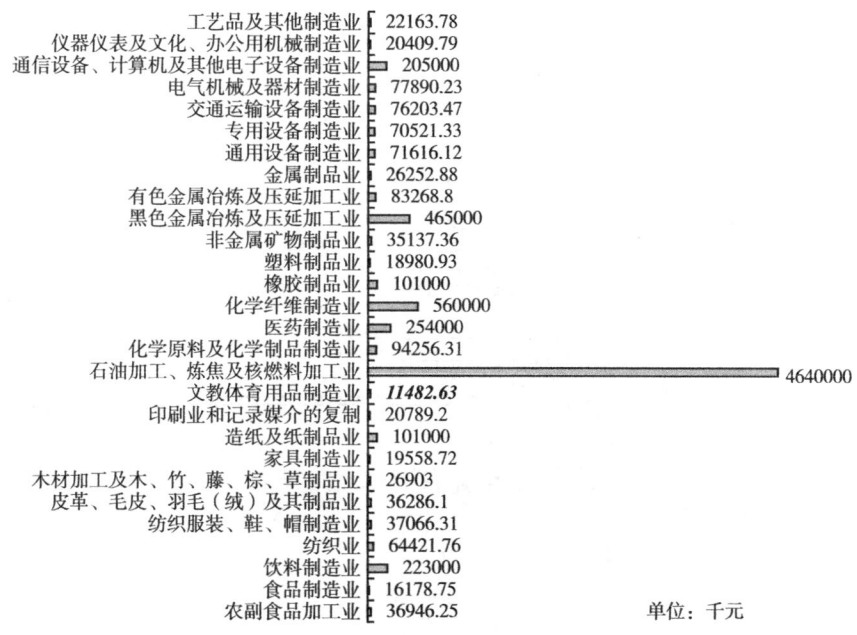

图 2-90 外资非纯出口企业各行业增加值①

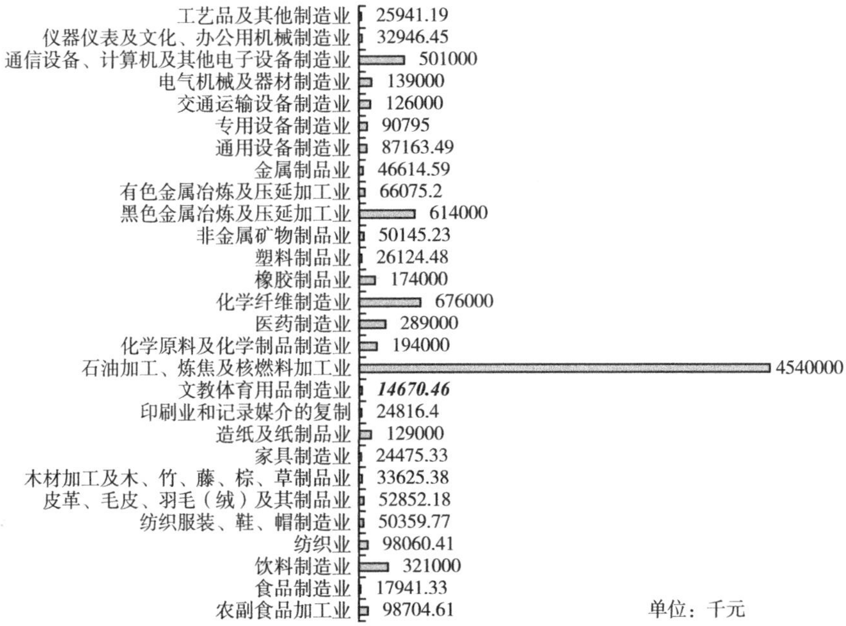

行业	增加值(千元)
工艺品及其他制造业	25941.19
仪器仪表及文化、办公用机械制造业	32946.45
通信设备、计算机及其他电子设备制造业	501000
电气机械及器材制造业	139000
交通运输设备制造业	126000
专用设备制造业	90795
通用设备制造业	87163.49
金属制品业	46614.59
有色金属冶炼及压延加工业	66075.2
黑色金属冶炼及压延加工业	614000
非金属矿物制品业	50145.23
塑料制品业	26124.48
橡胶制品业	174000
化学纤维制造业	676000
医药制造业	289000
化学原料及化学制品制造业	194000
石油加工、炼焦及核燃料加工业	4540000
文教体育用品制造业	*14670.46*
印刷业和记录媒介的复制	24816.4
造纸及纸制品业	129000
家具制造业	24475.33
木材加工及木、竹、藤、棕、草制品业	33625.38
皮革、毛皮、羽毛(绒)及其制品业	52852.18
纺织服装、鞋、帽制造业	50359.77
纺织业	98060.41
饮料制造业	321000
食品制造业	17941.33
农副食品加工业	98704.61

图 2-91　外资非纯出口企业各行业增加值②或③

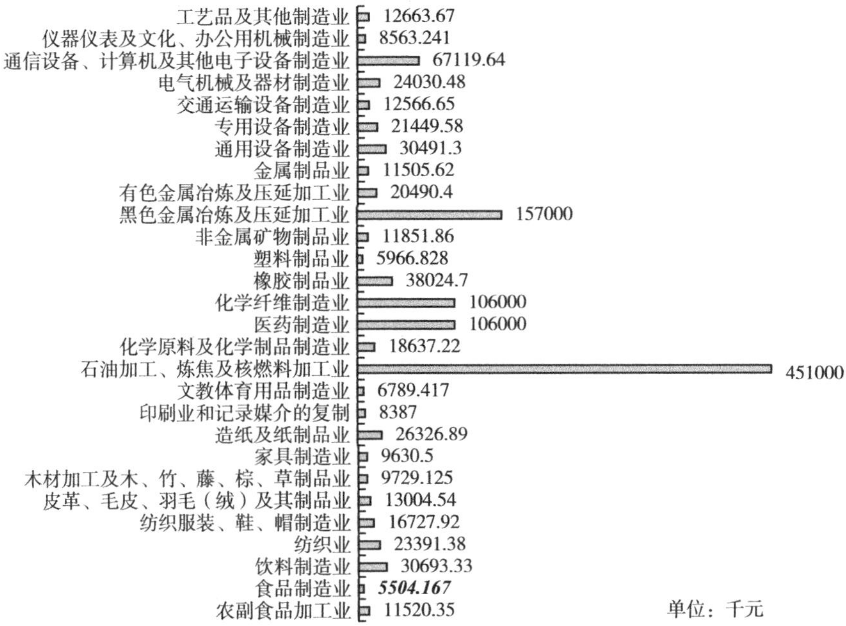

行业	劳动者报酬(千元)
工艺品及其他制造业	12663.67
仪器仪表及文化、办公用机械制造业	8563.241
通信设备、计算机及其他电子设备制造业	67119.64
电气机械及器材制造业	24030.48
交通运输设备制造业	12566.65
专用设备制造业	21449.58
通用设备制造业	30491.3
金属制品业	11505.62
有色金属冶炼及压延加工业	20490.4
黑色金属冶炼及压延加工业	157000
非金属矿物制品业	11851.86
塑料制品业	5966.828
橡胶制品业	38024.7
化学纤维制造业	106000
医药制造业	106000
化学原料及化学制品制造业	18637.22
石油加工、炼焦及核燃料加工业	451000
文教体育用品制造业	6789.417
印刷业和记录媒介的复制	8387
造纸及纸制品业	26326.89
家具制造业	9630.5
木材加工及木、竹、藤、棕、草制品业	9729.125
皮革、毛皮、羽毛(绒)及其制品业	13004.54
纺织服装、鞋、帽制造业	16727.92
纺织业	23391.38
饮料制造业	30693.33
食品制造业	*5504.167*
农副食品加工业	11520.35

图 2-92　外资非纯出口企业各行业劳动者报酬①

第二章 基于企业层面属地增加值和属权增加值测算分析

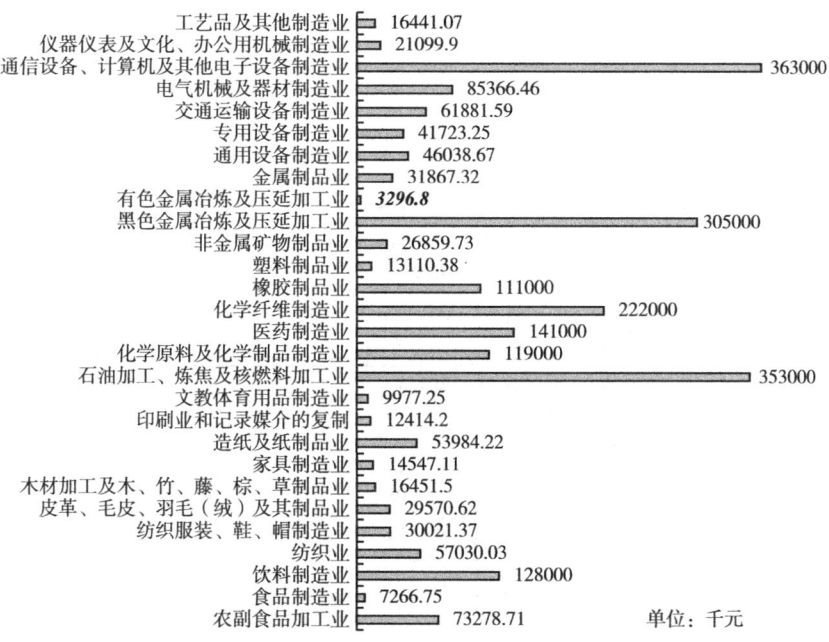

行业	劳动者报酬（千元）
工艺品及其他制造业	16441.07
仪器仪表及文化、办公用机械制造业	21099.9
通信设备、计算机及其他电子设备制造业	363000
电气机械及器材制造业	85366.46
交通运输设备制造业	61881.59
专用设备制造业	41723.25
通用设备制造业	46038.67
金属制品业	31867.32
有色金属冶炼及压延加工业	*3296.8*
黑色金属冶炼及压延加工业	305000
非金属矿物制品业	26859.73
塑料制品业	13110.38
橡胶制品业	111000
化学纤维制造业	222000
医药制造业	141000
化学原料及化学制品制造业	119000
石油加工、炼焦及核燃料加工业	353000
文教体育用品制造业	9977.25
印刷业和记录媒介的复制	12414.2
造纸及纸制品业	53984.22
家具制造业	14547.11
木材加工及木、竹、藤、棕、草制品业	16451.5
皮革、毛皮、羽毛（绒）及其制品业	29570.62
纺织服装、鞋、帽制造业	30021.37
纺织业	57030.03
饮料制造业	128000
食品制造业	7266.75
农副食品加工业	73278.71

图 2-93 外资非纯出口企业各行业劳动者报酬②

行业	生产税净额（千元）
工艺品及其他制造业	2454.704
仪器仪表及文化、办公用机械制造业	3558.655
通信设备、计算机及其他电子设备制造业	29898.2
电气机械及器材制造业	12793.71
交通运输设备制造业	30787
专用设备制造业	9427
通用设备制造业	14339.09
金属制品业	4867.412
有色金属冶炼及压延加工业	10971.8
黑色金属冶炼及压延加工业	128000
非金属矿物制品业	8294.045
塑料制品业	3497.345
橡胶制品业	24603.07
化学纤维制造业	133000
医药制造业	80585.14
化学原料及化学制品制造业	19970.55
石油加工、炼焦及核燃料加工业	1610000
文教体育用品制造业	2348.042
印刷业和记录媒介的复制	3399.8
造纸及纸制品业	23907.22
家具制造业	*1231.444*
木材加工及木、竹、藤、棕、草制品业	5785.375
皮革、毛皮、羽毛（绒）及其制品业	7739.645
纺织服装、鞋、帽制造业	5719.556
纺织业	13303.29
饮料制造业	87241.11
食品制造业	3676.583
农副食品加工业	6155.569

图 2-94 外资非纯出口企业各行业生产税净额

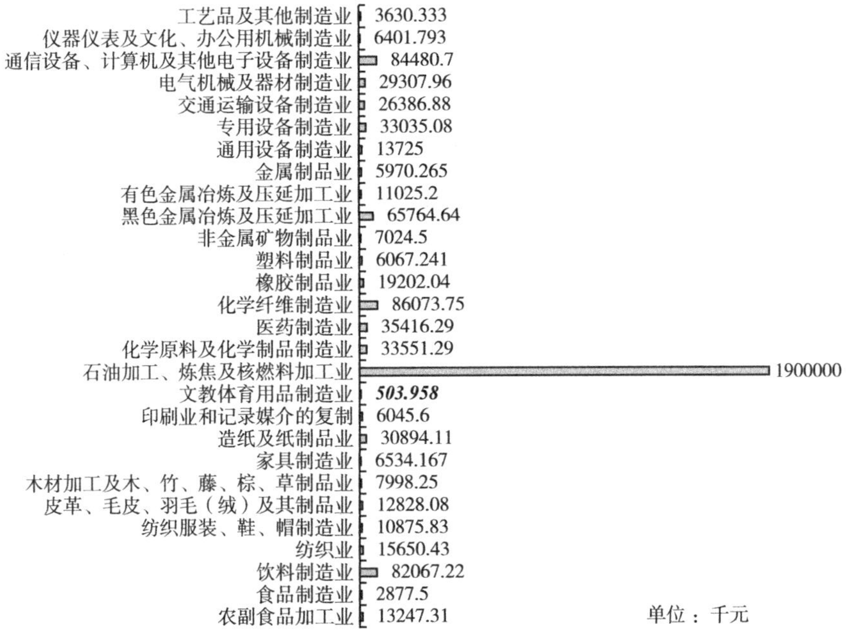

图 2-95 外资纯出口企业各行业营业盈余①

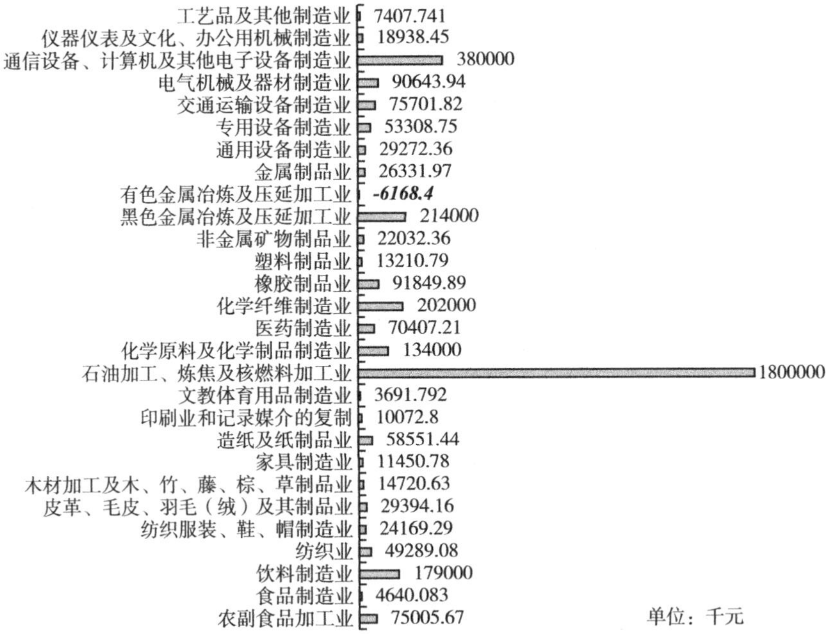

行业	数值
工艺品及其他制造业	3630.333
仪器仪表及文化、办公用机械制造业	6401.793
通信设备、计算机及其他电子设备制造业	84480.7
电气机械及器材制造业	29307.96
交通运输设备制造业	26386.88
专用设备制造业	33035.08
通用设备制造业	13725
金属制品业	5970.265
有色金属冶炼及压延加工业	11025.2
黑色金属冶炼及压延加工业	65764.64
非金属矿物制品业	7024.5
塑料制品业	6067.241
橡胶制品业	19202.04
化学纤维制造业	86073.75
医药制造业	35416.29
化学原料及化学制品制造业	33551.29
石油加工、炼焦及核燃料加工业	1900000
文教体育用品制造业	*503.958*
印刷业和记录媒介的复制	6045.6
造纸及纸制品业	30894.11
家具制造业	6534.167
木材加工及木、竹、藤、棕、草制品业	7998.25
皮革、毛皮、羽毛（绒）及其制品业	12828.08
纺织服装、鞋、帽制造业	10875.83
纺织业	15650.43
饮料制造业	82067.22
食品制造业	2877.5
农副食品加工业	13247.31

单位：千元

图 2-96 外资非纯出口企业各行业营业盈余②

行业	数值
工艺品及其他制造业	7407.741
仪器仪表及文化、办公用机械制造业	18938.45
通信设备、计算机及其他电子设备制造业	380000
电气机械及器材制造业	90643.94
交通运输设备制造业	75701.82
专用设备制造业	53308.75
通用设备制造业	29272.36
金属制品业	26331.97
有色金属冶炼及压延加工业	*-6168.4*
黑色金属冶炼及压延加工业	214000
非金属矿物制品业	22032.36
塑料制品业	13210.79
橡胶制品业	91849.89
化学纤维制造业	202000
医药制造业	70407.21
化学原料及化学制品制造业	134000
石油加工、炼焦及核燃料加工业	1800000
文教体育用品制造业	3691.792
印刷业和记录媒介的复制	10072.8
造纸及纸制品业	58551.44
家具制造业	11450.78
木材加工及木、竹、藤、棕、草制品业	14720.63
皮革、毛皮、羽毛（绒）及其制品业	29394.16
纺织服装、鞋、帽制造业	24169.29
纺织业	49289.08
饮料制造业	179000
食品制造业	4640.083
农副食品加工业	75005.67

单位：千元

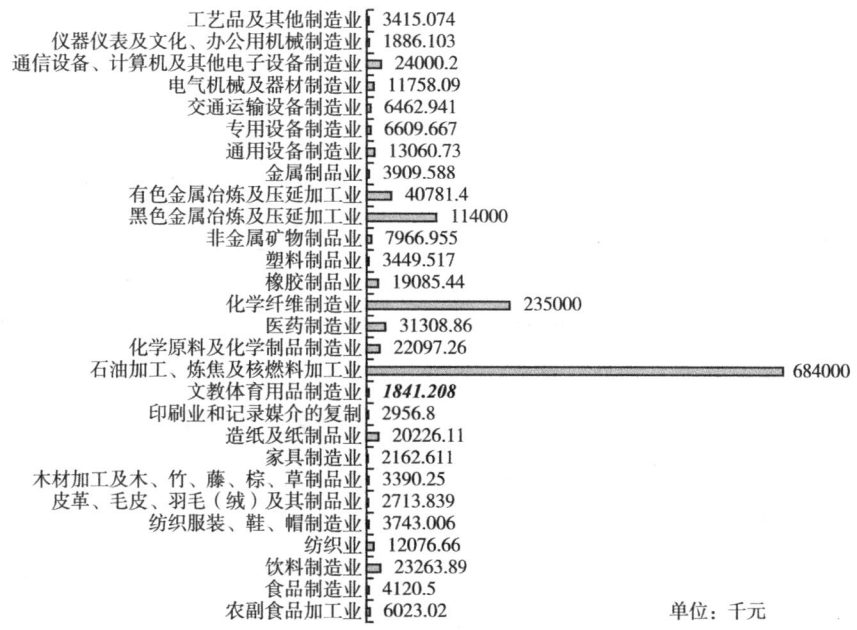

图 2-97 外资非纯出口企业各行业本年折旧

进一步以要素密集型区分看（见表 2-14），从劳动者报酬的比重看，按增加值①测算的各项构成看，劳动密集型行业的劳动者报酬平均比重最高，为 38.10%，资本密集型则为 31.23%，技术密集型则为 28.92%。与外资加工贸易企业相比，劳动密集型行业降低 6 个百分点，其他两类行业分别提高 6.3 和 0.23 个百分点。按增加值②测算的各项构成看，各类型行业的劳动者报酬的平均比重也明显更高，劳动密集型行业提高 17 个百分点，资本密集型行业提高了的 9 个百分点，技术密集型行业高近 27 个百分点，不同于增加值①测算方法得到的结果，此时技术密集型行业的这一比重取代劳动密集型行业成为最高。相比外资加工贸易企业，劳动密集型行业和资本密集型行业的这一比重分别降低 6.5 和 9.5 个百分点，而技术密集型行业则提高 7.5 个百分点。按增加值③测算的各项构成看，劳动者报酬的平均比重相对增加值①测算方法得到的比重明显降低，分别降低 6.5—10.5 个百分点，比重差距略有缩小，但比重排序与增加值①测算方法的结果一致。相比外资加工贸易企业，各类型行业的这一比重分别降低 1.3—7.3 个百分点，但比重排序仍与后者一致。

就营业盈余的比重，按增加值①测算的各项构成看，技术密集型行业的平均比重最高，为29.96%，而资本密集型则为25.30%，劳动密集型为26.71%。这一比重相比外资加工贸易企业，劳动密集型行业提高3.5个百分点，而资本密集型行业和技术密集型行业分别降低11和2.4个百分点，从而相比后者比重差距明显缩小，比重排序完全不同。按增加值②测算方法计算的各项构成看，各类型行业的这一平均比重相比增加值①测算方法降低4—13个百分点，比重排序也发生了变化，资本密集型行业和技术密集型行业的比重位次发生了互换，技术密集型行业的这一比重降为最低。相比外资加工贸易企业，劳动密集型行业这一平均比重提高3.2个百分点，而资本密集型行业和技术密集型行业分别降低3.5和5.9个百分点。比重差距有所缩小，劳动密集型行业的比重位次提高为第二位。按增加值③测算的各项构成看，各类型行业的这一平均比重相比增加值①测算方法提高11.5—24.6个百分点，比重差距有所扩大。相比外资加工贸易企业，劳动密集型行业和资本密集型行业的这一平均比重分别降低1.5和20.4个百分点，而技术密集型行业则提高2.9个百分点，从而各类型行业的比重位次也发生了变化。

就生产税净额的比重，按增加值①测算的各项构成看，技术密集型行业的平均比重最高，为23.64%，劳动密集型行业最低为19.86%，资本密集型行业为21.56%。相比外资加工贸易企业这一比重提高4.6—7.1个百分点，且这一比重不再是所有构成项中的最低比重项，但各类型行业的比重排序没有变化。按增加值②和增加值③测算的各项构成看，比重排序发生了变化，资本密集型行业的这一比重最大，而技术密集型行业则下降为第二位，比重差距略有缩小，且各类型行业的这一平均比重相比增加值①测算方法普遍更低，这是因为按增加值②和增加值③测算方法计算时分别把劳动者报酬和营业盈余作为了差项，生产税净额的比重偏低。相比增加值①测算方法，各类型行业的这一比重分别提高4.6—7.2个百分点。

就本年折旧的比重，不同于外资加工贸易企业，无论按哪一种方法测算，其比重为各增加值构成项中最低的一项。按增加值①测算的各项构成看，资本密集型行业的平均比重最高，为21.92%，技术密集型行业为17.47%，劳动密集型行业最低，为 15.35%。与外资加工贸易企业相比，资本密集型行业的这一比重提高了 0.2 个百分点，而另两个行业则降低了 4.5 个百分点左右，比重差距明显缩小，比重排序也发生了变化，资本密集型行业取代技术密集型行业成为第一。按增加值②和增加值③测算的各项构成看，也有类似的比重排序，但比重差距稍有扩大，而且各类型行业的这一平均比重相比增加值①测算方法普遍更低，这也是因为按增加值②和增加值③测算方法计算时分别把劳动者报酬和营业盈余作为了差项，本年折旧的比重偏低。相比增加值①测算方法，各类型行业的这一比重均降低 1.7—5.9 个百分点左右。与外资加工贸易企业相比，资本密集型行业的这一比重提高 5.6 个百分点，而劳动密集型行业和技术密集型行业分别降低 2.4 和 4 个百分点，资本密集型行业取代技术密集型行业成为比重最高的行业。

就纯归本国的增加值比重即劳动者报酬和生产税净额的平均比重之和看，与外资加工贸易企业不同，按不同增加值测算方法计算的这一比重最高的行业各不相同，按增加值①测算方法计算，劳动密集型行业最高，按增加值②测算方法计算，则是技术密集型行业最高，而按增加值③测算方法计算，则是资本密集型的比重为最高。比重最低的行业也存在变化，按增加值①和增加值③测算方法计算，技术密集型行业的比重最低，而按增加值②测算方法计算，则是资本密集型行业最低。相比外资加工贸易企业，各类型行业按增加值①测算方法计算的这一比重比后者高 1.1—10.9 个百分点，且各类型行业间的这一比重差距明显缩小；按增加值③测算方法计算的这一比重比后者高 1.1—14.8 个百分点，且比重差距略有扩大；而按增加值②测算方法计算，劳动密集型行业和资本密集型行业分别降低 0.9 和 2.1 个百分点，技术密集型行业则提高 9.9 个百分点，比重差距略有缩小。

表 2－14　　　　　　　分行业类型非外资企业增加值构成情况

		劳动密集型	资本密集型	技术密集型
增加值①	劳动者报酬	38.10%	31.23%	28.92%
	生产税净额	19.86%	21.56%	23.64%
	营业盈余	26.71%	25.30%	29.96%
	本年折旧	15.35%	21.92%	17.47%

续表

		劳动密集型	资本密集型	技术密集型
增加值②	劳动者报酬	55.28%	40.45%	55.71%
	生产税净额	14.35%	18.10%	15.47%
	营业盈余	19.10%	21.17%	17.23%
	本年折旧	11.26%	20.27%	11.58%
增加值③	劳动者报酬	28.28%	24.78%	18.37%
	生产税净额	14.35%	18.10%	15.47%
	营业盈余	46.08%	36.84%	54.56%
	本年折旧	11.26%	20.27%	11.58%

四、总体属权增加值情况

非外资加工贸易企业的外国资本比重均值为39.4%,而本国资本比重均值为60.6%。与外资加工贸易企业相比,本国资本比重均值提高44.9个百分点,这反映了两类企业的属权特征差异。从非外资加工贸易企业的增加值构成情况看,按不同核算方法计算,归属外国的增加值均值占总增加值均值的比重在7.75%—15.94%,归属本国的增加值均值占总增加值均值的比重在84.06%—92.25%。与外资加工贸易企业相比,本国增加值比重明显更高,而外国增加值比重则明显更低。从绝对值看,相比外资加工贸易企业,非外资加工贸易企业按不同测算方法计算的无论本国增加值还是外国增加值均有不同程度的提高(见图2-98)。

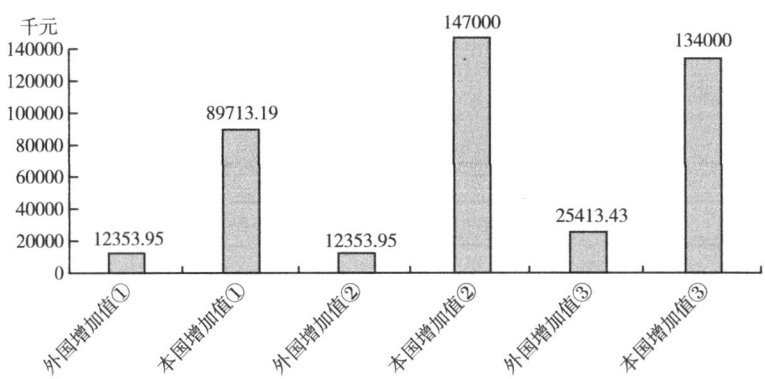

图2-98 非外资加工贸易企业属权增加值构成情况

五、分年份非外资加工贸易企业属权增加值情况

分年份看(见表2-15),非外资加工贸易企业的外国部分比重均值在2000—2006年呈明显的波动,本国资本比重最高为2002年的71.2%,而最低是2005年的48.2%,相应地外国资本比重最高为2005年51.8%,最低为2000年40.3%。

表2-15 分年份非外资加工贸易业内外资比重

年份	2000	2001	2002	2003	2004	2005	2006
外国资本比重	40.3%	33.9%	28.8%	39.5%	37.3%	51.8%	40.8%
本国资本比重	59.7%	66.1%	71.2%	60.5%	62.7%	48.2%	59.2%

从绝对量变化趋势看(见图2-99),不同于外资加工贸易企业,按不同方法计算得到的外国增加值和本国增加值表现为明显的波动,尤其是2004年各项增加值出现急剧上升,而之后又急剧下降。但总体上,研究的考察期内,各项增加值均有所增加,按增加值②测算的本国增加值和按增加值③测算外国增加值的增幅较大,分别增加了44.2%和80%。从两者的差距变化看,按增加值②的本国增加值和外国增加值的差距趋于扩大,本国增加值与外国增加值之比从2000年的13.34提高到2006年的14.92。而按增加值①和增加值③测算得到本国增加值和外国增加值差距趋于缩小,分别从9.99和6.48缩小到7.80和4.95。

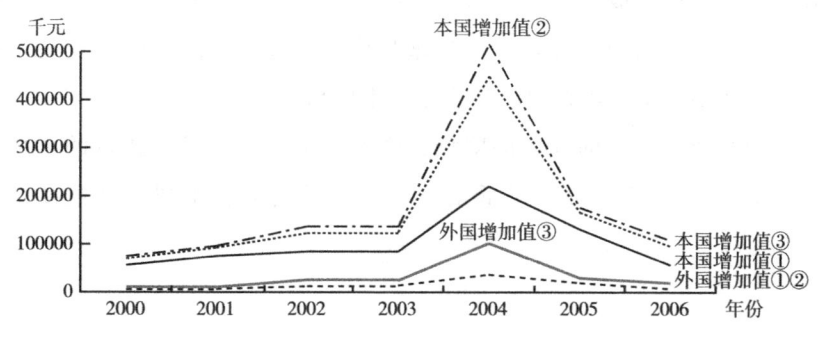

图2-99 分年份非外资加工贸易企业属权增加值构成

六、分行业非外资加工贸易企业属权增加值情况

从内外资比重情况看，与全部外资加工贸易企业相同，外资占实收资本比重最高的行业仍是造纸及纸制品业，为79.9%，相比全部外资加工贸易企业这一比重降低10.1个百分点，与全部外资加工贸易企业不同，比重最低的行业是化学纤维制造业，仅占15.6%，相比全部外资加工贸易企业该行业的这一比重降低67.1个百分点。分行业类型看，劳动密集型行业的平均外资占实收资本比重为45.5%，资本密集型行业的这一比重为40.6%，技术密集型行业的这一比重为39.8%。相比全部外资加工贸易企业，各类型行业外资比重有明显的降低，这与企业注册类型为非外资企业相吻合。与全部外资加工贸易企业不同，此时劳动密集型行业的外资比重为最高，而技术密集型行业的外资比重为最低，但各类型行业的比重差距则没有明显变化。

从属权增加值行业的绝对量看，本国增加值和外国增加值均最大的行业与全部外资加工贸易企业一样，为石油加工、炼焦及核燃料加工业。但本国增加值和外国增加值最小的行业与全部外资加工贸易企业完全不同，本国增加值①和外国增加值③最小的行业为文教体育用品制造业，外国增加值①或②最小的行业为工艺品及其他制造业，本国增加值②和外国增加值③最小的行业食品制造业（见图2-100至图2-105，各图中加粗斜体数据为最低值）。相比全部外资加工贸易企业对应行业，各项增加值最大的行业石油加工、炼焦及核燃料加工业，其各项增加值均有较大幅度的提高，提高最多的是本国增加值①，提高35.88亿元，提高最少的是外国增加值①或②，提高了6.53亿元。增加值最小的行业中，文教体育用品制造业的本国增加值①有所提高，提高159.2万元，其他行业均有不同幅度的降低，降低最多的是食品制造业的本国增加值②，降低了1017.2万元，降低最少的是食品制造业本国增加值③，降低90.4万元。

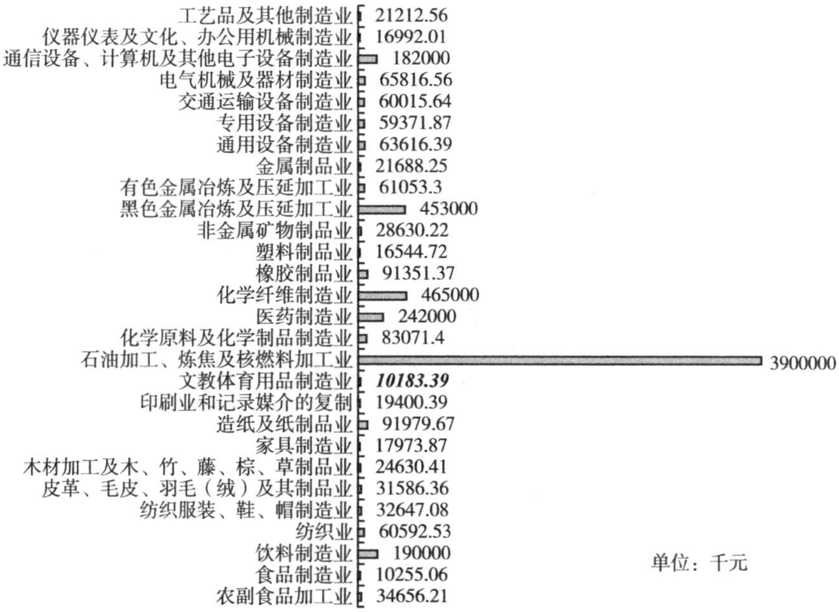

第二章 基于企业层面属地增加值和属权增加值测算分析

行业	数值
工艺品及其他制造业	21212.56
仪器仪表及文化、办公用机械制造业	16992.01
通信设备、计算机及其他电子设备制造业	182000
电气机械及器材制造业	65816.56
交通运输设备制造业	60015.64
专用设备制造业	59371.87
通用设备制造业	63616.39
金属制品业	21688.25
有色金属冶炼及压延加工业	61053.3
黑色金属冶炼及压延加工业	453000
非金属矿物制品业	28630.22
塑料制品业	16544.72
橡胶制品业	91351.37
化学纤维制造业	465000
医药制造业	242000
化学原料及化学制品制造业	83071.4
石油加工、炼焦及核燃料加工业	3900000
文教体育用品制造业	*10183.39*
印刷业和记录媒介的复制	19400.39
造纸及纸制品业	91979.67
家具制造业	17973.87
木材加工及木、竹、藤、棕、草制品业	24630.41
皮革、毛皮、羽毛（绒）及其制品业	31586.36
纺织服装、鞋、帽制造业	32647.08
纺织业	60592.53
饮料制造业	190000
食品制造业	10255.06
农副食品加工业	34656.21

单位：千元

图 2-100　2000—2006 年各行业平均本国增加值①

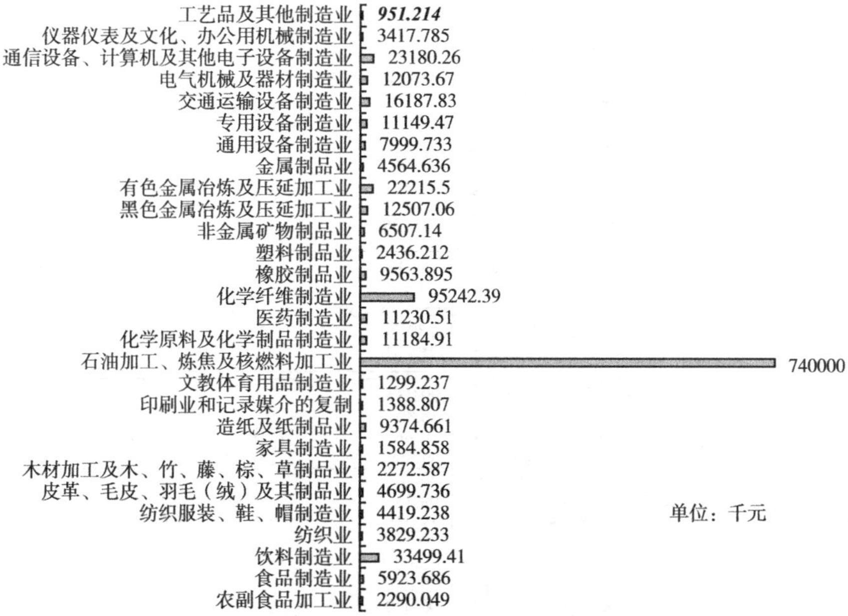

行业	数值
工艺品及其他制造业	**951.214**
仪器仪表及文化、办公用机械制造业	3417.785
通信设备、计算机及其他电子设备制造业	23180.26
电气机械及器材制造业	12073.67
交通运输设备制造业	16187.83
专用设备制造业	11149.47
通用设备制造业	7999.733
金属制品业	4564.636
有色金属冶炼及压延加工业	22215.5
黑色金属冶炼及压延加工业	12507.06
非金属矿物制品业	6507.14
塑料制品业	2436.212
橡胶制品业	9563.895
化学纤维制造业	95242.39
医药制造业	11230.51
化学原料及化学制品制造业	11184.91
石油加工、炼焦及核燃料加工业	740000
文教体育用品制造业	1299.237
印刷业和记录媒介的复制	1388.807
造纸及纸制品业	9374.661
家具制造业	1584.858
木材加工及木、竹、藤、棕、草制品业	2272.587
皮革、毛皮、羽毛（绒）及其制品业	4699.736
纺织服装、鞋、帽制造业	4419.238
纺织业	3829.233
饮料制造业	33499.41
食品制造业	5923.686
农副食品加工业	2290.049

单位：千元

图 2-101　2000—2006 年各行业平均外国增加值①

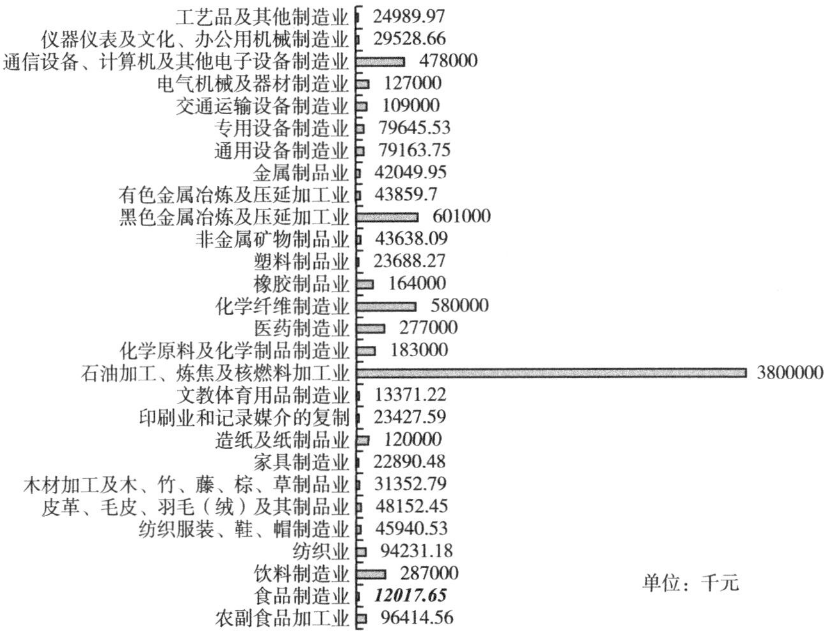

行业	本国增加值(千元)
工艺品及其他制造业	24989.97
仪器仪表及文化、办公用机械制造业	29528.66
通信设备、计算机及其他电子设备制造业	478000
电气机械及器材制造业	127000
交通运输设备制造业	109000
专用设备制造业	79645.53
通用设备制造业	79163.75
金属制品业	42049.95
有色金属冶炼及压延加工业	43859.7
黑色金属冶炼及压延加工业	601000
非金属矿物制品业	43638.09
塑料制品业	23688.27
橡胶制品业	164000
化学纤维制造业	580000
医药制造业	277000
化学原料及化学制品制造业	183000
石油加工、炼焦及核燃料加工业	3800000
文教体育用品制造业	13371.22
印刷业和记录媒介的复制	23427.59
造纸及纸制品业	120000
家具制造业	22890.48
木材加工及木、竹、藤、棕、草制品业	31352.79
皮革、毛皮、羽毛(绒)及其制品业	48152.45
纺织服装、鞋、帽制造业	45940.53
纺织业	94231.18
饮料制造业	287000
食品制造业	*12017.65*
农副食品加工业	96414.56

图 2-102　2000—2006 年各行业平均本国增加值②

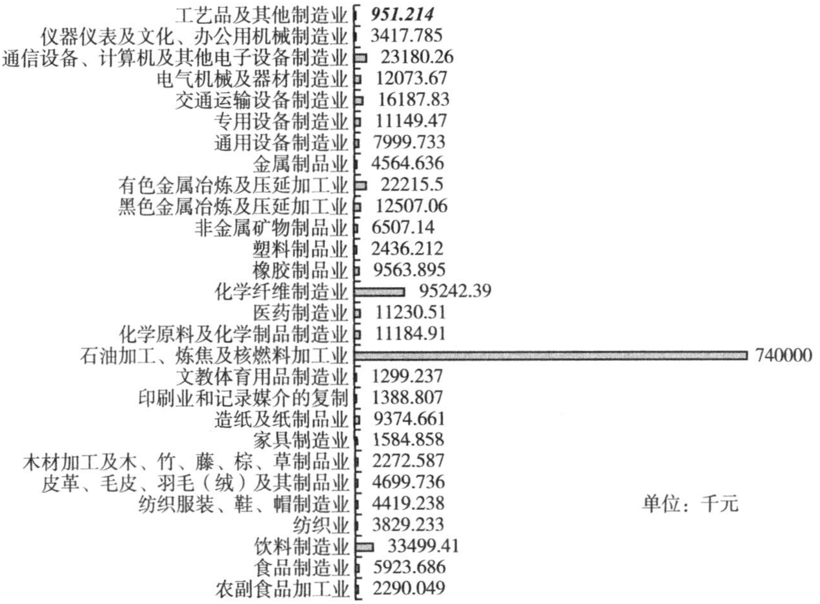

行业	外国增加值(千元)
工艺品及其他制造业	*951.214*
仪器仪表及文化、办公用机械制造业	3417.785
通信设备、计算机及其他电子设备制造业	23180.26
电气机械及器材制造业	12073.67
交通运输设备制造业	16187.83
专用设备制造业	11149.47
通用设备制造业	7999.733
金属制品业	4564.636
有色金属冶炼及压延加工业	22215.5
黑色金属冶炼及压延加工业	12507.06
非金属矿物制品业	6507.14
塑料制品业	2436.212
橡胶制品业	9563.895
化学纤维制造业	95242.39
医药制造业	11230.51
化学原料及化学制品制造业	11184.91
石油加工、炼焦及核燃料加工业	740000
文教体育用品制造业	1299.237
印刷业和记录媒介的复制	1388.807
造纸及纸制品业	9374.661
家具制造业	1584.858
木材加工及木、竹、藤、棕、草制品业	2272.587
皮革、毛皮、羽毛(绒)及其制品业	4699.736
纺织服装、鞋、帽制造业	4419.238
纺织业	3829.233
饮料制造业	33499.41
食品制造业	5923.686
农副食品加工业	2290.049

图 2-103　2000—2006 年各行业平均外国增加值②

第二章 基于企业层面属地增加值和属权增加值测算分析

行业	数值
工艺品及其他制造业	23237.89
仪器仪表及文化、办公用机械制造业	23356.95
通信设备、计算机及其他电子设备制造业	417000
电气机械及器材制造业	97473.24
交通运输设备制造业	87750.49
专用设备制造业	76838.48
通用设备制造业	75154.35
金属制品业	35828.03
有色金属冶炼及压延加工业	52665.88
黑色金属冶炼及压延加工业	585000
非金属矿物制品业	37043.4
塑料制品业	20758.13
橡胶制品业	157000
化学纤维制造业	561000
医药制造业	272000
化学原料及化学制品制造业	162000
石油加工、炼焦及核燃料加工业	3830000
文教体育用品制造业	12669.39
印刷业和记录媒介的复制	19240.83
造纸及纸制品业	103000
家具制造业	21192.3
木材加工及木、竹、藤、棕、草制品业	26556.47
皮革、毛皮、羽毛（绒）及其制品业	43164.65
纺织服装、鞋、帽制造业	42292.16
纺织业	88168.42
饮料制造业	262000
食品制造业	*11122.78*
农副食品加工业	90140.34

单位：千元

图 2-104　2000—2006 年各行业平均本国增加值[3]

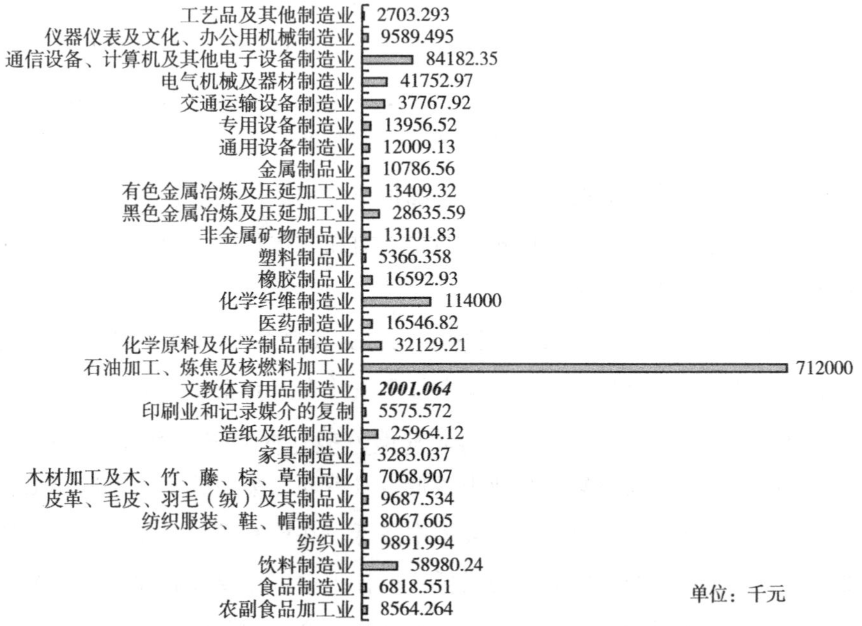

行业	数值
工艺品及其他制造业	2703.293
仪器仪表及文化、办公用机械制造业	9589.495
通信设备、计算机及其他电子设备制造业	84182.35
电气机械及器材制造业	41752.97
交通运输设备制造业	37767.92
专用设备制造业	13956.52
通用设备制造业	12009.13
金属制品业	10786.56
有色金属冶炼及压延加工业	13409.32
黑色金属冶炼及压延加工业	28635.59
非金属矿物制品业	13101.83
塑料制品业	5366.358
橡胶制品业	16592.93
化学纤维制造业	114000
医药制造业	16546.82
化学原料及化学制品制造业	32129.21
石油加工、炼焦及核燃料加工业	712000
文教体育用品制造业	*2001.064*
印刷业和记录媒介的复制	5575.572
造纸及纸制品业	25964.12
家具制造业	3283.037
木材加工及木、竹、藤、棕、草制品业	7068.907
皮革、毛皮、羽毛（绒）及其制品业	9687.534
纺织服装、鞋、帽制造业	8067.605
纺织业	9891.994
饮料制造业	58980.24
食品制造业	6818.551
农副食品加工业	8564.264

单位：千元

图 2-105　2000—2006 年各行业平均外国增加值[3]

本章小结

1. 从属地增加值构成看，外资纯出口加工贸易企业的劳动者报酬所占比重最高，其次是外资非纯出口加工贸易企业，再次为非外资加工贸易企业。这从一个侧面揭示了加工贸易的根本特征，即本国以劳动力提供为主，外资企业参与和出口加工主导使得这个特征表现得更加明显。

2. 在研究考察期内，各类型企业的属地增加值总体上均趋于增加（其中非外资加工贸易企业由于样本量较小这种趋势表现不明显）。其中外资纯出口加工贸易企业的属地增加值均值明显高于外资非纯出口加工贸易企业，反映出中国吸引外资的一个重要方面是以加工贸易为主，并以此使得中国嵌入全球价值链低端环节。

3. 各类型企业属地增加值表现出整体相似的行业差异，反映出行业固有的特点。在全部加工贸易企业、外资加工贸易企业、外资非纯出口企业中，石油加工、炼焦及核燃料加工业均具有最大总体和各构成项属地增加值。但外资纯出口加工贸易企业和非外资加工贸易企业中，通信设备、计算机及其他电子设备制造业具有最大属地增加值。总体上，一些轻工业行业如纺织服装、鞋、帽制造业，木材加工及木、竹、藤、棕、草制品业，文教体育用品制造业，工艺品及其他制造业等行业的总体属地增加值或增加值构成项低于其他行业。虽然这仅就企业的平均属地增加值规模而言，但在一定程度上中国的机电产品制造业是嵌入全球价值链的主要行业。

4. 按要素密集型看，劳动者报酬占比在劳动密集型行业中最高。劳动密集型外资纯出口加工贸易企业的劳动者报酬占比在所有企业类型中最高。在所有类型企业中，外资纯出口加工贸易企业的劳动者报酬均为最高。相对应的，生产税净额占比在劳动密集型行业中最低，且劳动密集型外资纯出口加工贸易企业的生产税净额占比在所有企业类型中最低，在所有类型企业中，外资纯出口加工贸易企业的生产税净额均为最低。验证了中国主要以高性价比的劳动力要素为主参与要素国际合作形成的增加值贸易，这个过程中政府为之创造了良好的政策环境，并给予了最大力度的让利。与此同时，折旧占比在劳动密集型行业也是最低，营业盈余除非外资加工贸易企业外，劳动密集型行业也是最低的，这反映了劳动密集型行业的自然特征。

5. 分企业类型看国外资本与国内资本比重，外资纯出口加工贸易企业为最高，达到了89.2%，外资非纯出口加工贸易企业为81%，而非外资加工贸易企业仅为39.4%，表现出明显的外资进入中国的外贸偏向性。总体上，非外资加工贸易企业的本国属权增加值占比最高，按不同算法在84.06%—92.25%，而外资加工贸易企业则在43.34%—74.02%。说明外资介入深度与本国属权增加值之间具有明显的正相关性。进一步区分外资纯出口加工贸易企业和外资非纯出口加工贸易企业，前者在45%—79.16%，而后者在42.89%—72.63%。说明在以本国优势要素完全参与增加值贸易的国民收益大于部分参与增加值贸易的国民收益。

6. 从属权增加值结构变化趋势，各类型企业的国外资本与本国资本比重总体呈上升趋势，且外国增加值和本国增加值绝对量总体表现出上升趋势，但按不同方法计算得到的增加值属权结构变化并不一致。按增加值②测算显示，全部加工贸易企业的属权结构趋于改善，即本国增加值与外国增加值的比重提高。而按增加值①和增加值③测算则趋于缩小或恶化，且计算外资纯出口加工贸易企业得到的结果正好与全部加工贸易企业相反。因此，本章的测算结果无法形成对增加值属权结构的规律性认识。需要通过属权增加值与属地增加值背离情况的分析加以进一步探究。

7. 分行业看，各类型企业外资占实收资本比重最高的行业是造纸及纸制品业或黑色金属冶炼及压延加工业（外资纯出口加工贸易企业），外资占比普遍在80%以上。比重最低的是石油加工、炼焦及核燃料加工业或化学纤维制造业（非外资加工贸易企业），外资占比普遍低于50%。分行业类型看，技术密集型外资占比普遍高于劳动密集型行业并高于资本密集型行业，但非外资加工贸易企业中技术密集型行业的外资占比最低，而劳动密集型行业最高。

8. 就属权增加值而言，总体上资本密集型行业的本国增加值和外国增加值均较大，其中石油加工、炼焦及核燃料加工业为各行业中最大。而劳动密集型行业的本国增加值和外国增加值总体上相对较小。

第三章　基于企业层面属权增加值与属地增加值背离分析

根据前面分析可知，在要素国际合作型生产中，从增加值贸易的角度看，只要有外国要素流入，东道国的属权增加值一定小于属地增加值，两者的差距既可以表现为第二章分析的绝对值的差距，也可表现为增加值率的差距。相比绝对值的差距，两者的增加值率差距及其偏离度更具有统计分析的意义。为了更好地反映属地增加值和属地增加值的背离情况是否具有显著性，采用统计学上通常使用的 t 统计量来识别这种背离统计显著性①。本章将从分行业、分年份和分年份分行业三个角度就属地增加值率和属权增加值率②进行比较分析。

第一节　全部加工贸易企业属权属地增加值率比较分析

分行业看共有 27692 家企业，这个企业数量与全部观测值时的企业数 25153 家不同，原因是部分企业不同年份登记注册的行业类别有所不同，往往是相邻相近的行业之间变动，因此从分行业统计后加总的企业家数要大于全部

---

① $t = \dfrac{\overline{VA_{iT}} - \overline{NVA_{iT}}}{\sqrt{\dfrac{\sigma^2_{VA_{iT}} + \sigma^2_{NVA_{iT}} - 2\gamma\sigma_{VA_{iT}}\sigma_{NVA_{iT}}}{n-1}}}$，其中 $\overline{VA_{iT}}$ 和 $\overline{NVA_{iT}}$ 分别为属地增加值和属权增加值的平均值，$\sigma^2_{VA_{iT}}$ 和 $\sigma^2_{NVA_{iT}}$ 分别是属地增加值和属权增加值的方差，γ 为属地增加值和属权增加值的样本方差，下标 i 为行业，T 为年份。

② 增加值率为增加值占总产值的比率。本文计算时以增加值①和工业增加值（工业企业数据库提供）分别除以工业产值（现价）得到属地增加值率①和属地增加值率②或③，然后分别按前文增加值①、增加值②、增加值③核算方法分离得到的属于本国的增加值除以工业产值（现价）分别得到属权增加值率①、属权增加值率②、属权增加值率③。

观测值统计的企业家数。

一、分年份属权增加值率和属地增加值率比较

首先,从属权增加值率看,按增加值①和增加值③计算方法测算的属权增加值率表现出明显的逐年下降的趋势,而按增加值②计算方法测算的属权增加值率表现先增后降的总体趋势。从属地增加值率看,根据工业企业数据库提供的工业增加值计算的属地增加值率总体表现为先增后降的趋势,但波动不大,而按增加值①计算方法测算的属地增加值率表现出比较明显的下降趋势(见表3-1至表3-3)。

表3-1　　　分年份属权增加值①与属地增加值①背离统计分析

年份	属地增加值①	属权增加值①	背离绝对值	背离相对值	t统计量	样本量
2000	0.1737	0.1104	0.0633	-36.45%	(30.8)***	7683
2001	0.1620	0.1028	0.0592	-36.55%	(31.2)***	8075
2002	0.1575	0.0965	0.0610	-38.72%	(29.15)***	8573
2003	0.1546	0.0933	0.0613	-39.64%	(41.8)***	9004
2004	0.1451	0.0888	0.0563	-38.81%	(33.59)***	13811
2005	0.1447	0.0870	0.0577	-39.88%	(49.1)***	12114
2006	0.1477	0.0867	0.0610	-41.31%	(43.2)***	12913
2000—2006	0.1550	0.0951	0.0600	-38.68%	(96.75)***	72173

注:***表示在1%的水平上显著。

其次,无论哪一种计算方法获得的属权增加值率与属地增加值率的背离在各年份都具有统计意义上的显著性,且均在1%水平上显著。从统计上看,按增加值①方法计算的属权增加值率和属地增加值率背离与按增加值②方法计算的属权增加值率和属地增加值率背离各对应年份具有相同的绝对背离值和统计显著性。

表3-2　　　分年份属权增加值②与属地增加值②背离统计分析

年份	属地增加值②	属权增加值②	背离绝对值	背离相对值	t统计量	样本量
2000	0.2391	0.1758	0.0633	-26.47%	(30.8)***	7683

续表

年份	属地增加值②	属权增加值②	背离绝对值	背离相对值	t 统计量	样本量
2001	0.2385	0.1792	0.0593	-24.86%	(31.2)***	8075
2002	0.2532	0.1922	0.0610	-24.09%	(29.15)***	8573
2003	0.2455	0.1842	0.0613	-24.97%	(41.8)***	9004
2004	0.2298	0.1735	0.0563	-24.50%	(33.95)***	13811
2005	0.2374	0.1797	0.0577	-24.30%	(49.1)***	12114
2006	0.2378	0.1768	0.0610	-25.65%	(43.2)***	12913
2000—2006	0.2402	0.1802	0.0600	-24.97%	(96.23)***	72173

注：*** 表示在 1% 的水平上显著。

最后，从增加值率反映的属权增加值率与属地增加值率的背离看，按增加值③计算的背离绝对值和相对值均最大，按增加值②计算的背离相对值最小，按增加值①计算的背离相对值界于这两者之间。这与增加值估算方法有关，按照我们对增加值及其构成的三种测算，增加值②和增加值③与工业企业数据库中的工业增加值（现价）相等，在增加值②中的劳动者报酬是采用差项方法得到的，即利用工业企业数据库中已有的工业增加值减去估算得到的其他三项增加值收入法构成项获得的，该值是按统计核算公式得到的数值的 2.61 倍，而劳动者报酬在我们的分析中全部属于属权增加值，在增加值③中的营业盈余是采用差项方法得到的，即利用工业企业数据中已有的工业增加值减去估算得到的其他三项收入法构成项获得的，该值是按统计核算公式得到的数值的 2.86 倍，虽然按照我们的定义，营业盈余乘以本国资本比重属于属权增加值，但由于此时的劳动者报酬采用统计方法估算得到，它仅为差项值的 38.3%，因此，总体上按增加值②计算方法得到的属权增加值率相较按增加值③计算得到的属权增加值率高，平均高 6.8%。增加值①是根据统计方法估算得到四项增加值收入法构成项加总得到，比较发现估算得到的增加值就平均而言，低于工业企业数据库报告的工业增加值 36.7%，这也就意味着以此值计算的属地增加值率要低于按增加值②或增加值③计算的属地增加值率低 36.7%。同样，此时的属权增加值率由于劳动者报酬和营业盈余均按照增加值统计方法计算，分别比按差项计算得到的低 61.7% 和 65.0%，从而导致其比按增加值②和增加值③计算方法得到的属权增加值率都要低，但由于属地增加值也下降了，属权增加值率与属地增加值率背离相对值则介于按前两种方法计算得到背离相对值之间。由于劳动者报酬全部属于属权增加值,而营业盈余按国内资本比例部分归入属权增加值,因此按增加值①计算的背离绝对值与按增加值②计算的背离绝对值就会比较接近。从计算结果看,两者是相同的。

表3-3　　分年份属权增加值③与属地增加值③背离统计分析

年份	属地增加值③	属权增加值③	背离绝对值	背离相对值	t统计量	样本量
2000	0.2391	0.1238	0.1153	-48.22%	(42.5)***	7683
2001	0.2385	0.1206	0.1179	-49.43%	(36.45)***	8075
2002	0.2532	0.1147	0.1385	-54.70%	(18.6)***	8573
2003	0.2455	0.1117	0.1338	-54.50%	(17.65)***	9004
2004	0.2298	0.1108	0.1190	-51.78%	(45)***	13811
2005	0.2374	0.1028	0.1346	-56.70%	(61.2)***	12114
2006	0.2378	0.1009	0.1369	-57.57%	(59.1)***	12913
2000—2006	0.2402	0.1122	0.1280	-53.29%	(83.44)***	72173

注:*** 表示在1%的水平上显著。

二、分行业属权增加值率与属地增加值率比较分析

首先,分行业看,同分年份一样,无论哪一种计算方法获得的属权增加值率与属地增加值率的背离都具有统计意义上的显著性,且均在1%水平上显著。从统计上看,按增加值①方法计算的属权增加值率和属地增加值率背离与按增加值②方法计算的属权增加值率和属地增加值率背离具有相同的绝对背离值和统计显著性。按增加值③计算的背离绝对值和相对值均最大,按增加值②计算的背离相对值最小,按增加值①计算的背离相对值介于这两者之间(见表3-4至表3-6)。

表3-4　　分行业属权增加值①与属地增加值①背离统计分析

行业名称	属地增加值①	属权增加值①	背离绝对值	背离相对值	t统计量	样本量
农副食品加工业	0.1037	0.0684	0.0353	-34.04%	(19.55)***	2125

续表

行业名称	属地增加值①	属权增加值①	背离绝对值	背离相对值	t统计量	样本量
食品制造业	0.2250	0.1268	0.0982	-43.64%	(11.95)***	1097
饮料制造业	0.2717	0.1661	0.1056	-38.86%	(5.55)***	238
纺织业	0.1665	0.1106	0.0559	-33.56%	(39.3)***	6227
纺织服装、鞋、帽制造业	0.2128	0.1641	0.0487	-22.88%	(26)***	10149
皮革、毛皮、羽毛（绒）及其制品业	0.1732	0.1386	0.0346	-19.97%	(13.45)***	4934
木材加工及木、竹、藤、棕、草制品业	0.1429	0.1013	0.0415	-29.07%	(5.2)***	974
家具制造业	0.1673	0.1178	0.0495	-29.60%	(15.1)***	1469
造纸及纸制品业	0.2019	0.1084	0.0935	-46.29%	(17.7)***	847
印刷业和记录媒介的复制	0.2591	0.1524	0.1066	-41.15%	(11.8)***	659
文教体育用品制造业	0.1956	0.1432	0.0524	-26.80%	(18.4)***	3626
石油加工、炼焦及核燃料加工业	0.1329	0.1092	0.0237	-17.83%	(5.9)***	40
化学原料及化学制品制造业	0.1888	0.1005	0.0883	-46.79%	(22.45)***	2330
医药制造业	0.3023	0.2251	0.0772	-25.52%	(10.75)***	307
化学纤维制造业	0.1493	0.0957	0.0536	-35.93%	(9)***	298
橡胶制品业	0.1843	0.1143	0.0700	-37.98%	(14.75)***	1323
塑料制品业	0.1757	0.1021	0.0736	-41.90%	(27.95)***	4575
非金属矿物制品业	0.2449	0.1402	0.1047	-42.76%	(11)***	1740
黑色金属冶炼及压延加工业	0.1308	0.0774	0.0534	-40.82%	(6.5)***	237
有色金属冶炼及压延加工业	0.1555	0.0816	0.0739	-47.50%	(12.65)***	398
金属制品业	0.1624	0.0964	0.0660	-40.66%	(32.25)***	3767
通用设备制造业	0.1947	0.1058	0.0889	-45.65%	(19.65)***	2350
专用设备制造业	0.1992	0.1066	0.0927	-46.51%	(26.9)***	1648
交通运输设备制造业	0.2309	0.1524	0.0785	-33.99%	(22)***	1819
电气机械及器材制造业	0.1498	0.0890	0.0608	-40.58%	(26.9)***	5370
通信设备、计算机及其他电子设备制造业	0.1060	0.0542	0.0518	-48.86%	(32.65)***	8436
仪器仪表及文化、办公用机械制造业	0.1333	0.0752	0.0581	-43.61%	(18.7)***	2085
工艺品及其他制造业	0.1849	0.1332	0.0516	-27.93%	(20.5)***	3106

注：*** 表示在1%的水平上显著。

表3-5 分行业属权增加值②与属地增加值②背离统计分析

行业名称	属地增加值②	属权增加值②	背离绝对值	背离相对值	t统计量	样本量
农副食品加工业	0.2393	0.2040	0.0353	-14.75%	(19.55)***	2125
食品制造业	0.3552	0.2570	0.0982	-27.65%	(11.95)***	1097
饮料制造业	0.3664	0.2608	0.1056	-28.82%	(5.55)***	238
纺织业	0.2565	0.2006	0.0559	-21.79%	(39.3)***	6227
纺织服装、鞋、帽制造业	0.2917	0.2430	0.0487	-16.70%	(26)***	10149
皮革、毛皮、羽毛（绒）及其制品业	0.2618	0.2272	0.0346	-13.22%	(13.45)***	4934
木材加工及木、竹、藤、棕、草制品业	0.2566	0.2150	0.0416	-16.21%	(5.2)***	974
家具制造业	0.2516	0.2021	0.0495	-19.67%	(15.1)***	1469
造纸及纸制品业	0.2603	0.1668	0.0935	-35.92%	(17.7)***	847
印刷业和记录媒介的复制	0.2844	0.1777	0.1067	-37.52%	(11.8)***	659
文教体育用品制造业	0.2593	0.2069	0.0524	-20.21%	(18.4)***	3626
石油加工、炼焦及核燃料加工业	0.1749	0.1512	0.0237	-13.55%	(5.9)***	40
化学原料及化学制品制造业	0.2663	0.1779	0.0884	-33.20%	(22.45)***	2330
医药制造业	0.3548	0.2776	0.0772	-21.76%	(10.75)***	307
化学纤维制造业	0.1872	0.1336	0.0536	-28.63%	(9)***	298
橡胶制品业	0.2709	0.2009	0.0700	-25.84%	(14.75)***	1323
塑料制品业	0.2459	0.1723	0.0736	-29.93%	(27.95)***	4575
非金属矿物制品业	0.3138	0.2090	0.1048	-33.40%	(11)***	1740
黑色金属冶炼及压延加工业	0.1933	0.1399	0.0534	-27.63%	(6.5)***	237
有色金属冶炼及压延加工业	0.2275	0.1537	0.0738	-32.44%	(12.65)***	398
金属制品业	0.2392	0.1732	0.0660	-27.59%	(32.25)***	3767
通用设备制造业	0.2734	0.1846	0.0888	-32.48%	(19.65)***	2350
专用设备制造业	0.2774	0.1848	0.0926	-33.38%	(26.9)***	1648
交通运输设备制造业	0.2657	0.1872	0.0785	-29.54%	(22)***	1819
电气机械及器材制造业	0.2323	0.1715	0.0608	-26.17%	(26.9)***	5370
通信设备、计算机及其他电子设备制造业	0.2126	0.1608	0.0518	-24.37%	(32.65)***	8436

续表

行业名称	属地增加值②	属权增加值②	背离绝对值	背离相对值	t统计量	样本量
仪器仪表及文化、办公用机械制造业	0.2185	0.1603	0.0582	-26.64%	(18.7)***	2085
工艺品及其他制造业	0.2871	0.2355	0.0516	-17.97%	(20.5)***	3106

注：*** 表示在1%的水平上显著。

表3-6　　分行业属权增加值③与属地增加值③背离统计分析

行业名称	属地增加值③	属权增加值③	背离绝对值	背离相对值	t统计量	样本量
农副食品加工业	0.2393	0.1163	0.1230	-51.40%	(25.15)***	2125
食品制造业	0.3552	0.1399	0.2153	-60.61%	(24.15)***	1097
饮料制造业	0.3664	0.1869	0.1795	-48.99%	(13.55)***	238
纺织业	0.2565	0.1326	0.1239	-48.30%	(20.9)***	6227
纺织服装、鞋、帽制造业	0.2917	0.1842	0.1075	-36.85%	(12.55)***	10149
皮革、毛皮、羽毛（绒）及其制品业	0.2618	0.1575	0.1043	-39.84%	(20.15)***	4934
木材加工及木、竹、藤、棕、草制品业	0.2566	0.1200	0.1366	-53.23%	(17.8)***	974
家具制造业	0.2516	0.1349	0.1167	-46.38%	(20.8)***	1469
造纸及纸制品业	0.2603	0.1115	0.1488	-57.16%	(18.55)***	847
印刷业和记录媒介的复制	0.2844	0.1563	0.1281	-45.04%	(6.65)***	659
文教体育用品制造业	0.2593	0.1514	0.1079	-41.61%	(22.4)***	3626
石油加工、炼焦及核燃料加工业	0.1749	0.1336	0.0413	-23.61%	(6.6)***	40
化学原料及化学制品制造业	0.2663	0.1213	0.1450	-54.45%	(26.65)***	2330
医药制造业	0.3548	0.2445	0.1103	-31.09%	(13.25)***	307
化学纤维制造业	0.1872	0.1111	0.0761	-40.65%	(9.65)***	298
橡胶制品业	0.2709	0.1363	0.1346	-49.69%	(24.7)***	1323
塑料制品业	0.2459	0.1124	0.1335	-54.29%	(29.75)***	4575
非金属矿物制品业	0.3138	0.1490	0.1648	-52.52%	(25)***	1740
黑色金属冶炼及压延加工业	0.1933	0.0941	0.0992	-51.32%	(16.35)***	237
有色金属冶炼及压延加工业	0.2275	0.1088	0.1187	-52.18%	(13.95)***	398
金属制品业	0.2392	0.1149	0.1243	-51.96%	(39)***	3767

续表

行业名称	属地增加值③	属权增加值③	背离绝对值	背离相对值	t 统计量	样本量
通用设备制造业	0.2734	0.1238	0.1496	-54.72%	(23)***	2350
专用设备制造业	0.2774	0.1167	0.1607	-57.93%	(25.4)***	1648
交通运输设备制造业	0.2657	0.1617	0.1040	-39.14%	(21.75)***	1819
电气机械及器材制造业	0.2323	0.1053	0.1270	-54.67%	(30)***	5370
通信设备、计算机及其他电子设备制造业	0.2126	0.0712	0.1414	-66.51%	(40.3)***	8436
仪器仪表及文化、办公用机械制造业	0.2185	0.0801	0.1384	-63.34%	(7.05)***	2085
工艺品及其他制造业	0.2871	0.1531	0.1340	-46.67%	(19)***	3106

注：*** 表示在 1% 的水平上显著。

其次，按要素密集型区分，以算术平均计算，无论是属地增加值②或③还是属地增加值①，均有劳动密集型的属地增加值率为最高，技术密集型次之，资本密集型最低。后两者的数值比较接近且明显低于前者。但以加权平均计算，按属地增加值①测算，资本密集型行业的属地增加值率最高，而按属地增加值②或③测算，则劳动密集型行业最高，而技术密集型行业这两种计算方法下均为最低。前两者的数值比较接近且明显高于后者（见表 3-7、表 3-8）。

从属权增加值率看，无论以算术平均计算还是以加权平均计算，无论按哪一种增加值方法测算，劳动密集型行业均为最高。以算术平均计算，资本密集型行业的属权增加值率最低，但以加权平均计算，则技术密集型行业的属权增加值率最低。

从属权增加值率与属地增加值率的背离看，就背离绝对值而言，除了增加值③计算方法测算按算术平均计算，劳动密集型行业的背离绝对值最大外，其他方法下资本密集型行业的背离绝对值最大。就背离相对值而言，除了以加权平均计算按增加值③方法测算的技术密集型行业的背离相对值最高外，其余计算方法下资本密集型行业的背离相对值仍为最高。此外，除了以算术平均计算按增加值③方法测算的技术密集型行业背离相对值为最低外，其余计算方法下劳动密集型行业的相对背离值为最低。

综合来看，资本密集型行业的属权增加值率与属地增加值率的背离较大，而劳动密集型和技术密集型的背离相对较小。这提示了中国提高发展嵌入全球价值链本国收益除了发展劳动密集型行业，技术密集型行业也应该是一个重点发展方向。

表 3-7　按算术平均计算的分要素密集型行业属权增加值率与属地增加值率比较

	属地增加值①	属权增加值①	背离绝对值	背离相对值
劳动密集型	0.1903	0.1248	0.0655	-34.41%
资本密集型	0.1743	0.1024	0.0719	-41.23%
技术密集型	0.1801	0.1132	0.0669	-37.16%
	属地增加值②	属权增加值②	背离绝对值	背离相对值
劳动密集型	0.2776	0.2121	0.0655	-23.60%
资本密集型	0.2428	0.1709	0.0719	-29.60%
技术密集型	0.2482	0.1813	0.0669	-26.97%
	属地增加值③	属权增加值③	背离绝对值	背离相对值
劳动密集型	0.2776	0.1424	0.1353	-48.72%
资本密集型	0.2428	0.1201	0.1227	-50.52%
技术密集型	0.2482	0.1279	0.1203	-48.47%

表 3-8　按加权平均计算的分要素密集型属权增加值率与属权增加值率比较

	属地增加值①	属权增加值①	背离绝对值	背离相对值
劳动密集型	0.1848	0.1301	0.0547	-29.62%
资本密集型	0.1888	0.1067	0.0821	-43.47%
技术密集型	0.1453	0.0832	0.0620	-42.72%
	属地增加值②	属权增加值②	背离绝对值	背离相对值
劳动密集型	0.2703	0.2156	0.0547	-20.25%
资本密集型	0.2643	0.1822	0.0820	-31.05%
技术密集型	0.2322	0.1701	0.0621	-26.73%
	属地增加值③	属权增加值③	背离绝对值	背离相对值
劳动密集型	0.2703	0.1487	0.1216	-44.99%
资本密集型	0.2643	0.1224	0.1418	-53.67%
技术密集型	0.2322	0.0997	0.1325	-57.05%

三、分年份分行业属权增加值率与属地增加值率比较分析

为了进一步同时考察年份和行业差异,我们对分年份分行业的属权增加值率和属地增加值率的背离相对值及其显著性进行测算(见表 3-9 至表 3-11)。

首先,从属权增加值率与属地增加值率背离的统计显著性看,无论采用哪一种增加值计算方法测算,绝大部分行业在不同年份两者的背离在 1% 水平上显著。部分行业在部分年份则不显著,或者显著性水平下降为 5% 或 10%。相比较而言,显著性水平未达到 1% 较多的是以增加值①和增加值②方法测算的背离,这与我们的计算方法有关,因为这两种计算方法下属权增加值率与属地增加值率的绝对背离相对较低。

背离不显著较多的行业主要是木材加工及木、竹、藤、棕、草制品业,以增加值①和增加值②计算方法测算,2000—2002 年和 2004 年的背离相对值均不显著,饮料制造业 2002 年不显著,而印刷业和记录媒介的复制、黑色金属冶炼及压延加工业以增加值①计算方法测算,2000 年的背离相对值不显著。此外,两种计算方法测算,石油加工、炼焦及核燃料加工业 2000—2001 年、2004—2006 年的背离显著性均不到 1%。化学纤维制造业也分别有 2—3 年的背离显著性不到 1%。家具制造业、有色金属冶炼及压延加工业、黑色金属冶炼及压延加工业也有个别年份显著性不到 1%。

而以增加值③计算方法测算的背离值不显著或显著性下降的主要集中在石油加工、炼焦及核燃料加工业,有 4 个年份,其中:2000 年为不显著;纺织服装、鞋、帽制造业、印刷业和记录媒介的复制、仪器仪表及文化、办公用机械制造业、仪器仪表及文化、办公用机械制造业各有 1 个年份不显著;通用设备制造业有 1 个年份显著性下降。比较可知,这些行业与前述行业有一定交叉。

总体而言,共有 10 个行业的背离显著性有变化,这些行业没有明显的要素密集型偏向,其中劳动密集型有 5 个、资本密集型 3 个、技术密集型 2 个,占各要素密集型行业的比重相似。

表 3-9　属权增加值率①与属地增加值率①背离

行业名称	2000 年	2001 年	2002 年	2003 年	2004 年	2005 年	2006 年
农副食品加工业	(-32.16%)***	(-31.28%)***	(-31.96%)***	(-32.97%)***	(-32.85%)***	(-34.69%)***	(-37.03%)***
食品制造业	(-40.56%)***	(-39.16%)***	(-45.32%)***	(-45.67%)***	(-48.09%)***	(-42.18%)***	(-39.93%)***
饮料制造业	(-44.80%)***	(-34.50%)***	(-35.37%)***	(-36.03%)***	(-32.13%)***	(-42.92%)***	(-47.16%)***
纺织业	(-30.89%)***	(-29.13%)***	(-31.80%)***	(-34.96%)***	(-31.99%)***	(-38.78%)***	(-32.80%)***
纺织服装、鞋、帽制造业	(-21.75%)***	(-22.34%)***	(-21.98%)***	(-23.66%)***	(-23.98%)***	(-23.67%)***	(-22.09%)***
皮革、毛皮、羽毛（绒）及其制品业	(-19.46%)***	(-17.02%)***	(-20.66%)***	(-20.59%)***	(-19.14%)***	(-20.08%)***	(-21.09%)***
木材加工及木、竹、藤、棕、草制品业	(-23.04%)***	(-26.32%)***	(-10.92%)	(-20.40%)***	(-24.66%)***	(-41.34%)***	(-33.23%)***
家具制造业	(-14.12%)***	(-23.32%)**	(-28.13%)***	(-35.60%)***	(-27.82%)***	(-31.21%)***	(-30.30%)***
造纸及纸制品业	(-33.48%)***	(-24.00%)***	(-26.89%)***	(-36.19%)***	(-52.12%)***	(-57.97%)***	(-50.71%)***
印刷业和记录媒介的复制	(-35.58%)***	(-45.13%)***	(-45.46%)***	(-50.07%)***	(-39.27%)***	(-36.34%)***	(-38.20%)***
文教体育用品制造业	(-26.95%)***	(-27.38%)***	(-27.14%)***	(-29.46%)***	(-27.01%)***	(-27.05%)***	(-24.27%)***
石油加工、炼焦及核燃料加工业	(-25.91%)*	(-12.75%)*	(-16.28%)***	(-18.53%)***	(-20.60%)**	(-17.26%)**	(-13.19%)**
化学原料及化学制品制造业	(-38.16%)***	(-34.08%)***	(-39.57%)***	(-49.44%)***	(-47.83%)***	(-52.30%)***	(-51.15%)***
医药制造业	(-21.74%)***	(-23.34%)***	(-28.32%)***	(-29.32%)***	(-31.13%)***	(-19.40%)***	(-25.89%)***

续表

行业名称	2000年	2001年	2002年	2003年	2004年	2005年	2006年
化学纤维制造业	(-66.39%)**	(-35.43%)**	(-35.08%)**	(-26.91%)***	(-27.57%)***	(-26.49%)***	(-47.64%)***
橡胶制品业	(-27.26%)***	(-35.90%)***	(-41.16%)***	(-47.19%)***	(-32.97%)***	(-38.76%)***	(-39.08%)***
塑料制品业	(-38.27%)***	(-42.93%)***	(-44.88%)***	(-43.25%)***	(-39.23%)***	(-44.74%)***	(-40.27%)***
非金属矿物制品业	(-35.07%)***	(-42.01%)***	(-41.61%)***	(-41.94%)***	(-47.27%)***	(-45.43%)***	(-41.96%)***
黑色金属冶炼及压延加工业	(-5.42%)	(-14.61%)***	(-30.08%)*	(-43.93%)***	(-61.42%)***	(-60.34%)***	(-40.36%)***
有色金属冶炼及压延加工业	(-42.24%)***	(-34.61%)***	(-32.58%)**	(-44.86%)***	(-36.00%)***	(-52.77%)***	(-61.39%)***
金属制品业	(-32.82%)***	(-39.06%)***	(-43.34%)***	(-44.91%)***	(-39.48%)***	(-41.62%)***	(-40.67%)***
通用设备制造业	(-38.81%)***	(-41.46%)***	(-43.56%)***	(-45.38%)***	(-47.70%)***	(-47.49%)***	(-47.17%)***
专用设备制造业	(-46.63%)***	(-40.09%)***	(-45.14%)***	(-56.63%)***	(-50.86%)***	(-46.46%)***	(-41.44%)***
交通运输设备制造业	(-27.37%)***	(-31.90%)***	(-34.42%)***	(-35.82%)***	(-33.89%)***	(-32.87%)***	(-36.48%)***
电气机械及器材制造业	(-41.33%)***	(-37.65%)***	(-45.96%)***	(-46.55%)***	(-41.53%)***	(-40.55%)***	(-34.92%)***
通信设备、计算机及其他电子设备制造业	(-50.30%)***	(-49.89%)***	(-50.82%)***	(-45.91%)***	(-45.23%)***	(-45.66%)***	(-53.36%)***
仪器仪表及文化、办公用机械制造业	(-37.94%)***	(-44.01%)***	(-37.96%)***	(-46.60%)***	(-44.45%)***	(-49.08%)***	(-41.24%)***
工艺品及其他制造业	(-22.33%)***	(-27.43%)***	(-33.94%)***	(-29.74%)***	(-26.39%)***	(-29.50%)***	(-26.32%)***

注：***、**、* 分别表示在1%、5%、10%的水平上显著。

表 3-10 属权增加值率②与属地增加值率②背离

行业名称	2000 年	2001 年	2002 年	2003 年	2004 年	2005 年	2006 年
农副食品加工业	(-16.49%)***	(-13.54%)***	(-12.47%)***	(-11.12%)***	(-14.36%)***	(-15.22%)***	(-18.01%)***
食品制造业	(-26.35%)***	(-28.49%)***	(-31.16%)***	(-29.90%)***	(-34.39%)***	(-24.03%)***	(-21.49%)***
饮料制造业	(-36.71%)***	(-31.13%)***	(-25.55%)***	(-26.71%)***	(-31.19%)***	(-23.62%)***	(-34.12%)***
纺织业	(-20.64%)***	(-18.24%)***	(-20.40%)***	(-21.57%)***	(-18.37%)***	(-27.77%)***	(-22.09%)***
纺织服装、鞋、帽制造业	(-16.16%)***	(-16.33%)***	(-16.28%)***	(-17.68%)***	(-17.87%)***	(-16.91%)***	(-15.67%)***
皮革、毛皮、羽毛（绒）及其制品业	(-13.27%)***	(-9.93%)***	(-11.84%)***	(-12.74%)***	(-12.93%)***	(-13.27%)***	(-15.86%)***
木材加工及木、竹、藤、棕、草制造业	(-13.63%)***	(-14.01%)***	(-5.19%)***	(-8.95%)***	(-13.71%)***	(-24.27%)***	(-20.74%)***
家具制造业	(-8.37%)***	(-14.02%)**	(-17.13%)***	(-25.74%)***	(-19.07%)***	(-19.58%)***	(-21.03%)***
造纸及纸制品业	(-27.57%)***	(-18.81%)***	(-21.91%)***	(-27.54%)***	(-41.56%)***	(-44.21%)***	(-38.59%)***
印刷业和记录媒介的复制	(-54.97%)***	(-41.98%)***	(-33.60%)***	(-48.65%)***	(-34.72%)***	(-35.10%)***	(-30.90%)***
文教体育用品制造业	(-20.78%)***	(-19.66%)***	(-20.57%)***	(-22.32%)***	(-20.03%)***	(-20.37%)***	(-18.73%)***
石油加工、炼焦及核燃料加工业	(-15.93%)*	(-10.77%)*	(-14.29%)***	(-16.64%)***	(-18.77%)**	(-13.87%)**	(-3.25%)**
化学原料及化学制品制造业	(-30.24%)***	(-24.41%)***	(-31.63%)***	(-40.92%)***	(-34.84%)***	(-34.01%)***	(-30.64%)***
医药制造业	(-18.93%)***	(-20.37%)***	(-26.14%)***	(-28.80%)***	(-26.13%)***	(-17.83%)***	(-18.93%)***

续表

行业名称	2000 年	2001 年	2002 年	2003 年	2004 年	2005 年	2006 年
化学纤维制造业	(-60.47%)**	(-19.54%)**	(-14.55%)***	(-22.37%)***	(-23.40%)***	(-21.39%)***	(-37.78%)***
橡胶制品业	(-20.70%)***	(-29.89%)***	(-30.17%)***	(-33.10%)***	(-21.78%)***	(-26.22%)***	(-22.78%)***
塑料制品业	(-27.85%)***	(-30.22%)***	(-31.54%)***	(-30.33%)***	(-29.96%)***	(-32.06%)***	(-27.51%)***
非金属矿物制品业	(-27.56%)***	(-30.17%)***	(-26.40%)***	(-36.04%)***	(-38.86%)***	(-35.72%)***	(-34.51%)***
黑色金属冶炼及压延加工业	(-4.78%)***	(-12.59%)***	(-23.47%)*	(-30.29%)***	(-45.20%)***	(-29.52%)***	(-23.31%)***
有色金属冶炼及压延加工业	(-31.24%)***	(-25.92%)***	(-21.24%)**	(-26.84%)***	(-25.48%)***	(-32.32%)***	(-43.55%)***
金属制品业	(-22.25%)***	(-25.45%)***	(-26.88%)***	(-28.36%)***	(-26.92%)***	(-28.98%)***	(-29.57%)***
通用设备制造业	(-30.41%)***	(-32.59%)***	(-35.90%)***	(-32.25%)***	(-31.78%)***	(-32.27%)***	(-32.44%)***
专用设备制造业	(-39.34%)***	(-36.03%)***	(-32.40%)***	(-39.37%)***	(-34.58%)***	(-34.50%)***	(-28.01%)***
交通运输设备制造业	(-27.54%)***	(-26.38%)***	(-30.17%)***	(-31.82%)***	(-27.56%)***	(-28.26%)***	(-31.42%)***
电气机械及器材制造业	(-26.94%)***	(-23.98%)***	(-28.62%)***	(-32.70%)***	(-25.01%)***	(-26.20%)***	(-23.09%)***
通信设备、计算机及其他电子设备制造业	(-34.20%)***	(-30.90%)***	(-23.43%)***	(-20.24%)***	(-22.08%)***	(-21.04%)***	(-26.60%)***
仪器仪表及文化、办公用机械制造业	(-25.46%)***	(-32.79%)***	(-29.58%)***	(-27.26%)***	(-25.14%)***	(-26.66%)***	(-24.88%)***
工艺品及其他制造业	(-13.19%)***	(-15.03%)***	(-17.08%)***	(-19.44%)***	(-19.14%)***	(-20.50%)***	(-18.27%)***

注：***、**、* 分别表示在 1%、5%、10% 的水平上显著。

表3-11 属权增加值率③和属地增加值率③背离

行业名称	2000年	2001年	2002年	2003年	2004年	2005年	2006年
农副食品加工业	(-48.68%)***	(-54.72%)***	(-58.45%)***	(-45.30%)***	(-48.48%)***	(-51.84%)***	(-53.07%)***
食品制造业	(-58.64%)***	(-52.14%)***	(-58.37%)***	(-60.10%)***	(-59.86%)***	(-63.19%)***	(-63.67%)***
饮料制造业	(-53.63%)***	(-38.41%)***	(-43.30%)***	(-42.31%)***	(-24.73%)***	(-63.16%)***	(-62.32%)***
纺织业	(-44.82%)***	(-44.40%)***	(-44.07%)***	(-49.41%)***	(-54.15%)***	(-50.76%)***	(-46.05%)***
纺织服装、鞋、帽制造业	(-34.52%)***	(-36.07%)***	(-35.90%)***	(-35.52%)	(-35.30%)***	(-39.97%)***	(-37.92%)***
皮革、毛皮、羽毛（绒）及其制品业	(-38.91%)***	(-44.22%)***	(-49.49%)***	(-44.65%)***	(-36.73%)***	(-37.34%)***	(-34.79%)***
木材加工及木、竹、藤、棕、草制品业	(-47.59%)***	(-49.31%)***	(-50.03%)***	(-61.60%)***	(-50.07%)***	(-58.50%)***	(-50.71%)***
家具制造业	(-39.52%)***	(-49.62%)***	(-52.73%)***	(-48.42%)***	(-43.80%)***	(-47.17%)***	(-45.59%)***
造纸及纸制品业	(-46.43%)***	(-42.84%)***	(-39.61%)***	(-53.00%)***	(-60.48%)***	(-68.31%)***	(-58.91%)***
印刷业和记录媒介的复制	(-3.05%)***	(-45.85%)***	(-55.18%)***	(-48.30%)***	(-46.95%)***	(-38.56%)***	(-49.02%)***
文教体育用品制造业	(-38.55%)***	(-42.26%)***	(-42.80%)***	(-43.97%)***	(-43.13%)***	(-42.17%)***	(-38.79%)***
石油加工、炼焦及核燃料加工业	(-32.05%)	(-17.50%)***	(-19.09%)**	(-21.08%)***	(-23.34%)**	(-17.87%)***	(-39.15%)***
化学原料及化学制品制造业	(-44.70%)***	(-45.66%)***	(-46.76%)***	(-53.85%)***	(-53.31%)***	(-59.09%)***	(-61.67%)***
医药制造业	(-24.94%)***	(-25.95%)***	(-32.71%)***	(-28.67%)***	(-37.02%)***	(-21.87%)***	(-37.77%)***

续表

行业名称	2000年	2001年	2002年	2003年	2004年	2005年	2006年
化学纤维制造业	(-68.14%)***	(-41.88%)***	(-62.47%)***	(-34.12%)***	(-30.77%)***	(-39.85%)***	(-40.68%)***
橡胶制品业	(-37.27%)***	(-42.34%)***	(-50.47%)***	(-57.11%)***	(-43.81%)***	(-49.34%)***	(-56.67%)***
塑料制品业	(-51.06%)***	(-56.07%)***	(-56.89%)***	(-56.22%)***	(-48.79%)***	(-55.49%)***	(-55.86%)***
非金属矿物制品业	(-49.23%)***	(-62.47%)***	(-57.44%)***	(-47.31%)***	(-52.01%)***	(-51.12%)***	(-49.57%)***
黑色金属冶炼及压延加工业	(-9.05%)***	(-19.98%)***	(-43.64%)***	(-63.56%)***	(-69.12%)***	(-70.29%)***	(-45.33%)***
有色金属冶炼及压延加工业	(-47.91%)***	(-40.66%)***	(-42.23%)***	(-48.90%)***	(-42.32%)***	(-55.27%)***	(-64.48%)***
金属制品业	(-50.20%)***	(-54.37%)***	(-57.85%)***	(-55.29%)***	(-48.44%)***	(-51.23%)***	(-50.39%)***
通用设备制造业	(-48.39%)***	(-48.25%)*	(-48.09%)***	(-53.39%)***	(-56.04%)***	(-57.31%)***	(-58.44%)***
专用设备制造业	(-53.48%)***	(-41.34%)***	(-59.71%)***	(-66.84%)***	(-61.32%)***	(-56.08%)***	(-56.98%)***
交通运输设备制造业	(-27.92%)***	(-37.35%)***	(-37.92%)***	(-39.06%)***	(-39.65%)***	(-38.71%)***	(-44.11%)***
电气机械及器材制造业	(-53.55%)***	(-52.65%)***	(-61.68%)***	(-55.21%)***	(-56.16%)***	(-54.94%)***	(-50.69%)***
通信设备、计算机及其他电子设备制造业	(-60.87%)***	(-59.85%)***	(-67.76%)***	(-66.96%)***	(-59.12%)***	(-69.04%)***	(-72.30%)***
仪器仪表及文化、办公用机械制造业	(-55.67%)***	(-54.94%)***	(-49.87%)***	(-67.03%)***	(-66.64%)***	(-70.21%)***	(-62.10%)***
工艺品及其他制造业	(-46.15%)***	(-49.36%)***	(-57.57%)***	(-49.52%)***	(-42.20%)***	(-43.41%)***	(-43.47%)***

注：***、**、*分别表示在1%、5%、10%的水平上显著。

其次，按要素密集型区分，属地增加值率表现出与分行业时不同的情况，各类型行业的属地增加值率不再像分行业时那样有较明显的差距。按算术平均计算，各类型行业的属地增加值率①成交替状态（见图3-1），其中劳动密集型行业的属地增加值率总体稳定，而另两类行业的属地增加值率在2004年后呈下降趋势并逐渐与劳动密集型行业差距加大。各类型行业各年份的属地增加值率②或③均呈现一定的波动性（见图3-2），且相互间的差距仍较为明显，其中劳动密集型行业为最高且总体呈上升趋势，资本密集型行业的属地增加值率则在2004年超过技术密集型行业，但这两类行业总体呈下降趋势。按加权平均计算，技术密集型行业的属地增加值率①总体呈下降趋势且明显低于另两类行业（见图3-3），而劳动密集型的属地增加值率①总体呈上升趋势且在2005年超过资本密集型行业成为最高的行业。各类型行业的属地增加值率②或③与属地增加值率①类似（见图3-4），技术密

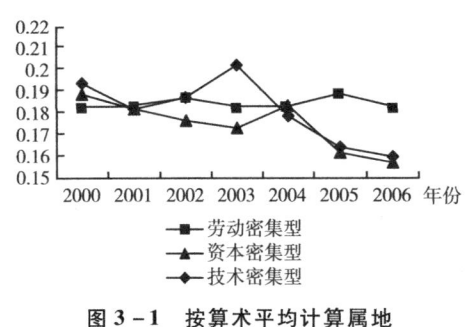

图3-1 按算术平均计算属地
增加值率①

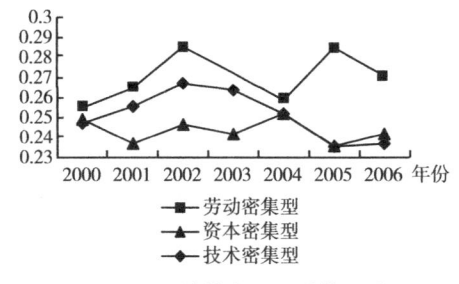

图3-2 按算术平均计算属地
增加值率②或③

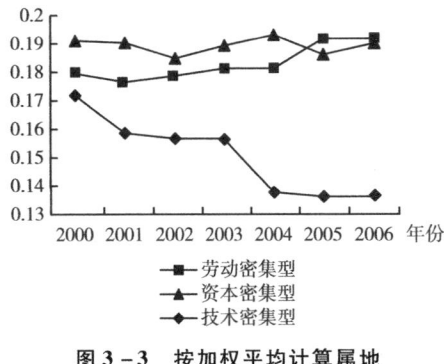

图3-3 按加权平均计算属地
增加值率①

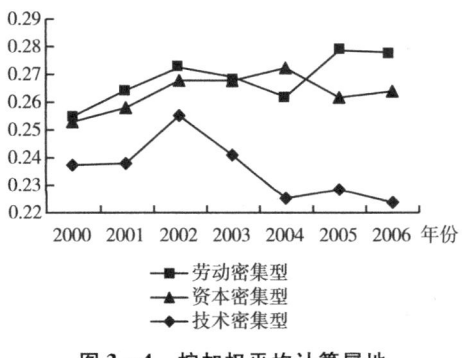

图3-4 按加权平均计算属地
增加值率②或③

集型行业仍为最低且总体呈下降趋势,而劳动密集型和资本密集型的属地增加值率总体呈交替上升趋势,且 2005 年再次超过资本密集型成为属地增加值率最高的行业。

从属权增加值率看(见图 3-5 至图 3-10),除算术平均计算的属权增加值率①外,无论以算术平均计算还是以加权平均计算,各年份劳动密集型行业均为最高且与另两类行业差距比较明显。以算术平均计算的属权增加值率①,总体上劳动密集型行业仍为最高,特别是 2004 年后随着其他两类行业的不断下降,差距不断拉大。还有一个明显的特征是各类型行业的属权增加值率①和属权增加值率③的差距呈现不断扩大之势,属权增加值率②的差距则保持基本不变。综合来看,劳动密集型行业的属权增加值率总体上有所上升,而资本密集型行业和技术密集型行业的属权增加值率则趋于下降。

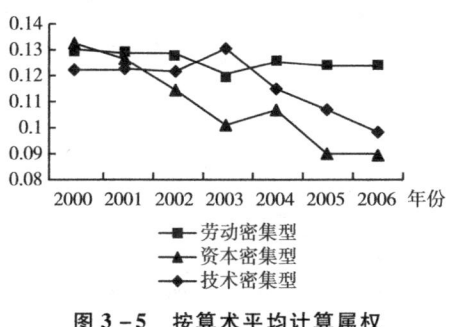

图 3-5　按算术平均计算属权增加值率①

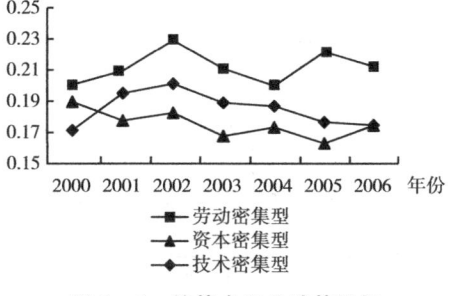

图 3-6　按算术平均计算属权增加值率②

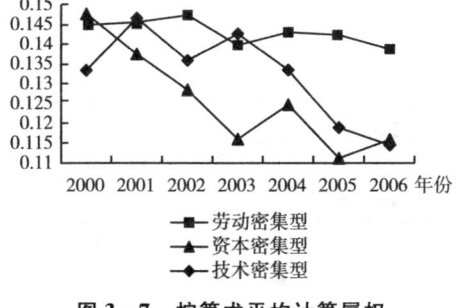

图 3-7　按算术平均计算属权增加值率③

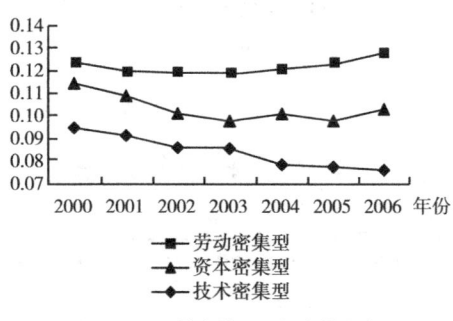

图 3-8　按加权平均计算属权增加值率①

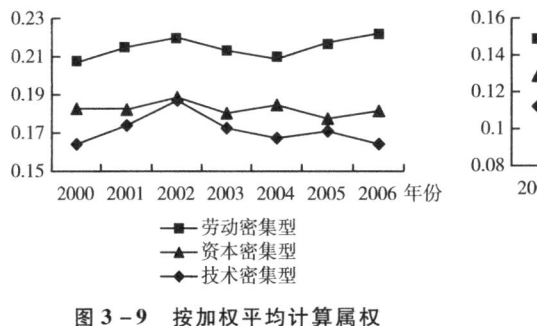

图3-9 按加权平均计算属权
增加值率②

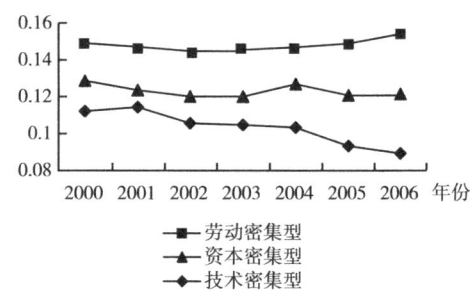

图3-10 按加权平均计算属权
增加值率③

从属权增加值率与属地增加值率的背离看，也与单纯分行业时有所不同，就背离绝对值而言（见图3-11至图3-16），按算术平均计算，各类型行业的背离绝对值比较接近，各年份大小存在交替关系且总体上趋于更加接近；按加权平均计算，总体上技术密集型行业的背离绝对值最大，资本密集型行业次之，劳动密集型行业最小，各类型行业的背离绝对值表现出一定的扩大趋势。

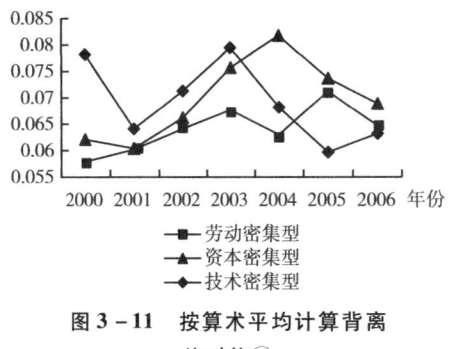

图3-11 按算术平均计算背离
绝对值①

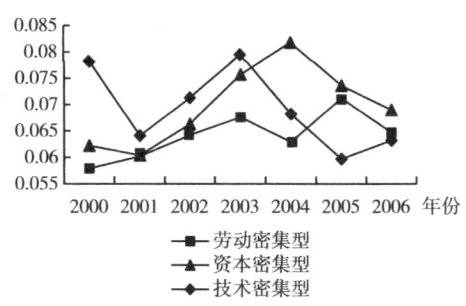

图3-12 按算术平均计算背离
绝对值②

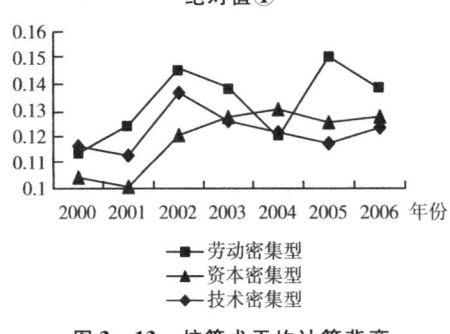

图3-13 按算术平均计算背离
绝对值③

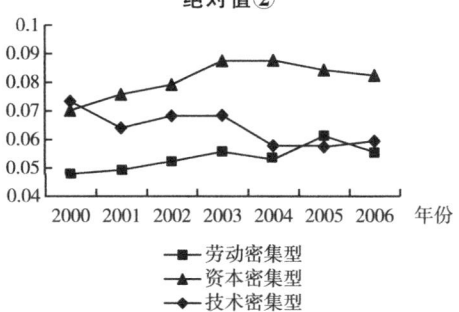

图3-14 按加权平均计算背离
绝对值①

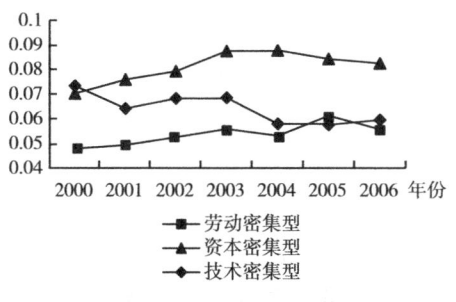

图3-15 按加权平均计算背离
绝对值②

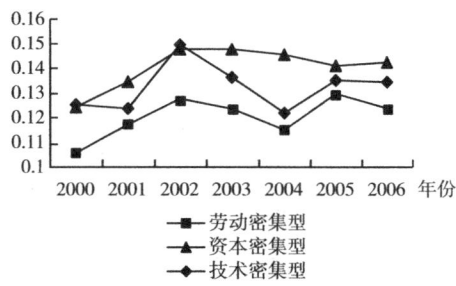

图3-16 按加权平均计算背离
绝对值③

就背离相对值而言（见图3-17至图3-22），总体上尤其是以加权平均计算的劳动密集型行业的背离相对值最低，而资本密集型行业和技术密集型行业存在着一定的交替现象，尤其是在以算术平均计算时这一现象尤其明显。

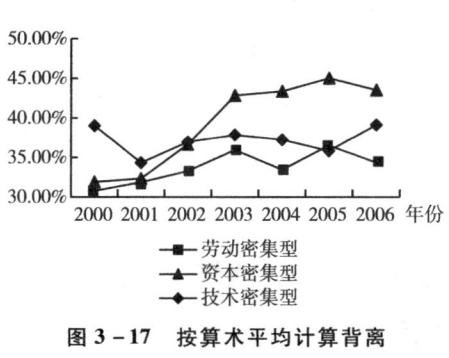

图3-17 按算术平均计算背离
相对值①

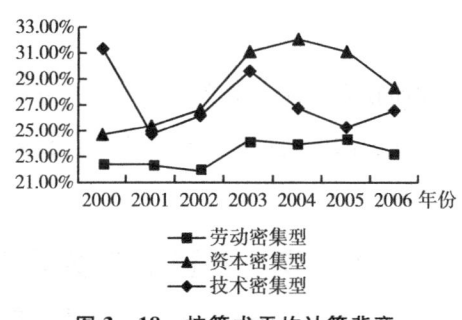

图3-18 按算术平均计算背离
相对值②

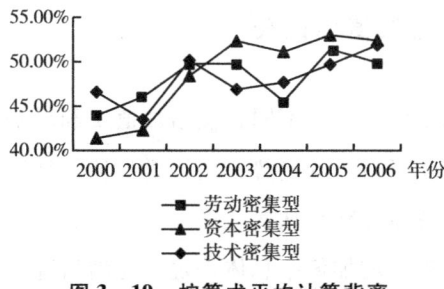

图3-19 按算术平均计算背离
相对值③

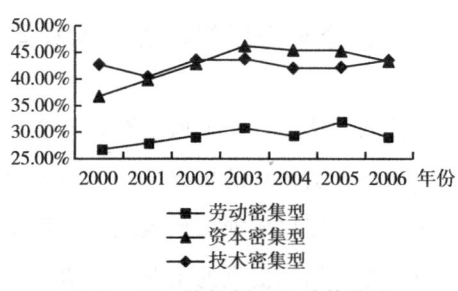

图3-20 按加权平均计算背离
相对值①

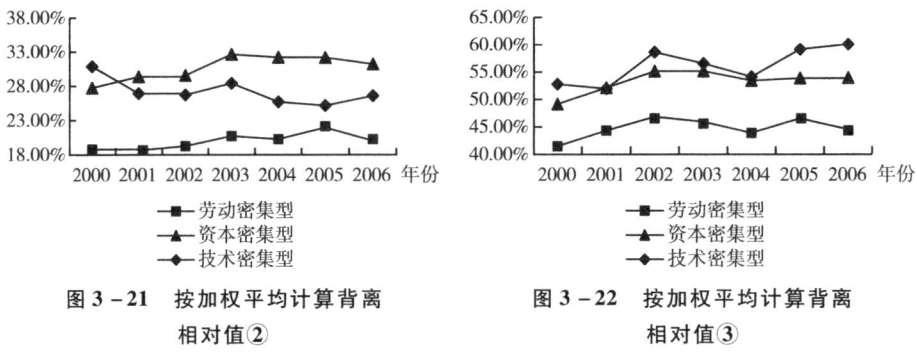

图3-21 按加权平均计算背离相对值② 　　图3-22 按加权平均计算背离相对值③

分行业分年份分析表明，劳动密集型行业的本国收益最大。值得注意的是，资本密集型行业属地增加值率上升而属权增加值率下降，这表明资本密集型行业的外国收益趋于增加。而技术密集型行业的属地增加值率和属权增加值率都趋于下降，说明该行业的中间品在生产过程中的投入增加，这与产业链的延长有关。但要辩证地来看，如果是本国中间品投入增加，那么说明本国产业链延长配套能力提升，从而从总体上来说有利于本国收益增加，但如果是进口中间品投入增加，那么就意味着一方面本国收益在减少，另一方面也反映本国相关配套的中间产品生产能力有待提高。

第二节　外资加工贸易企业属权、属地增加值率比较分析

一、分年份属权增加值率和属地增加值率比较

首先，从属权增加值率看，与全部加工贸易企业不同，按增加值①和增加值③计算方法测算的属权增加值率表现出先降后增的趋势，而按增加值②计算方法测算的属权增加值率表现先增后降的总体趋势。从属地增加值率看，根据工业企业数据库提供的工业增加值计算的属地增加值率总体表现为先增后降的趋势，但波动不大，而按增加值①计算方法测算的属地增加值率表现为先降后增的趋势（见表3-12至表3-14）。

其次，无论哪一种计算方法获得的属权增加值率与属地增加值率的背离在各年份都具有统计意义上的显著性，且均在1%水平上显著。与全部加工贸易企业相同，从统计上看，按增加值①方法计算的属权增加值率和属地增加值率背离与按增加值②方法计算的属权增加值率和属地增加值率背离各对应年份具有相同的绝对背离值和统计显著性。

最后，与全部加工贸易企业相似，从增加值率反映的属权增加值率与属地增加值率的背离看，按增加值③计算的背离绝对值和相对值均最大，按增加值②计算的背离相对值最小，按增加值①计算的背离相对值界于这两者之间。从2000—2006年背离相对值的平均值看，无论用哪一种计算方法，均大于全部加工贸易企业近2个百分点。

表3-12　　分年份属权增加值①与属地增加值①背离统计分析

年份	属地增加值①	属权增加值①	背离绝对值	背离相对值	t统计量	样本量
2000	0.1722	0.1055	0.0667	-38.74%	(30.5)***	7493
2001	0.1599	0.0977	0.0622	-38.91%	(31.05)***	7928
2002	0.1566	0.0927	0.0639	-40.80%	(28.95)***	8431
2003	0.1558	0.0915	0.0643	-41.26%	(41.55)***	8868
2004	0.1441	0.0860	0.0581	-40.30%	(33.95)***	13738
2005	0.1439	0.0836	0.0603	-41.88%	(48.75)***	11955
2006	0.1487	0.0860	0.0627	-42.17%	(42.95)***	12726
2000—2006	0.1544	0.0919	0.0626	-40.53%	(96.25)***	71139

注：*** 表示在1%的水平上显著。

表3-13　　分年份属权增加值②与属地增加值②背离统计分析

年份	属地增加值②	属权增加值②	背离绝对值	背离相对值	t统计量	样本量
2000	0.2380	0.1713	0.0667	-28.03%	(30.5)***	7493
2001	0.2383	0.1760	0.0623	-26.14%	(31.05)***	7928
2002	0.2527	0.1888	0.0639	-25.29%	(28.95)***	8431
2003	0.2481	0.1839	0.0642	-25.88%	(41.55)***	8868
2004	0.2232	0.1651	0.0581	-26.03%	(33.95)***	13738
2005	0.2397	0.1794	0.0603	-25.16%	(48.75)***	11955
2006	0.2385	0.1758	0.0627	-26.29%	(42.95)***	12726
2000—2006	0.2398	0.1772	0.0626	-26.11%	(96.25)***	71139

注：*** 表示在1%的水平上显著。

表 3-14　分年份属权增加值③与属地增加值③背离统计分析

年份	属地增加值③	属权增加值③	背离绝对值	背离相对值	t 统计量	样本量
2000	0.2380	0.1168	0.1212	-50.92%	(42.1)***	7493
2001	0.2383	0.1140	0.1243	-52.16%	(36.35)***	7928
2002	0.2527	0.1073	0.1454	-57.54%	(18.5)***	8431
2003	0.2481	0.1072	0.1409	-56.79%	(17.5)***	8868
2004	0.2232	0.1013	0.1219	-54.61%	(44.85)***	13738
2005	0.2397	0.0979	0.1418	-59.16%	(60.85)***	11955
2006	0.2385	0.0980	0.1405	-58.91%	(58.75)***	12726
2000—2006	0.2398	0.1061	0.1337	-55.76%	(83.45)***	71139

注：*** 表示在 1% 的水平上显著。

二、分行业属权增加值率与属地增加值率比较分析

首先，分行业看，与全部加工贸易企业一样，背离均在 1% 水平上统计显著，按三种增加值方法计算的属权增加值率和属地增加值率背离具有相同的表现特征（见表 3-15 至表 3-17）。

表 3-15　分行业属权增加值①与属地增加值①背离统计分析

行业名称	属地增加值①	属权增加值①	背离绝对值	背离相对值	t 统计量	样本量
农副食品加工业	0.1039	0.0664	0.0375	-36.11%	(19.45)***	2074
食品制造业	0.2245	0.1264	0.0981	-43.71%	(11.55)***	1085
饮料制造业	0.2718	0.1561	0.1157	-42.57%	(5.45)***	229
纺织业	0.1666	0.1057	0.0609	-36.56%	(39.2)***	6081
纺织服装、鞋、帽制造业	0.2131	0.1628	0.0503	-23.59%	(25.8)***	9980
皮革、毛皮、羽毛（绒）及其制品业	0.1730	0.1379	0.0351	-20.30%	(13.2)***	4841
木材加工及木、竹、藤、棕、草制品业	0.1413	0.0993	0.0420	-29.75%	(5.15)***	966
家具制造业	0.1668	0.1169	0.0499	-29.91%	(15.1)***	1451
造纸及纸制品业	0.2019	0.1066	0.0953	-47.21%	(17.6)***	838
印刷业和记录媒介的复制	0.2600	0.1523	0.1077	-41.42%	(11.85)***	654

续表

行业名称	属地增加值①	属权增加值①	背离绝对值	背离相对值	t统计量	样本量
文教体育用品制造业	0.1958	0.1431	0.0527	-26.92%	(18.35)***	3602
石油加工、炼焦及核燃料加工业	0.0948	0.0742	0.0206	-21.73%	(5.5)***	34
化学原料及化学制品制造业	0.1948	0.0999	0.0949	-48.72%	(22.25)***	2279
医药制造业	0.2835	0.1957	0.0878	-30.97%	(10.75)***	293
化学纤维制造业	0.1483	0.0901	0.0582	-39.24%	(9)***	294
橡胶制品业	0.1885	0.1132	0.0753	-39.94%	(14.6)***	1296
塑料制品业	0.1759	0.1017	0.0742	-42.17%	(27.85)***	4546
非金属矿物制品业	0.2463	0.1397	0.1066	-43.29%	(11)***	1718
黑色金属冶炼及压延加工业	0.1180	0.0577	0.0603	-51.11%	(6.5)***	226
有色金属冶炼及压延加工业	0.1547	0.0805	0.0742	-47.97%	(12.55)***	393
金属制品业	0.1629	0.0962	0.0667	-40.96%	(32.15)***	3733
通用设备制造业	0.1949	0.1036	0.0913	-46.85%	(19.6)***	2317
专用设备制造业	0.1987	0.1048	0.0939	-47.26%	(26.85)***	1636
交通运输设备制造业	0.2315	0.1525	0.0790	-34.12%	(21.8)***	1802
电气机械及器材制造业	0.1495	0.0873	0.0622	-41.61%	(26.75)***	5301
通信设备、计算机及其他电子设备制造业	0.1054	0.0521	0.0533	-50.57%	(32.5)***	8336
仪器仪表及文化、办公用机械制造业	0.1330	0.0746	0.0584	-43.90%	(18.65)***	2056
工艺品及其他制造业	0.1837	0.1315	0.0522	-28.42%	(20.45)***	3079

注：*** 表示在1%的水平上显著。

表3-16　分行业属权增加值②与属地增加值②背离统计分析

行业名称	属地增加值②	属权增加值②	背离绝对值	背离相对值	t统计量	样本量
农副食品加工业	0.2370	0.1995	0.0375	-15.82%	(25)***	2074
食品制造业	0.3555	0.2573	0.0982	-27.62%	(24.05)***	1085
饮料制造业	0.3629	0.2472	0.1157	-31.88%	(13.4)***	229
纺织业	0.2570	0.1961	0.0609	-23.70%	(20.8)***	6081
纺织服装、鞋、帽制造业	0.2922	0.2419	0.0503	-17.21%	(12.5)***	9980

续表

行业名称	属地增加值②	属权增加值②	背离绝对值	背离相对值	t 统计量	样本量
皮革、毛皮、羽毛（绒）及其制品业	0.2619	0.2268	0.0351	-13.40%	(19.85)***	4841
木材加工及木、竹、藤、棕、草制品业	0.2563	0.2143	0.0420	-16.39%	(17.75)***	966
家具制造业	0.2514	0.2015	0.0499	-19.85%	(20.7)***	1451
造纸及纸制品业	0.2604	0.1651	0.0953	-36.60%	(18.4)***	838
印刷业和记录媒介的复制	0.2852	0.1774	0.1078	-37.80%	(6.6)***	654
文教体育用品制造业	0.2596	0.2070	0.0526	-20.26%	(22.3)***	3602
石油加工、炼焦及核燃料加工业	0.1905	0.1699	0.0206	-10.81%	(6.45)***	34
化学原料及化学制品制造业	0.2677	0.1729	0.0948	-35.41%	(26.4)***	2279
医药制造业	0.3353	0.2476	0.0877	-26.16%	(13.3)***	293
化学纤维制造业	0.1872	0.1290	0.0582	-31.09%	(9.6)***	294
橡胶制品业	0.2738	0.1985	0.0753	-27.50%	(24.65)***	1296
塑料制品业	0.2462	0.1720	0.0742	-30.14%	(29.6)***	4546
非金属矿物制品业	0.3148	0.2081	0.1067	-33.89%	(25.25)***	1718
黑色金属冶炼及压延加工业	0.1795	0.1192	0.0603	-33.59%	(16.55)***	226
有色金属冶炼及压延加工业	0.2288	0.1546	0.0742	-32.43%	(13.9)***	393
金属制品业	0.2394	0.1726	0.0668	-27.90%	(38.8)***	3733
通用设备制造业	0.2751	0.1837	0.0914	-33.22%	(22.9)***	2317
专用设备制造业	0.2772	0.1833	0.0939	-33.87%	(25.35)***	1636
交通运输设备制造业	0.2654	0.1864	0.0790	-29.77%	(21.55)***	1802
电气机械及器材制造业	0.2304	0.1682	0.0622	-27.00%	(29.8)***	5301
通信设备、计算机及其他电子设备制造业	0.2092	0.1559	0.0533	-25.48%	(40.1)***	8336
仪器仪表及文化、办公用机械制造业	0.2179	0.1595	0.0584	-26.80%	(7)***	2056
工艺品及其他制造业	0.2867	0.2345	0.0522	-18.21%	(18.9)***	3079

注：*** 表示在1%的水平上显著。

表3-17 分行业属权增加值③与属地增加值③背离统计分析

行业名称	属地增加值③	属权增加值③	背离绝对值	背离相对值	t统计量	样本量
农副食品加工业	0.2370	0.1066	0.1304	−55.02%	(25)***	2074
食品制造业	0.3555	0.1395	0.2160	−60.76%	(24.05)***	1085
饮料制造业	0.3629	0.1666	0.1963	−54.09%	(13.4)***	229
纺织业	0.2570	0.1222	0.1348	−52.45%	(20.8)***	6081
纺织服装、鞋、帽制造业	0.2922	0.1806	0.1116	−38.19%	(12.5)***	9980
皮革、毛皮、羽毛（绒）及其制品业	0.2619	0.1552	0.1067	−40.74%	(19.85)***	4841
木材加工及木、竹、藤、棕、草制品业	0.2563	0.1181	0.1382	−53.92%	(17.75)***	966
家具制造业	0.2514	0.1338	0.1176	−46.78%	(20.7)***	1451
造纸及纸制品业	0.2604	0.1092	0.1512	−58.06%	(18.4)***	838
印刷业和记录媒介的复制	0.2852	0.1562	0.1290	−45.23%	(6.6)***	654
文教体育用品制造业	0.2596	0.1511	0.1085	−41.80%	(22.3)***	3602
石油加工、炼焦及核燃料加工业	0.1905	0.1304	0.0601	−31.55%	(6.45)***	34
化学原料及化学制品制造业	0.2677	0.1135	0.1542	−57.60%	(26.4)***	2279
医药制造业	0.3353	0.2101	0.1252	−37.34%	(13.3)***	293
化学纤维制造业	0.1872	0.1037	0.0835	−44.60%	(9.6)***	294
橡胶制品业	0.2738	0.1288	0.1450	−52.96%	(24.65)***	1296
塑料制品业	0.2462	0.1118	0.1344	−54.59%	(29.6)***	4546
非金属矿物制品业	0.3148	0.1474	0.1674	−53.18%	(25.25)***	1718
黑色金属冶炼及压延加工业	0.1795	0.0678	0.1117	−62.23%	(16.55)***	226
有色金属冶炼及压延加工业	0.2288	0.1085	0.1203	−52.58%	(13.9)***	393
金属制品业	0.2394	0.1139	0.1255	−52.42%	(38.8)***	3733
通用设备制造业	0.2751	0.1211	0.1540	−55.98%	(22.9)***	2317
专用设备制造业	0.2772	0.1139	0.1633	−58.91%	(25.35)***	1636
交通运输设备制造业	0.2654	0.1612	0.1042	−39.26%	(21.55)***	1802
电气机械及器材制造业	0.2304	0.1018	0.1286	−55.82%	(29.8)***	5301
通信设备、计算机及其他电子设备制造业	0.2092	0.0641	0.1451	−69.36%	(40.1)***	8336

续表

行业名称	属地增加值③	属权增加值③	背离绝对值	背离相对值	t统计量	样本量
仪器仪表及文化、办公用机械制造业	0.2179	0.0790	0.1389	-63.74%	(7)***	2056
工艺品及其他制造业	0.2867	0.1513	0.1354	-47.23%	(18.9)***	3079

注：*** 表示在1%的水平上显著。

其次，按要素密集型看，各类型行业的属地增加值率与全部加工贸易企业分类型行业也有相似的特征。不同在于，按算术平均计算属地增加值率①，与全部加工贸易企业分类型行业相比，劳动密集型行业和技术密集型行业的属地增加值率略有下降，而资本密集型行业则有超过1个百分点的下降，但以加权平均计算则与全部加工贸易企业分类型行业相比几乎没有变化。而按算术平均计算属地增加值率②或③，与全部加工贸易企业分类型行业几乎没变化，但以加权平均计算，则技术密集型行业地属地增加值率相较另两类行业下降更明显（见表3-18至表3-19）。

从属权增加值率看，也与全部加工贸易企业分类型行业有相似的特征。不同在于，无论以算术平均计算还是以加权平均计算，无论按哪一种增加值方法测算，对应类型行业的属权增加值率均相比全部加工贸易企业时有所下降。

从属权增加值率与属地增加值率的背离看，与全部加工贸易企业分类型行业也有类似的特征，不同在于，各类型行业的背离绝对值、背离相对值均要大于全部加工贸易企业各类型对应行业的背离值。

综合来看，外资加工贸易企业相比全部加工贸易企业，各类型行业的属地增加值率和属权增加值率更低，而两率的背离程度有所扩大。这意味着，外资加工贸易企业相比内资企业有更大的属地属权增加值背离。

表3-18　按算术平均计算的分要素密集型行业属权增加值率与属地增加值率比较

	属地增加值①	属权增加值①	背离绝对值	背离相对值
劳动密集型	0.1905	0.1229	0.0676	-35.51%
资本密集型	0.1672	0.0938	0.0734	-43.89%
技术密集型	0.1780	0.1075	0.0705	-39.63%

续表

	属地增加值②	属权增加值②	背离绝对值	背离相对值
劳动密集型	0.2776	0.2099	0.0676	-24.37%
资本密集型	0.2436	0.1702	0.0734	-30.14%
技术密集型	0.2447	0.1742	0.0705	-28.81%
	属地增加值③	属权增加值③	背离绝对值	背离相对值
劳动密集型	0.2776	0.1379	0.1397	-50.31%
资本密集型	0.2436	0.1147	0.1289	-52.91%
技术密集型	0.2447	0.1191	0.1257	-51.35%

表 3-19　按加权平均计算的分要素密集型属权增加值率与属权增加值率比较

	属地增加值①	属权增加值①	背离绝对值	背离相对值
劳动密集型	0.1849	0.1284	0.0565	-30.56%
资本密集型	0.1888	0.1052	0.0836	-44.29%
技术密集型	0.1453	0.0810	0.0642	-44.21%
	属地增加值②	属权增加值②	背离绝对值	背离相对值
劳动密集型	0.2705	0.2140	0.0565	-20.89%
资本密集型	0.2647	0.1810	0.0837	-31.61%
技术密集型	0.2298	0.1656	0.0642	-27.94%
	属地增加值③	属权增加值③	背离绝对值	背离相对值
劳动密集型	0.2705	0.1448	0.1258	-46.49%
资本密集型	0.2647	0.1201	0.1446	-54.64%
技术密集型	0.2298	0.0937	0.1361	-59.23%

三、分年份分行业属权增加值率与属地增加值率比较分析

首先，从属权增加值率与属地增加值率背离的统计显著性看，与全部加工贸易企业分年份分行业情况相似，即绝大部分行业在不同年份两者的背离在1%水平上显著，未达1%显著性水平的行业/年份情况相似，背离不显著较多的行业也基本相似（见表3-20至表3-22）。

表 3-20 属权增加值①与属地增加值①背离

行业名称	2000 年	2001 年	2002 年	2003 年	2004 年	2005 年	2006 年
农副食品加工业	(-34.02%)***	(-32.87%)***	(-35.69%)***	(-37.93%)***	(-34.39%)***	(-36.31%)***	(-37.94%)***
食品制造业	(-40.63%)***	(-39.28%)***	(-46.02%)***	(-45.69%)***	(-48.11%)***	(-42.00%)***	(-39.96%)***
饮料制造业	(-44.80%)***	(-45.61%)***	(-45.52%)***	(-38.57%)***	(-32.51%)***	(-44.30%)***	(-47.28%)***
纺织业	(-35.65%)***	(-34.74%)***	(-37.08%)***	(-37.92%)***	(-33.40%)***	(-41.47%)***	(-34.55%)***
纺织服装、鞋、帽制造业	(-23.30%)***	(-23.09%)***	(-23.30%)***	(-24.51%)***	(-24.32%)***	(-24.04%)***	(-22.54%)***
皮革、毛皮、羽毛（绒）及其制品业	(-19.92%)***	(-17.82%)***	(-20.98%)***	(-20.10%)***	(-19.28%)***	(-20.63%)***	(-21.49%)***
木材加工及木、竹、藤、棕、草制品业	(-23.06%)***	(-27.02%)	(-10.94%)***	(-22.06%)***	(-24.66%)***	(-41.34%)***	(-34.55%)***
家具制造业	(-13.82%)***	(-24.06%)**	(-29.74%)***	(-36.74%)***	(-27.89%)***	(-31.35%)***	(-30.45%)***
造纸及纸制品业	(-32.90%)***	(-28.71%)***	(-29.72%)***	(-36.19%)***	(-52.14%)***	(-57.97%)***	(-51.03%)***
印刷业和记录媒介的复制	(-35.58%)***	(-46.54%)***	(-45.46%)***	(-50.07%)***	(-39.27%)***	(-36.42%)***	(-38.70%)***
文教体育用品制造业	(-27.43%)***	(-27.64%)***	(-27.21%)***	(-29.48%)***	(-27.09%)***	(-27.11%)***	(-24.27%)***
石油加工、炼焦及核燃料加工业	(-25.91%)*	(-11.63%)	(-23.00%)**	(-27.37%)	(-32.01%)*	(-11.83%)*	(-13.19%)**
化学原料及化学制品制造业	(-41.05%)***	(-35.79%)***	(-41.58%)***	(-51.40%)***	(-48.99%)***	(-53.85%)***	(-53.80%)***
医药制造业	(-25.18%)***	(-34.60%)***	(-35.25%)***	(-34.03%)***	(-35.45%)***	(-23.38%)***	(-30.70%)***

续表

行业名称	2000年	2001年	2002年	2003年	2004年	2005年	2006年
化学纤维制造业	(-66.39%)**	(-40.38%)**	(-36.69%)**	(-45.48%)***	(-27.57%)***	(-26.49%)***	(-51.45%)***
橡胶制品业	(-27.91%)***	(-37.03%)***	(-41.62%)***	(-46.82%)***	(-35.03%)***	(-44.77%)***	(-40.87%)***
塑料制品业	(-39.66%)***	(-43.67%)***	(-45.74%)***	(-43.31%)***	(-39.20%)***	(-44.80%)***	(-40.38%)***
非金属矿物制品业	(-38.56%)***	(-43.63%)***	(-41.97%)***	(-41.98%)***	(-46.11%)***	(-45.52%)***	(-42.14%)***
黑色金属冶炼及压延加工业	(-38.14%)	(-27.59%)***	(-32.51%)*	(-43.93%)***	(-61.42%)***	(-60.25%)***	(-47.19%)***
有色金属冶炼及压延加工业	(-44.32%)***	(-36.43%)**	(-32.58%)**	(-44.86%)***	(-36.09%)***	(-53.14%)***	(-61.55%)***
金属制品业	(-34.33%)***	(-39.44%)***	(-43.90%)***	(-45.41%)***	(-39.48%)***	(-41.58%)***	(-40.76%)***
通用设备制造业	(-39.88%)***	(-42.28%)***	(-46.55%)***	(-45.87%)***	(-48.96%)***	(-48.35%)***	(-48.28%)***
专用设备制造业	(-46.63%)***	(-41.39%)***	(-43.90%)***	(-56.63%)***	(-50.87%)***	(-46.55%)***	(-43.73%)***
交通运输设备制造业	(-28.19%)***	(-31.94%)***	(-34.46%)***	(-35.82%)***	(-33.89%)***	(-32.92%)***	(-36.39%)***
电气机械及器材制造业	(-44.90%)***	(-38.65%)***	(-46.38%)***	(-47.00%)***	(-42.56%)***	(-41.25%)***	(-35.74%)***
通信设备、计算机及其他电子设备制造业	(-51.08%)***	(-50.35%)***	(-52.08%)***	(-46.96%)***	(-47.71%)***	(-49.66%)***	(-54.10%)***
仪器仪表及文化、办公用机械制造业	(-39.62%)***	(-44.67%)***	(-38.12%)***	(-46.81%)***	(-44.61%)***	(-49.18%)***	(-41.37%)***
工艺品及其他制造业	(-22.94%)***	(-27.74%)***	(-34.41%)***	(-29.74%)***	(-27.39%)***	(-30.30%)***	(-26.39%)***

注：***、**、*分别表示在1%、5%、10%的水平上显著。

表 3-21　属权增加值率②与属地增加值率②背离

行业名称	2000 年	2001 年	2002 年	2003 年	2004 年	2005 年	2006 年
农副食品加工业	(-17.19%)***	(-14.01%)***	(-13.81%)***	(-12.73%)***	(-15.37%)***	(-16.02%)***	(-18.91%)***
食品制造业	(-26.38%)***	(-28.53%)***	(-31.54%)***	(-29.91%)***	(-34.41%)***	(-23.63%)***	(-21.54%)***
饮料制造业	(-36.71%)***	(-42.90%)***	(-35.81%)***	(-29.36%)***	(-31.58%)***	(-24.17%)***	(-34.20%)***
纺织业	(-23.14%)***	(-21.43%)***	(-23.87%)***	(-23.60%)***	(-19.05%)***	(-29.59%)***	(-23.57%)***
纺织服装、鞋、帽制造业	(-17.16%)***	(-16.93%)***	(-17.22%)***	(-18.18%)***	(-18.45%)***	(-16.90%)***	(-16.06%)***
皮革、毛皮、羽毛(绒)及其制品	(-13.57%)***	(-10.40%)***	(-11.97%)***	(-12.31%)***	(-13.09%)***	(-13.53%)***	(-16.18%)***
木材加工及木、竹、藤、棕、草制品业	(-13.62%)***	(-14.30%)**	(-5.34%)	(-8.98%)***	(-13.71%)***	(-24.27%)***	(-21.33%)***
家具制造业	(-8.21%)***	(-14.07%)***	(-17.71%)***	(-26.18%)***	(-19.14%)***	(-19.69%)***	(-21.19%)***
造纸及纸制品业	(-27.98%)***	(-21.10%)***	(-24.44%)***	(-27.54%)***	(-41.63%)***	(-44.21%)***	(-38.83%)***
印刷业和记录媒介的复制	(-54.97%)***	(-43.22%)***	(-33.60%)***	(-48.65%)***	(-34.72%)***	(-35.24%)***	(-31.42%)***
文教体育用品制造业	(-20.95%)***	(-19.83%)***	(-20.62%)***	(-22.38%)***	(-20.12%)***	(-20.44%)***	(-18.73%)***
石油加工、炼焦及核燃料加工业	(-15.93%)***	(-6.72%)	(-17.76%)***	(-21.26%)	(-21.96%)***	(-4.72%)*	(-3.25%)***
化学原料及化学制品制造业	(-32.71%)***	(-25.86%)***	(-33.45%)***	(-42.89%)***	(-36.38%)***	(-36.92%)***	(-33.45%)***
医药制造业	(-22.75%)***	(-31.16%)***	(-29.63%)***	(-34.79%)***	(-30.12%)***	(-21.45%)***	(-21.84%)***

续表

行业名称	2000 年	2001 年	2002 年	2003 年	2004 年	2005 年	2006 年
化学纤维制造业	(−60.47%)**	(−25.47%)***	(−15.65%)**	(−30.49%)***	(−23.40%)***	(−21.39%)***	(−41.47%)***
橡胶制品业	(−21.26%)***	(−31.02%)***	(−30.41%)***	(−32.55%)***	(−24.20%)***	(−30.94%)***	(−23.76%)***
塑料制品业	(−28.68%)***	(−30.70%)***	(−32.04%)***	(−30.46%)***	(−29.96%)***	(−32.09%)***	(−27.64%)***
非金属矿物制品业	(−30.67%)***	(−30.89%)***	(−26.55%)***	(−36.13%)***	(−38.35%)***	(−35.99%)***	(−34.57%)***
黑色金属冶炼及压延加工业	(−23.84%)	(−22.71%)***	(−25.10%)*	(−30.29%)***	(−45.20%)***	(−29.40%)***	(−30.47%)***
有色金属冶炼及压延加工业	(−29.47%)***	(−26.00%)**	(−21.24%)**	(−26.84%)***	(−25.49%)***	(−32.44%)***	(−43.59%)***
金属制品业	(−23.18%)***	(−25.60%)***	(−27.68%)***	(−29.06%)***	(−26.92%)***	(−28.90%)***	(−29.64%)***
通用设备制造业	(−30.78%)***	(−33.12%)***	(−38.36%)***	(−32.53%)***	(−32.42%)***	(−32.76%)***	(−33.12%)***
专用设备制造业	(−39.34%)***	(−37.16%)***	(−31.19%)***	(−39.37%)***	(−34.58%)***	(−34.56%)***	(−29.43%)***
交通运输设备制造业	(−28.93%)***	(−26.57%)***	(−30.39%)***	(−31.82%)***	(−27.58%)***	(−28.41%)***	(−31.52%)***
电气机械及器材制造业	(−29.62%)***	(−24.87%)***	(−28.87%)***	(−32.98%)***	(−26.50%)***	(−26.47%)***	(−23.56%)***
通信设备、计算机及其他电子设备制造业	(−34.82%)***	(−31.15%)***	(−24.35%)***	(−21.03%)***	(−24.97%)***	(−22.10%)***	(−26.97%)***
仪器仪表及文化、办公用机械制造业	(−26.59%)***	(−33.39%)***	(−29.67%)***	(−27.34%)***	(−25.17%)***	(−26.69%)***	(−25.06%)***
工艺品及其他制造业	(−13.45%)***	(−15.19%)***	(−17.29%)***	(−19.42%)***	(−19.49%)***	(−20.94%)***	(−18.33%)***

注：***、**、* 分别表示在 1%、5%、10% 的水平上显著。

表 3-22 属权增加值率③与属地增加值率③背离

行业名称	2000 年	2001 年	2002 年	2003 年	2004 年	2005 年	2006 年
农副食品加工业	(-50.87%)***	(-56.83%)***	(-65.09%)***	(-51.94%)***	(-51.73%)***	(-54.51%)***	(-55.42%)***
食品制造业	(-58.70%)***	(-52.25%)***	(-59.08%)***	(-60.11%)***	(-59.86%)***	(-63.43%)***	(-63.78%)***
饮料制造业	(-53.63%)***	(-51.47%)***	(-57.20%)***	(-47.20%)***	(-24.90%)***	(-65.00%)***	(-62.50%)***
纺织业	(-50.54%)***	(-52.13%)***	(-51.65%)***	(-53.81%)***	(-56.38%)***	(-53.97%)***	(-48.40%)***
纺织服装、鞋、帽制造业	(-36.92%)***	(-37.43%)***	(-38.45%)***	(-36.74%)***	(-36.00%)***	(-40.74%)***	(-39.20%)***
皮革、毛皮、羽毛(绒)及其制品业	(-39.94%)***	(-46.61%)***	(-50.40%)***	(-46.13%)***	(-36.59%)***	(-38.26%)***	(-35.65%)***
木材加工及木、竹、藤、棕、草制品业	(-47.61%)***	(-50.49%)***	(-51.36%)***	(-63.00%)***	(-50.07%)***	(-58.50%)***	(-51.83%)***
家具制造业	(-39.27%)***	(-50.68%)***	(-55.31%)***	(-49.63%)***	(-43.76%)***	(-47.31%)***	(-45.89%)***
造纸及纸制品业	(-44.24%)***	(-48.17%)***	(-44.87%)***	(-53.00%)***	(-60.44%)***	(-68.31%)***	(-59.13%)***
印刷业和记录媒介的复制	(-3.05%)***	(-47.20%)***	(-55.18%)***	(-48.30%)***	(-46.95%)***	(-38.59%)***	(-49.13%)***
文教体育用品制造业	(-39.39%)***	(-42.63%)***	(-42.89%)***	(-43.92%)***	(-43.29%)***	(-42.34%)***	(-38.79%)***
石油加工、炼焦及核燃料加工业	(-32.05%)	(-24.69%)***	(-28.49%)***	(-31.91%)***	(-36.83%)**	(-18.36%)***	(-39.15%)**
化学原料及化学制品制造业	(-48.32%)***	(-48.14%)***	(-49.11%)***	(-56.23%)***	(-55.63%)***	(-62.84%)***	(-66.29%)***
医药制造业	(-28.62%)***	(-38.98%)***	(-39.32%)***	(-33.42%)***	(-41.92%)***	(-25.82%)***	(-43.63%)***

续表

行业名称	2000年	2001年	2002年	2003年	2004年	2005年	2006年
化学纤维制造业	(-68.14%)***	(-54.31%)***	(-66.46%)***	(-58.07%)***	(-30.77%)***	(-39.85%)***	(-44.47%)***
橡胶制品业	(-38.49%)***	(-43.85%)***	(-50.88%)***	(-57.31%)***	(-48.51%)***	(-58.06%)***	(-59.00%)***
塑料制品业	(-52.56%)***	(-56.74%)***	(-57.77%)***	(-56.38%)***	(-48.73%)***	(-55.62%)***	(-56.04%)***
非金属矿物制品业	(-54.60%)***	(-64.22%)***	(-57.76%)***	(-47.25%)***	(-51.30%)***	(-50.91%)***	(-49.76%)***
黑色金属冶炼及压延加工业	(-47.16%)**	(-36.68%)***	(-46.83%)***	(-63.56%)***	(-69.12%)***	(-70.23%)***	(-57.57%)***
有色金属冶炼及压延加工业	(-50.07%)***	(-42.73%)***	(-42.23%)***	(-48.90%)***	(-42.43%)***	(-55.53%)***	(-64.60%)***
金属制品业	(-52.06%)***	(-54.73%)***	(-59.31%)***	(-56.37%)***	(-48.44%)***	(-51.28%)***	(-50.48%)***
通用设备制造业	(-49.36%)***	(-49.07%)***	(-51.25%)***	(-53.86%)***	(-57.15%)***	(-58.27%)***	(-59.75%)***
专用设备制造业	(-53.48%)***	(-42.63%)***	(-59.20%)***	(-66.84%)***	(-61.33%)***	(-56.15%)***	(-59.95%)***
交通运输设备制造业	(-28.59%)***	(-37.45%)***	(-37.95%)***	(-39.06%)***	(-39.62%)***	(-38.88%)***	(-43.95%)***
电气机械及器材制造业	(-59.27%)***	(-54.32%)***	(-62.24%)***	(-55.70%)***	(-56.25%)***	(-55.66%)***	(-51.85%)***
通信设备、计算机及其他电子设备制造业	(-61.57%)***	(-60.30%)***	(-69.90%)***	(-69.19%)***	(-65.84%)***	(-72.86%)***	(-73.37%)***
仪器仪表及文化、办公用机械制造业	(-58.65%)***	(-55.97%)***	(-50.25%)***	(-67.30%)***	(-66.74%)***	(-70.28%)***	(-62.09%)***
工艺品及其他制造业	(-47.16%)***	(-49.83%)***	(-58.26%)***	(-49.57%)***	(-43.05%)***	(-44.40%)***	(-43.42%)***

注：***、**、*分别表示在1%、5%、10%的水平上显著。

不同的是,以增加值①计算方法测算,石油加工、炼焦及核燃料加工业两率背离不显著的年份减少,但全部年份都未达到1%显著性水平。以增加值②计算方法测算,石油加工、炼焦及核燃料加工业两率背离所有年份都具有统计显著性,只是显著性达到1%的年份减少较多。黑色金属冶炼及压延加工业出现了不显著的年份(2000年)。以增加值③计算方法测算,通用设备制造业不再有显著性水平不及1%的年份。

总体而言,与全部加工贸易企业分年份分行业相比,也同样没有要素密集型偏向,但背离显著性不及1%的行业/年份有所减少。

其次,按要素密集型区分(见图3-23至图3-26),各类型行业属地增加值率的总体变化趋势与全部加工贸易企业各对应类型行业的变化趋势类似,且属地增加值率也表现出与分行业时不同的情况,即各类型行业的属地增加值率

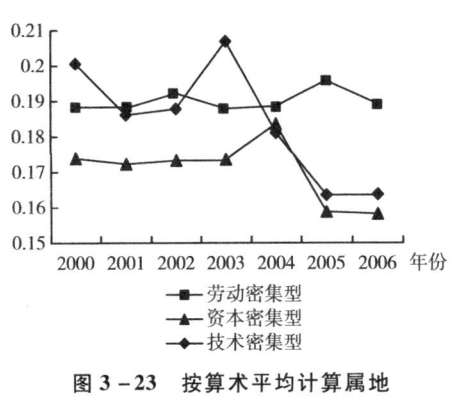

图3-23 按算术平均计算属地
增加值率①

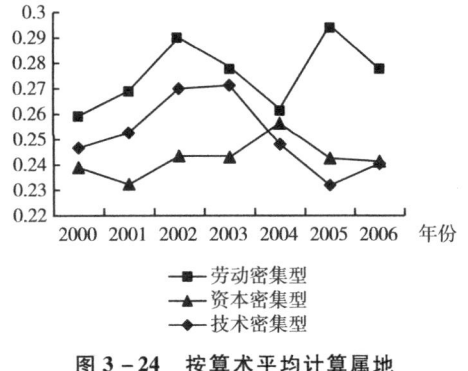

图3-24 按算术平均计算属地
增加值率②或③

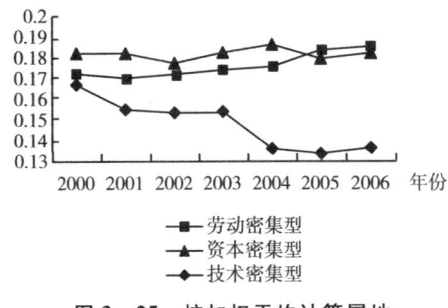

图3-25 按加权平均计算属地
增加值率①

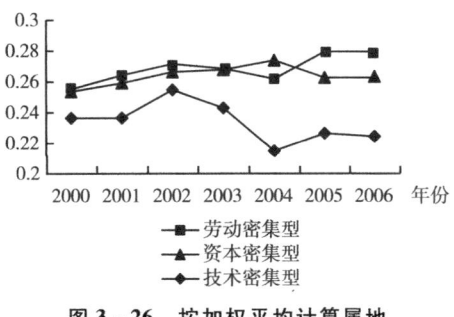

图3-26 按加权平均计算属地
增加值率②或③

不再像分行业时那样有较明显的差距。不同在于，按算术平均计算的属地增加值率，各类型行业之间的差距有所缩小，而按加权平均计算，各类型行业的属地增加值率之间的差距则有所扩大。

从属权增加值率看（见图3-27至图3-32），各类型行业之间与全部加工贸易企业各类型行业之间有类似的关系，除算术平均计算属权增加值率①外，其他方法计算的属权增加值率均以劳动密集型为最高；各类型行业的属权增加值率①和属权增加值率③的差距存在着不断扩大；总体上，劳动密集型行业的属权增加值率有所上升，而资本密集型行业和技术密集型行业的属权增加值率则趋于下降。区别在于，与全部加工贸易企业相比，按算术平均计算，资本密集型行业属权增加值率②和③在起始年份有较明显的降低，技术密集型行业属权增加值率③也有较明显的降低。

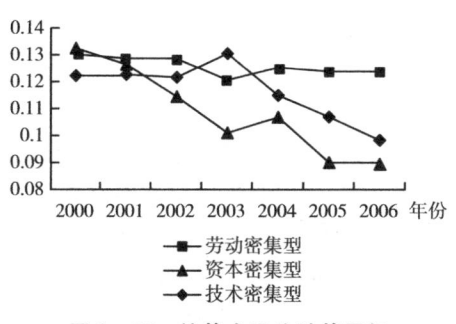

图3-27 按算术平均计算属权增加值率①

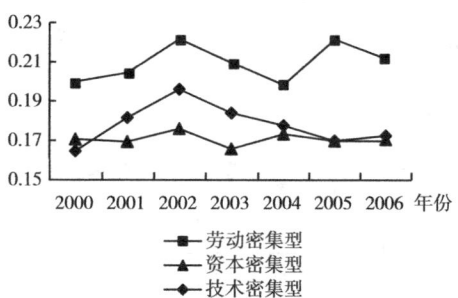

图3-28 按算术平均计算属权增加值率②

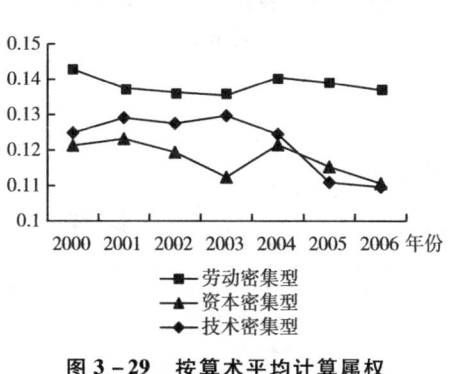

图3-29 按算术平均计算属权增加值率③

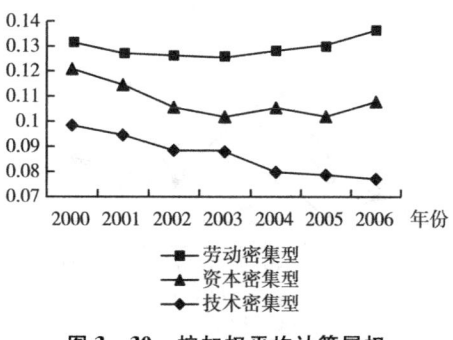

图3-30 按加权平均计算属权增加值率①

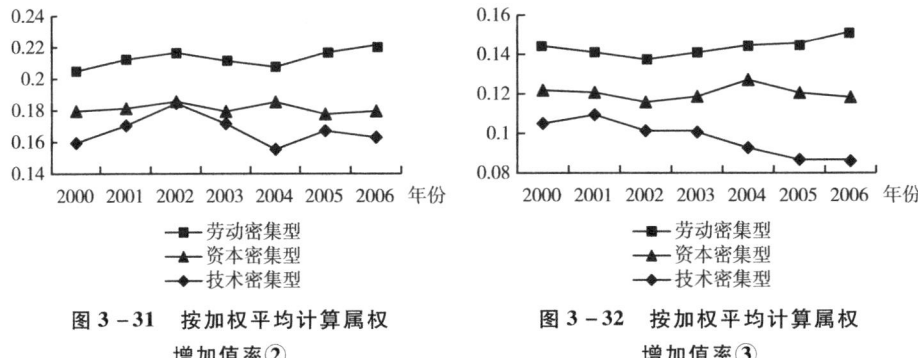

图3-31 按加权平均计算属权
增加值率②

图3-32 按加权平均计算属权
增加值率③

从属权增加值率与属地增加值率的背离看,也有与全部加工贸易企业各类型行业类似的情况,就背离绝对值而言(见图3-33至图3-38),按算术平均计算,各类型行业比较接近;按加权平均计算,总体上仍是资本密集型行业的最大,技术密集型行业次之,劳动密集型行业最小。

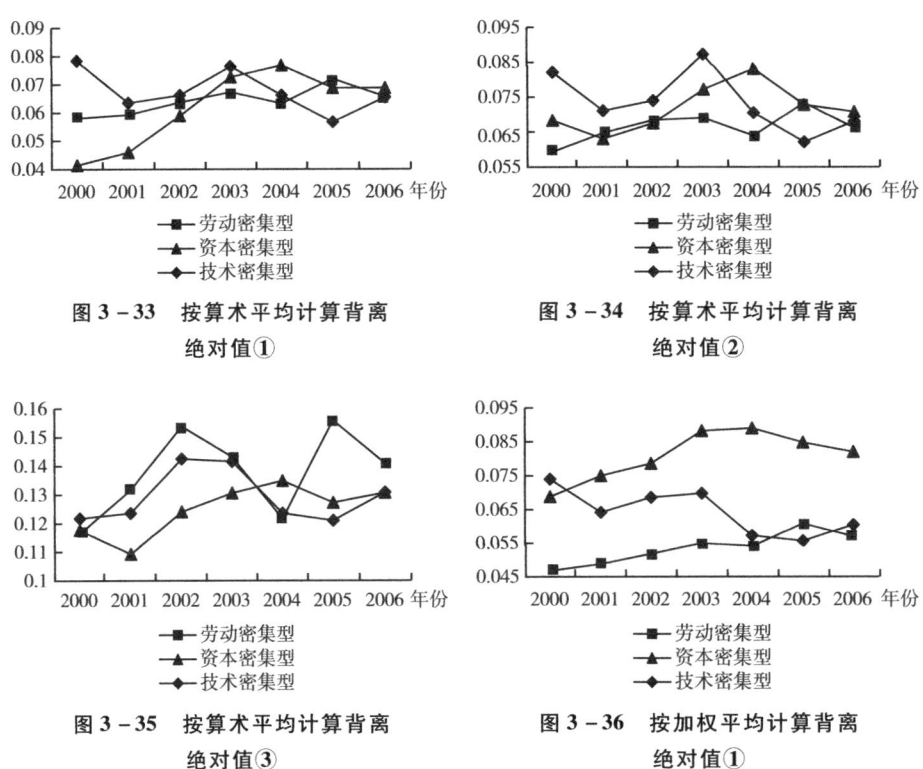

图3-33 按算术平均计算背离
绝对值①

图3-34 按算术平均计算背离
绝对值②

图3-35 按算术平均计算背离
绝对值③

图3-36 按加权平均计算背离
绝对值①

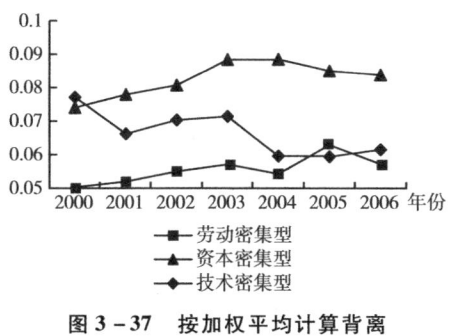

图3-37 按加权平均计算背离
绝对值②

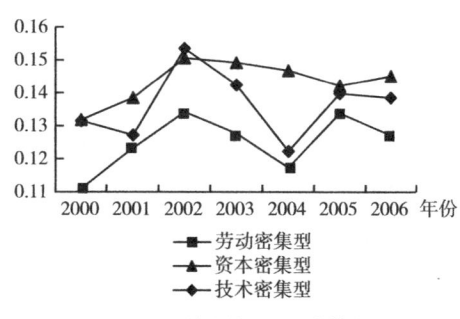

图3-38 按加权平均计算背离
绝对值③

就背离相对值而言（见图3-39至图3-44），劳动密集型行业总体上特别是以加权平均计算时为最低，而资本密集型行业和技术密集型行业存在着一定的交替现象。不同在于，按算术平均计算和加权平均计算的各类型行业背离绝对值③均有所扩大，而按算术平均计算的各类型行业尤其是技术密集型行业背离相对值①有较明显缩小。

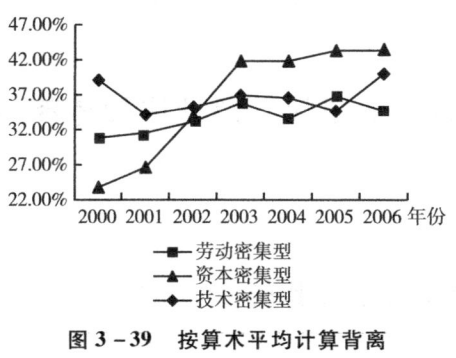

图3-39 按算术平均计算背离
相对值①

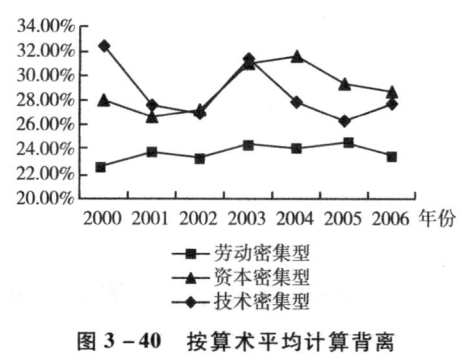

图3-40 按算术平均计算背离
相对值②

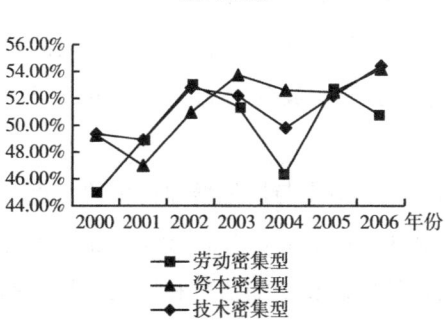

图3-41 按算术平均计算背离
相对值③

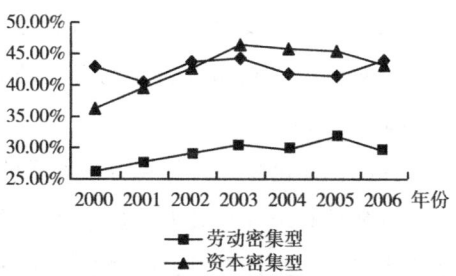

图3-42 按加权平均计算背离
相对值①

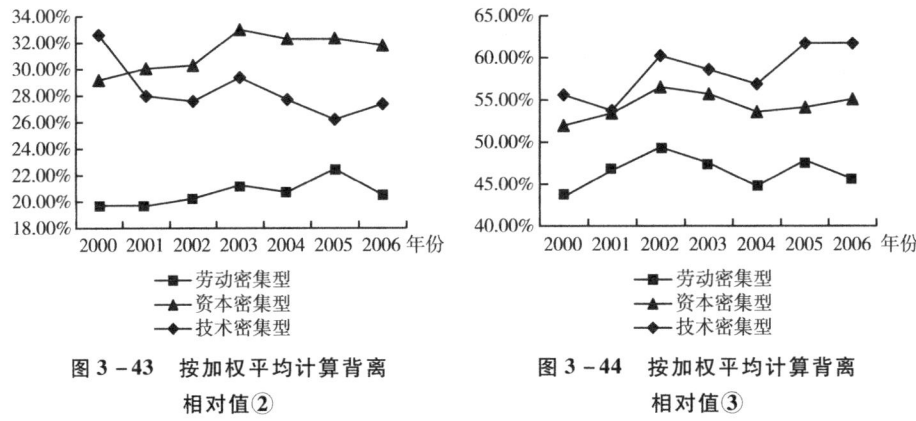

图 3-43 按加权平均计算背离相对值②

图 3-44 按加权平均计算背离相对值③

综合来看，外资加工贸易企业分行业分年份的分析可得出与全部加工贸易企业分行业分年份类似的结论。但要素密集型行业分类之间的差别更加明显，表现在劳动密集型行业的属权增加值率相对提高，而资本密集型行业、技术密集型行业属权增加值率下降，从而前者的背离更小，而后两者背离更大。

第三节 外资纯出口加工贸易企业属权、属地增加值率比较分析

一、分年份属权增加值率和属地增加值率比较

首先，从属权增加值率看，与外资加工贸易企业不同，各种计算方法下的增加值呈波动变化的特征。从属地增加值率看，也呈一定的波动变化的特征。且对应的属权增加值率与对应的属地增加值率波动形态类似（见表 3-23 至表 3-25）。

其次，无论哪一种计算方法获得的属权增加值率与属地增加值率的背离在各年份都具有统计意义上的显著性，且均在 1% 水平上显著。与外资加工贸易企业相同，从统计上看，按增加值①方法计算的属权增加值率和属地增加值率背离与按增加值②方法计算的属权增加值率和属地增加值率背离各对应年份具有相同的绝对背离值和统计显著性。

最后,与外资加工贸易企业相似,从增加值率反映的属权增加值率与属地增加值率的背离看,按增加值③计算的背离绝对值和相对值均最大,按增加值②计算的背离相对值最小,按增加值①计算的背离相对值介于这两者之间。

表 3-23　　分年份属权增加值①与属地增加值①背离统计分析

年份	属地增加值①	属权增加值①	背离绝对值	背离相对值	t 统计量	样本量
2000	0.1496	0.0999	0.0497	-33.20%	(20)***	3227
2001	0.1492	0.1000	0.0492	-32.98%	(16.95)***	3202
2002	0.1507	0.0986	0.0521	-34.59%	(16.15)***	3325
2003	0.1555	0.0999	0.0556	-35.74%	(21.35)***	3516
2004	0.1336	0.0928	0.0408	-30.54%	(14.8)***	5717
2005	0.1424	0.0926	0.0498	-34.96%	(23.35)***	4681
2006	0.1590	0.1068	0.0522	-32.81%	(19.2)***	4937
2000—2006	0.1496	0.0987	0.0499	-33.59%	(47.85)***	28605

注：*** 表示在1%的水平上显著。

表 3-24　　分年份属权增加值②与属地增加值②背离统计分析

年份	属地增加值②	属权增加值②	背离绝对值	背离相对值	t 统计量	样本量
2000	0.2379	0.1882	0.0497	-20.89%	(20)***	3227
2001	0.2393	0.1901	0.0492	-20.56%	(16.95)***	3202
2002	0.2592	0.2070	0.0522	-20.14%	(16.15)***	3325
2003	0.2519	0.1964	0.0555	-22.03%	(21.35)***	3516
2004	0.2137	0.1728	0.0409	-19.14%	(14.8)***	5717
2005	0.2357	0.1859	0.0498	-21.13%	(23.35)***	4681
2006	0.2411	0.1890	0.0521	-21.61%	(19.2)***	4937
2000—2006	0.2398	0.1899	0.0499	-20.81%	(47.85)***	28605

注：*** 表示在1%的水平上显著。

表 3-25　　分年份属权增加值③与属地增加值③背离统计分析

年份	属地增加值③	属权增加值③	背离绝对值	背离相对值	t 统计量	样本量
2000	0.2379	0.1073	0.1306	-54.90%	(22.7)***	3227
2001	0.2393	0.1076	0.1317	-55.04%	(15.4)***	3202
2002	0.2592	0.1069	0.1523	-58.76%	(7)***	3325
2003	0.2519	0.1098	0.1421	-56.41%	(5.6)***	3516

续表

年份	属地增加值③	属权增加值③	背离绝对值	背离相对值	t统计量	样本量
2004	0.2137	0.1006	0.1131	-52.92%	(21.4)***	5717
2005	0.2357	0.1022	0.1335	-56.64%	(30)***	4681
2006	0.2411	0.1137	0.1274	-52.84%	(22.5)***	4937
2000—2006	0.2398	0.1069	0.1330	-55.44%	(31.8)***	28605

注：*** 表示在1%的水平上显著。

二、分行业属权增加值率与属地增加值率比较分析

首先，分行业看，与外资加工贸易企业有所不同，石油加工、炼焦及核燃料加工业三种增加值方法计算的属权增加值率和属地增加值率背离均不再具有10%以内的统计显著性，化学纤维制造业、印刷业和记录媒介的复制和仪器仪表及文化、办公用机械制造业三个行业按增加值③方法计算的背离也不再具有10%以内的统计显著性，黑色金属冶炼及压延加工业按增加值①和增加值②方法计算的背离统计显著性下降为10%水平（见表3-26至表3-28）。

表3-26　　分行业属权增加值①与属地增加值①背离统计分析

行业名称	属地增加值①	属权增加值①	背离绝对值	背离相对值	t统计量	样本量
农副食品加工业	0.1328	0.0830	0.0498	-37.50%	(10)***	725
食品制造业	0.1837	0.1145	0.0692	-37.65%	(8.8)***	260
饮料制造业	0.2533	0.1454	0.1079	-42.59%	(4.8)***	22
纺织业	0.1681	0.1111	0.0570	-33.91%	(17.7)***	1992
纺织服装、鞋、帽制造业	0.2139	0.1709	0.0430	-20.10%	(19.65)***	4861
皮革、毛皮、羽毛（绒）及其制品业	0.2026	0.1700	0.0326	-16.07%	(8.35)***	2784
木材加工及木、竹、藤、棕、草制品业	0.1385	0.1045	0.0340	-24.56%	(3.4)***	447
家具制造业	0.1660	0.1159	0.0501	-30.20%	(11.7)***	858
造纸及纸制品业	0.1797	0.1179	0.0618	-34.39%	(7.9)***	273
印刷业和记录媒介的复制	0.2569	0.1740	0.0829	-32.28%	(6.05)***	211

续表

行业名称	属地增加值	属权增加值①	背离绝对值	背离相对值	t统计量	样本量
文教体育用品制造业	0.2007	0.1515	0.0492	-24.52%	(11.45)***	2206
石油加工、炼焦及核燃料加工业	0.1356	0.1062	0.0294	-21.70%	(1.75)	3
化学原料及化学制品制造业	0.1471	0.0778	0.0693	-47.11%	(3.15)***	343
医药制造业	0.2009	0.1002	0.1007	-50.13%	(4.55)***	30
化学纤维制造业	0.1808	0.1161	0.0647	-35.80%	(3.7)***	65
橡胶制品业	0.1912	0.1385	0.0527	-27.58%	(8.25)***	488
塑料制品业	0.1568	0.1001	0.0567	-36.17%	(16.55)***	1795
非金属矿物制品业	0.1813	0.1236	0.0577	-31.83%	(4.15)***	685
黑色金属冶炼及压延加工业	0.0814	0.0338	0.0476	-58.50%	(1.9)*	35
有色金属冶炼及压延加工业	0.1434	0.0947	0.0487	-33.94%	(2.95)***	49
金属制品业	0.1490	0.0912	0.0578	-38.80%	(18.55)***	1425
通用设备制造业	0.1697	0.0769	0.0928	-54.69%	(5.15)***	556
专用设备制造业	0.1800	0.1111	0.0689	-38.29%	(10.5)***	387
交通运输设备制造业	0.1359	0.0833	0.0526	-38.70%	(7.2)***	519
电气机械及器材制造业	0.1493	0.0970	0.0523	-35.03%	(16.45)***	1972
通信设备、计算机及其他电子设备制造业	0.0961	0.0509	0.0452	-47.05%	(17.15)***	2836
仪器仪表及文化、办公用机械制造业	0.1378	0.0797	0.0581	-42.18%	(9.4)***	871
工艺品及其他制造业	0.1803	0.1344	0.0459	-25.46%	(14.95)***	1907

注：*** 表示在1%的水平上显著。

表3-27　分行业属权增加值②与属地增加值②背离统计分析

行业名称	属地增加值	属权增加值②	背离绝对值	背离相对值	t统计量	样本量
农副食品加工业	0.2912	0.2414	0.0498	-17.10%	(10)***	725
食品制造业	0.3019	0.2328	0.0691	-22.89%	(8.8)***	260
饮料制造业	0.3142	0.2063	0.1079	-34.34%	(4.8)***	22
纺织业	0.2512	0.1942	0.0570	-22.69%	(17.7)***	1992
纺织服装、鞋、帽制造业	0.2812	0.2382	0.0430	-15.29%	(19.65)***	4861

续表

行业名称	属地增加值	属权增加值②	背离绝对值	背离相对值	t统计量	样本量
皮革、毛皮、羽毛（绒）及其制品业	0.2830	0.2505	0.0325	-11.48%	(8.35)***	2784
木材加工及木、竹、藤、棕、草制品业	0.2625	0.2284	0.0341	-12.99%	(3.4)***	447
家具制造业	0.2492	0.1991	0.0501	-20.10%	(11.7)***	858
造纸及纸制品业	0.2436	0.1817	0.0619	-25.41%	(7.9)***	273
印刷业和记录媒介的复制	0.2935	0.2105	0.0830	-28.28%	(6.05)***	211
文教体育用品制造业	0.2613	0.2121	0.0492	-18.83%	(11.45)***	2206
石油加工、炼焦及核燃料加工业	0.2809	0.2515	0.0294	-10.47%	(1.75)	3
化学原料及化学制品制造业	0.2290	0.1597	0.0693	-30.26%	(3.15)***	343
医药制造业	0.2993	0.1985	0.1008	-33.68%	(4.55)***	30
化学纤维制造业	0.1794	0.1147	0.0647	-36.06%	(3.7)***	65
橡胶制品业	0.2470	0.1942	0.0528	-21.38%	(8.25)***	488
塑料制品业	0.2292	0.1725	0.0567	-24.74%	(16.55)***	1795
非金属矿物制品业	0.3002	0.2425	0.0577	-19.22%	(4.15)***	685
黑色金属冶炼及压延加工业	0.2470	0.1994	0.0476	-19.27%	(1.9)*	35
有色金属冶炼及压延加工业	0.2116	0.1629	0.0487	-23.02%	(2.95)**	49
金属制品业	0.2240	0.1661	0.0579	-25.85%	(18.55)***	1425
通用设备制造业	0.2537	0.1608	0.0929	-36.62%	(5.15)***	556
专用设备制造业	0.2538	0.1849	0.0689	-27.15%	(10.5)***	387
交通运输设备制造业	0.2112	0.1586	0.0526	-24.91%	(7.2)***	519
电气机械及器材制造业	0.2241	0.1718	0.0523	-23.34%	(16.45)***	1972
通信设备、计算机及其他电子设备制造业	0.2046	0.1593	0.0453	-22.14%	(17.15)***	2836
仪器仪表及文化、办公用机械制造业	0.2322	0.1740	0.0582	-25.06%	(9.4)***	871
工艺品及其他制造业	0.2751	0.2292	0.0459	-16.68%	(14.95)***	1907

表 3-28　　分行业属权增加值③与属地增加值③背离统计分析

行业名称	属地增加值	属权增加值③	背离绝对值	背离相对值	t 统计量	样本量
农副食品加工业	0.2912	0.1396	0.1516	-52.06%	(15.7)***	725
食品制造业	0.3019	0.1602	0.1417	-46.94%	(13.2)***	260
饮料制造业	0.3142	0.1843	0.1299	-41.34%	(6.7)***	22
纺织业	0.2512	0.1186	0.1326	-52.79%	(7.35)***	1992
纺织服装、鞋、帽制造业	0.2812	0.1859	0.0953	-33.89%	(4.7)***	4861
皮革、毛皮、羽毛（绒）及其制品业	0.2830	0.1798	0.1032	-36.47%	(12)***	2784
木材加工及木、竹、藤、棕、草制品业	0.2625	0.1179	0.1446	-55.09%	(14.55)***	447
家具制造业	0.2492	0.1223	0.1269	-50.92%	(16.15)***	858
造纸及纸制品业	0.2436	0.1201	0.1235	-50.70%	(10.25)***	273
印刷业和记录媒介的复制	0.2935	0.1777	0.1158	-39.45%	(1.65)	211
文教体育用品制造业	0.2613	0.1573	0.1040	-39.80%	(13.2)***	2206
石油加工、炼焦及核燃料加工业	0.2809	0.2152	0.0657	-23.39%	(1.8)	3
化学原料及化学制品制造业	0.2290	0.0834	0.1456	-63.58%	(4.3)***	343
医药制造业	0.2993	0.1406	0.1587	-53.02%	(4.75)***	30
化学纤维制造业	0.1794	0.1228	0.0566	-31.55%	(1.55)	65
橡胶制品业	0.2470	0.1463	0.1007	-40.77%	(12.9)***	488
塑料制品业	0.2292	0.1060	0.1232	-53.75%	(16.15)***	1795
非金属矿物制品业	0.3002	0.1353	0.1649	-54.93%	(10.45)***	685
黑色金属冶炼及压延加工业	0.2470	0.0343	0.2127	-86.11%	(8.15)***	35
有色金属冶炼及压延加工业	0.2116	0.1088	0.1028	-48.58%	(1.8)*	49
金属制品业	0.2240	0.1097	0.1143	-51.03%	(20.95)***	1425
通用设备制造业	0.2537	0.0862	0.1675	-66.02%	(6.8)***	556
专用设备制造业	0.2538	0.1148	0.1390	-54.77%	(7.25)***	387
交通运输设备制造业	0.2112	0.0919	0.1193	-56.49%	(7.35)***	519
电气机械及器材制造业	0.2241	0.1027	0.1214	-54.17%	(11.8)***	1972
通信设备、计算机及其他电子设备制造业	0.2046	0.0548	0.1498	-73.22%	(20.3)***	2836

续表

行业名称	属地增加值	属权增加值③	背离绝对值	背离相对值	t统计量	样本量
仪器仪表及文化、办公用机械制造业	0.2322	0.0805	0.1517	−65.33%	(1.3)	871
工艺品及其他制造业	0.2751	0.1428	0.1323	−48.09%	(16.4)***	1907

注：***、**、*分别表示在1%、5%、10%的水平上显著。

其次，按要素密集型看，各类型行业的属地增加值率与外资加工贸易企业分类型行业表现出不一样的特征（见表3–29、表3–30）。按算术平均计算，各类型行业的属地增加值率①与外资加工贸易企业时的大小关系一致，但均有降低，尤其是资本密集型行业和技术密集型行业低2—3个百分点；而属地增加值率②或③则技术密集型行业取代资本密集型行业成为最低，且与外资加工贸易企业时相比，下降近2个百分点，资本密集型行业则提高近1个百分点，劳动密集型行业则下降0.7个百分点。按加权平均计算，属地增加值率①则劳动密集型行业略有上升并取代资本密集型行业成为最高，而资本密集型行业和技术密集型行业则分别下降2.5个百分点左右。而各类型行业的属地增加值率②或③与全部加工贸易企业时的大小关系保持一致，但资本密集型行业和技术密集型行业下降1.5个百分点左右，劳动密集型行业则略有下降。

从属权增加值率看，也表现出与外资加工贸易企业分类型行业不同的特征。无论按算术平均还是加权平均计算，劳动密集型行业的属权增加值率①有所提高，而资本密集型行业和技术密集型行业则有所下降，后者下降均更多并成为最低的行业。按算术平均计算，劳动密集型行业和资本密集型行业的属权增加值率②和属权增加值率③有所提高，而技术密集型行业则有所下降并成为最低的行业。按加权平均计算，属权增加值率②和属权增加值率③的行业位次相比外资加工贸易企业时没有改变，但劳动密集型行业的两个属权增加值率和资本密集型行业属权增加值率②有所提高，其余都有下降。

从属权增加值率与属地增加值率的背离看，就背离绝对值而言，与外资加工贸易企业相比，除按算术平均计算的资本密集型和技术密集型行业的增加值③外，无论哪一种计算方法哪一个行业类型的背离绝对值均较后者下降，按算术平均计算增加值③的背离绝对值，资本密集型行业超过劳动密集型行业成为最大。就背离相对值而言,与外资加工贸易企业相比,按算术平均计算技术密集型行业超过资本密集型行业成为最大的行业,按加权平均计算的增加值①也有类似的情况。从而使得在外资纯出口企业中,技术密集型成为背离相对值最大的行业。

综合来看,与外资加工贸易企业相比,个别行业的属权增加值和属地增加值的背离不再统计显著;总体上,各要素密集类型行业的属地增加值率有所降低,而属权增加值率则有所提高,从而两率的背离绝对值和相对值总体上有所下降,但个别增加值计算方法下技术密集型行业和资本密集型行业背离相对值则有所上升。

表3-29　按算术平均计算的分要素密集型行业属权增加值率与属地增加值率比较

	属地增加值①	属权增加值①	背离绝对值	背离相对值
劳动密集型	0.1875	0.1308	0.0566	-30.21%
资本密集型	0.1486	0.0911	0.0576	-38.73%
技术密集型	0.1497	0.0864	0.0633	-42.27%
	属地增加值②	属权增加值②	背离绝对值	背离相对值
劳动密集型	0.2703	0.2137	0.0566	-20.96%
资本密集型	0.2530	0.1954	0.0576	-22.76%
技术密集型	0.2257	0.1624	0.0633	-28.05%
	属地增加值③	属权增加值③	背离绝对值	背离相对值
劳动密集型	0.2703	0.1471	0.1232	-45.59%
资本密集型	0.2530	0.1149	0.1381	-54.59%
技术密集型	0.2257	0.0967	0.1290	-57.17%

表3-30　按加权平均计算的分要素密集型属权增加值率与属权增加值率比较

	属地增加值①	属权增加值①	背离绝对值	背离相对值
劳动密集型	0.1889	0.1419	0.0470	-24.90%
资本密集型	0.1627	0.0976	0.0651	-40.00%
技术密集型	0.1224	0.0722	0.0503	-41.05%

续表

	属地增加值②	属权增加值②	背离绝对值	背离相对值
劳动密集型	0.2679	0.2209	0.0470	-17.56%
资本密集型	0.2497	0.1845	0.0651	-26.08%
技术密集型	0.2135	0.1632	0.0503	-23.55%
	属地增加值③	属权增加值③	背离绝对值	背离相对值
劳动密集型	0.2679	0.1538	0.1141	-42.58%
资本密集型	0.2497	0.1110	0.1387	-55.54%
技术密集型	0.2135	0.0774	0.1361	-63.73%

三、分年份分行业属权增加值率与属地增加值率比较分析

首先,从属权增加值率与属地增加值率背离的统计显著性看,与外资加工贸易企业分年份分行业情况明显不同,出现了较多行业背离统计不显著和显著性水平下降的情况(见表3-31至表3-33)。按增加值①和增加值②计算方法测算(两者具有相同的显著性,但背离相对值不同)涉及15个行业有不同数量年份两率背离统计不显著,按增加值③计算方法测算涉及12个行业有不同数量年份两率背离统率不显著。不过,从占比来说则不高,前者仅占全部分行业分年份的22.5%,而后者仅占12.3%。而且超过半数年份即4年背离统计不显著的行业数前者5个,而后者只有2个。就背离统计不显著行业占各类要素密集型行业的比例而言,前者统计不显著行业的要素密集型没有明显的偏向,而后者则劳动密集型行业的比例相对比较低。两种方法下背离均有统计不显著年份的行业包括饮料制造业,印刷业和记录媒介的复制业,石油加工、炼焦及核燃料加工业,化学原料及化学制品制造业,医药制造业,化学纤维制造业,非金属矿物制品业,有色金属冶炼及压延加工业8个行业。这些行业背离统计不显著部分是由于样本数量较少,但样本数量不是统计显著性的决定性因素。

与外资加工贸易企业相比,背离不显著或显著性水平不及1%的行业在外资纯出口企业中,仍然是不显著或显著性水平不及1%,如石油加工、炼焦及核燃料加工业、黑色金属冶炼及压延加工业、通用设备制造业等。

表 3-31 属权增加值率①与属地增加值率①背离

行业名称	2000 年	2001 年	2002 年	2003 年	2004 年	2005 年	2006 年
农副食品加工业	(-32.27%)***	(-33.73%)**	(-37.96%)**	(-31.99%)***	(-36.86%)***	(-37.60%)***	(-44.61%)***
食品制造业	(-46.59%)**	(-34.65%)***	(-40.70%)***	(-35.51%)***	(-35.03%)***	(-32.58%)***	(-40.16%)***
饮料制造业	(-75.91%)	(-33.25%)	(-32.56%)*	/	(-23.16%)*	(-45.97%)	(-57.20%)***
纺织业	(-34.75%)***	(-43.38%)***	(-39.93%)***	(-34.67%)***	(-27.37%)***	(-34.77%)***	(-30.48%)***
纺织服装、鞋、帽制造业	(-21.09%)***	(-19.18%)***	(-21.29%)***	(-18.78%)***	(-20.31%)***	(-21.77%)***	(-18.65%)***
皮革、毛皮、羽毛（绒）及其制品业	(-15.87%)***	(-13.38%)*	(-15.59%)	(-15.48%)***	(-14.86%)***	(-16.94%)***	(-17.46%)***
木材加工及木、竹、藤、棕、草制品业	(-18.23%)	(-23.05%)	(79.86%)	(11.39%)**	(-29.57%)	(-46.42%)***	(-26.93%)***
家具制造业	(-26.17%)***	(-14.63%)***	(-28.16%)***	(-37.67%)***	(-24.68%)***	(-33.67%)***	(-31.01%)***
造纸及纸制品业	(-42.64%)***	(-29.56%)***	(-25.39%)***	(-28.56%)	(-27.36%)***	(-36.78%)***	(-38.72%)***
印刷业和记录媒介的复制	(-29.96%)**	(-18.13%)	(-28.47%)	(-48.15%)***	(-34.88%)**	(-26.47%)***	(-33.39%)***
文教体育用品制造业	(-25.71%)***	(-26.56%)***	(-26.49%)***	(-27.60%)***	(-25.55%)*	(-22.22%)***	(-21.60%)***
石油加工、炼焦及核燃料加工业	—	—	—	—	(-19.56%)	—	/
化学原料及化学制品制造业	(-49.59%)***	(-38.83%)***	(-41.40%)***	(-41.01%)*	(-46.89%)*	(-45.82%)***	(-55.65%)***
医药制造业	(-51.51%)**	(-57.77%)	(-43.22%)	(-57.27%)	(-48.67%)	(-71.12%)	(-44.79%)

167

续表

行业名称	2000年	2001年	2002年	2003年	2004年	2005年	2006年
化学纤维制造业	(−35.84%)**	(−13.66%)	(−17.21%)	(−34.09%)	(−41.04%)***	(−40.76%)	(−39.24%)**
橡胶制品业	(−18.97%)***	(−20.19%)**	(−21.70%)**	(−41.01%)**	(−24.97%)**	(−30.52%)**	(−25.77%)**
塑料制品业	(−24.85%)***	(−35.15%)***	(−41.07%)***	(−35.27%)***	(−27.89%)***	(−46.01%)***	(−33.31%)***
非金属矿物制品业	(−20.33%)***	(−35.38%)***	(−36.48%)	(−31.93%)***	(−27.77%)	(−31.42%)	(−34.01%)***
黑色金属冶炼及压延加工业	/	—	(−82.50%)	(−73.78%)**	(−60.43%)	(−71.68%)	(−22.94%)
有色金属冶炼及压延加工业	(−50.52%)***	(−43.60%)	(−13.04%)	(8.56%)	(−15.56%)	(−43.92%)	(−33.72%)***
金属制品业	(−36.06%)***	(−45.17%)***	(−43.76%)***	(−43.25%)***	(−34.63%)***	(−39.98%)***	(−35.86%)***
通用设备制造业	(−43.02%)***	(−39.02%)*	(−50.24%)***	(−55.73%)***	(−60.23%)***	(−55.91%)***	(−54.64%)***
专用设备制造业	(−32.78%)***	(−35.90%)*	(−46.79%)***	(−43.41%)***	(−36.17%)***	(−43.95%)***	(−32.83%)***
交通运输设备制造业	(−38.64%)***	(−37.41%)***	(−42.69%)***	(−44.87%)***	(−37.52%)***	(−41.02%)***	(−33.72%)***
电气机械及器材制造业	(−38.65%)***	(−38.91%)***	(−40.09%)***	(−52.50%)***	(−33.49%)***	(−33.65%)***	(−24.92%)***
通信设备、计算机及其他电子设备制造业	(−50.70%)***	(−45.72%)***	(−51.47%)***	(−49.23%)***	(−43.77%)***	(−47.44%)***	(−45.72%)***
仪器仪表及文化、办公用机械制造业	(−43.21%)***	(−48.56%)***	(−22.89%)**	(−45.25%)***	(−34.67%)**	(−51.45%)***	(−42.83%)***
工艺品及其他制造业	(−20.72%)***	(−26.93%)***	(−34.78%)***	(−26.09%)***	(−22.47%)***	(−25.76%)	(−23.66%)***

注：***、**、* 分别表示在1%、5%、10%的水平上显著。—表示该行业该年无样本数据；/表示该行业该年只有一个样本数据，无法进行 t 值计算。

表 3-32 属权增加值率②与属地增加值率②背离

行业名称	2000 年	2001 年	2002 年	2003 年	2004 年	2005 年	2006 年
农副食品加工业	(-13.03%)***	(-18.84%)**	(-18.01%)***	(-16.09%)***	(-17.16%)***	(-16.72%)***	(-18.16%)***
食品制造业	(-31.70%)**	(-20.98%)***	(-23.10%)***	(-21.78%)***	(-25.94%)***	(-13.25%)***	(-27.93%)***
饮料制造业	(-139.94%)	(-35.01%)***	(-24.33%)*	/	(-13.96%)***	(-29.52%)***	(-56.21%)***
纺织业	(-19.22%)***	(-28.32%)***	(-25.49%)***	(-21.32%)***	(-18.79%)***	(-24.02%)***	(-22.76%)***
纺织服装、鞋、帽制造业	(-15.97%)***	(-13.34%)***	(-16.79%)***	(-14.34%)***	(-15.86%)***	(-16.53%)***	(-14.22%)***
皮革、毛皮、羽毛(绒)及其制品业	(-10.41%)***	(-8.20%)*	(-8.36%)	(-10.24%)***	(-11.22%)***	(-13.09%)***	(-14.75%)***
木材加工及木、竹、藤、棕、草制品业	(-11.27%)	(-14.59%)	(22.20%)	(2.99%)**	(-16.92%)***	(-28.94%)***	(-16.81%)***
家具制造业	(-19.11%)***	(-9.16%)	(-18.56%)***	(-26.48%)***	(-15.95%)***	(-22.85%)***	(-20.37%)***
造纸及纸制品业	(-29.29%)***	(-21.99%)***	(-16.13%)***	(-19.26%)***	(-17.22%)***	(-26.64%)***	(-34.28%)***
印刷业和记录媒介的复制	(-24.69%)**	(-12.94%)***	(-19.95%)	(-43.90%)***	(-32.00%)***	(-26.93%)***	(-28.19%)***
文教体育用品制造业	(-20.44%)***	(-19.17%)***	(-18.62%)***	(-21.44%)***	(-18.75%)*	(-17.40%)***	(-17.82%)***
石油加工、炼焦及核燃料加工业	—	—	—	—	(-5.30%)	—	/
化学原料及化学制品制造业	(-28.88%)***	(-18.54%)***	(-19.55%)***	(-25.05%)*	(-44.66%)*	(-25.54%)	(-45.63%)***
医药制造业	(-41.63%)**	(-31.62%)	(-28.55%)	(-13.93%)	(-30.12%)	(605.12%)	(-29.11%)

续表

行业名称	2000年	2001年	2002年	2003年	2004年	2005年	2006年
化学纤维制造业	(-15.08%)	(-7.81%)	(-13.60%)	(-17.23%)***	(761.68%)***	(-36.44%)***	(-55.35%)***
橡胶制品业	(-13.36%)**	(-14.26%)**	(-13.38%)***	(-32.76%)***	(-18.67%)**	(-25.46%)***	(-21.44%)***
塑料制品业	(-16.92%)***	(-19.99%)***	(-26.14%)***	(-22.51%)***	(-20.42%)***	(-34.25%)***	(-22.78%)***
非金属矿物制品业	(-13.29%)**	(-14.38%)***	(-26.39%)	(-23.74%)***	(-17.34%)***	(-16.07%)***	(-23.08%)***
黑色金属冶炼及压延加工业	/	—	(-67.11%)***	(-17.43%)**	(-16.73%)	(-12.69%)	(-13.12%)
有色金属冶炼及压延加工业	(-60.56%)***	(-30.05%)	(-3.29%)	(2.70%)	(-9.06%)	(-32.48%)	(-28.85%)***
金属制品业	(-27.09%)***	(-30.55%)***	(-25.65%)***	(-26.10%)***	(-22.79%)***	(-25.99%)***	(-26.60%)***
通用设备制造业	(-28.96%)***	(-38.65%)*	(-40.66%)***	(-33.97%)***	(-35.71%)***	(-37.26%)***	(-38.07%)***
专用设备制造业	(-29.25%)***	(-27.59%)*	(-38.22%)***	(-35.80%)***	(-32.57%)***	(-24.49%)***	(-20.29%)***
交通运输设备制造业	(-18.54%)***	(-17.51%)***	(-23.07%)***	(-29.59%)***	(-27.30%)***	(-25.81%)***	(-24.27%)***
电气机械及器材制造业	(-21.33%)***	(-20.17%)***	(-25.51%)***	(-38.70%)***	(-21.47%)***	(-23.63%)***	(-18.33%)***
通信设备、计算机及其他电子设备制造业	(-26.83%)***	(-26.41%)***	(-20.78%)***	(-23.22%)***	(-19.88%)***	(-19.38%)***	(-23.38%)***
仪器仪表及文化、办公用机械制造业	(-25.74%)***	(-34.83%)***	(-31.77%)***	(-21.50%)***	(-14.09%)**	(-27.33%)***	(-27.06%)***
工艺品及其他制造业	(-14.51%)***	(-17.85%)***	(-20.09%)***	(-17.35%)***	(-14.99%)***	(-16.65%)***	(-15.95%)***

注：***、**、*分别表示在1%、5%、10%的水平上显著。—表示该行业该年无样本数据；/表示该行业该年只有一个样本数据，无法进行t值计算。

表 3-33　属权增加值率③与属地增加值率③背离

行业名称	2000 年	2001 年	2002 年	2003 年	2004 年	2005 年	2006 年
农副食品加工业	(-55.88%)***	(-46.04%)***	(-51.17%)***	(-52.32%)***	(-52.35%)***	(-46.72%)**	(-56.89%)***
食品制造业	(-57.96%)***	(-50.93%)***	(-50.20%)***	(-39.60%)***	(-43.84%)***	(-40.14%)***	(-51.58%)***
饮料制造业	(-67.41%)***	(-34.02%)***	(-36.66%)	/	(-31.19%)**	(-65.30%)***	(-57.94%)***
纺织业	(-61.40%)***	(-60.12%)***	(-58.21%)*	(-56.00%)***	(-47.19%)***	(-52.26%)***	(-45.22%)***
纺织服装、鞋、帽制造业	(-34.24%)***	(-38.81%)***	(-33.76%)***	(-31.64%)	(-32.24%)***	(-34.61%)***	(-33.43%)***
皮革、毛皮、羽毛（绒）及其制品业	(-41.02%)***	(-44.01%)***	(-51.40%)***	(-40.58%)***	(-30.75%)***	(-31.61%)***	(-28.59%)**
木材加工及木、竹、藤、棕、草制品业	(-46.01%)***	(-44.43%)***	(-41.79%)***	(-67.53%)***	(-55.04%)***	(-62.14%)***	(-47.67%)***
家具制造业	(-43.10%)***	(-42.46%)***	(-50.46%)***	(-51.66%)***	(-47.59%)***	(-52.95%)***	(-53.17%)***
造纸及纸制品业	(-60.66%)***	(-47.51%)***	(-52.51%)***	(-48.89%)***	(-52.72%)***	(-52.84%)***	(-45.51%)***
印刷业和记录媒介的复制	(-40.56%)***	(-39.20%)**	(-42.85%)	(-52.78%)***	(-39.22%)***	(-24.69%)***	(-43.38%)***
文教体育用品制造业	(-36.85%)***	(-42.75%)***	(-46.23%)***	(-41.90%)***	(-44.17%)***	(-37.04%)***	(-33.39%)***
石油加工、炼焦及核燃料加工业	—	—	—	—	(-23.52%)***	—	/
化学原料及化学制品制造业	(-66.65%)***	(-68.55%)***	(-71.45%)***	(-62.51%)***	(-44.23%)***	(-66.80%)***	(-62.53%)***
医药制造业	(-50.05%)***	(-59.18%)*	(-47.73%)***	(-89.61%)***	(-53.40%)***	(-441.27%)	(-50.05%)**

续表

行业名称	2000年	2001年	2002年	2003年	2004年	2005年	2006年
化学纤维制造业	(-69.61%)***	(-46.54%)***	(-21.00%)	(-50.09%)***	(-1194.24%)*	(-47.04%)***	(-14.29%)***
橡胶制品业	(-40.10%)***	(-41.30%)***	(-50.62%)***	(-50.86%)***	(-41.28%)***	(-39.78%)***	(-31.90%)***
塑料制品业	(-45.18%)***	(-61.33%)***	(-58.73%)***	(-56.64%)***	(-45.79%)***	(-57.14%)***	(-51.42%)***
非金属矿物制品业	(-46.82%)***	(-72.34%)***	(-51.39%)	(-43.67%)***	(-50.67%)**	(-55.73%)***	(-53.42%)***
黑色金属冶炼及压延加工业	/	—	(-85.76%)***	(-93.81%)**	(-88.39%)*	(-94.99%)***	(-55.92%)**
有色金属冶炼及压延加工业	(-40.39%)***	(-51.67%)*	(-52.70%)	(-53.35%)**	(-37.39%)	(-56.51%)***	(-45.41%)
金属制品业	(-50.56%)***	(-59.28%)***	(-62.90%)***	(-49.01%)***	(-48.41%)***	(-51.91%)***	(-44.34%)***
通用设备制造业	(-57.84%)***	(-30.68%)***	(-55.37%)***	(-69.44%)***	(-70.84%)***	(-68.42%)***	(-65.58%)***
专用设备制造业	(-39.18%)***	(-48.93%)***	(-56.86%)**	(-53.34%)***	(-39.37%)***	(-65.58%)*	(-58.34%)***
交通运输设备制造业	(-70.82%)***	(-70.46%)***	(-67.19%)***	(-59.60%)***	(-45.83%)***	(-57.61%)***	(-49.24%)**
电气机械及器材制造业	(-65.77%)***	(-65.19%)***	(-60.89%)***	(-64.65%)***	(-56.40%)***	(-47.75%)***	(-41.43%)***
通信设备、计算机及其他电子设备制造业	(-71.00%)***	(-67.21%)***	(-77.81%)***	(-74.13%)***	(-72.81%)***	(-76.53%)***	(-70.72%)***
仪器仪表及文化、办公用机械制造业	(-67.22%)***	(-61.09%)***	(6.05%)	(-73.76%)***	(-73.28%)***	(-73.86%)***	(-62.95%)
工艺品及其他制造业	(-40.26%)***	(-48.61%)***	(-60.70%)***	(-49.49%)***	(-46.41%)***	(-45.97%)***	(-45.73%)***

注：***、**、* 分别表示在1%、5%、10%的水平上显著。—表示该行业该年无样本数据；/表示该行业该年只有一个样本数据，无法进行t值计算。

其次，按要素密集型区分，各类型行业属地增加值率的总体变化趋势与外资加工贸易企业各对应类型行业的变化趋势存在较大差异。相比外资加工贸易企业，按算术平均计算的属地增加值率①，各类型行业从整体上呈下降趋势变为上升趋势，而按加权平均计算的属地增加值率①，技术密集型行业从总体下降趋势变为波动趋势并与另两类行业更为接近。而属地增加值率②和③则无论按哪一种方式计算，各类型行业之间的差距均有所缩小（见图 3-45 至图 3-48）。

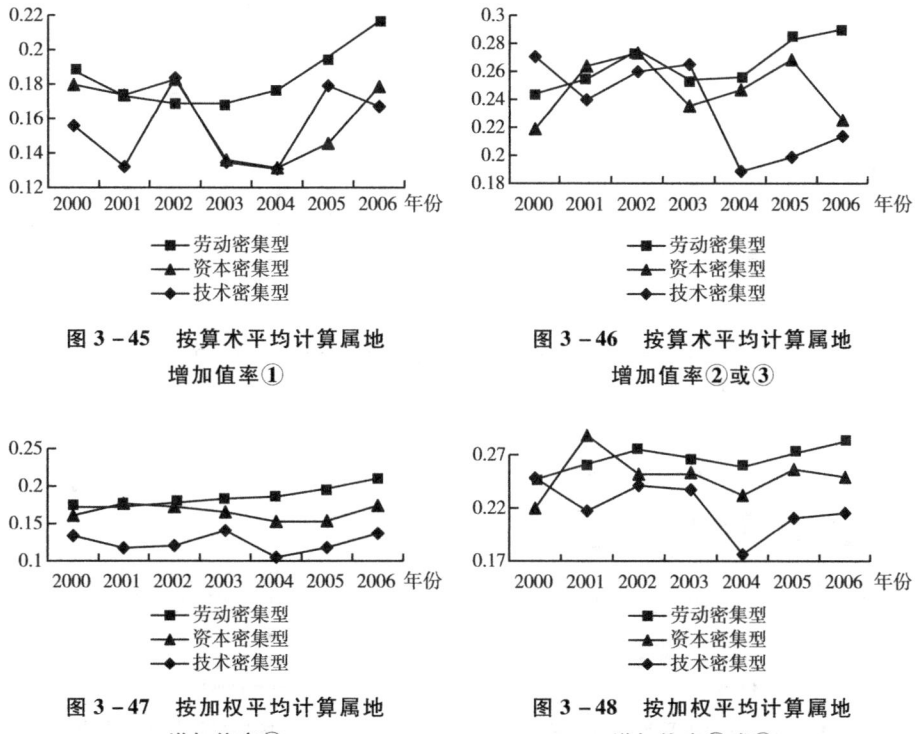

图 3-45　按算术平均计算属地增加值率①

图 3-46　按算术平均计算属地增加值率②或③

图 3-47　按加权平均计算属地增加值率①

图 3-48　按加权平均计算属地增加值率②或③

从属权增加值率看，各类型行业的趋势也与外资加工贸易企业各对应类型行业有所不同。无论按算术平均计算还是按加权平均计算，各类型行业的属权增加值率①和属权增加值率③从总体呈下降趋势变为总体呈上升趋势，且各类型行业之间的差距有所扩大，而各类型行业的属增加值率②变得更加接近，且大小关系出现交替的情况（见图 3-49 至图 3-54）。

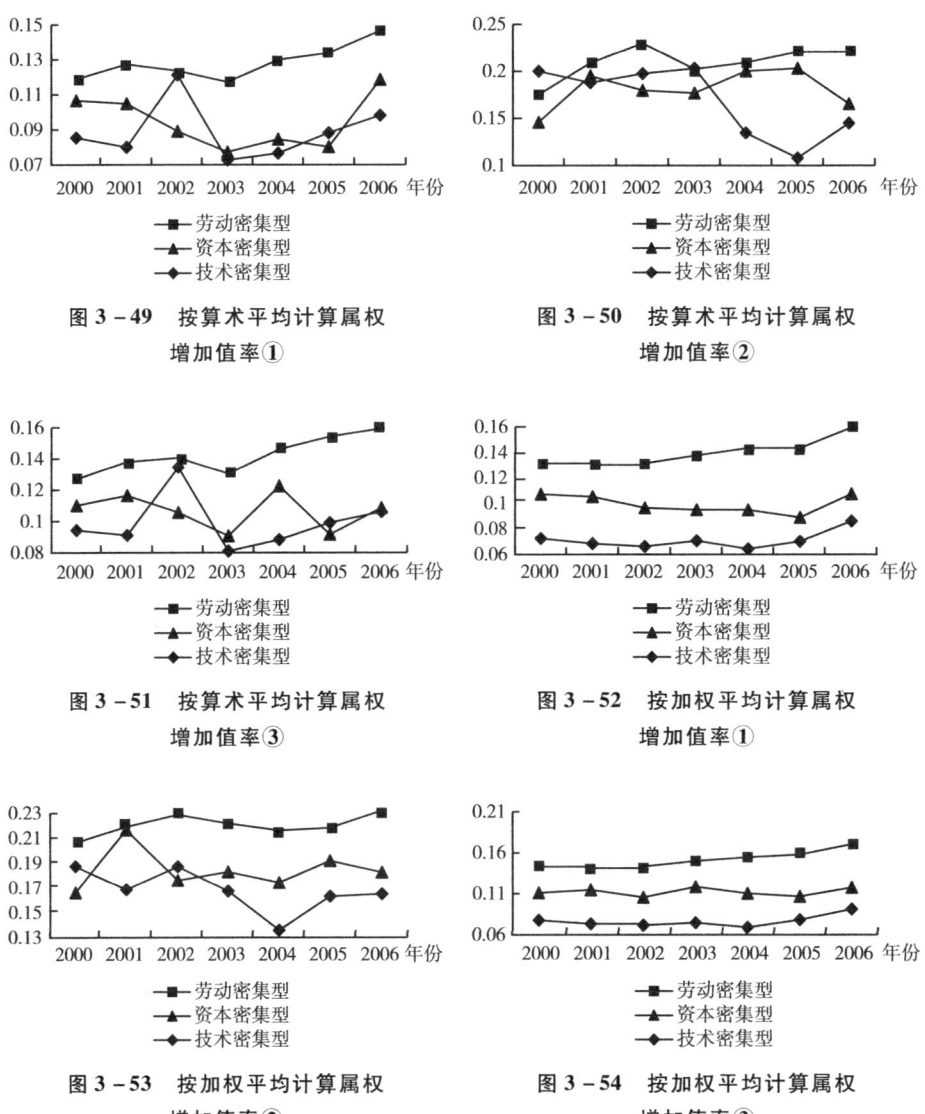

图 3-49 按算术平均计算属权增加值率①

图 3-50 按算术平均计算属权增加值率②

图 3-51 按算术平均计算属权增加值率③

图 3-52 按加权平均计算属权增加值率①

图 3-53 按加权平均计算属权增加值率②

图 3-54 按加权平均计算属权增加值率③

从属权增加值率与属地增加值率的背离看,也有与外资加工贸易企业各类型行业的情况有所不同。就背离绝对值而言,按算术平均计算,各类型行业的大小仍然交错,但波动幅度更大(见图 3-55 至图 3-60)。

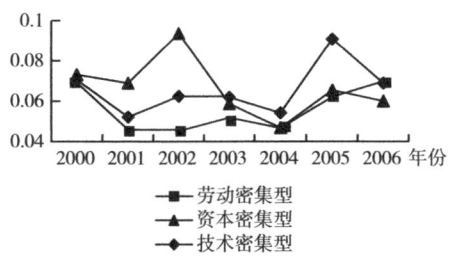

图3-55 按算术平均计算背离绝对值①

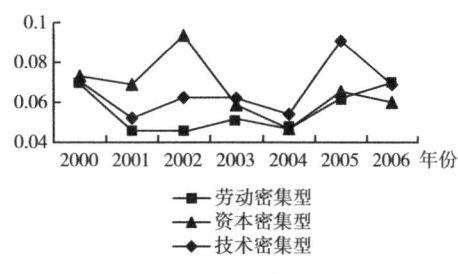

图3-56 按算术平均计算背离绝对值②

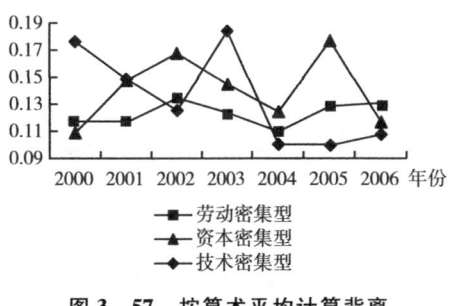

图3-57 按算术平均计算背离绝对值③

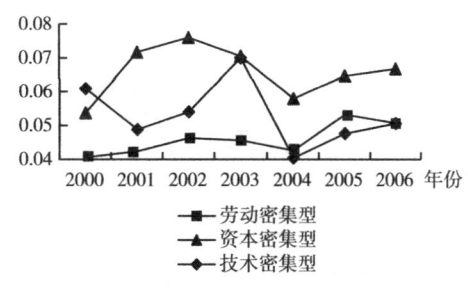

图3-58 按加权平均计算背离绝对值①

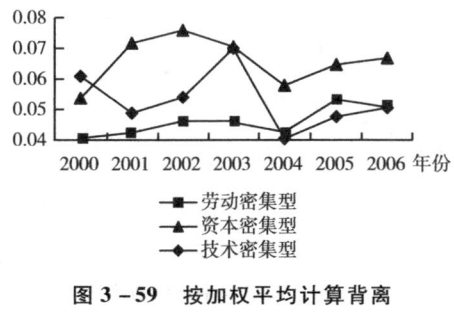

图3-59 按加权平均计算背离绝对值②

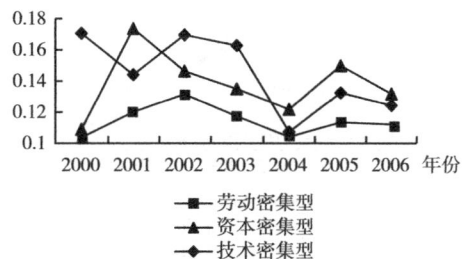

图3-60 按加权平均计算背离绝对值③

按加权平均计算,各类型行业的大小变得更加交错,差距有所缩小。就背离相对值而言,无论按算术平均计算还是按加权平均计算,各类型行业该均有所放大且行业之间的差距有所扩大,其中各类型行业的背离相对值①和③从总体呈上升趋势变为总体呈下降趋势(见图3-61至图3-66)。

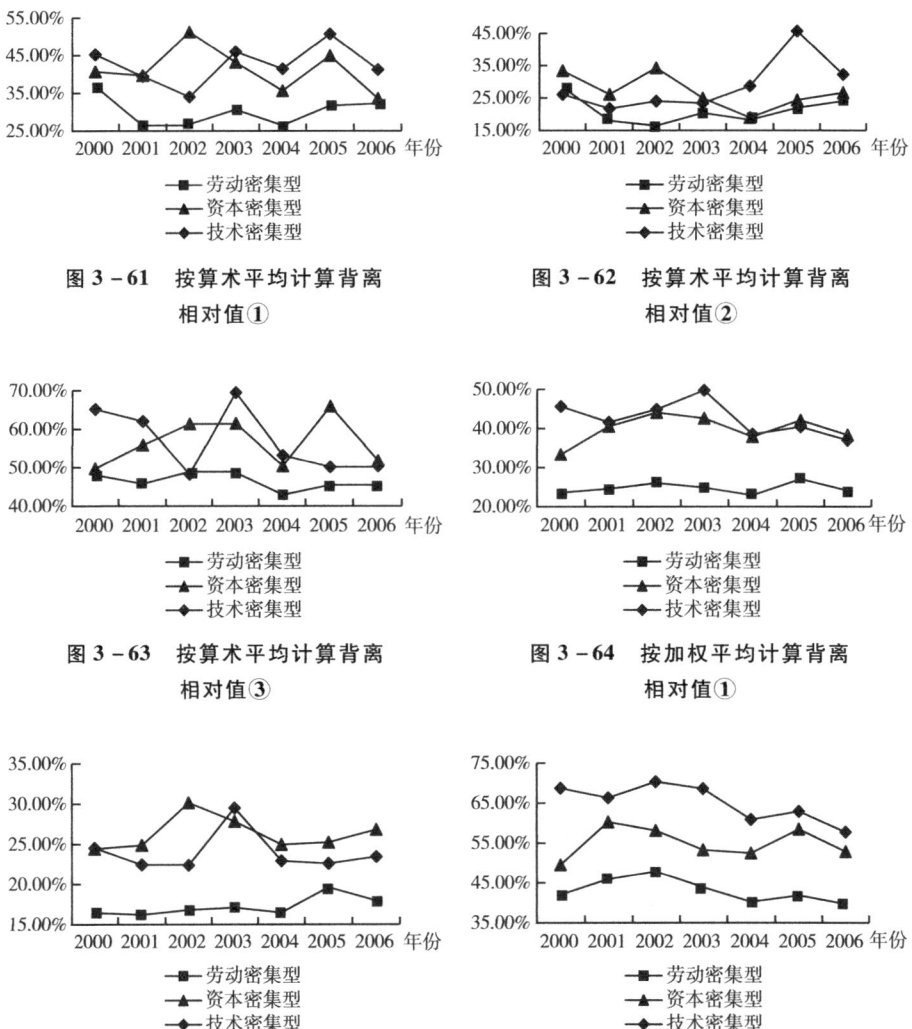

图 3-61 按算术平均计算背离相对值①

图 3-62 按算术平均计算背离相对值②

图 3-63 按算术平均计算背离相对值③

图 3-64 按加权平均计算背离相对值①

图 3-65 按加权平均计算背离相对值②

图 3-66 按加权平均计算背离相对值③

综合来看,外资纯出口企业分行业分年份与外资加工贸易企业呈现明显不同的情况。一是不同行业属权增加值率和属地增加值率背离的统计显著性出现分化,有涉及超过半数行业出现个别年份背离统计不显著的情况,大部分是因为细分行业和年份后样本数量较少引起的。二是无论是属地增加值率还是属权增加值率总体上均比外资加工贸易企业更高。三是属权增加值率与属地增加值率的背离绝对值和背离相对值相比外资加工贸易企业更大,且分类型行业的差异性缩小。

第四节 外资非纯出口加工贸易企业属权、属地增加值率比较分析

一、分年份属权增加值率和属地增加值率比较

首先,无论是属权增加值率还是属地增加值率,与外资加工贸易企业有类似趋势性特征,但不同是,属权增加值率①和属权增加值率③的波动幅度有所扩大,而属权增加值②的波动幅度则有所缩小;而属地增加值率①波动幅度有所扩大(见表3-34至表3-36)。

其次,无论哪一种计算方法获得的属权增加值率与属地增加值率的背离在各年份都具有统计意义上的显著性,且均在1%水平上显著。与外资加工贸易企业相同,从统计上看,按增加值①方法计算的属权增加值率和属地增加值率背离与按增加值②方法计算的属权增加值率和属地增加值率背离各对应年份具有相同的绝对背离值和统计显著性。

最后,与外资加工贸易企业相似,从增加值率反映的属权增加值率与属地增加值率的背离看,按增加值③计算的背离绝对值和相对值均最大,按增加值②计算的背离相对值最小,按增加值①计算的背离相对值介于这两者之间。不同的是,各种方法计算下的背离绝对值和背离相对值总体上有所扩大。

表3-34 分年份属权增加值①与属地增加值①背离统计分析

年份	属地增加值①	属权增加值①	背离绝对值	背离相对值	t统计量	样本量
2000	0.1798	0.1074	0.0724	-40.25%	(23.55)***	4266
2001	0.1628	0.0971	0.0657	-40.37%	(26.15)***	4726
2002	0.1581	0.0912	0.0669	-42.31%	(24.1)***	5106
2003	0.1559	0.0894	0.0665	-42.64%	(36.35)***	5352
2004	0.1469	0.0841	0.0628	-42.75%	(33.1)***	8021

续表

年份	属地增加值①	属权增加值①	背离绝对值	背离相对值	t统计量	样本量
2005	0.1443	0.0809	0.0634	-43.93%	(45.4)***	7274
2006	0.1460	0.0805	0.0655	-44.87%	(41.15)***	7789
2000—2006	0.1562	0.0901	0.0662	-42.34%	(85.6)***	42534

注：*** 表示在1%的水平上显著。

表3-35　　　　分年份属权增加值②与属地增加值②背离统计分析

年份	属地增加值②	属权增加值②	背离绝对值	背离相对值	t统计量	样本量
2000	0.2381	0.1657	0.0724	-30.41%	(23.55)***	4266
2001	0.2380	0.1722	0.0658	-27.65%	(26.15)***	4726
2002	0.2510	0.1841	0.0669	-26.65%	(24.1)***	5106
2003	0.2472	0.1630	0.0842	-34.06%	(36.35)***	5352
2004	0.2258	0.1808	0.0450	-19.93%	(33.1)***	8021
2005	0.2409	0.1723	0.0686	-28.48%	(45.4)***	7274
2006	0.2378	0.1775	0.0603	-25.36%	(41.15)***	7789
2000—2006	0.2398	0.1737	0.0662	-27.59%	(85.6)***	42534

注：*** 表示在1%的水平上显著。

表3-36　　　　分年份属权增加值③与属地增加值③背离统计分析

年份	属地增加值③	属权增加值③	背离绝对值	背离相对值	t统计量	样本量
2000	0.2381	0.1200	0.1181	-49.60%	(36.95)***	4266
2001	0.2380	0.1157	0.1223	-51.39%	(41.35)***	4726
2002	0.2510	0.1074	0.1436	-57.21%	(27.35)***	5106
2003	0.2472	0.1066	0.1406	-56.88%	(42)***	5352
2004	0.2258	0.1015	0.1243	-55.05%	(41.55)***	8021
2005	0.2409	0.0966	0.1443	-59.90%	(55)***	7274
2006	0.2378	0.0939	0.1439	-60.51%	(57.75)***	7789
2000—2006	0.2398	0.1060	0.1339	-55.82%	(110.75)***	42534

注：*** 表示在1%的水平上显著。

二、分行业属权增加值率与属地增加值率比较分析

首先，分行业看，与外资加工贸易企业一样，背离均在1%水平上统计显著，按三种增加值方法计算的属权增加值率和属地增加值率背离具有相同的

表现特征。不同的是，在部分行业的背离绝对值和背离相对值均有所扩大（见表3-37至表3-39）。

表3-37　　分行业属权增加值①与属地增加值①背离统计分析

行业名称	属地增加值	属权增加值①	背离绝对值	背离相对值	t统计量	样本量
农副食品加工业	0.0988	0.0635	0.0353	-35.71%	(16.8)***	1349
食品制造业	0.2286	0.1276	0.1010	-44.18%	(9.2)***	825
饮料制造业	0.2723	0.1564	0.1159	-42.55%	(4.7)***	207
纺织业	0.1662	0.1042	0.0620	-37.31%	(35.9)***	4089
纺织服装、鞋、帽制造业	0.2125	0.1570	0.0555	-26.10%	(17.75)***	5119
皮革、毛皮、羽毛（绒）及其制品业	0.1492	0.1120	0.0372	-24.91%	(11.05)***	2057
木材加工及木、竹、藤、棕、草制品业	0.1429	0.0965	0.0464	-32.48%	(3.9)***	519
家具制造业	0.1675	0.1178	0.0497	-29.69%	(9.6)***	593
造纸及纸制品业	0.2038	0.1057	0.0981	-48.13%	(16)***	565
印刷业和记录媒介的复制	0.2609	0.1456	0.1153	-44.20%	(10.2)***	443
文教体育用品制造业	0.1884	0.1305	0.0579	-30.72%	(18.1)***	1396
石油加工、炼焦及核燃料加工业	0.0948	0.0742	0.0206	-21.70%	(5.25)***	31
化学原料及化学制品制造业	0.1968	0.1008	0.0960	-48.77%	(25.65)***	1936
医药制造业	0.2858	0.1984	0.0874	-30.57%	(10)***	263
化学纤维制造业	0.1472	0.0893	0.0579	-39.33%	(8.8)***	229
橡胶制品业	0.1881	0.1100	0.0781	-41.53%	(12.1)***	808
塑料制品业	0.1854	0.1025	0.0829	-44.72%	(22.7)***	2751
非金属矿物制品业	0.2608	0.1432	0.1176	-45.08%	(15.1)***	1033
黑色金属冶炼及压延加工业	0.1191	0.0584	0.0607	-50.98%	(9.55)***	191
有色金属冶炼及压延加工业	0.1549	0.0803	0.0746	-48.16%	(12.3)***	344
金属制品业	0.1714	0.0992	0.0722	-42.12%	(26.35)***	2308
通用设备制造业	0.2781	0.1074	0.1707	-61.38%	(24.8)***	1761
专用设备制造业	0.2818	0.1035	0.1783	-63.27%	(25)***	1249
交通运输设备制造业	0.2703	0.1588	0.1115	-41.25%	(23.9)***	1283
电气机械及器材制造业	0.2319	0.0850	0.1469	-63.35%	(30.05)***	3329

续表

行业名称	属地增加值	属权增加值①	背离绝对值	背离相对值	t统计量	样本量
通信设备、计算机及其他电子设备制造业	0.2103	0.0523	0.1580	−75.13%	(33.5)***	5500
仪器仪表及文化、办公用机械制造业	0.2120	0.0724	0.1396	−65.85%	(13.4)***	1185
工艺品及其他制造业	0.3040	0.1272	0.1768	−58.16%	(12.1)***	1172

注：*** 表示在1%的水平上显著。

表3−38　分行业属权增加值②与属地增加值②背离统计分析

行业名称	属地增加值	属权增加值②	背离绝对值	背离相对值	t统计量	样本量
农副食品加工业	0.2274	0.1921	0.0498	−15.52%	(16.8)***	1349
食品制造业	0.3608	0.2598	0.0691	−27.99%	(9.2)***	825
饮料制造业	0.3641	0.2482	0.1079	−31.83%	(4.7)***	207
纺织业	0.2585	0.1965	0.0570	−23.98%	(35.9)***	4089
纺织服装、鞋、帽制造业	0.3000	0.2446	0.0430	−18.47%	(17.75)***	5119
皮革、毛皮、羽毛（绒）及其制品业	0.2449	0.2077	0.0325	−15.19%	(11.05)***	2057
木材加工及木、竹、藤、棕、草制品业	0.2528	0.2064	0.0341	−18.35%	(3.9)***	519
家具制造业	0.2536	0.2039	0.0501	−19.60%	(9.6)***	593
造纸及纸制品业	0.2618	0.1637	0.0619	−37.47%	(16)***	565
印刷业和记录媒介的复制	0.2826	0.1672	0.0830	−40.84%	(10.2)***	443
文教体育用品制造业	0.2569	0.1992	0.0492	−22.46%	(18.1)***	1396
石油加工、炼焦及核燃料加工业	0.1904	0.1699	0.0294	−10.77%	(5.25)***	31
化学原料及化学制品制造业	0.2693	0.1734	0.0693	−35.61%	(26.65)***	1936
医药制造业	0.3363	0.2489	0.1008	−25.99%	(10)***	263
化学纤维制造业	0.1874	0.1295	0.0647	−30.90%	(8.8)***	229
橡胶制品业	0.2772	0.1991	0.0528	−28.17%	(12.1)***	808
塑料制品业	0.2547	0.1717	0.0567	−32.59%	(22.7)***	2751
非金属矿物制品业	0.3180	0.2005	0.0577	−36.95%	(15.1)***	1033

续表

行业名称	属地增加值	属权增加值②	背离绝对值	背离相对值	t统计量	样本量
黑色金属冶炼及压延加工业	0.1775	0.1167	0.0476	-34.25%	(9.55)***	191
有色金属冶炼及压延加工业	0.2291	0.1544	0.0487	-32.61%	(12.3)***	344
金属制品业	0.2488	0.1766	0.0579	-29.02%	(26.35)***	2308
通用设备制造业	0.2781	0.1870	0.0929	-32.76%	(21.2)***	1761
专用设备制造业	0.2818	0.1829	0.0689	-35.10%	(25)***	1249
交通运输设备制造业	0.2703	0.1889	0.0526	-30.11%	(21.9)***	1283
电气机械及器材制造业	0.2319	0.1673	0.0523	-27.86%	(21.35)***	3329
通信设备、计算机及其他电子设备制造业	0.2103	0.1551	0.0453	-26.25%	(27.7)***	5500
仪器仪表及文化、办公用机械制造业	0.2120	0.1534	0.0582	-27.64%	(17.5)***	1185
工艺品及其他制造业	0.3040	0.2424	0.0459	-20.26%	(14.05)***	1172

注：*** 表示在1%的水平上显著。

表3-39 分行业属权增加值③与属地增加值③背离统计分析

行业名称	属地增加值	属权增加值③	背离绝对值	背离相对值	t统计量	样本量
农副食品加工业	0.2274	0.1007	0.1267	-55.72%	(19.5)***	1349
食品制造业	0.3608	0.1374	0.2234	-61.92%	(20.3)***	825
饮料制造业	0.3641	0.1661	0.1980	-54.38%	(12.3)***	207
纺织业	0.2585	0.1232	0.1353	-52.34%	(34.45)***	4089
纺织服装、鞋、帽制造业	0.3000	0.1768	0.1232	-41.07%	(31.4)***	5119
皮革、毛皮、羽毛（绒）及其制品业	0.2449	0.1353	0.1096	-44.75%	(17.75)***	2057
木材加工及木、竹、藤、棕、草制品业	0.2528	0.1181	0.1347	-53.28%	(11.35)***	519
家具制造业	0.2536	0.1454	0.1082	-42.67%	(12.95)***	593
造纸及纸制品业	0.2618	0.1083	0.1535	-58.63%	(15.3)***	565
印刷业和记录媒介的复制	0.2826	0.1496	0.1330	-47.06%	(12)***	443
文教体育用品制造业	0.2569	0.1417	0.1152	-44.84%	(21.95)***	1396
石油加工、炼焦及核燃料加工业	0.1904	0.1303	0.0601	-31.57%	(6.15)***	31

续表

行业名称	属地增加值	属权增加值③	背离绝对值	背离相对值	t统计量	样本量
化学原料及化学制品制造业	0.2693	0.1148	0.1545	-57.37%	(31.7)***	1936
医药制造业	0.3363	0.2120	0.1243	-36.96%	(12.5)***	263
化学纤维制造业	0.1874	0.1030	0.0844	-45.04%	(14.15)***	229
橡胶制品业	0.2772	0.1266	0.1506	-54.33%	(21.4)***	808
塑料制品业	0.2547	0.1146	0.1401	-55.01%	(25.2)***	2751
非金属矿物制品业	0.3180	0.1501	0.1679	-52.80%	(27.25)***	1033
黑色金属冶炼及压延加工业	0.1775	0.0688	0.1087	-61.24%	(14.6)***	191
有色金属冶炼及压延加工业	0.2291	0.1085	0.1206	-52.64%	(16.15)***	344
金属制品业	0.2488	0.1164	0.1324	-53.22%	(33.05)***	2308
通用设备制造业	0.2781	0.1261	0.1520	-54.66%	(24.8)***	1761
专用设备制造业	0.2818	0.1137	0.1681	-59.65%	(26.35)***	1249
交通运输设备制造业	0.2703	0.1675	0.1028	-38.03%	(23.35)***	1283
电气机械及器材制造业	0.2319	0.1016	0.1303	-56.19%	(32.75)***	3329
通信设备、计算机及其他电子设备制造业	0.2103	0.0663	0.1440	-68.47%	(34.85)***	5500
仪器仪表及文化、办公用机械制造业	0.2120	0.0783	0.1337	-63.07%	(17.6)***	1185
工艺品及其他制造业	0.3040	0.1639	0.1401	-46.09%	(11)***	1172

注：*** 表示在1%的水平上显著。

其次，按要素密集型看，以算术平均计算，各类型行业的属地增加值率的特征与外资加工贸易企业分类型行业有所不同（见表3-40、表3-41）。一是劳动密集型行业的属地增加值率①略有下降，而另两类行业则有所上升，但行业排序没有改变，二是各类型行业的属地增加值率②或③均有所提高，其中资本密集型行业提高最多，排序超过技术密集型行业居第二位。以加权平均计算，劳动密集型属地增加值率①有所下降，其他均有不同程度提高，但无论按算术平均计算还是按加权平均计算，行业排序没有改变。

从属权增加值率看，与全部外资行业相比，以算术平均计算的劳动密集型行业的属权增加值率①有所提高，而其他行业则有所下降，各类型行业的属权增加值率②和属权增加值率③则均有所下降。以加权平均计算，则各类型行业的各属权增加值率均有所下降。

从属权增加值率与属地增加值率的背离看,与外资加工贸易企业相比,就背离绝对值而言,按算术平均计算,仅有技术密集型行业的背离绝对值③有所提高,其他均有不同程度的下降;按加权平均计算,则各类型行业各项背离绝对值均有不同程度的提高。但无论按算术平均计算还是按加权平均计算,各类型各背离绝对值的行业排序没有改变。就背离相对值而言,各类型行业的各背离相对值相比外资加工贸易企业时均有不同程度提高,行业排序均未改变。

综合来看,外资非纯出口企业与外资加工贸易企业相比,各类型行业的属地增加值率和属权增加值率背离程度有所扩大。这意味着,外资非纯出口企业相比外资纯出口企业有更大的属地属权增加值背离。

表3-40 按算术平均计算的分要素密集型行业属权增加值率与属地增加值率比较

	属地增加值①	属权增加值①	背离绝对值	背离相对值
劳动密集型	0.1895	0.1183	0.0712	-37.57%
资本密集型	0.1717	0.0952	0.0765	-44.57%
技术密集型	0.1797	0.1081	0.0716	-39.82%
	属地增加值②	属权增加值②	背离绝对值	背离相对值
劳动密集型	0.2785	0.2073	0.0712	-25.56%
资本密集型	0.2462	0.1697	0.0765	-31.08%
技术密集型	0.2454	0.1738	0.0716	-29.17%
	属地增加值③	属权增加值③	背离绝对值	背离相对值
劳动密集型	0.2785	0.1363	0.1423	-51.08%
资本密集型	0.2462	0.1163	0.1300	-52.78%
技术密集型	0.2454	0.1205	0.1249	-50.89%

表3-41 按加权平均计算的分要素密集型属权增加值率与属权增加值率比较

	属地增加值①	属权增加值①	背离绝对值	背离相对值
劳动密集型	0.1828	0.1201	0.0627	-34.30%
资本密集型	0.1946	0.1065	0.0882	-45.30%
技术密集型	0.1505	0.0831	0.0674	-44.78%

续表

	属地增加值②	属权增加值②	背离绝对值	背离相对值
劳动密集型	0.2727	0.2100	0.0627	-22.99%
资本密集型	0.2693	0.1812	0.0882	-32.74%
技术密集型	0.2335	0.1661	0.0674	-28.86%

	属地增加值③	属权增加值③	背离绝对值	背离相对值
劳动密集型	0.2727	0.1395	0.1333	-48.86%
资本密集型	0.2693	0.1218	0.1476	-54.79%
技术密集型	0.2335	0.0972	0.1363	-58.36%

三、分年份分行业属权增加值率与属地增加值率比较分析

首先，从属权增加值率与属地增加值率背离的统计显著性看，与外资加工贸易企业分年份分行业情况相似，即绝大部分行业在不同年份两者的背离在1%水平上显著，而且背离不显著的行业也基本相似（见表3-42至表3-44）。不同的是，以增加值①计算方法测算，家具制造业在2000年出现统计不显著，化学纤维制造业2001年出现统计不显著。按增加值②计算方法测算，家具制造业在2000年也出现了统计不显著。按增加值③计算方法测算，皮革、毛皮、羽毛（绒）及其制品业在2003年和仪器仪表及文化、办公用机械制造业在2002年则又变为统计显著。

总体而言，与外资加工贸易企业分年份分行业相比，也同样没有要素密集型偏向，但背离显著性不及1%的行业/年份有所减少。与外资纯出口企业相比，则各属权增加值率与属地增加值率的背离统计显著性明显提高。

其次，按要素密集型区分，各类型行业属地增加值率的总体变化趋势与外资加工贸易企业各对应类型行业的变化趋势基本一致，且属地增加值率也表现出与分行业时不同的情况，即各类型行业的属地增加值率不再像分行业时那样有较明显的差距。不同在于，按算术平均计算各类型行业之间的属地增加值率①的差距有所缩小，而按加权平均计算，各类型行业的属地增加值率②或③之间的差距则有所扩大（见图3-67至图3-70）。

第三章 基于企业层面属权增加值与属地增加值背离分析

表 3-42 属权增加值率①与属地增加值率①背离

行业名称	2000 年	2001 年	2002 年	2003 年	2004 年	2005 年	2006 年
农副食品加工业	(-34.37%)***	(-32.64%)***	(-35.06%)***	(-39.93%)***	(-33.69%)***	(-35.99%)***	(-36.80%)***
食品制造业	(-40.11%)**	(-39.81%)***	(-46.54%)***	(-46.35%)***	(-49.02%)***	(-42.45%)***	(-39.94%)***
饮料制造业	(-42.69%)**	(-45.83%)**	(-45.63%)	(-38.57%)**	(-33.15%)**	(-44.28%)***	(-47.21%)***
纺织业	(-35.91%)***	(-31.78%)***	(-36.33%)***	(-38.76%)***	(-35.03%)***	(-42.93%)***	(-35.62%)***
纺织服装、鞋、帽制造业	(-25.08%)***	(-25.76%)***	(-24.76%)***	(-28.59%)***	(-27.48%)***	(-25.64%)***	(-25.15%)***
皮革、毛皮、羽毛(绒)及其制品业	(-24.48%)*	(-21.89%)***	(-26.10%)***	(-24.95%)***	(-24.14%)***	(-25.37%)***	(-25.92%)***
木材加工及木、竹、藤、棕、草制品业	(-24.60%)	(-29.21%)***	(-31.62%)***	(-36.25%)***	(-21.18%)***	(-37.24%)***	(-38.50%)***
家具制造业	(0.59%)	(-33.02%)**	(-31.67%)***	(-35.68%)***	(-30.40%)***	(-29.12%)***	(-29.83%)***
造纸及纸制品业	(-31.96%)***	(-28.55%)***	(-30.01%)***	(-36.53%)***	(-53.83%)***	(-59.92%)***	(-51.82%)***
印刷业和记录媒介的复制	(-36.95%)**	(-50.82%)***	(-48.24%)**	(-50.64%)***	(-40.32%)***	(-40.66%)***	(-41.64%)***
文教体育用品制造业	(-30.28%)***	(-29.19%)***	(-28.13%)***	(-32.77%)***	(-29.78%)***	(-35.13%)***	(-28.81%)***
石油加工、炼焦及核燃料加工业	(-25.91%)*	(-11.63%)	(-23.00%)*	(-27.37%)	(-32.05%)*	(-11.83%)*	(-13.15%)*
化学原料及化学制品制造业	(-40.82%)***	(-35.66%)***	(-41.59%)***	(-51.58%)***	(-49.05%)***	(-54.09%)***	(-53.71%)***
医药制造业	(-23.81%)**	(-34.19%)***	(-34.97%)***	(-33.92%)***	(-35.06%)***	(-23.04%)***	(-30.48%)***

续表

行业名称	2000年	2001年	2002年	2003年	2004年	2005年	2006年
化学纤维制造业	(−67.20%)*	(−44.75%)***	(−38.01%)***	(−45.83%)***	(−27.29%)***	(−25.93%)**	(−52.27%)***
橡胶制品业	(−29.00%)***	(−38.45%)***	(−42.86%)***	(−47.55%)***	(−36.35%)***	(−47.26%)***	(−43.29%)***
塑料制品业	(−45.13%)***	(−46.63%)***	(−48.18%)***	(−47.11%)***	(−43.25%)***	(−44.19%)***	(−43.26%)***
非金属矿物制品业	(−40.63%)***	(−44.96%)***	(−42.92%)***	(−43.96%)***	(−48.14%)***	(−47.40%)***	(−43.77%)***
黑色金属冶炼及压延加工业	(−35.57%)	(−27.59%)***	(−30.89%)***	(−42.52%)**	(−61.43%)***	(−60.00%)***	(−47.87%)***
有色金属冶炼及压延加工业	(−44.16%)**	(−36.37%)***	(−32.88%)***	(−45.24%)***	(−36.22%)***	(−53.36%)***	(−62.04%)***
金属制品业	(−33.28%)***	(−36.52%)***	(−43.96%)***	(−46.53%)***	(−42.75%)***	(−42.45%)***	(−42.83%)***
通用设备制造业	(−39.64%)***	(−42.48%)***	(−46.32%)***	(−44.78%)***	(−47.44%)***	(−47.19%)***	(−47.25%)***
专用设备制造业	(−48.19%)***	(−42.18%)***	(−43.20%)***	(−58.40%)***	(−53.60%)***	(−47.06%)***	(−45.69%)***
交通运输设备制造业	(−27.90%)***	(−31.73%)***	(−34.18%)***	(−35.43%)***	(−33.67%)***	(−32.32%)***	(−36.55%)***
电气机械及器材制造业	(−46.51%)***	(−38.59%)**	(−47.61%)***	(−45.71%)***	(−44.41%)***	(−43.24%)***	(−38.98%)***
通信设备、计算机及其他电子设备制造业	(−51.16%)***	(−51.03%)***	(−52.19%)***	(−46.51%)***	(−48.42%)***	(−50.17%)***	(−56.22%)***
仪器仪表及文化、办公用机械制造业	(−35.14%)***	(−42.49%)***	(−45.80%)***	(−47.27%)***	(−47.46%)***	(−48.23%)***	(−40.70%)***
工艺品及其他制造业	(−28.18%)**	(−29.23%)***	(−33.64%)***	(−36.34%)***	(−33.69%)***	(−34.76%)***	(−29.82%)***

注：***、**、* 分别表示在1%、5%、10%的水平上显著。

表3-43 属权增加值率②与属地增加值率②背离

行业名称	2000年	2001年	2002年	2003年	2004年	2005年	2006年
农副食品加工业	(-18.30%)***	(-13.09%)***	(-12.90%)***	(-12.04%)***	(-14.89%)***	(-15.85%)***	(-19.07%)***
食品制造业	(-25.93%)**	(-29.60%)***	(-32.54%)***	(-30.47%)***	(-34.98%)***	(-24.32%)***	(-20.92%)***
饮料制造业	(-33.72%)**	(-43.03%)***	(-35.92%)***	(-29.35%)***	(-33.61%)**	(-24.12%)***	(-34.08%)***
纺织业	(-24.52%)***	(-19.23%)***	(-23.44%)***	(-24.20%)***	(-19.11%)***	(-30.86%)***	(-23.76%)***
纺织服装、鞋、帽制造业	(-18.08%)***	(-19.60%)***	(-17.49%)***	(-20.78%)***	(-20.39%)***	(-17.13%)***	(-17.17%)***
皮革、毛皮、羽毛(绒)及其制品业	(-17.41%)*	(-12.24%)***	(-15.87%)***	(-14.17%)***	(-14.77%)***	(-13.94%)***	(-17.44%)***
木材加工及木、竹、藤、棕、草制品业	(-14.33%)	(-14.18%)	(-18.66%)	(-19.27%)***	(-11.54%)	(-20.88%)***	(-23.63%)***
家具制造业	(0.29%)	(-18.18%)**	(-16.86%)***	(-25.83%)***	(-21.94%)***	(-17.07%)***	(-22.20%)***
造纸及纸制品业	(-27.81%)***	(-20.94%)***	(-25.18%)***	(-27.96%)***	(-43.78%)***	(-45.92%)***	(-39.08%)***
印刷业和记录媒介的复制	(-72.68%)**	(-49.45%)***	(-35.97%)**	(-50.20%)***	(-35.33%)***	(-38.54%)***	(-33.10%)***
文教体育用品制造业	(-21.71%)***	(-20.76%)***	(-23.70%)***	(-23.91%)***	(-22.58%)***	(-24.98%)***	(-20.05%)***
石油加工、炼焦及核燃料加工业	(-15.93%)*	(-6.72%)	(-17.76%)*	(-21.26%)	(-22.09%)*	(-4.72%)*	(-3.23%)*
化学原料及化学制品制造业	(-32.86%)***	(-26.34%)***	(-34.15%)***	(-43.31%)***	(-36.21%)***	(-37.35%)***	(-33.01%)***
医药制造业	(-21.64%)**	(-31.14%)***	(-29.68%)***	(-35.18%)***	(-30.12%)***	(-20.98%)***	(-21.72%)***

续表

行业名称	2000 年	2001 年	2002 年	2003 年	2004 年	2005 年	2006 年
化学纤维制造业	(-63.12%)*	(-28.71%)***	(-15.73%)***	(-31.03%)***	(-22.67%)***	(-20.86%)**	(-40.95%)***
橡胶制品业	(-22.30%)***	(-32.73%)***	(-31.68%)***	(-32.53%)***	(-24.86%)***	(-31.71%)**	(-24.00%)***
塑料制品业	(-33.39%)***	(-35.69%)***	(-35.62%)***	(-34.81%)***	(-33.58%)***	(-31.08%)***	(-29.62%)***
非金属矿物制品业	(-33.13%)***	(-36.15%)***	(-26.58%)***	(-39.04%)***	(-41.56%)***	(-40.43%)***	(-37.49%)***
黑色金属冶炼及压延加工业	(-21.83%)	(-22.71%)***	(-23.81%)***	(-32.23%)**	(-45.97%)***	(-30.43%)***	(-31.02%)***
有色金属冶炼及压延加工业	(-29.03%)**	(-25.95%)***	(-21.98%)***	(-27.25%)***	(-25.62%)***	(-32.44%)***	(-43.80%)***
金属制品业	(-21.18%)***	(-23.22%)***	(-28.82%)***	(-30.75%)***	(-29.89%)***	(-30.64%)***	(-30.88%)***
通用设备制造业	(-30.94%)***	(-32.86%)***	(-38.21%)***	(-32.35%)***	(-31.92%)***	(-32.06%)***	(-32.34%)***
专用设备制造业	(-40.41%)***	(-38.81%)***	(-29.75%)***	(-39.77%)***	(-34.85%)***	(-37.39%)***	(-31.24%)***
交通运输设备制造业	(-29.56%)***	(-27.22%)***	(-30.80%)***	(-31.95%)***	(-27.60%)***	(-28.69%)***	(-32.04%)***
电气机械及器材制造业	(-32.29%)***	(-26.15%)***	(-29.51%)**	(-31.72%)***	(-27.49%)***	(-27.13%)***	(-24.92%)***
通信设备、计算机及其他电子设备制造业	(-37.13%)***	(-31.91%)***	(-25.12%)***	(-20.63%)***	(-26.06%)***	(-22.79%)***	(-27.85%)***
仪器仪表及文化、办公用机械制造业	(-28.01%)***	(-32.53%)***	(-29.19%)***	(-29.62%)***	(-30.14%)***	(-26.41%)***	(-24.19%)***
工艺品及其他制造业	(-11.94%)**	(-12.13%)***	(-13.36%)***	(-22.98%)***	(-26.24%)***	(-25.79%)***	(-21.55%)***

注：***、**、* 分别表示在 1%、5%、10% 的水平上显著。

表 3-44　属权增加值率③与属地增加值率③背离

行业名称	2000 年	2001 年	2002 年	2003 年	2004 年	2005 年	2006 年
农副食品加工业	(-49.54%)***	(-58.89%)***	(-68.10%)***	(-51.87%)***	(-51.56%)***	(-56.38%)***	(-55.10%)***
食品制造业	(-58.76%)***	(-52.44%)***	(-60.13%)***	(-61.54%)***	(-60.94%)***	(-64.97%)***	(-64.97%)***
饮料制造业	(-53.23%)**	(-51.76%)***	(-57.40%)***	(-47.20%)***	(-24.17%)***	(-64.99%)***	(-62.53%)***
纺织业	(-46.70%)***	(-49.59%)***	(-49.92%)***	(-53.23%)***	(-58.35%)***	(-54.36%)***	(-49.14%)***
纺织服装、鞋、帽制造业	(-38.99%)***	(-36.41%)***	(-41.50%)***	(-40.19%)***	(-38.81%)***	(-44.54%)***	(-42.66%)***
皮革、毛皮、羽毛(绒)及其制品业	(-38.63%)***	(-48.78%)***	(-49.32%)***	(-51.13%)***	(-41.79%)***	(-44.34%)***	(-41.84%)***
木材加工及木、竹、藤、棕、草制品业	(-48.10%)***	(-53.05%)***	(-55.99%)***	(-59.10%)***	(-46.72%)***	(-55.87%)***	(-53.95%)***
家具制造业	(-36.28%)***	(-57.55%)***	(-60.10%)***	(-47.26%)***	(-40.40%)***	(-42.65%)***	(-36.79%)***
造纸及纸制品业	(-42.22%)***	(-48.29%)***	(-44.19%)***	(-53.21%)***	(-61.12%)***	(-69.82%)***	(-59.88%)***
印刷业和记录媒介的复制	(18.88%)*	(-48.85%)***	(-57.32%)***	(-46.84%)***	(-48.70%)***	(-44.11%)***	(-52.11%)***
文教体育用品制造业	(-43.18%)***	(-42.46%)***	(-37.73%)***	(-47.23%)***	(-41.71%)***	(-50.23%)***	(-46.56%)***
石油加工、炼焦及核燃料加工业	(-32.05%)	(-24.69%)*	(-28.49%)**	(-31.91%)***	(-36.93%)***	(-18.36%)***	(-39.15%)*
化学原料及化学制品制造业	(-47.61%)***	(-46.81%)***	(-47.98%)***	(-56.08%)***	(-55.87%)***	(-62.69%)***	(-66.42%)***
医药制造业	(-27.36%)***	(-38.37%)***	(-38.95%)***	(-32.36%)***	(-41.45%)***	(-26.13%)***	(-43.53%)***

续表

行业名称	2000年	2001年	2002年	2003年	2004年	2005年	2006年
化学纤维制造业	(−68.06%)***	(−55.73%)***	(−68.08%)***	(−58.39%)***	(−31.86%)***	(−39.59%)***	(−45.59%)***
橡胶制品业	(−38.28%)***	(−44.11%)***	(−50.90%)***	(−58.01%)***	(−49.37%)***	(−60.63%)***	(−61.90%)***
塑料制品业	(−55.52%)***	(−54.60%)***	(−57.18%)***	(−56.25%)***	(−49.84%)***	(−54.91%)***	(−57.92%)***
非金属矿物制品业	(−55.70%)***	(−61.64%)***	(−58.71%)***	(−48.09%)***	(−51.40%)***	(−49.83%)***	(−48.83%)***
黑色金属冶炼及压延加工业	(−45.42%)**	(−36.68%)***	(−45.64%)***	(−58.99%)***	(−68.60%)***	(−68.70%)***	(−57.63%)***
有色金属冶炼及压延加工业	(−50.20%)***	(−42.64%)***	(−41.80%)***	(−48.83%)***	(−42.47%)***	(−55.51%)***	(−64.87%)***
金属制品业	(−52.82%)***	(−52.55%)***	(−57.29%)***	(−60.56%)***	(−48.46%)***	(−50.90%)***	(−53.00%)***
通用设备制造业	(−48.61%)***	(−49.93%)***	(−50.98%)***	(−51.82%)***	(−55.05%)***	(−56.68%)***	(−58.82%)***
专用设备制造业	(−54.99%)***	(−41.54%)***	(−59.68%)***	(−68.33%)***	(−64.27%)***	(−53.50%)***	(−60.27%)***
交通运输设备制造业	(−26.02%)***	(−35.10%)***	(−36.32%)***	(−37.85%)***	(−39.19%)***	(−36.91%)***	(−43.58%)***
电气机械及器材制造业	(−57.17%)***	(−51.34%)***	(−62.50%)***	(−53.72%)***	(−56.22%)***	(−57.51%)***	(−54.57%)***
通信设备、计算机及其他电子设备制造业	(−58.83%)***	(−59.19%)***	(−68.20%)***	(−68.28%)***	(−64.34%)***	(−71.92%)***	(−74.02%)***
仪器仪表及文化、办公用机械制造业	(−44.36%)***	(−52.91%)***	(−63.29%)***	(−64.78%)***	(−63.81%)***	(−68.74%)***	(−61.71%)***
工艺品及其他制造业	(−57.00%)***	(−51.23%)***	(−54.82%)***	(−49.70%)	(−38.03%)***	(−42.63%)***	(−40.32%)***

注：***、**、*分别表示在1%、5%、10%的水平上显著。

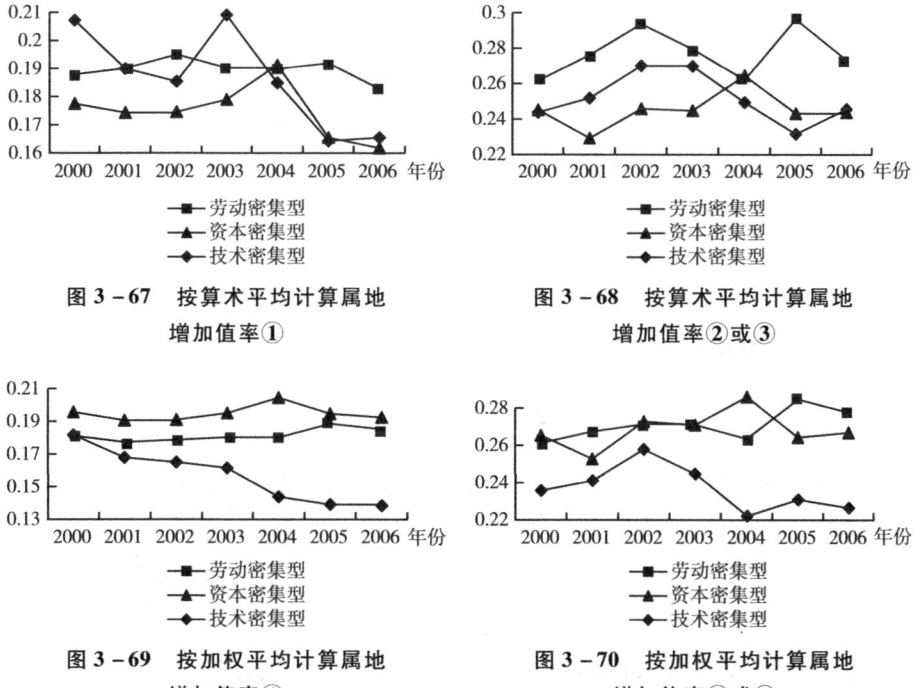

图3-67 按算术平均计算属地增加值率①

图3-68 按算术平均计算属地增加值率②或③

图3-69 按加权平均计算属地增加值率①

图3-70 按加权平均计算属地增加值率②或③

从属权增加值率看,各类型行业之间也有与外资加工贸易企业各类型行业之间类似的关系(见图3-71至图3-76)。总体上,劳动密集型行业的属权增加值率均为最高。相比按算术平均计算,按加权平均计算的各类型行业属权增加值率之间的差距明显清晰,都有劳动密集型最高,而技术密集型最低。各类型行业的属权增加值率①和属权增加值率③的差距存在着不断扩大。与外资加工贸易企业不同的是,无论按算术平均还是按加权平均计算的劳动密集型行业的属权增加值率①有所下降。

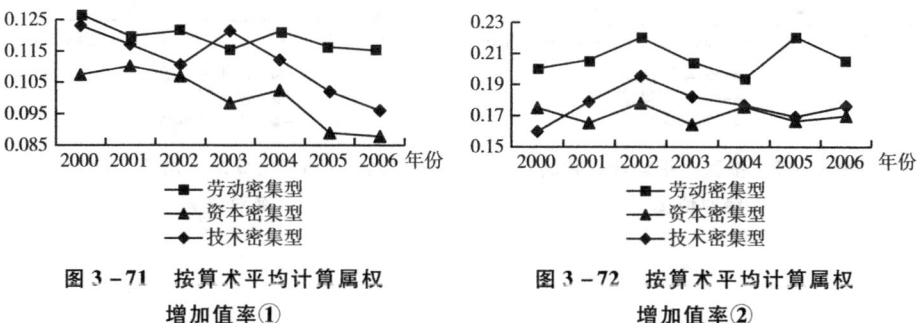

图3-71 按算术平均计算属权增加值率①

图3-72 按算术平均计算属权增加值率②

图 3-73 按算术平均计算属权增加值率③

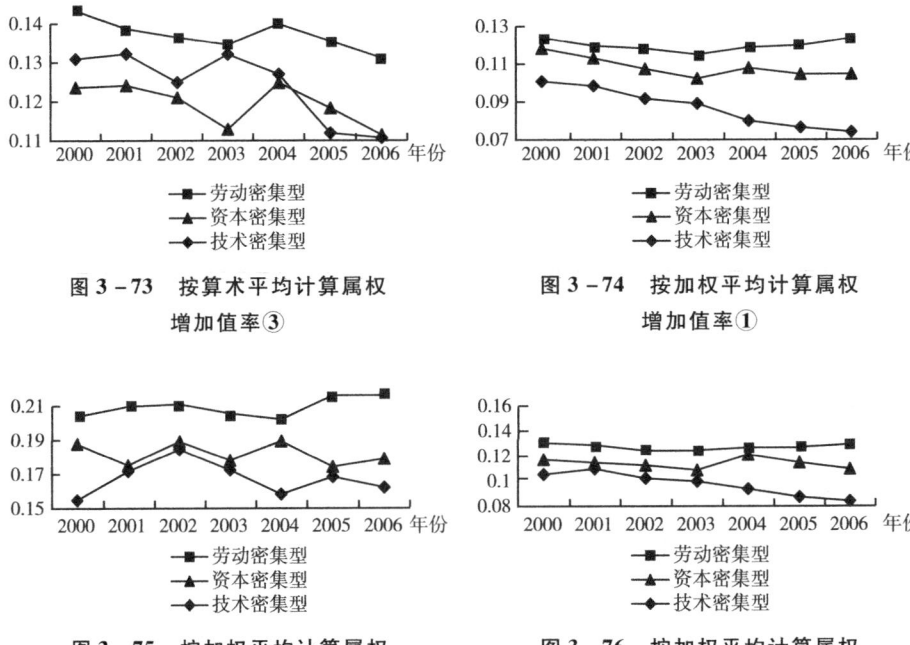

图 3-74 按加权平均计算属权增加值率①

图 3-75 按加权平均计算属权增加值率②

图 3-76 按加权平均计算属权增加值率③

从属权增加值率与属地增加值率的背离看,也有与外资加工贸易企业各类型行业类似的情况。就背离绝对值而言,按算术平均计算,与外资加工贸易企业相比,各类型行业有相同的排序关系,但背离绝对值有所下降(见图 3-77 至图 3-82)。

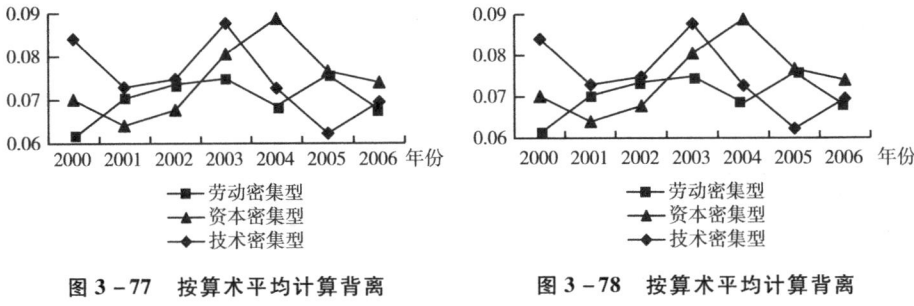

图 3-77 按算术平均计算背离绝对值①

图 3-78 按算术平均计算背离绝对值②

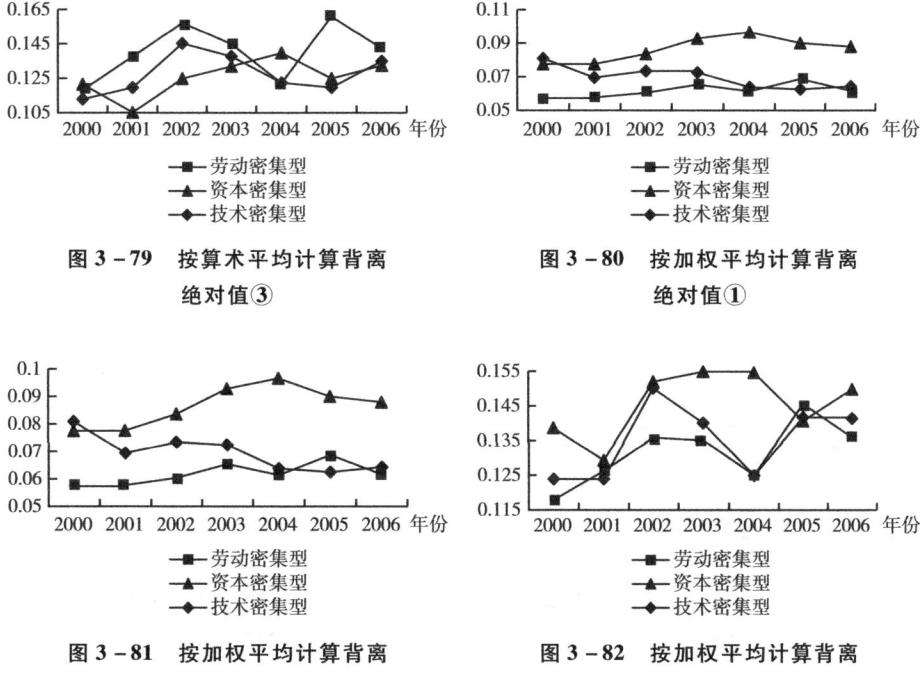

图 3-79 按算术平均计算背离
　　　　绝对值③

图 3-80 按加权平均计算背离
　　　　绝对值①

图 3-81 按加权平均计算背离
　　　　绝对值②

图 3-82 按加权平均计算背离
　　　　绝对值③

按加权平均计算，各类型行业的排序关系仍与外资加工贸易企业一致，但各类型行业的背离绝对值均略有提高。就背离相对值而言，无论按算术平均计算还是按加权平均计算都有与外资加工贸易企业各类型相同的排序关系，不同的是，各类型行业的背离相对值①较外资加工贸易企业时有所提高（见图 3-83 至图 3-88）。

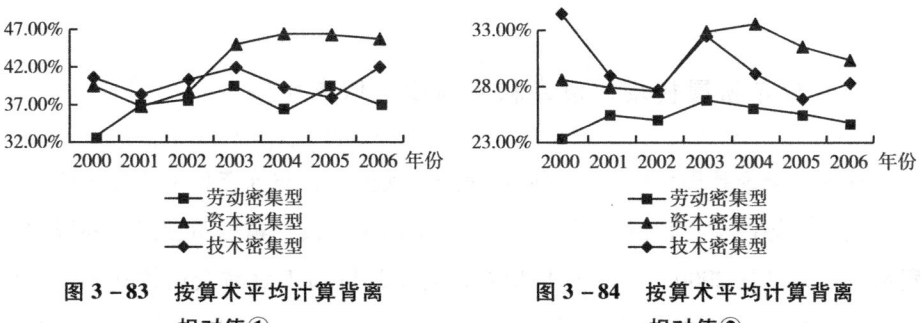

图 3-83 按算术平均计算背离
　　　　相对值①

图 3-84 按算术平均计算背离
　　　　相对值②

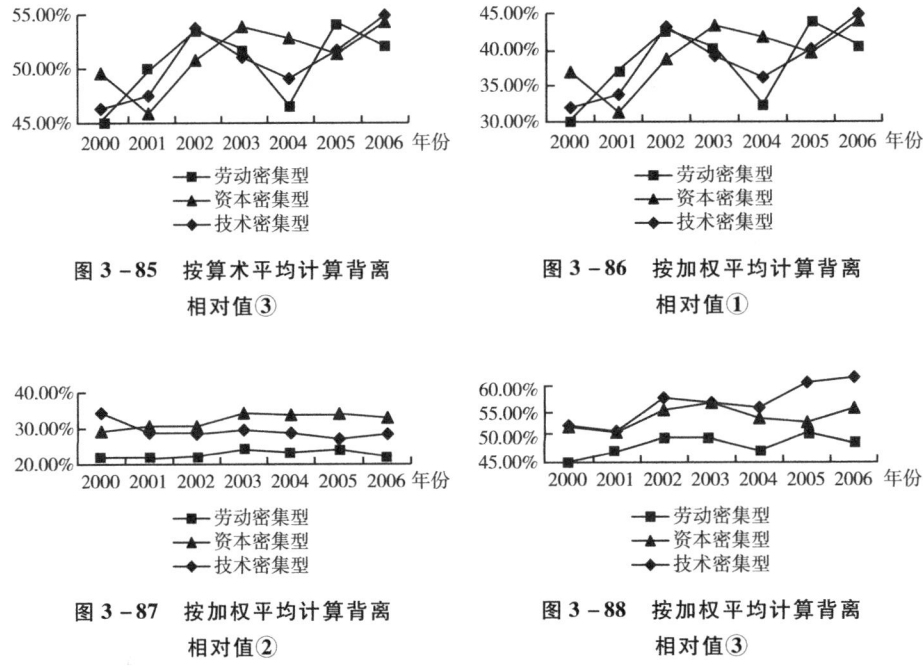

图 3-85 按算术平均计算背离相对值③

图 3-86 按加权平均计算背离相对值①

图 3-87 按加权平均计算背离相对值②

图 3-88 按加权平均计算背离相对值③

综合来看，外资非纯出口企业与外资加工贸易企业有类似甚至一致的属权增加值率、属地增加值率及两者背离的趋势特征和统计显著性。差异在于，劳动密集型行业的属权增加值率略有下降。各类型行业的背离相对值略有提高。

第五节 非外资加工贸易企业属权、属地增加值率比较分析

一、分年份属权增加值率和属地增加值率比较

首先，无论是属权增加值率还是属地增加值率，与外资加工贸易企业有类似的波动趋势性特征，但不同是，属地增加值率的波动幅度明显高于外资加工贸易企业，且从 2000—2006 年平均看，高于外资加工贸易企业约 0.8 个百分点。而属权增加值率的波动幅度也明显高于外资加工贸易企业，从 2000—2006 年平均看，属权增加值率①和属权增加值率②高于外资加工贸易企业 5

个百分点以上,而属权增加值率③则高于外资加工贸易企业 10 个百分点以上 (见表 3-45 至表 3-47)。

其次,无论哪一种计算方法获得的属权增加值率与属地增加值率的背离在各年份都具有统计意义上的显著性,且均在 1% 水平上显著。但与外资加工贸易企业相比,t 统计量有较大幅度的下降,这与样本数量较少有关。从统计上看,与外资加工贸易企业一样,按增加值①方法计算的属权增加值率和属地增加值率背离与按增加值②方法计算的属权增加值率和属地增加值率背离各对应年份具有相同的绝对背离值和统计显著性。

最后,与外资加工贸易企业相似,从增加值率反映的属权增加值率与属地增加值率的背离看,按增加值③计算的背离绝对值和相对值均最大。与外资加工贸易企业相比,无论背离绝对值还是背离相对值均大幅下降,以 2000—2006 年平均计,背离绝对值①和②下降了 4 个百分点以上,下降了近 70%,而背离绝对值③下降 9 个百分点以上,下降超过 70%。说明相比外资加工贸易企业,非外资加工贸易企业属地增加值率与属权增加值率的背离明显下降。

表 3-45　　　分年份属权增加值①与属地增加值①背离统计分析

年份	属地增加值①	属权增加值①	背离绝对值	背离相对值	t 统计量	样本量
2000	0.1946	0.1769	0.0177	-9.09%	(6.6)***	190
2001	0.1921	0.1762	0.0159	-8.29%	(5.3)***	147
2002	0.1695	0.1482	0.0213	-12.56%	(6.05)***	142
2003	0.1380	0.1185	0.0195	-14.11%	(5.2)***	136
2004	0.1648	0.1415	0.0233	-14.14%	(2.9)***	73
2005	0.1571	0.1369	0.0202	-12.84%	(6.9)***	159
2006	0.1200	0.1064	0.0136	-11.34%	(6.55)***	187
2000—2006	0.1623	0.1435	0.0188	-11.57%	(14.9)***	1034

注:*** 表示在 1% 水平上显著。

表 3-46　　　分年份属权增加值②与属地增加值②背离统计分析

年份	属地增加值②	属权增加值②	背离绝对值	背离相对值	t 统计量	样本量
2000	0.2539	0.2362	0.0177	-6.97%	(6.6)***	190
2001	0.2416	0.2257	0.0159	-6.58%	(5.3)***	147

续表

年份	属地增加值②	属权增加值②	背离绝对值	背离相对值	t统计量	样本量
2002	0.2600	0.2387	0.0213	-8.19%	(6.05)***	142
2003	0.2087	0.1892	0.0195	-9.34%	(5.2)***	136
2004	0.3542	0.3308	0.0234	-6.61%	(2.9)***	73
2005	0.2044	0.1842	0.0202	-9.88%	(6.9)***	159
2006	0.2173	0.2037	0.0136	-6.26%	(6.55)***	187
2000—2006	0.2486	0.2298	0.0188	-7.56%	(14.9)***	1034

注：*** 表示在1%水平上显著。

表3-47　　　分年份属权增加值③与属地增加值③背离统计分析

年份	属地增加值③	属权增加值③	背离绝对值	背离相对值	t统计量	样本量
2000	0.2539	0.2200	0.0339	-13.35%	(7.25)***	190
2001	0.2416	0.2173	0.0243	-10.06%	(3.1)***	147
2002	0.2600	0.2151	0.0449	-17.27%	(3.2)***	142
2003	0.2087	0.1750	0.0337	-16.15%	(8.4)***	136
2004	0.3542	0.2884	0.0658	-18.58%	(3.7)***	73
2005	0.2044	0.1736	0.0308	-15.07%	(7.4)***	159
2006	0.2173	0.1808	0.0365	-16.80%	(8.25)***	187
2000—2006	0.2486	0.2100	0.0386	-15.51%	(14.45)***	1034

注：*** 表示在1%水平上显著。

二、分行业属地增加值率与属权增加值率比较分析

首先，分行业看，与外资加工贸易企业不同，按增加值①计算方法和增加值②计算方法测算，有家具制造业、造纸及纸制品业、印刷业和记录媒介的复制、化学纤维制造业、黑色金属冶炼及压延加工业和专用设备制造业6个行业的属权增加值率与属地增加值率的背离统计不再显著，另有5个行业的背离统计显著性下降；按增加值③计算方法测算，有木材加工及木、竹、藤、棕、草制品业、印刷业和记录媒介的复制、化学纤维制造业和仪器仪表及文化、办公用机械制造业4个行业的属权增加值率与属地增加值率的背离统计不再显著，另有7个行业的背离统计显著性下降（见表3-48至表3-50）。

表3-48　　分行业属权增加值①与属地增加值①背离统计分析

行业名称	属地增加值①	属权增加值①	背离绝对值	背离相对值	t统计量	样本量
农副食品加工业	0.1007	0.0944	0.0063	-6.25%	(3.4)***	51
食品制造业	0.2841	0.1801	0.1040	-36.60%	(2.45)**	12
饮料制造业	0.2707	0.2301	0.0406	-15.00%	(4)***	9
纺织业	0.1652	0.1554	0.0098	-5.92%	(5.05)***	146
纺织服装、鞋、帽制造业	0.2093	0.1844	0.0249	-11.92%	(6.2)***	169
皮革、毛皮、羽毛（绒）及其制品业	0.1768	0.1539	0.0229	-12.98%	(4.3)***	93
木材加工及木、竹、藤、棕、草制品业	0.2171	0.1988	0.0183	-8.43%	(4.25)***	8
家具制造业	0.2111	0.1940	0.0171	-8.12%	(0.65)	18
造纸及纸制品业	0.1998	0.1813	0.0185	-9.26%	(1.8)	9
印刷业和记录媒介的复制	0.1807	0.1686	0.0121	-6.68%	(-0.1)	5
文教体育用品制造业	0.1733	0.1537	0.0196	-11.29%	(4.55)***	24
石油加工、炼焦及核燃料加工业	0.1652	0.1389	0.0263	-15.91%	(5.4)***	6
化学原料及化学制品制造业	0.1210	0.1067	0.0143	-11.84%	(5.05)***	51
医药制造业	0.4072	0.3892	0.0180	-4.42%	(2.8)**	14
化学纤维制造业	0.1555	0.1291	0.0264	-16.97%	(1.3)	4
橡胶制品业	0.1391	0.1259	0.0132	-9.50%	(1.95)*	27
塑料制品业	0.1572	0.1370	0.0202	-12.85%	(3.65)***	29
非金属矿物制品业	0.1943	0.1583	0.0360	-18.51%	(2.6)**	22
黑色金属冶炼及压延加工业	0.2177	0.2118	0.0059	-2.70%	(1.6)	11
有色金属冶炼及压延加工业	0.1973	0.1447	0.0526	-26.68%	(7.4)***	5
金属制品业	0.1291	0.1066	0.0225	-17.41%	(2.85)***	34
通用设备制造业	0.1880	0.1670	0.0210	-11.16%	(3.05)***	33
专用设备制造业	0.2238	0.1884	0.0354	-15.83%	(1.75)	12
交通运输设备制造业	0.1795	0.1414	0.0381	-21.22%	(3.05)***	17
电气机械及器材制造业	0.1579	0.1334	0.0245	-15.53%	(5.55)***	69
通信设备、计算机及其他电子设备制造业	0.1207	0.1071	0.0136	11.28%	(4.1)***	100

续表

行业名称	属地增加值①	属权增加值①	背离绝对值	背离相对值	t统计量	样本量
仪器仪表及文化、办公用机械制造业	0.1709	0.1423	0.0286	-16.75%	(2.15)**	29
工艺品及其他制造业	0.2674	0.2559	0.0115	-4.29%	(5.55)***	27

注：***、**、*分别表示在1%、5%、10%的水平上显著。

此外，与外资加工贸易企业相比，无论哪一种增加值计算方法测算，大部分行业的背离绝对值均有所下降，而背离相对值则大幅下降。这说明在行业层面非外资加工贸易企业的属权增加值率与属地增加值率的背离较低。

表3-49　分行业属权增加值②与属地增加值②背离统计分析

行业名称	属地增加值②	属权增加值②	背离绝对值	背离相对值	t统计量	样本量
农副食品加工业	0.2690	0.2628	0.0062	-2.30%	(3.4)***	51
食品制造业	0.3150	0.2110	0.1040	-33.02%	(2.45)**	12
饮料制造业	0.3886	0.3480	0.0406	-10.45%	(4)***	9
纺织业	0.2514	0.2416	0.0098	-3.90%	(5.05)***	146
纺织服装、鞋、帽制造业	0.2844	0.2595	0.0249	-8.76%	(6.2)***	169
皮革、毛皮、羽毛（绒）及其制品业	0.2576	0.2347	0.0229	-8.89%	(4.3)***	93
木材加工及木、竹、藤、棕、草制品业	0.2713	0.2530	0.0183	-6.75%	(4.25)***	8
家具制造业	0.2642	0.2471	0.0171	-6.47%	(0.65)	18
造纸及纸制品业	0.2543	0.2359	0.0184	-7.24%	(1.8)	9
印刷业和记录媒介的复制	0.2157	0.2036	0.0121	-5.61%	(-0.1)	5
文教体育用品制造业	0.2214	0.2018	0.0196	-8.85%	(4.55)***	24
石油加工、炼焦及核燃料加工业	0.1617	0.1354	0.0263	-16.26%	(5.4)***	6
化学原料及化学制品制造业	0.2497	0.2353	0.0144	-5.77%	(5.05)***	51
医药制造业	0.4634	0.4453	0.0181	-3.91%	(2.8)**	14
化学纤维制造业	0.1876	0.1611	0.0265	-14.13%	(1.3)	4
橡胶制品业	0.2393	0.2261	0.0132	-5.52%	(1.95)*	27

续表

行业名称	属地增加值②	属权增加值②	背离绝对值	背离相对值	t统计量	样本量
塑料制品业	0.2164	0.1962	0.0202	-9.33%	(3.65)***	29
非金属矿物制品业	0.2772	0.2413	0.0359	-12.95%	(2.6)**	22
黑色金属冶炼及压延加工业	0.2870	0.2811	0.0059	-2.06%	(1.6)	11
有色金属冶炼及压延加工业	0.1566	0.1039	0.0527	-33.65%	(7.4)***	5
金属制品业	0.2292	0.2067	0.0225	-9.82%	(2.85)***	34
通用设备制造业	0.2288	0.2078	0.0210	-9.18%	(3.05)***	33
专用设备制造业	0.2882	0.2528	0.0354	-12.28%	(1.75)	12
交通运输设备制造业	0.2956	0.2575	0.0381	-12.89%	(3.05)***	17
电气机械及器材制造业	0.2823	0.2578	0.0245	-8.68%	(5.55)***	69
通信设备、计算机及其他电子设备制造业	0.2945	0.2809	0.0136	-4.62%	(4.1)***	100
仪器仪表及文化、办公用机械制造业	0.2759	0.2473	0.0286	-10.37%	(2.15)**	29
工艺品及其他制造业	0.3129	0.3015	0.0114	-3.64%	(5.55)***	27

注：***、**、*分别表示在1%、5%、10%的水平上显著。

表3-50　分行业属权增加值③与属地增加值②背离统计分析

行业名称	属地增加值②	属权增加值③	背离绝对值	背离相对值	t统计量	样本量
农副食品加工业	0.2690	0.2457	0.0233	-8.66%	(5.45)***	51
食品制造业	0.3150	0.1953	0.1197	-38.00%	(3.05)***	12
饮料制造业	0.3886	0.3171	0.0715	-18.40%	(6.6)***	9
纺织业	0.2514	0.2261	0.0253	-10.06%	(2.4)**	146
纺织服装、鞋、帽制造业	0.2844	0.2389	0.0455	-16.00%	(2.75)***	169
皮革、毛皮、羽毛(绒)及其制品业	0.2576	0.2104	0.0472	-18.32%	(6.8)***	93
木材加工及木、竹、藤、棕、草制品业	0.2713	0.2143	0.0570	-21.01%	(0.98)	8
家具制造业	0.2642	0.2288	0.0354	-13.40%	(2.65)**	18
造纸及纸制品业	0.2543	0.2031	0.0512	-20.13%	(2.35)**	9
印刷业和记录媒介的复制	0.2157	0.1672	0.0485	-22.48%	(2.12)	5
文教体育用品制造业	0.2214	0.1912	0.0302	-13.64%	(4.05)***	24

续表

行业名称	属地增加值②	属权增加值③	背离绝对值	背离相对值	t 统计量	样本量
石油加工、炼焦及核燃料加工业	0.1617	0.1364	0.0253	-15.65%	(5.1)***	6
化学原料及化学制品制造业	0.2497	0.2084	0.0413	-16.54%	(5.25)***	51
医药制造业	0.4634	0.4368	0.0266	-5.74%	(2.5)**	14
化学纤维制造业	0.1876	0.1558	0.0318	-16.95%	(2.05)	4
橡胶制品业	0.2393	0.2164	0.0229	-9.57%	(2.35)**	27
塑料制品业	0.2164	0.1719	0.0445	-20.56%	(6.05)***	29
非金属矿物制品业	0.2772	0.2048	0.0724	-26.12%	(4.2)***	22
黑色金属冶炼及压延加工业	0.2870	0.2736	0.0134	-4.67%	(3.8)***	11
有色金属冶炼及压延加工业	0.1566	0.1248	0.0318	-20.31%	(3.2)**	5
金属制品业	0.2292	0.1761	0.0531	-23.17%	(5.45)***	34
通用设备制造业	0.2288	0.1973	0.0315	-13.77%	(4.95)***	33
专用设备制造业	0.2882	0.2439	0.0443	-15.37%	(2.45)**	12
交通运输设备制造业	0.2956	0.2067	0.0889	-30.07%	(3.1)***	17
电气机械及器材制造业	0.2823	0.1976	0.0847	-30.00%	(4.6)***	69
通信设备、计算机及其他电子设备制造业	0.2945	0.2451	0.0494	-16.77%	(5.65)***	100
仪器仪表及文化、办公用机械制造业	0.2759	0.1956	0.0803	-29.10%	(1.4)	29
工艺品及其他制造业	0.3129	0.2803	0.0326	-10.42%	(3.95)***	27

注：***、**分别表示在1%、5%的水平上显著。

其次，按要素密集型看，各类型行业的属地增加值率与外资加工贸易企业分类型行业表现出不一样的特征（见表3-51、表3-52）。按算术平均计算，各类型行业的属地增加值率①与外资加工贸易企业时的排序关系发生改变，资本密集型行业超过技术密集型行业居第二位，且各类型行业该值均有所提高，差距缩小。按加权平均计算，劳动密集型行业和资本密集型行业的属地增加值率①有所下降，而技术密集型行业则有所提高，各类型行业的排序关系发生改变，劳动密集型行业超过资本密集型行业成居首位。按算术平均计算，劳动密集型行业和资本密集型行业的属地增加值率②或③也有所下降，而技术密集型行业则有较大幅度的提高，且其排序从末位提高到首位。按加权平均计算与按算术平均计算正好相反,即前两个行业有一定幅度的提高,而技术密集型行业则有较大幅度的下降。

从属权增加值率看,也表现出与外资加工贸易企业分类型行业不同的特征。无论按算术平均还是加权平均计算,各类型行业的不同计算方法下的属权增加值率相比外资加工贸易企业时均有较大幅度的提高。且技术密集型行业的属权增加值率②和属权增加值率③从末位提高跃升为首位,而属权增加值率①行业排序则与外资加工贸易企业时保持一致。

从属权增加值率与属地增加值率的背离看,无论是背离绝对值还是背离相对值,无论按算术平均计算还是按加权平均计算,各类型行业相比外资加工贸易企业时均有较大幅度的下降。

就背离绝对值而言,按算术平均计算,与外资加工贸易企业相比,以增加值①计算方法和增加值②计算方法测算,劳动密集型行业超过技术密集型行业居第二位;而按增加值③计算方法测算,则技术密集型行业超过劳动密集型行业居首位。按加权平均计算,与外资加工贸易企业相比,以增加值①计算方法和增加值②计算方法测算,劳动密集型行业也超过技术密集型行业居第二位,以增加值③计算方法测算,技术密集型行业则是超过资本密集型行业居首位。

表3-51 按算术平均计算的分要素密集型行业属权增加值率与属地增加值率比较

	属地增加值①	属权增加值①	背离绝对值	背离相对值
劳动密集型	0.1966	0.1724	0.0242	-12.32%
资本密集型	0.1879	0.1594	0.0285	-15.18%
技术密集型	0.1875	0.1642	0.0234	-12.46%
	属地增加值②	属权增加值②	背离绝对值	背离相对值
劳动密集型	0.2687	0.2445	0.0242	-9.00%
资本密集型	0.2327	0.2041	0.0285	-12.26%
技术密集型	0.2927	0.2693	0.0234	-7.99%
	属地增加值③	属权增加值③	背离绝对值	背离相对值
劳动密集型	0.2687	0.2219	0.0468	-17.41%
资本密集型	0.2327	0.1938	0.0388	-16.69%
技术密集型	0.2927	0.2351	0.0576	-19.67%

就背离相对值,与外资加工贸易企业相比,按算术平均计算,以增加值②计算方法测算的劳动密集型行业的背离相对值超过技术密集型行业居第二位。而按增加值③计算方法测算的各类型行业的排序完全发生了改变,资本密集型行业从首位下降为末位,而技术密集型行业则从第二位上升为首位。而以增加值①计算方法测算则各类型行业的排序没有发生改变。按加权平均计算,以增加值②计算方法测算的也有劳动密集型行业的背离相对值超过技术密集型行业居第二位。而以增加值①计算方法和增加值③计算方法测算各类型行业排序不变。

表3-52　　按加权平均计算的分要素密集型属权增加值率与属权增加值率比较

	属地增加值①	属权增加值①	背离绝对值	背离相对值
劳动密集型	0.1832	0.1639	0.0193	-10.55%
资本密集型	0.1782	0.1526	0.0257	-14.40%
技术密集型	0.1510	0.1323	0.0188	-12.44%
	属地增加值②	属权增加值②	背离绝对值	背离相对值
劳动密集型	0.2656	0.2463	0.0193	-7.27%
资本密集型	0.2424	0.2167	0.0257	-10.60%
技术密集型	0.2899	0.2711	0.0188	-6.48%
	属地增加值③	属权增加值③	背离绝对值	背离相对值
劳动密集型	0.2656	0.2267	0.0388	-14.62%
资本密集型	0.2424	0.1982	0.0441	-18.21%
技术密集型	0.2899	0.2315	0.0584	-20.16%

综合来看,与外资加工贸易企业相比,小部分行业的属权增加值和属地增加值的背离不再统计显著或统计显著性有所下降;总体上,各要素密集类型行业的属地增加值率和属权增加值率都有较大幅度提高,而两者的背离绝对值和背离相对值都有较大幅度的下降,表明非外资加工贸易企业相比外资加工贸易企业属权增加值率与属地增加值率的背离明显下降,说明非外资加工贸易企业加工贸易企业本国收益明显高于外资加工贸易企业。

三、分年份分行业属地增加值率与属权增加值率比较分析

从属权增加值率与属地增加值率背离的统计显著性看,由于分年份分行业后样本数据太少,与外资加工贸易企业差异很明显(见表3-53至表3-55)。按增加值①和增加值②计算方法测算,仅有27%的分年份分行业背离达到10%以内显著性水平,但没有样本或样本只有一个(无法进行显著性统计分析)的则高达31%以上,剔除这些行业/年份,则10%以内统计显著的行业/年份达到近38%。没有行业全部年份背离均统计显著,而全部年份均不显著(含无数据、仅有一个样本而无法计算显著性)的行业包括饮料制造业,木材加工及木、竹、藤、棕、草制品业,造纸及纸制品业,石油加工、炼焦及核燃料加工业,医药制造业,化学纤维制造业和有色金属冶炼及压延加工业7个行业,其中的化学纤维制造业全部年份无样本或只有一家企业而无法计算统计显著性。按增加值③计算方法测算,仅有26%的分年份分行业背离达到10%以内显著性水平,同样没有样本或样本只有一个(无法进行显著性统计分析)的则高达31%以上,剔除这些行业/年份,则10%以内统计显著的行业/年份达到近38%。仅有皮革、毛皮、羽毛(绒)及其制品业一个行业全部年份背离均统计显著,而全部年份均不显著(含无数据、仅有一个样本而无法计算显著性)的行业包括木材加工及木、竹、藤、棕、草制品业,文教体育用品制造业,石油加工、炼焦及核燃料加工业,医药制造业,化学纤维制造业,橡胶制品业,黑色金属冶炼及压延加工业,有色金属冶炼及压延加工业和仪器仪表及文化、办公用机械制造业9个行业,同样其中的化学纤维制造业全部年份无样本或只有一家企业而无法计算统计显著性。

总体而言,与外资加工贸易企业分年份分行业相比,背离显著性水平明显下降,显著性水平下降主要原因是样本数量下降。就具有10%以内统计显著性的行业/年份而言,与外资加工贸易企业相比,属权增加值和属地增加值背离程度明显降低。

表 3-53　属权增加值率①与属地增加值率①背离

行业名称	2000 年	2001 年	2002 年	2003 年	2004 年	2005 年	2006 年
农副食品加工业	(-3.92%)	(-3.99%)	(-4.65%)*	(-4.47%)*	(-4.59%)	(-6.91%)*	(-13.81%)
食品制造业	/	/	(-2.86%)	/	/	(-47.87%)**	/
饮料制造业	—	(-14.67%)	(-15.27%)	(-13.17%)	/	/	/
纺织业	(-6.77%)	(-3.78%)*	(-4.41%)***	(-6.35%)**	(-8.27%)	(-7.45%)***	(-6.00%)***
纺织服装、鞋、帽制造业	(-9.11%)***	(-9.08%)	(-9.60%)***	(-7.91%)*	(-7.47%)	(-19.20%)**	(-12.70%)*
皮革、毛皮、羽毛（绒）及其制品业	(-7.06%)**	(-3.74%)	(-9.50%)**	(-25.18%)	(-10.05%)*	(-6.33%)	(-12.28%)***
木材加工及木、竹、藤、棕、草制品业	(-20.82%)	(-4.50%)	/	/	—	/	(-11.17%)
家具制造业	(-32.29%)	(-11.03%)	(-8.12%)*	(-8.47%)*	/	(22.82%)	(-9.59%)
造纸及纸制品业	(-56.18%)	(-0.80%)	(-12.03%)	—	/	—	(29.87%)
印刷业和记录媒介的复制	—	(-7.01%)	(-14.96%)	—	/	(-30.92%)***	(38.63%)
文教体育用品制造业	(-10.46%)	/	(-13.79%)	(-24.38%)**	/	(-13.04%)	(-20.93%)
石油加工、炼焦及核燃料加工业	—	/	/	/	/	/	—
化学原料及化学制品制造业	(-5.59%)**	(-7.01%)**	(-11.30%)**	(-9.63%)*	(-12.82%)	(-22.38%)*	(-8.72%)
医药制造业	/	(-3.70%)	/	/	/	(-3.12%)	(2.60%)

续表

行业名称	2000年	2001年	2002年	2003年	2004年	2005年	2006年
化学纤维制造业	—	/	/	/	—	—	/
橡胶制品业	(−11.71%)	(−1.83%)	(−1.08%)**	(−58.64%)	(−0.46%)	(−7.00%)	(−9.33%)**
塑料制品业	(−3.99%)	(−8.88%)	(−5.68%)	(−20.49%)	(−52.27%)	(−36.73%)**	(−4.58%)
非金属矿物制品业	(−14.72%)***	(−6.74%)	(−4.94%)	(0.16%)	/	(−30.92%)	(−30.94%)
黑色金属冶炼及压延加工业	(−1.04%)	(−2.85%)**	/	—	—	/	(−4.14%)
有色金属冶炼及压延加工业	/	/	/	—	—	/	/
金属制品业	(−16.19%)	(−8.58%)*	(−14.23%)	(−12.55%)***	—	(−48.53%)*	(−20.79%)**
通用设备制造业	(−10.43%)	(−7.16%)	(−9.59%)	(−9.53%)	(−0.83%)	(−13.24%)	(−18.07%)**
专用设备制造业	—	/	(−80.48%)	/	/	(21.33%)	(−7.07%)**
交通运输设备制造业	(−15.41%)	/	(−18.56%)	—	—	(−20.81%)**	(−53.57%)
电气机械及器材制造业	(−10.77%)***	(−7.27%)**	(−10.93%)*	(−11.62%)***	(−21.70%)	(−21.30%)**	(−13.13%)**
通信设备、计算机及其他电子设备制造业	(−14.20%)**	(−14.07%)	(−20.41%)**	(−10.82%)**	(−13.43%)	(−6.23%)	(−14.82%)
仪器仪表及文化、办公用机械制造业	(−11.87%)	(−3.63%)	(−18.55%)	(−12.88%)	/	(−11.15%)	(−31.68%)***
工艺品及其他制造业	(−3.27%)*	(−2.08%)	(−9.03%)	(−29.41%)	(−0.90%)	(−3.52%)	(−13.91%)**

注：***、**、*分别表示在1%、5%、10%的水平上显著。—表示该行业该年无样本数据；/表示该行业该年只有一个样本数据，无法进行t值计算。

表 3-54　属权增加值率②与属地增加值率②背离

行业名称	2000 年	2001 年	2002 年	2003 年	2004 年	2005 年	2006 年
农副食品加工业	(-2.59%)	(-2.36%)	(-1.92%)*	(-1.56%)**	(-1.43%)	(-2.75%)*	(-4.15%)
食品制造业	/	/	(-2.49%)	/	/	(-46.59%)**	/
饮料制造业	—	(-12.35%)	(-9.50%)	(-7.90%)	/	—	/
纺织业	(-5.32%)	(-2.54%)*	(-2.78%)***	(-3.62%)**	(-5.39%)***	(-5.55%)***	(-3.38%)***
纺织服装、鞋、帽制造业	(-7.26%)***	(-6.34%)**	(-7.27%)***	(-6.88%)**	(-3.06%)	(-16.96%)**	(-8.19%)*
皮革、毛皮、羽毛(绒)及其制品业	(-5.05%)**	(-2.15%)	(-6.50%)**	(-17.32%)*	(-4.93%)***	(-5.16%)*	(-8.93%)***
木材加工及木、竹、藤、棕、草制品业	(-14.85%)	(-2.97%)	/	/	/	—	(-8.60%)
家具制造业	(-16.76%)	(-12.36%)	(-6.87%)*	(-9.37%)*	/	(11.17%)	(-5.00%)
造纸及纸制品业	(-20.62%)	(-0.93%)	(-9.34%)	/	/	—	(22.21%)
印刷业和记录媒介的复制	—	/	(-11.51%)**	(-13.48%)**	/	(-26.69%)***	(20.33%)
文教体育用品制造业	(-12.17%)	(-5.58%)	(-12.75%)	/	/	(-7.26%)	(-11.60%)
石油加工、炼焦及核燃料加工业	—	/	(-8.30%)**	/	/	/	—
化学原料及化学制品制造业	(-4.18%)**	(-4.39%)	/	(-6.84%)*	(-5.92%)	(-7.28%)*	(-3.30%)
医药制造业	/	(-3.07%)	/	/	/	(-2.88%)	(2.27%)

续表

行业名称	2000 年	2001 年	2002 年	2003 年	2004 年	2005 年	2006 年
化学纤维制造业	—	/	/	/	—	—	/
橡胶制品业	(-8.25%)	(-1.28%)	(-1.07%)**	(-56.66%)	(-0.18%)	(-4.27%)	(-5.69%)**
塑料制品业	(-3.45%)	(-6.71%)	(-4.69%)	(-7.08%)	(-30.13%)	(-27.97%)**	(-1.91%)
非金属矿物制品业	(-10.81%)***	(-7.08%)	(-4.33%)	(0.05%)	/	(-13.09%)	(-29.67%)
黑色金属冶炼及压延加工业	(-0.97%)	(-2.57%)**	/	—	—	/	(-1.53%)
有色金属冶炼及压延加工业	/	/	/	—	—	/	/
金属制品业	(-11.45%)	(-8.30%)*	(-4.77%)	(-4.26%)***	—	(-62.71%)*	(-14.60%)**
通用设备制造业	(-13.77%)	(-6.69%)	(-7.92%)*	(-7.87%)***	(-0.72%)	(-10.11%)	(-13.29%)**
专用设备制造业	—	/	(-81.26%)	—	/	(17.64%)	(-5.13%)
交通运输设备制造业	(-12.11%)	(-2.25%)	(-4.11%)	—	(116.42%)	(-10.48%)**	(-22.58%)
电气机械及器材制造业	(-6.39%)***	(-3.56%)**	(-6.95%)*	(-8.97%)***	(-56.81%)	(-16.94%)**	(-9.43%)**
通信设备、计算机及其他电子设备制造业	(-8.64%)**	(-9.45%)	(-7.05%)***	(-3.15%)**	/	(-4.43%)	(-7.25%)
仪器仪表及文化、办公用机械制造业	(-7.90%)	(-2.25%)	(-16.41%)	(-10.30%)	(226.62%)	(-9.67%)	(-14.80%)***
工艺品及其他制造业	(-2.44%)*	(-1.22%)	(-4.92%)	(-27.11%)	—	(-2.94%)	(-8.09%)**

注：***、**、* 分别表示在 1%、5%、10% 的水平上显著。—表示该行业该年无样本数据；/表示该行业该年只有一个样本数据，无法进行 t 值计算。

表 3-55　属权增加值率③与属地增加值率③背离

行业名称	2000 年	2001 年	2002 年	2003 年	2004 年	2005 年	2006 年
农副食品加工业	(-5.14%)**	(-4.55%)**	(-6.51%)	(-5.73%)**	(-6.83%)	(-10.52%)**	(-16.87%)**
食品制造业	/	/	(-4.68%)	/	/	(-50.00%)**	/
饮料制造业	—	(-17.55%)**	(-21.56%)	(-7.62%)	/	/	/
纺织业	(-9.72%)**	(-6.29%)	(-5.57%)	(-10.56%)***	(-11.44%)	(-11.80%)*	(-16.28%)***
纺织服装、鞋、帽制造业	(-13.31%)***	(-13.40%)*	(-11.41%)	(-9.12%)***	(-17.41%)	(-28.20%)	(-13.65%)**
皮革、毛皮、羽毛(绒)及其制品业	(-10.15%)**	(-5.12%)*	(-11.07%)*	(-29.04%)**	(-43.73%)*	(-9.01%)***	(-16.10%)***
木材加工及木、竹、藤、棕、草制品业	(-43.53%)***	(-3.66%)	/	/	/	/	(-27.32%)
家具制造业	(-52.59%)**	(-16.21%)	(-7.18%)	(-3.57%)	/	(-4.24%)	(-14.07%)**
造纸及纸制品业	(-83.92%)***	(-1.22%)	(-13.53%)*	/	/	—	(-3.42%)
印刷业和记录媒介的复制	—	/	/	/	/	(-37.24%)**	(-39.02%)
文教体育用品制造业	(5.09%)	(-11.53%)	(-26.05%)	(-50.78%)	/	(-11.42%)	(-38.86%)
石油加工、炼焦及核燃料加工业	—	(-14.91%)	/	/	/	—	—
化学原料及化学制品制造业	(-6.47%)	(-11.45%)**	(-16.59%)***	(-12.53%)**	(-9.97%)*	(-24.70%)**	(-16.64%)**
医药制造业	/	(-5.04%)	/	/	/	(-5.56%)	(4.97%)

续表

行业名称	2000 年	2001 年	2002 年	2003 年	2004 年	2005 年	2006 年
化学纤维制造业	—	—	—	—	—	—	—
橡胶制品业	(-10.16%)	(-4.13%)	(-0.99%)	(-48.71%)	(-1.92%)	(-8.76%)	(-15.98%)
塑料制品业	(-6.69%)**	(-23.15%)	(-9.94%)	(-25.81%)**	(-72.48%)	(-36.15%)**	(-19.09%)**
非金属矿物制品业	(-20.32%)**	(-6.06%)***	(-11.43%)	(-67.84%)	/	(-68.58%)	(-35.93%)
黑色金属冶炼及压延加工业	(-1.43%)	(-3.43%)	/	—	—	/	(-8.14%)
有色金属冶炼及压延加工业	/	/	—	—	—	/	/
金属制品业	(-28.71%)***	(-11.02%)	(-17.52%)	(-18.23%)	—	(-32.79%)*	(-31.28%)**
通用设备制造业	(-4.27%)	(-7.56%)	(-12.11%)*	(-13.97%)	—	(-14.33%)	(-21.96%)**
专用设备制造业	—	/	(-80.29%)	/	—	(4.26%)	(-8.85%)**
交通运输设备制造业	(-20.46%)	/	(-34.67%)	—	—	(-18.54%)*	(-58.28%)
电气机械及器材制造业	(-9.69%)***	(-14.04%)***	(-14.33%)**	(-14.37%)**	(-55.15%)	(-30.15%)**	(-16.82%)**
通信设备、计算机及其他电子设备制造业	(-32.00%)	(-21.58%)***	(-29.55%)**	(-18.68%)***	(-15.92%)	(-9.12%)	(-17.50%)**
仪器仪表及文化、办公用机械制造业	(-9.65%)	(-2.25%)	(5.05%)	(-6.15%)	/	(-22.98%)	(-63.02%)
工艺品及其他制造业	(-5.67%)**	(-7.42%)	(-18.54%)	(-34.48%)	(0.59%)	(-4.45%)*	(-50.36%)

注：***、**、* 分别表示在 1%、5%、10% 的水平上显著。—表示该行业该年无样本数据；/ 表示该行业该年只有一个样本数据，无法进行 t 值计算。

其次，按要素密集型区分，由于统计不显著行业/年份较多[①]，且个别行业个别年份存在着属权增加值和属地增加值"倒挂"的情况（主要原因是营业盈余出现负值），因此与外资加工贸易企业情况有较大的不同（见图3-89至图3-92）。

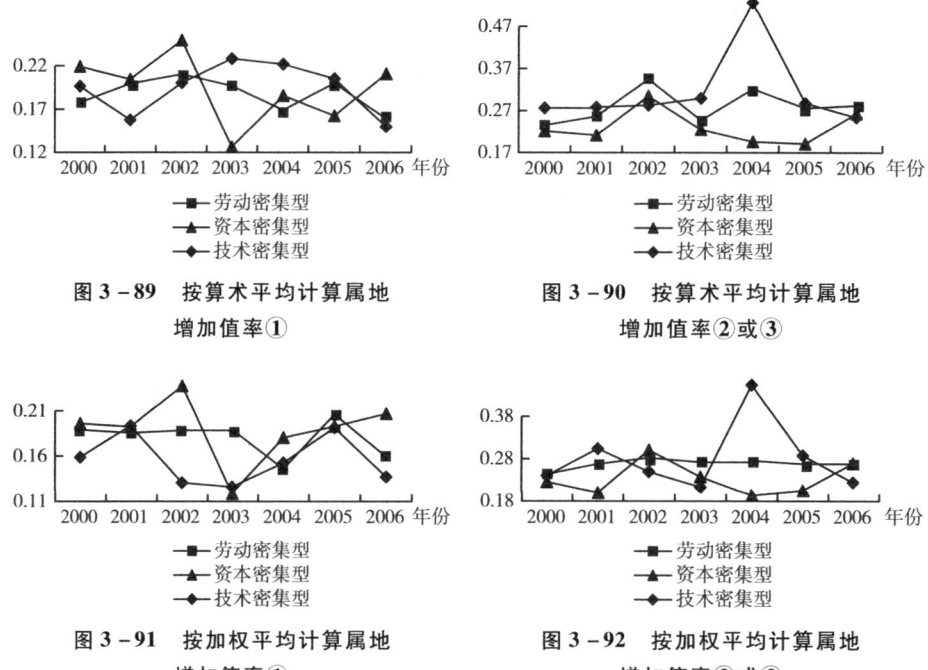

图3-89　按算术平均计算属地
增加值率①

图3-90　按算术平均计算属地
增加值率②或③

图3-91　按加权平均计算属地
增加值率①

图3-92　按加权平均计算属地
增加值率②或③

就属地增加值率而言，无论按算术平均计算还是按加权平均计算，各类型行业属地增加值率波动幅度相比外资加工贸易企业都有明显扩大。各类型行业之间的排序关系均变得不再清晰，而且各类型行业发展属地增加值率变化趋势和排序改变趋势不再明显。

进一步将各类型行业按年份平均计算得到排序关系与外资加工贸易企业明显不同，按算术平均计算，技术密集型行业属地增加值率①取代劳动密集型行业居首位，而劳动密集型行业则从首位降为末位。技术密集型行业的属地增加值率②或③也取代劳动密集型行业居首位，但劳动密集型行业则从首位降为第

---

① 特别是2004年非金属矿物制品业只有1个样本数据，增加值出现异常值，即为负，可能是财务数据有误，因此，在进行分类型行业分析时把其剔除。

二位。按加权平均计算，是各类型行业的属地增加值率①的排序关系不变且差距变化也不大。而技术密集型行业的属地增加值率②或③则从末位取代劳动密集型行业居首位。

从属权增加值率看，与外资加工贸易企业相比，无论按算术平均计算还是按加权平均计算，各类型行业均有不同程度的明显提高。同样，各类型行业之间的排序关系也均变得不再清晰，而且各类型行业发展属地增加值率变化趋势和排序改变趋势也不再明显。

进一步将各类型行业按年份平均计算得到排序关系与外资加工贸易企业明显不同（见图3-93至图3-98）。按算术平均计算的属权增加值率，除了各类型行业均有明显提高外，技术密集型行业均从第二位提升至首位取代了劳动密集型行业。按加权平均计算的属权增加值率，除了各类型行业也均有明显提高外，技术密集型行业的属权增加值率②和③均从末位提升至首位取代劳动密集型行业。

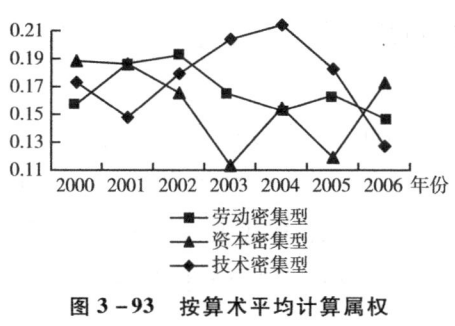

图3-93　按算术平均计算属权增加值率①

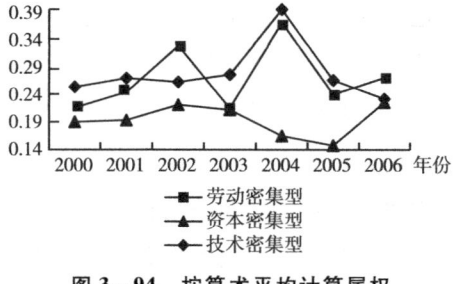

图3-94　按算术平均计算属权增加值率②

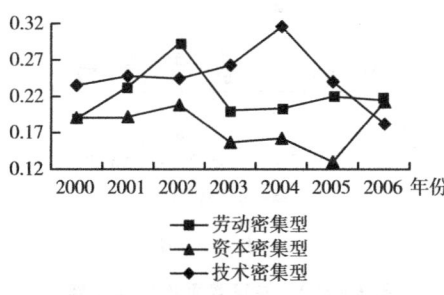

图3-95　按算术平均计算属权增加值率③

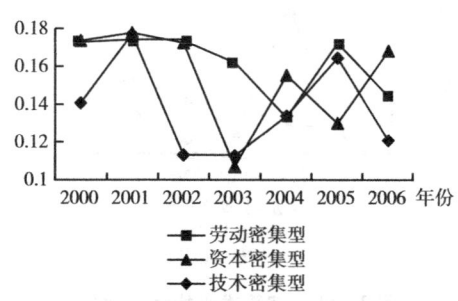

图3-96　按加权平均计算属权增加值率①

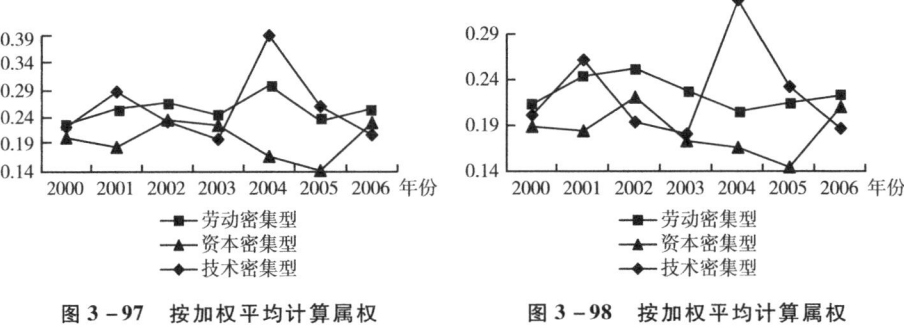

图 3-97 按加权平均计算属权
增加值率②

图 3-98 按加权平均计算属权
增加值率③

从属权增加值率与属地增加值率的背离看，无论背离绝对值还是背离相对值，与外资加工贸易企业相比，无论按算术平均计算还是按加权平均计算，各类型行业总体上均有不同程度的明显下降，但技术密集型行业和资本密集型行业的波动幅度则有所扩大。

就背离绝对值而言，与外资加工贸易企业相比，各类型行业之间的排序关系也均变得不再清晰，而且各类型行业发展属地增加值率变化趋势和排序改变趋势也不再明显（见图 3-99 至图 3-104）。

进一步将各类型行业按年份平均计算得到排序关系与外资加工贸易企业明显不同。按算术平均计算的背离绝对值，除了各类型行业均有明显下降外，技术密集型行业的背离绝对值①从末尾上升至第二位，取代了劳动密集型行业，而劳动密集型行业则下降为末位。技术密集型行业的背离绝对值③则从第二位

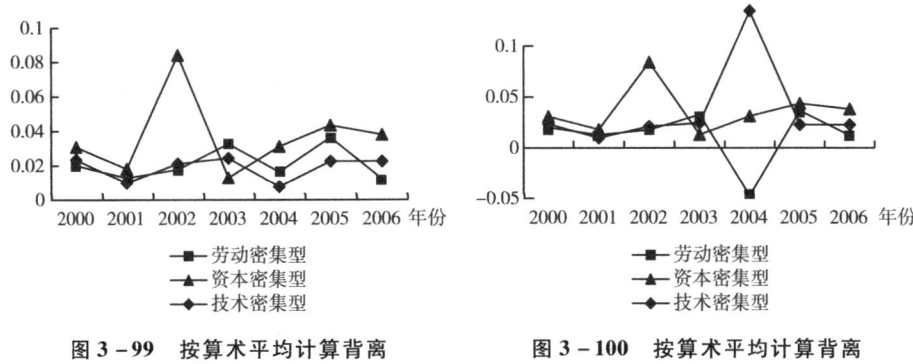

图 3-99 按算术平均计算背离
绝对值①

图 3-100 按算术平均计算背离
绝对值②

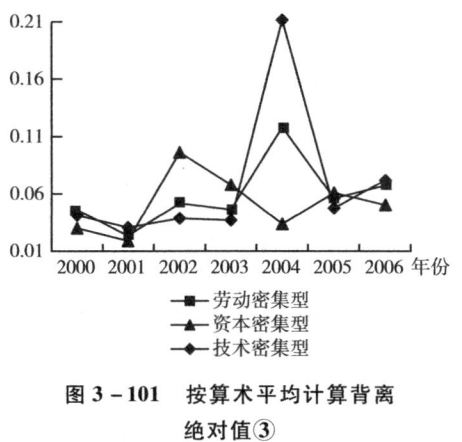

图 3-101　按算术平均计算背离
　　　　　绝对值③

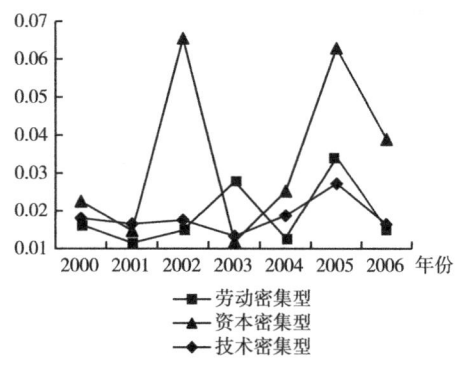

图 3-102　按加权平均计算背离
　　　　　绝对值①

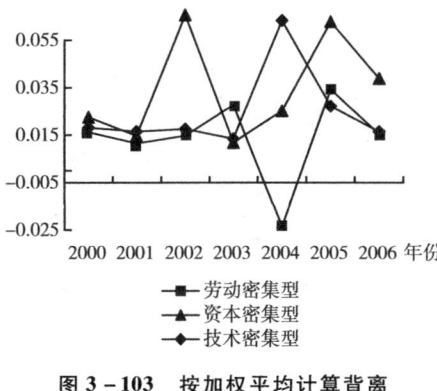

图 3-103　按加权平均计算背离
　　　　　绝对值②

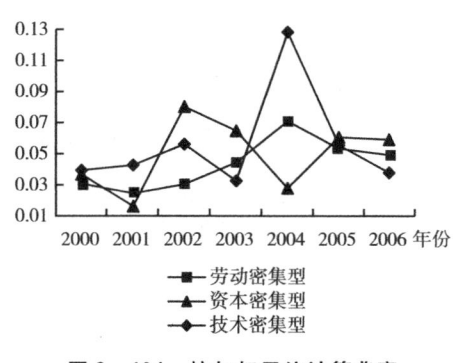

图 3-104　按加权平均计算背离
　　　　　绝对值③

提高至首位取代了劳动密集型行业，各类型行业的背离绝对值②的排序则与外资加工贸易企业一致。按加权平均计算的背离绝对值，除了各类型行业也均有明显下降外，劳动密集型行业的背离绝对值③从末位提升为第二位取代了技术密集型行业。而各类型行业的背离绝对值①和②的排序与外资加工贸易企业一致。

就背离相对值而言，与外资加工贸易企业相比，各类型行业之间的排序关系也均变得不再清晰，而且各类型行业发展属地增加值率变化趋势和排序改变趋势也不再明显（见图 3-105 至图 3-110）。

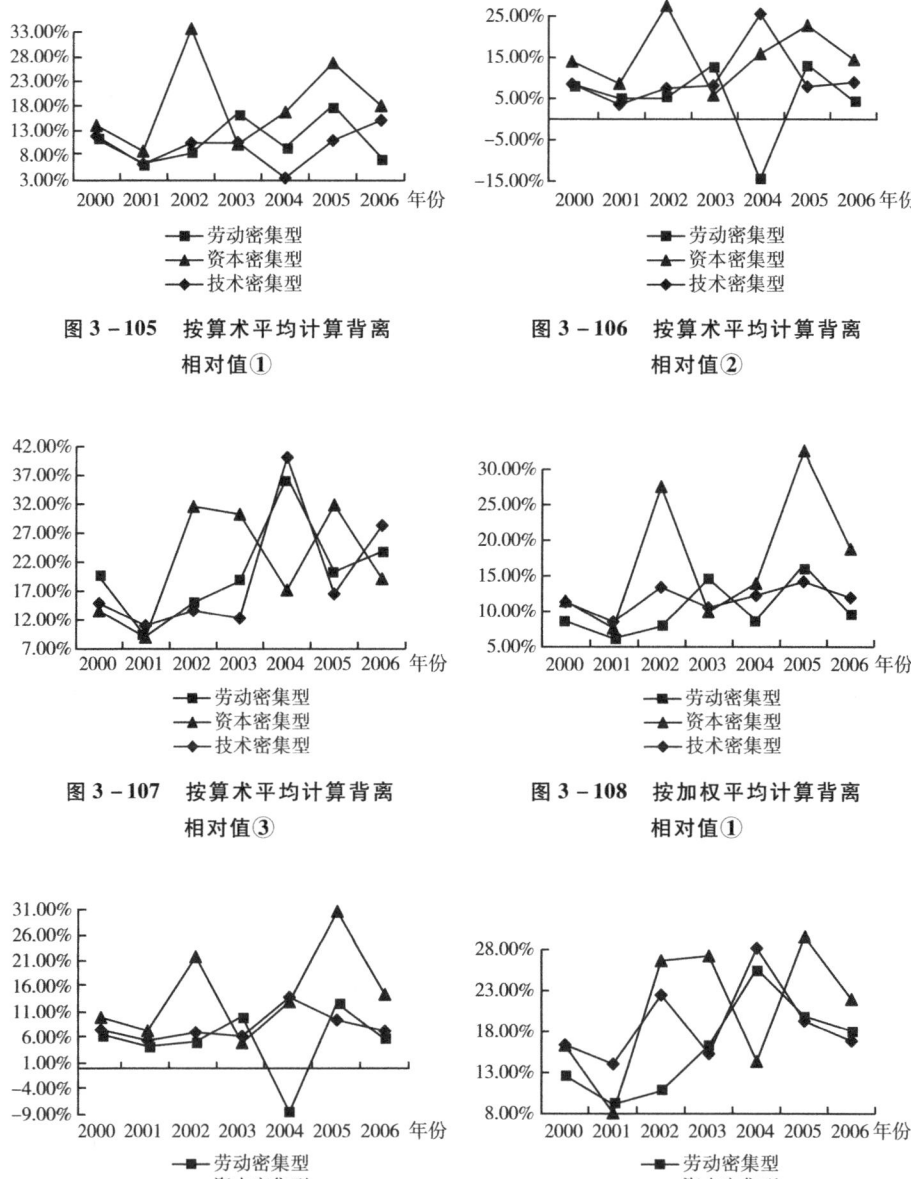

图 3-105 按算术平均计算背离相对值①

图 3-106 按算术平均计算背离相对值②

图 3-107 按算术平均计算背离相对值③

图 3-108 按加权平均计算背离相对值①

图 3-109 按加权平均计算背离相对值②

图 3-110 按加权平均计算背离相对值③

进一步将各类型行业按年份平均计算得到排序关系与外资加工贸易企业明显不同。按算术平均计算的背离相对值,除了各类型行业均有明显下降外,技术密集型行业的背离相对值①从末位上升至第二位，取代了劳动密集型行业，而资本密集型行业则上升为首位。而技术密集型行业的背离相对值③则从第二位上升至首位，取代了劳动密集型行业，各类型行业的背离相对值②的排序则与外资加工贸易企业一致，但差距有所扩大。按加权平均计算的背离相对值，除了各类型行业也均有明显下降外，资本密集型行业的背离相对值③从第二位提升为首位取代了技术密集型行业。而各类型行业的背离相对值①和②的排序与外资加工贸易企业一致。

综合来看，非外资加工贸易企业与外资加工贸易企业相比，由于样本数量较少，属权增加值率与属地增加值率的背离显著性不可测或明显下降，背离不显著的比重较大。按年平均值看，各类型行业的属地增加值率略有增加，但属权增加值率则有明显提高，尤其是属权增加值率③，技术密集型行业提高了一倍以上。由此，使得各类型行业的背离绝对值和背离相对值均有明显下降。说明相比外资加工贸易企业，非外资加工贸易企业的属权增加值和属地增加值的背离明显低。

本章小结

第一，总体上，考察期内不同类型企业的属权增加值率与属地增加值率均显现波动变化的特征，但外资非纯出口加工贸易企业和非外资加工贸易企业的波动幅度大于外资纯加工贸易企业。表明外资纯出口企业的两个增值率相对比较稳定。

第二，分年份看，无论哪一种类型的加工贸易企业，其属权增加值率与属地增加值率的背离都在统计意义上具有高显著性。分行业看，总体样本中各行业的属权增加值率和属地增加值率的背离具有统计意义上的高显著性，但不同类型企业分行业的背离统计显著性存在差异，外资纯出口加工贸易企业中石油加工、炼焦及核燃料加工业，化学纤维制造业，印刷业和记录媒介的复制，仪器仪表及文化、办公用机械制造业等行业的两率背离不再具有统计显著性。而非外资加工贸易企业则有更多行业的两率背离不再具有统计显著性。表明两率背离具有企业类型的差异性。

第三，按要素密集型分行业看，总体上劳动密集型行业具有较高的属地增加值率。但存在着不同企业类型的差异性，外资纯出口加工贸易企业各类型行业的属地增加值率均相对较低。同样，总体上劳动密集型行业具有较高的属权增加值率。但也存在着不同企业类型的差异性，外资纯出口加工贸易企业中劳动密集型行业的属权增加值率更高，而资本密集型和技术密集型行业则更低。

第四，分不同类型企业看，劳动密集型行业和技术密集型行业的"两率"背离均相对较小。外资加工贸易企业相比非外资加工贸易企业的各类型行业的"两率"背离更小。前者提示了中国要提高发展嵌入全球价值链本国收益，技术密集型行业也应该是一个重点发展方向，后者揭示内外资企业之间本国收益的客观差异。

第五，分行业分年份看，总体上，劳动密集型行业的"两率"背离相对较小且本国收益相对最大，资本密集型行业属地增加值率上升而属权增加值率下降，"两率"背离扩大，意味着资本密集型行业的外国收益趋于增加，而本国收益趋于下降。从不同企业类型看，也表现出明显的差异性，外资纯出口加工贸易企业的"两率"背离更大，但分类型行业之间的"两率"背离差异则下降。

第四章　增加值贸易本国收益影响因素分析

本章探讨增加值贸易对本国收益的影响因素。从生产的角度理出本国收益即本国属权增加值的基本关系式，并以基本关系式为基础理出总产出、就业人数、资本、中间投入、全要素生产率等影响本国属权增加值的基本因素。进一步从行业类别、企业资本结构、增加值率、不同类型劳动投入、研发投入等因素对本国增加值的影响。最后，运用工业企业数据和海关数据匹配获得的数据对各影响因素对本国增加值的影响进行实证分析。

第一节　增加值贸易出口中的本国收益

按照生产法对增加值的定义，增加值（Value – Added，VA）等于总产值（Added – Production，AP）减去中间投入（Intermediate – Input，II）。

$$VA = AP - II \tag{4-1}$$

从生产的角度看，总产出可以 C – D 生产函数刻画如下：

$$AP = AK^{\alpha}L^{\beta} \tag{4-2}$$

其中 K 为资本，L 为劳动。α 和 β 分别为资本和劳动的投入系数，且有 $\alpha > 0$，$\beta > 0$，且一般情况下有 $A > 0$。

根据前文关于增加值贸易出口属权分析，出口贸易带来的增加值可分为本国增加值（Domestic Value – Added，DVA）和外国增加值（Foreign Value – Added，FVA）。本国增加值为本国企业、个人、政府在出口贸易生产中获得的价值增加部分。

$$VA = DVA + FVA \tag{4-3}$$

$$DVA = VA - FVA \tag{4-4}$$

$$DVA = AP - II - FVA \tag{4-5}$$

而中间投入又可以分为本国中间投入（Domestic Intermediate – Input，DII）和外国中间投入（Foreign Intermediate – Input，FII）。外国中间投入在加工贸易生产方式下就等于加工贸易进口或进口中间投入（Import Intermediate – Input，IMII）。

$$II = DII + FII = DII + IMII \tag{4-6}$$

将式（4-1）（4-6）代入式（4-5）可得：

$$DVA = AP - DII - IMII - FVA \tag{4-7}$$

将式（4-2）（4-6）代入式（4-5）可得：

$$DVA = AK^{\alpha}L^{\beta} - DII - IMII - FVA \tag{4-8}$$

第二节 增加值贸易出口中本国收益基本影响因素分析

从上一节的理论分析中可知，从生产和统计的角度看，增加值贸易出口中影响本国增加值即本国收益的影响因素包括总产出、本国中间投入、外国中间投入和外国增加值。由生产函数可知，总产出又受到资本和劳动两类要素的投入量的影响。

一、本国增加值与总产出

出口形成的本国增加值来自于本国出口生产过程中的价值增值。从总量上看，出口增加值按属权分为本国增加值和外国增加值。因此，在给定增加值率和增加值构成系数（本国增加值/外国增加值，即前文中增加值贸易的属权结构）的情况下，本国增加值的绝对量必定随增加值总量的增加而增加。而增加值总量在给定增加值率的情况下，又随总产值的增加而增加。

令增加值构成系数为 γ，即 $DVA/FVA = \gamma$，$\gamma > 0$，则有 $FVA = \frac{1}{\gamma}DVA$。将之代入式（4-7）可得：

$$DVA = \frac{\gamma}{1+\gamma}(AP - DII - IMII)$$

从而有 $\frac{\partial DVA}{\partial AP} = \frac{\gamma}{1+\gamma} > 0$，即在给定增加值构成系数和中间投入（包括国内中间投入和国外中间投入）的情况下，本国增加值随着总产值的增加而增加。此式还表明，当给定中间投入的情况下，增加值构成系数 γ 越大，相同总产值增加（减少）会带来更多本国增加值增加（减少）。

二、本国增加值与就业人数

前文推论认为，在给定增加值率、中间投入、增加值构成系数的情况下，本国增加值随总产值的增加而增加。而总产值的大小取决于资本、劳动两类要素的投入量以及全要素生产率的水平。因此，在给定生产技术条件下，劳动边际生产力大于等于零的情况下，本国增加值随劳动投入数量的增加而增加。

类似地，将 $FVA = \frac{1}{\gamma}DVA$ 代入式（4-8）可得：

$$DVA = \frac{\gamma}{1+\gamma}(AK^{\alpha}L^{\beta} - DII - IMII) \tag{4-9}$$

上式两边对 L 求偏导可得：

$$\frac{\partial DVA}{\partial L} = \frac{\gamma}{1+\gamma}A\beta K^{\alpha}L^{\beta-1} > 0$$

由于 $A > 0, \alpha > 0, \beta > 0, K > 0, L > 0, \gamma > 0$，故上式最右边的不等号成立。即本国增加值随劳动投入量（就业人数）的增加而增加。

此外，由于在计算属权增加值时，我们把劳动者报酬全部归入本国增加值，因此从逻辑上看，在给定工资水平情况下，本国增加值与就业人数正相关。

三、本国增加值与资本投入

同样，在给定生产技术条件下，总产值随资本投入数量的增加而增加。因此，在给定生产技术、给定增加值率、中间投入、增加值构成系数的情况下，本国增加值与资本投入数量之间存在正向变动关系。

对式（4-9）两边对 K 求偏导可得：

$$\frac{\partial DVA}{\partial K} = \frac{\gamma}{1+\gamma} A\alpha K^{\alpha-1} L^{\beta} > 0$$

由于 $A>0, \alpha>0, \beta>0, K>0, L>0, \gamma>0$，故上式最右边的不等号成立。即国内增加值随资本投入量的增加（减少）而增加（减少）。

四、本国增加值与中间投入

生产法增加值核算中增加值为总产值减去中间投入，因此在给定总产值情况下，增加值随中间投入增加而减少。进而，在给定增加值构成系数的情况下，本国增加值随中间投入增加而减少。

类似地，将 $FVA = \frac{1}{\gamma} DVA$ 代入式（4-5）可得：

$$DVA = \frac{\gamma}{1+\gamma} AP - II$$

从而有 $\frac{\partial DVA}{\partial II} = -\frac{\gamma}{1+\gamma} < 0$，即在给定总产值和增加值构成系数的情况下，本国增加值与中间投入呈反向变动关系。此式还表明，当给定总产值的情况下，增加值构成系数 γ 越大，相同中间投入增加（减少）会带来更多本国增加值减少（增加）。

将 $FVA = \frac{1}{\gamma} DVA$ 代入式（4-7）可得，

$$DVA = \frac{\gamma}{1+\gamma} AP - DII - IMII$$

从而有 $\frac{\partial DVA}{\partial IMII} = -\frac{\gamma}{1+\gamma} < 0$，即在给定总产值、本国中间投入和增加值构成系数的情况下，本国增加值与进口中间投入呈反向变动关系。此式还表明，当给定总产值和本国中间投入的情况下，增加值构成系数 γ 越大，相同中间投入增加（减少）会带来更多本国增加值减少（增加）。

五、本国增加值与全要素生产率

全要素生产率是衡量生产效率或要素投入产出效率的指标,它反映生产过程中的技术进步。一般而言,在给定要素投入数量的条件下,全要素生产率越高总产值就越高,即总产值与全要素生产率呈正相关。因此,在给定要素投入量、增加值构成系数和中间投入的情况下,本国增加值将随着全要素生产率的提高而增加。

类似地,对式(4-9)两边分别对 A 求偏导,可得:

$$\frac{\partial DVA}{\partial A} = \frac{\gamma}{1+\gamma} K^{\alpha} L^{\beta} > 0$$

上式中 K、L、α、β、γ 均大于0,因此右边的不等号成立。此式表明,在给定增加值构成系数的情况下,本国增加值随全要素生产率的提高而增加。进一步对上式等号两边分别对 K 和 L 求偏导可得:

$$\frac{\partial^2 DVA}{\partial A \partial K} = \frac{\alpha \gamma}{1+\gamma} K^{\alpha-1} L^{\beta} > 0 \quad (4-10)$$

$$\frac{\partial^2 DVA}{\partial A \partial L} = \frac{\beta \gamma}{1+\gamma} K^{\alpha} L^{\beta-1} > 0 \quad (4-11)$$

显然上述两个不等号仍然成立。即在给定技术进步变化的情况下,本国增加值的变化大小与两类要素投入的改变量呈正相关关系。

进一步将式(4-10)和式(4-11)等号两边分别相除可得,

$$\frac{\partial^2 DVA / \partial A \partial K}{\partial^2 DVA / \partial A \partial L} = \frac{L}{K} \frac{\alpha}{\beta}$$

由上式可知,在给定技术进步变化的情况下,本国增加值随两类要素改变量变化的相对大小与两类要素投入的比例和投入产出系数之比均呈反比。

第三节 增加值贸易出口中本国收益其他影响因素

上一节从生产的角度分析了增加值贸易出口中本国收益的基本影响因素。本节将对其他因素对增加值贸易出口中本国收益的影响进行分析。

一、本国增加值与增加值构成（属权结构）

我们考察的是 28 个制造业行业的加工贸易企业。这 28 个制造业行业从要素密集型区分，可以分为劳动密集型、资本密集型和技术密集型三类。根据我们对本国增加值的定义，即劳动者报酬 + 生产税净额 + 本国资本投入比 ×（折旧 + 营业盈余），因此，在劳动工资给定的情况下，劳动投入较多的本国增加值就会较多。而在利率给定的情况，资本投入较多时，在给定本国资本投入比的条件下，来自资本收益部分的本国增加值较多，但考虑到增加值给定的情况下，按收入法核算的增加值存在此消彼长，即来自资本收益部分的本国增加值较多，但来自劳动报酬和生产税净额部分的本国增加值则会相对下降，因此，最后本国增加值部分是否增加要考虑资本投入增加带来的本国增加值的增加是否大于因此导致劳动者报酬和生产税净额下降带来的本国增加值下降。

进一步定义本国外国资本比 φ，由式（3-1）、式（4-3）可得：

$$DVA = \bar{w} \times L + T + \frac{\varphi}{1+\varphi} \times (\bar{r} \cdot K + \pi) \qquad (4-12)$$

其中 $\bar{w}$ 和 $\bar{r}$ 表示给定的工资率和利率。

根据定义可知，$FVA = \frac{1}{1+\varphi} \times (\bar{r} \cdot K + \pi)$。而前文定义 $DVA/FVA = \gamma$，因此有：

$$DVA = \frac{\gamma}{\gamma - \varphi} \times (\bar{w} \cdot L + T) \qquad (4-13)$$

和

$$DVA = \frac{\gamma}{1+\varphi} \times (\bar{r} \cdot K + \pi) \qquad (4-14)$$

不同要素密集型行业的 γ 各不相同，一般而言，劳动密集型行业要大于资本密集型行业和技术密集型行业。

对式（4-13）两边对 L 求偏导可得：

$$\frac{\partial DVA}{\partial L} = \bar{w} \times \frac{\gamma}{\gamma - \varphi} \qquad (4-15)$$

上式表明从收入法核算增加值的角度看，本国增加值随劳动投入数量变化的方向取决于增加值构成系数 γ 和本国外国资本投入比 φ 两个参数。若 $\gamma > \varphi$，即增加值构成系数大于本国外国资本投入比时，本国增加值随劳动投入数量增加而增加，若 $\varphi > \gamma$，即增加值构成系数小于本国外国资本投入比时，则本国增加值随劳动投入数量增加而减少。

对式（4-15）两边对 φ 求偏导可得：

$$\frac{\partial^2 DVA}{\partial L \partial \varphi} = \bar{w} \cdot \frac{\gamma}{(\gamma - \varphi)^2}$$

上式表明当 $\gamma \neq \varphi$ 时，本国外国资本投入比 φ 的提高，将使本国增加值随劳动投入增加而进一步增加。这种增加变化的大小取决于增加值构成系数 γ 的绝对值大小和本国外国资本投入比 φ、增加值构成系数 γ 的差距。增加值构成系数 γ 的绝对值越大、两者的绝对值的差距越小，则这种增加的变化就越大，反之亦然。

再对式（4-15）两边对 γ 求偏导可得：

$$\frac{\partial^2 DVA}{\partial L \partial \gamma} = \bar{w} \cdot \frac{-\varphi}{(\gamma - \varphi)^2}$$

上式表明当 $\gamma \neq \varphi$ 时，增加值构成系数 γ 的提高，将使本国增加值随劳动投入增加而递减。这种增加变化的大小取决于本国外国资本投入比 φ 绝对值的大小以及其与增加值构成系数 γ 两者绝对值差距的大小。本国外国资本投入比 φ 越大、两者绝对值差距越小，则这种增加的变化就越大，反之亦然。

对式（4-14）两边对 K 求偏导可得：

$$\frac{\partial DVA}{\partial K} = \bar{r} \cdot \frac{\gamma}{1 + \varphi} \tag{4-16}$$

上式表明从收入法核算增加值的角度看，本国增加值随资本投入数量增加而增加，其大小取决于增加值构成系数 γ 和本国外国资本投入 φ 比两个参数。

对式（4-16）两边对 φ 求偏导可得：

$$\frac{\partial^2 DVA}{\partial K \partial \varphi} = -\bar{r} \cdot \frac{\gamma}{(1 + \varphi)^2} < 0$$

上式右边不等号表明，本国外国资本投入比 φ 的提高，将使本国增加值随资本投入增加而引起的增加趋于减少。这种增加变化的大小取决于本国外国资

本投入比 φ 和增加值构成系数 γ 绝对值的大小。本国外国资本投入比 φ 的绝对值越大,则这种增加减少的越少,而增加值构成系数 γ 的绝对值越大,则这种增加减少的越多,反之亦然。

再对式(4-16)两边对 γ 求偏导可得:

$$\frac{\partial^2 DVA}{\partial K \partial \gamma} = \bar{r} \cdot \frac{1}{(1+\varphi)} > 0$$

上式右边不等号表明,增加值构成系数 γ 的提高,将使本国增加值随资本投入增加而进一步增加。这种增加变化的大小取决于本国外国资本投入比 φ 绝对值的大小,本国外国资本投入比 φ 越大,则这种增加的变化就越小,反之亦然。

二、本国增加值与企业资本结构

绝大部分加工贸易是由外商(港澳台)投资企业完成,但外商(港澳台)投资企业包括独资、合资、合作、股份等类型,因此企业存在着内外资资本结构的问题,我们延续前文中的本国外国资本投入比 φ 来反映内外资资本结构。

显然在给定增加值构成系数 γ 的情况下,本国外国资本投入比 φ 越高,本国增加值就越高。

对式(4-13)两边分别对 φ 求偏导可得:

$$\frac{\partial DVA}{\partial \varphi} = \frac{\gamma}{(\gamma - \varphi)^2} (\bar{w} \cdot L + T) \tag{4-17}$$

上式说明,当 $\gamma \neq \varphi$ 时,在给定增加值构成系数 γ、劳动工资及劳动投入量、生产税净额的情况下,本国增加值随本国外国资本投入比 φ 提高而增加。

进一步对式(4-17)两边分别对 φ 求偏导可得:

$$\frac{\partial^2 DVA}{\partial \varphi^2} = \frac{2\gamma}{(\gamma - \varphi)^3} (\bar{w} \cdot L + T)$$

上式表明,本国增加值随本国外国资本投入比 φ 提高而增加的增量随 φ 的增大而变化的方向是不确定的,取决于增加值构成系数 γ 和本国外国资本投

入比 φ 绝对值的大小关系。

对式（4-17）两边分别对 γ 求偏导可得：

$$\frac{\partial^2 DVA}{\partial \varphi \partial \gamma} = \frac{-\gamma - \varphi}{(\gamma - \varphi)^3}(\overline{w} \cdot L + T)$$

上式表明，本国增加值随本国外国资本投入比 φ 提高而增加的增量随 γ 的增大而变化的方向是不确定的，取决于增加值构成系数 γ 和本国外国资本投入比 φ 绝对值的大小关系。

对式（4-14）两边分别对 φ 求偏导可得：

$$\frac{\partial DVA}{\partial \varphi} = -\frac{\gamma}{(1+\varphi)^2}(\overline{r} \cdot K + \pi) < 0 \qquad (4-18)$$

上式右边不等号说明，在给定资本利率及资本投入量、营业盈余、增加值构成系数 γ 的情况下，本国增加值随本国外国资本投入比 φ 提高而减少。

对式（4-18）两边分别对 φ 求偏导可得：

$$\frac{\partial^2 DVA}{\partial \varphi^2} = -\frac{2\gamma}{(1+\varphi)^3}(\overline{r} \cdot K + \pi) < 0$$

上式右边的不等号说明，在给定资本利率及资本投入量、营业盈余、增加值构成系数的情况下，本国增加值随本国外国资本投入比 γ 提高而增加的增加量随 γ 提高而减少。

三、本国增加值与增加值率

在给定总产值的情况下，增加值率越高，增加值越高，那么，在给定增加值构成系数的情况下，增加值率越高，本国增加值也就越高。

设增加值率为 $\phi = VA/AP$，$0 < \phi < 1$，由式（4-3）和式（4-5）以及 $DVA/FVA = \gamma$，可得：

$$DVA = \frac{\phi\gamma}{\gamma - \phi - \phi\gamma} II \qquad (4-19)$$

对式（4-19）两边对 ϕ 求偏导可得：

$$\frac{\partial DVA}{\partial \phi} = \frac{\gamma^2(1-2\phi)}{(\gamma - \phi - \phi\gamma)^2} II$$

上式表明，当 $\phi < 0.5$ 时，本国增加值随增加值率提高而增加。

四、本国增加值与人力资本结构（不同技能劳动力）

人力资本理论将劳动分为不同类型，比如根据劳动力素质可以分为高技能劳动、低技能劳动等。

设企业就业人数中高技能劳动人数为 L_H 与低技能劳动人数为 L_L，则 $L_H + L_L = L$，改写式（4-2）可得：

$$AP = AK^{\alpha} L_H^{\beta_1} L_L^{\beta_2} \qquad (4-20)$$

式中，β_1 和 β_2 分别是高技能劳动和低技能劳动的投入系数。

进一步设两类劳动的投入比为 λ，$\lambda = L_H/L_L$，结合 $L_H + L_L = L$，将之代入式（4-20）可得：

$$AP = AK^{\alpha} \frac{\lambda^{\beta_1}}{(1+\lambda)^{\beta_1+\beta_2}} L^{\beta_1+\beta_2}$$

将之代入式（4-9）可得：

$$DVA = \frac{\gamma}{1+\gamma} \left[AK^{\alpha} \frac{\lambda^{\beta_1}}{(1+\lambda)^{\beta_1+\beta_2}} L^{\beta_1+\beta_2} - DII - IMII \right] \qquad (4-21)$$

分别对式（4-21）两边对 λ 求偏导可得：

$$\frac{\partial DVA}{\partial \lambda} = \frac{\beta_1 \lambda^{\beta_1-1} - \beta_2 \lambda^{\beta_1}}{(1+\lambda)^{\beta_1+\beta_2+1}} \times \frac{\gamma}{1+\gamma} \times AK^{\alpha} L^{\beta_1+\beta_2}$$

上式表明在给定劳动人数总量的情况下，本国增加值随高技能劳动和低技能劳动投入比的变化取决于 $\beta_1 \lambda^{\beta_1-1} - \beta_2 \lambda^{\beta_1}$ 的符号，若此式为正，则表明本国增加值随高技能劳动投入和低技能劳动投入比增加而增加。

进一步令 $\beta_1 \lambda^{\beta_1-1} - \beta_2 \lambda^{\beta_1} > 0$，容易得到当 $\lambda < \beta_1/\beta_2$，即高技能劳动和低技能劳动投入比小于两类劳动在生产中的投入系数的比值，即可满足上述条件。

五、本国增加值与研发投入

研发投入是现代经济增长中的重要因素，它带来技术进步，形成经济增长的技术动力。对于企业来说，研发投入能有效提升企业全要素生产率，并在提升要素利用效率的同时,促进产出增加和增值增加。因此,一般而言,在给定本国外国资本投入比的情况下,研发投入有助于提升本国增加值。

第四节　增加值贸易出口中本国收益影响因素实证分析

本节对本章第二节理论分析提出的影响因素运用匹配获得的2000—2006年企业层面的数据进行实证回归分析。

一、基本计量模型设定

根据前述理论分析,给出计量模型的基本式如下:

$$DVA_{it} = \alpha + \beta E_{it} + \theta X_{it} + \varepsilon_{it} \tag{4-22}$$

式中,E_{it}表示上述分析中提到的影响本国增加值的各类基本因素,X_{it}表示包括年份、地区、企业寿命等一系控制变量。α、β、θ为回归系数,ε_{it}为随机误差项。

二、数据来源及处理

本部分实证分析的数据来源与第二章进行企业层面属权增加值核算的数据来源一样,来自于中国工业企业数据库和海关数据库。考虑到数据的真实性仍然使用2000—2006年的数据。数据匹配处理方法与第二章相同,得到了2000—2006年增加值贸易出口企业的非平衡面板数据,共得到25153家企业72173个数据。

三、主要变量统计性描述

1. **本国增加值**

按照第三章的方法,我们通过三种方法计算获得了三个本国增加值,分别记为本国增加值①、本国增加值②和本国增加值③，统计性描述见表 4-1。

表 4-1　　　　　　　　本国增加值全样本统计性描述

	样本数	均值	标准差	最小值	最大值
本国增加值①	72173	15207.56	99960.23	-279000	9500000
本国增加值②	72173	29641.45	216000	-1760000	$2.31e+07$
本国增加值③	72173	18040.51	126000	-145000	$1.67e+07$

三种方法计算得到的本国增加值具有较高的相关性（见表 4-2）。

表 4-2　　　　三种测算方法获得的本国增加值之间的相关性

	本国增加值①	本国增加值②	本国增加值③
本国增加值①	1		
本国增加值②	0.6495	1	
本国增加值③	0.9045	0.7288	1

2. 总产值（工业产值）

将工业企业数据库中的工业产值（现价）作为总产值，统计性描述见表 4-3。

表 4-3　　　　　　　总产值（工业产值）全样本统计性描述

	样本数	均值	标准差	最小值	最大值
工业产值（现）	72173	168000	1020000	0	$8.23e+07$

3. 就业人数

将工业企业数据库中的从业人数作为就业人数，统计性描述见表 4-4。

表 4-4　　　　　　　就业人数（从业人数）全样本统计性描述

	样本数	均值	标准差	最小值	最大值
从业人数	72173	495.135	1050.72	0	71915

4. 资本投入

将工业企业数据库中的固定资产（合）作为资本投入，统计性描述见

表 4 – 5。

表 4 – 5　　　　　资本投入（固定资产）全样本统计性描述

	样本数	均值	标准差	最小值	最大值
固定资产（合）	72173	45755.38	254000	0	1.39e + 07

5. 全要素生产率

我们借鉴鲁晓东、连玉君（2012）对中国工业企业全要素生产率的估计方法，分别采用最小二乘法、FE 法、OP 法和 LP 法，在设定地区虚拟变量时分别采用新行政代码、省、地区（分为东中西）三种，对样本企业进行了全要素生产率估算，统计性描述见表 4 – 6。

表 4 – 6　　　　　全要素生产率全样本统计性描述

	样本数	均值	标准差	最小值	最大值
最小二乘法 ad	70426	4.183	1.153	– 5.238	10.513
最小二乘法 pr	70426	4.238	1.152	– 5.182	10.513
最小二乘法 ar	70426	4.284	1.151	– 5.134	10.513
FE 法 ad	70426	5.805	1.165	– 3.552	11.625
FE 法 pr	70426	5.812	1.165	– 3.545	11.633
FE 法 ar	70426	5.812	1.165	– 3.545	11.633
OP 法 ad	70426	4.909	1.147	– 4.484	10.713
OP 法 pr	70426	4.945	1.147	– 4.446	10.742
OP 法 ar	70426	5.048	1.148	– 4.34	10.823
LP 法 ad	70426	6.785	1.215	– 2.534	12.859
LP 法 pr	70426	6.834	1.218	– 2.482	12.922
LP 法 ar	70426	6.875	1.221	– 2.44	12.973

注：其中 ad 表示地区虚拟变量按工业企业数据库提供的新行政代码或省地县代码设定，pr 表示地区虚拟变量按分省设定，ar 表示地区虚拟变量按东中西设定。

总体上，同一方法下设置不同的地区虚拟变量估算得到的全要素生产率的均值都比较接近，相对而言，地区虚拟变量分类越少全要素生产率的均值越高。比较不同方法可知，采用 LP 法估算的全要素生产率均值最高，其次为 FE 法，再次为 OP 法，采用最小二乘法估计得到的全要素生产率的均值最小。

6. 中间投入

使用工业企业数据库提供的中间投入合计作为全部中间投入，统计性描述见表 4-7。

表 4-7　　　　　　　　　　中间投入全样本统计性描述

	样本数	均值	标准差	最小值	最大值
全部中间投入	72173	131000	819000	-7361	6.96e+07

作为加工贸易企业，其进口大多是中间产品，因此我们将海关数据库中合计的进口乘以各年人民币兑美元的中间汇率作为进口中间投入，统计性描述见表 4-8。

表 4-8　　　　　　　　　进口中间投入全样本统计性描述

	样本数	均值	标准差	最小值	最大值
进口中间投入	65806	3.82e+07	4.49e+08	31.887	6.21e+10

四、总产值、中间投入对本国增加值影响的实证分析

1. 总产值与全部中间投入

根据前文理论分析，考虑如下回归方程：

$$\ln DVA_{it} = \alpha_0 + \alpha_1 \ln GV_{it} + \alpha_2 \ln II_{it} + \alpha_3 X_{it} + \varepsilon_{it}$$

式中，下标 i 和 t 分别表示企业和时间，DVA_{it} 为本国增加值，GV_{it} 为总产值，II_{it} 为中间投入，X_{it} 为考虑到企业异质性的控制变量（包括资产规模、利润总额、销售收入等），ε_{it} 为随机扰动项。

对相关变量取对数后的统计特征见表 4-9。

使用面板数据进行回归分析时，需要进行 Hausman 检验以确定采用固定效应模型还是随机效应模型。检验结果为 Prob > chi2 = 0.000，表明在 1% 显著性水平下拒绝原假设，即拒绝随机效应，应该采用固定效应模型。

表 4-9 相关变量统计性描述

	样本数	均值	标准差	最小值	最大值
lnDVA	71602	8.513	1.294	0	16.067
lnGV	72169	10.657	1.365	3.638	18.226
lnII	72120	10.341	1.424	0	18.058

实际回归分析时，除控制了资产规模（lnTA）这一体现企业异质性的变量外，还分别控制了行业效应、省份效应、年份效应和企业的年龄效应。回归结果见表 4-10。

表 4-10 中的（1）栏为未控制任何效应，（2）—（5）栏分别单独控制了行业效应、省份效应、年份效应、企业年龄效应，（6）—（11）栏分别控制了这四个效应中的两个效应，（12）—（14）栏分别控制了这四个效应中的三个效应，（15）栏则控制了全部四个效应。比较可知，无论是否控制相关效应，总产值前的系数符合与预期一致，且均在 1% 水平显著。而在控制行业固定效应和/或省份固定效应的情况下，中间投入变量前的系数符号与预期一致，且在 5% 水平显著，但控制了年份固定效应和/或企业年龄固定效应下，则系数符号与预期一致，但统计不显著。说明中间投入对本国增加值的影响在区域和个体层面是明显的，但在时间层面不明显。

考虑到对变量取对数会导致部分国内增加值为负的样本数据被忽略，因此我们对原始数据进行回归作为对比。此时的计量模型为：

$$DVA_{it} = \alpha_0 + \alpha_1 GV_{it} + \alpha_2 II_{it} + \alpha_3 X_{it} + \varepsilon_{it}$$

Hausman 检验表明，仍应采用固定效应模型。类似地，实际回归分析时，除控制了资产规模（lnTA）体现企业异质性的变量外，还分别控制了行业效应、省份效应、年份效应和企业的年龄效应。回归结果见表 4-11。

对照各变量取对数的回归结果可知，（1）总产值和中间投入的系数符号仍与理论预期一致。（2）相比取对数的回归分析，中间投入回归系数的统计显著性提高且无论是否控制相关固定效应均达到 1% 水平显著。（3）总产值的回归系数绝对值有较大幅度下降，但中间投入的回归系数绝对值则有一定程度的提高。（4）与变量取对数回归类似，无论是否控制相关固定效应，总产值和中间投入前的回归系数变化较小，且控制年份固定效应和企业年龄固定效应

表 4-10　总产值、中间投入对本国增加值影响的实证结果（取对数）

	(1) lnDVA1	(2) lnDVA1	(3) lnDVA1	(4) lnDVA1	(5) lnDVA1	(6) lnDVA1	(7) lnDVA1	(8) lnDVA1	(9) lnDVA1	(10) lnDVA1	(11) lnDVA1	(12) lnDVA1	(13) lnDVA1	(14) lnDVA1	(15) lnDVA1
lnGV	0.542*** (61.20)	0.541*** (61.13)	0.542*** (61.20)	0.471*** (53.77)	0.483*** (54.57)	0.541*** (61.13)	0.482*** (54.67)	0.483*** (54.53)	0.471*** (53.77)	0.483*** (54.56)	0.460*** (52.27)	0.471*** (53.74)	0.483*** (54.53)	0.460*** (52.27)	0.459*** (52.24)
lnII	-0.0165** (-2.262)	-0.0161** (-2.206)	-0.0165** (-2.261)	-0.00551 (-0.776)	-0.00631 (-0.880)	-0.0160** (-2.205)	-0.00404 (-0.564)	-0.00605 (-0.843)	-0.00551 (-0.776)	-0.00631 (-0.879)	-0.00544 (-0.767)	-0.00532 (-0.749)	-0.00604 (-0.842)	-0.00544 (-0.767)	-0.00523 (-0.737)
lnTA	0.261*** (36.65)	0.260*** (36.54)	0.261*** (36.65)	0.189*** (26.62)	0.205*** (28.48)	0.260*** (36.53)	0.195*** (27.24)	0.204*** (28.42)	0.189*** (26.62)	0.205*** (28.47)	0.182*** (25.46)	0.189*** (26.56)	0.204*** (28.42)	0.182*** (25.46)	0.182*** (25.41)
常数项	0.177*** (2.718)	0.195* (1.730)	0.189* (1.913)	1.460*** (21.17)	0.672*** (9.559)	0.200 (1.487)	-107.4*** (-40.88)	0.644*** (5.629)	1.413*** (4.189)	0.657*** (6.496)	1.338*** (18.28)	1.388*** (3.977)	0.621*** (4.584)	1.292*** (3.824)	1.296*** (9.532)
行业固定	否	是	否	否	否	是	是	是	否	否	否	是	是	否	是
省份固定	否	否	是	是	否	是	否	否	是	是	否	是	否	是	是
年份固定	否	否	否	否	是	否	是	否	是	否	是	否	是	是	是
年龄固定	否	否	否	否	否	否	否	是	否	是	是	否	是	是	是
样本数	71546	71546	71546	71546	71490	71546	71546	71490	71546	71490	71490	71546	71490	71490	71490
R-squared	0.303	0.304	0.303	0.338	0.326	0.304	0.328	0.327	0.338	0.326	0.342	0.339	0.327	0.342	0.342
企业数	24816	24816	24816	24816	24802	24816	24816	24802	24816	24802	24802	24816	24802	24802	24802
F值	6772	679.8	4063	2651	250.6	637.3	735.8	193.3	2169	245.1	251.7	629.5	190.0	246.6	193.8

注：***、**、* 分别表示 1%、5% 和 10% 的水平上显著。括号内为 t 统计量。

表 4-11　总产值、中间投入对本国增加值影响的实证结果（原始数据）

	(1) DVA1	(2) DVA1	(3) DVA1	(4) DVA1	(5) DVA1	(6) DVA1	(7) DVA1	(8) DVA1	(9) DVA1	(10) DVA1	(11) DVA1	(12) DVA1	(13) DVA1	(14) DVA1	(15) DVA1
GV	0.0340*** (28.94)	0.0340*** (28.92)	0.0340*** (28.93)	0.0339*** (28.91)	0.0337*** (28.72)	0.0340*** (28.92)	0.0339*** (28.90)	0.0337*** (28.71)	0.0339*** (28.91)	0.0337*** (28.72)	0.0337*** (28.76)	0.0339*** (28.89)	0.0337*** (28.70)	0.0337*** (28.76)	0.0337*** (28.74)
II	-0.0268*** (-19.08)	-0.0268*** (-19.08)	-0.0268*** (-19.08)	-0.0268*** (-19.09)	-0.0270*** (-19.24)	-0.0268*** (-19.08)	-0.0268*** (-19.08)	-0.0270*** (-19.23)	-0.0268*** (-19.08)	-0.0270*** (-19.24)	-0.0271*** (-19.30)	-0.0268*** (-19.08)	-0.0270*** (-19.23)	-0.0271*** (-19.30)	-0.0271*** (-19.29)
TA	0.104*** (80.70)	0.104*** (80.69)	0.104*** (80.70)	0.104*** (79.84)	0.105*** (80.06)	0.104*** (80.69)	0.104*** (79.91)	0.105*** (80.06)	0.104*** (79.84)	0.105*** (80.06)	0.105*** (79.61)	0.104*** (79.84)	0.105*** (80.06)	0.105*** (79.61)	0.105*** (79.60)
常数项	-387.4** (-2.161)	-829.2 (-0.125)	-896.1 (-0.165)	-1016** (-2.142)	-1148 (-0.555)	662.7 (0.0261)	-907436*** (-5.057)	-1999 (-0.287)	-1565 (-0.287)	-1910 (-0.330)	2043 (0.951)	15.41 (0.000606)	800.8 (0.0314)	3151 (0.128)	523.1 (0.0592)
行业固定	否	是	否	否	否	是	是	是	否	否	否	是	是	否	是
省份固定	否	否	是	否	否	是	否	否	是	是	否	是	否	是	是
年份固定	否	否	否	是	否	否	是	否	是	否	是	是	否	是	是
年龄固定	否	否	否	否	是	否	否	是	否	是	是	否	是	是	是
样本数	72173	72173	72173	72173	72114	72173	72173	72114	72173	72114	72114	72173	72114	72114	72114
R-squared	0.298	0.298	0.298	0.299	0.303	0.298	0.299	0.303	0.299	0.303	0.303	0.299	0.303	0.303	0.303
企业数	24939	24939	24939	24939	24927	24939	24939	24927	24939	24927	24927	24939	24927	24927	24927
F	6690	668.9	4014	2235	227.1	627.1	648.5	174.6	1829	222.1	213.4	529.4	171.7	209	163.8

注：***、**、* 分别表示 1%、5% 和 10% 的水平上显著。括号内为 t 统计量。

使得总产值和中间投入前的回归系数趋于减小。

稳健性检验。采用增加值②和增加值③方法计算得到的本国增加值作为被解释变量。并分别以取对数和不取对数进行回归分析。结果表明（见表4-12）总产值和中间投入前的回归系数符号仍然与预期一致是，且在1%水平上显著性。

表4-12　　　　　　　　　　稳健性检验结果

	(1) lnDVA2	(2) lnDVA3	(3) DVA2	(4) DVA3
lnGV	1.870*** (161.5)	0.702*** (80.64)		
lnII	-0.993*** (-108.0)	-0.187*** (-26.70)		
lnTA	-0.000383 (-0.0420)	0.153*** (21.71)		
GV			0.874*** (821.9)	0.164*** (106.0)
II			-0.866*** (-681.3)	-0.182*** (-98.21)
TA			-0.0402*** (-33.75)	0.0983*** (56.66)
常数项	-0.576 (-1.344)	1.157*** (3.370)	5882 (0.255)	2482 (0.0738)
行业固定	是	是	是	是
省份固定	是	是	是	是
年份固定	是	是	是	是
年龄固定	是	是	是	是
样本数	68555	71600	72112	72112
R-squared	0.464	0.376	0.949	0.343
企业数	24450	24841	24926	24926
F	306.7	226.9	7129	198.1

注：***、**、*分别表示1%、5%和10%的水平上显著。括号内为 t 统计量。

2. 总产值与进口（外国）中间投入

进一步把中间投入区分为国内投入和国外投入，重点考察国外投入即进口中间投入对本国增加值的影响，并将各变量取自然对数，以使数据平稳。回归方程形式如下：

$$\ln DVA_{it} = \alpha_0 + \alpha_1 \ln GV_{it} + \alpha_2 \ln FII_{it} + \alpha_3 X_{it} + \varepsilon_{it}$$

式中，下标 i 和 t 分别表示企业和时间，DVA_{it} 表示本国增加值，GV_{it} 表示总产值，FII_{it} 表示国外中间投入，X_{it} 表示考虑到企业异质性的控制变量，ε_{it} 表示随机扰动项。

对相关变量取对数后的统计特征见表 4-13。

同样以 Hausman 检验以确定采用固定效应模型还是随机效应模型。检验结果为 Prob > chi2 = 0.000，表明在 1% 显著性水平下拒绝原假设，即拒绝随机效应，应该采用固定效应模型。

表 4-13　　　　　　　　　　相关变量统计性描述

	样本数	均值	标准差	最小值	最大值
lnDVA1	71602	8.513	1.294	0	16.067
lnGV	72169	10.657	1.365	3.638	18.226
lnFII	65806	14.695	2.216	3.462	24.853

实际回归分析时，除控制了资产规模（lnTA）体现企业异质性的变量外，还分别控制了行业效应、省份效应、年份效应和企业的年龄效应。回归结果见表 4-14。

回归结果表明，总产值前的回归系数符号仍然与理论预期一致且在 1% 水平显著，但进口中间投入前的回归系数符号与理论预期相反，可能是因为变量取对数后会导致部分国内增加值为负的样本数据被忽略，因此进一步对原始数据进行回归分析。

此时的计量模型为：

$$DVA_{it} = \alpha_0 + \alpha_1 GV_{it} + \alpha_2 FII_{it} + \alpha_3 X_{it} + \varepsilon_{it}$$

Hausman 检验表明：仍应采用固定效应模型。类似地，实际回归分析时，除控制了资产规模（lnTA）体现企业异质性的变量外，还分别控制了行业效应、省份效应、年份效应和企业的年龄效应。回归结果见表 4-15。

表 4-14　总产值、进口中间投入对本国增加值影响的实证结果（取对数）

	(1) lnDVA1	(2) lnDVA1	(3) lnDVA1	(4) lnDVA1	(5) lnDVA1	(6) lnDVA1	(7) lnDVA1	(8) lnDVA1	(9) lnDVA1	(10) lnDVA1	(11) lnDVA1	(12) lnDVA1	(13) lnDVA1	(14) lnDVA1	(15) lnDVA1
lnGV	0.488*** (81.91)	0.488*** (81.88)	0.488*** (81.91)	0.451*** (76.26)	0.457*** (76.12)	0.488*** (81.88)	0.464*** (78.30)	0.457*** (76.09)	0.451*** (76.25)	0.457*** (76.11)	0.437*** (73.12)	0.451*** (76.23)	0.457*** (76.08)	0.437*** (73.11)	0.437*** (73.09)
lnFII	0.0422*** (26.79)	0.0421*** (26.69)	0.0421*** (26.79)	0.0212*** (10.71)	0.0243*** (14.15)	0.0421*** (26.69)	0.0172*** (9.841)	0.0244*** (14.18)	0.0212*** (10.71)	0.0243*** (14.15)	0.0219*** (11.03)	0.0213*** (10.74)	0.0244*** (14.18)	0.0219*** (11.03)	0.0219*** (11.05)
lnTA	0.235*** (31.43)	0.235*** (31.36)	0.235*** (31.43)	0.184*** (24.69)	0.197*** (26.06)	0.235*** (31.36)	0.192*** (25.48)	0.197*** (26.02)	0.184*** (24.69)	0.197*** (26.06)	0.177*** (23.52)	0.184*** (24.64)	0.197*** (26.02)	0.177*** (23.52)	0.177*** (23.47)
常数项	0.245*** (3.604)	0.254** (2.159)	0.173 (0.510)	1.395*** (18.90)	0.645*** (8.679)	0.256* (1.828)	−97.06*** (−31.62)	0.633*** (5.253)	1.352*** (4.051)	0.659* (1.955)	1.278*** (16.34)	1.343*** (3.876)	0.667* (1.905)	1.292*** (11.95)	1.250*** (8.745)
行业固定	否	是	否	否	否	是	是	是	否	否	否	是	是	否	是
省份固定	否	否	是	否	否	是	否	否	是	是	否	是	是	是	是
年份固定	否	否	否	是	是	否	是	否	是	否	是	否	否	是	是
年龄固定	否	否	否	否	是	否	否	是	否	是	是	否	是	是	是
样本数	65302	65302	65302	65302	65251	65302	65302	65251	65302	65251	65251	65302	65251	65251	65251
R-squared	0.314	0.315	0.314	0.342	0.330	0.315	0.331	0.331	0.342	0.330	0.345	0.343	0.331	0.345	0.346
企业和	23118	23118	23118	23118	23106	23118	23118	23106	23118	23106	23106	23118	23106	23106	23106
F	6440	646.3	3864	2432	250.1	605.9	672.9	189.3	1990	244.2	249.4	577.7	186.0	243.9	188.7

注：***、**、*分别表示1%、5%和10%的水平上显著。括号内为t统计量。

第四章 增加值贸易本国收益影响因素分析

表 4-15　总产值、进口中间投入对本国增加值影响的实证结果（原始数据）

	(1) DVA1	(2) DVA1	(3) DVA1	(4) DVA1	(5) DVA1	(6) DVA1	(7) DVA1	(8) DVA1	(9) DVA1	(10) DVA1	(11) DVA1	(12) DVA1	(13) DVA1	(14) DVA1	(15) DVA1
GV	0.0230*** (43.96)	0.0230*** (43.93)	0.0230*** (43.96)	0.0231*** (44.07)	0.0225*** (42.79)	0.0230*** (43.93)	0.0231*** (44.01)	0.0225*** (42.76)	0.0231*** (44.04)	0.0225*** (42.79)	0.0225*** (42.79)	0.0231*** (44.03)	0.0225*** (42.76)	0.0225*** (42.79)	0.0225*** (42.76)
FII	$-2.46e-05$*** (-36.54)	$-2.46e-05$*** (-36.53)	$-2.46e-05$*** (-36.54)	$-2.49e-05$*** (-36.88)	$-2.46e-05$*** (-36.49)	$-2.46e-05$*** (-36.53)	$-2.49e-05$*** (-36.84)	$-2.46e-05$*** (-36.48)	$-2.49e-05$*** (-36.88)	$-2.46e-05$*** (-36.49)	$-2.47e-05$*** (-36.56)	$-2.49e-05$*** (-36.87)	$-2.46e-05$*** (-36.48)	$-2.47e-05$*** (-36.55)	$-2.47e-05$*** (-36.54)
TA	0.104*** (77.64)	0.104*** (77.64)	0.104*** (77.64)	0.103*** (76.64)	0.105*** (77.02)	0.104*** (77.64)	0.103*** (76.73)	0.105*** (77.02)	0.103*** (76.64)	0.105*** (77.02)	0.105*** (76.56)	0.103*** (76.63)	0.105*** (77.02)	0.105*** (76.56)	0.105*** (76.56)
常数项	-1330*** (-6.900)	-2153 (-0.299)	-154.2 (-0.00621)	-2336*** (-4.549)	-2437 (-1.069)	-684.3 (-0.0265)	$-1.269e+06$*** (-6.610)	-3482 (-0.462)	-228.2 (-0.00919)	-3351 (-0.544)	1055 (0.447)	-1283 (-0.0496)	-4530 (-0.478)	745.2 (0.120)	1341 (0.0517)
行业固定	否	是	否	否	否	是	是	是	否	否	否	是	是	否	是
省份固定	否	否	是	否	否	是	否	否	是	是	否	是	否	是	是
年份固定	否	否	否	是	否	否	是	否	是	否	是	是	否	是	是
年龄固定	否	否	否	否	是	否	否	是	否	是	是	否	是	是	是
样本数	65806	65806	65806	65806	65754	65806	65806	65754	65806	65754	65754	65806	65754	65754	65754
R-squared	0.318	0.318	0.318	0.319	0.323	0.318	0.319	0.323	0.319	0.323	0.324	0.319	0.323	0.324	0.324
企业数	23220	23220	23220	23220	23210	23220	23220	23210	23220	23210	23210	23220	23210	23210	23210
F	6625	662.5	3975	2217	244.2	621.0	643.1	184.3	1814	238.5	228.4	525.1	181.0	223.3	172.2

注：***、**、*分别表示1%、5%和10%的水平上显著。括号内为 t 统计量。

对照各变量取对数的回归结果可知：(1) 总产值的回归系数符号仍与理论预期一致且显著性未改变即1%水平统计显著。(2) 相比取对数的回归分析，进口中间投入回归系数的符号与理论预期一致，且在1%水平统计显著。(3) 总产值的回归系数绝对值有较大幅度下降。(4) 无论是否控制相关固定效应，总产值和进口中间投入前的回归系数变化较小，且控制年份固定效应和企业年龄固定效应使得总产值和进口中间投入前的回归系数趋于减小。

稳健性检验。同样采用增加值②和增加值③方法计算得到的本国增加值作为被解释变量，并分别以取对数和不取对数进行回归分析。结果表明（见表4-16），当取对数时，总产值回归系数前的符号与预期一致且在1%水平上统计显著，而进口中间投入回归系数前的符号与基准回归时一样和预期不一致。当不取对数时，总产值和进口中间投入前的回归系数符号与基准回归时一样和预期一致，且均在1%水平上统计显著。

表4-16　　　　　　　　稳健性检验结果

	(1) lnDVA2	(2) lnDVA3	(3) DVA2	(4) DVA3
lnGV	0.882*** (99.50)	0.505*** (85.09)		
lnII	0.00208 (0.723)	0.0191*** (9.731)		
lnTA	-0.0160 (-1.456)	0.143*** (19.15)		
GV			0.212*** (141.7)	0.0297*** (47.67)
II			$-4.76e-06$** (-2.482)	$-1.60e-05$*** (-20.06)
TA			-0.0595*** (-15.33)	0.0944*** (58.29)
常数项	-0.185 (-0.378)	1.021*** (7.208)	14710 (0.546)	-1115 (-0.0992)

续表

	(1) lnDVA2	(2) lnDVA3	(3) DVA2	(4) DVA3
行业固定	是	是	是	是
省份固定	是	是	是	是
年份固定	是	是	是	是
年龄固定	是	是	是	是
样本数	62554	65339	65752	65752
R – squared	0.313	0.369	0.497	0.292
企业数	22762	23136	23209	23209
F	154.5	210.2	358.0	149.7

注：***、**、*分别表示1%、5%和10%的水平上显著。括号内为 t 统计量。

五、资本和劳动投入对本国增加值影响的实证分析

1. 本国增加值与资本和劳动投入

根据前文理论分析，考虑如下回归方程：

$$\ln DVA_{it} = \alpha_0 + \alpha_1 \ln FA_{it} + \alpha_2 \ln EMP_{it} + \alpha_3 X_{it} + \varepsilon_{it}$$

其中，下标 i 和 t 分别表示企业和时间，DVA_{it} 为本国增加值，FA_{it} 为资本投入（固定资产投入），EMP_{it} 为劳动投入（就业人数），X_{it} 为考虑到企业异质性的控制变量（包括资产规模、利润总额、销售收入等），ε_{it} 为随机扰动项。

对相关变量取对数后的统计特征见表4-17。

表4-17　　　　　　　　相关变量统计性描述

	样本数	均值	标准差	最小值	最大值
lnDVA1	71600	8.513	1.294	0	16.067
lnFA	71902	9.133	1.667	0.693	16.448
lnEMP	72132	5.522	1.114	0	11.183

以 Hausman 检验以确定采用固定效应模型还是随机效应模型。检验结果为 Prob > chi2 = 0.000，表明在 1% 显著性水平下拒绝原假设，即拒绝随机效应，应该采用固定效应模型。

实际回归分析时，除控制了资产规模（lnTA）、销售收入（lnMBI）、利润总额（lnTP）等体现企业异质性的变量外，还分别控制了行业效应、省份效应、年份效应和企业的年龄效应。回归结果见表 4-18。

回归结果表明，资本投入与劳动投入前的回归系数符号符合理论预期，且无论是否控制相关固定效应均达到 1% 水平的统计显著性。比较各列回归结果可知，控制年份固定效应和企业年龄固定效应使资本投入项前的回归系数有较明显的增大，而行业固定效应和省份固定效应则对其影响不明显。控制企业年龄固定效应使劳动投入项前的回归系数有较明显的减小，单独的年份固定效应、行业固定效应和省份效应对其影响不明显，但行业固定效应和年份固定效应具有叠加效应（见第（7）栏），且年份固定效应对企业年龄固定效应有一定的抵销作用（见第（11）、（14）和（15）栏）。

考虑到对变量取对数会导致部分国内增加值为负的样本数据被忽略，因此对原始数据进行回归作为对比。此时的计量模型为：

$$DVA_{it} = \alpha_0 + \alpha_1 FA_{it} + \alpha_2 EMP_{it} + \alpha_3 X_{it} + \varepsilon_{it}$$

Hausman 检验表明，仍应采用固定效应模型。类似地，实际回归分析时，除控制了资产规模（TA）、销售收入（MBI）、利润总额（TP）等体现企业异质性的变量外，还分别控制了行业效应、省份效应、年份效应和企业的年龄效应。回归结果见表 4-19。

对照各变量取对数的回归结果可知，（1）资本投入项和劳动投入项前的系数符号仍与理论预期一致，且无论是否控制相关固定效应均达到 1% 水平显著。（2）相比取对数的回归分析，资本投入项前的回归系数明显变小，而劳动投入项前的回归系数则明显变大。（3）与变量取对数回归不同，控制年份固定效应和企业年龄固定效应使劳动投入项前的回归系数有较明显的减小，而行业固定效应和省份固定效应则对其影响不明显。控制企业年龄固定效应使资本投入项前的回归系数有较明显的减小，而年份固定效应、行业固定效应和省份效应对其影响不明显。

第四章 增加值贸易本国收益影响因素分析

表4-18 资本和劳动投入对本国增加值影响的实证结果（取对数）

	(1) lnDVA1	(2) lnDVA1	(3) lnDVA1	(4) lnDVA1	(5) lnDVA1	(6) lnDVA1	(7) lnDVA1	(8) lnDVA1	(9) lnDVA1	(10) lnDVA1	(11) lnDVA1	(12) lnDVA1	(13) lnDVA1	(14) lnDVA1	(15) lnDVA1
lnFA	0.0352*** (5.388)	0.0355*** (5.433)	0.0352*** (5.388)	0.0532*** (8.349)	0.0485*** (7.471)	0.0355*** (5.433)	0.0532*** (8.253)	0.0486*** (7.490)	0.0532*** (8.348)	0.0485*** (7.474)	0.0522*** (8.165)	0.0533*** (8.357)	0.0486*** (7.494)	0.0522*** (8.164)	0.0523*** (8.176)
lnEMP	0.282*** (39.67)	0.283*** (39.73)	0.282*** (39.67)	0.281*** (40.29)	0.270*** (38.10)	0.283*** (39.72)	0.265*** (37.71)	0.271*** (38.14)	0.281*** (40.29)	0.270*** (38.09)	0.282*** (40.23)	0.282*** (40.36)	0.271*** (38.14)	0.282*** (40.23)	0.283*** (40.29)
lnTA	0.144*** (15.62)	0.143*** (15.55)	0.144*** (15.61)	0.0634*** (6.864)	0.0900*** (9.634)	0.143*** (15.55)	0.0713*** (7.640)	0.0899*** (9.617)	0.0634*** (6.864)	0.0900*** (9.631)	0.0631*** (6.798)	0.0633*** (6.842)	0.0898*** (9.614)	0.0631*** (6.798)	0.0629*** (6.771)
lnMBI	0.448*** (58.03)	0.448*** (57.91)	0.448*** (58.03)	0.356*** (45.20)	0.391*** (49.62)	0.448*** (57.91)	0.379*** (48.00)	0.391*** (49.56)	0.356*** (45.20)	0.391*** (49.61)	0.350*** (44.22)	0.355*** (45.15)	0.391*** (49.56)	0.350*** (44.22)	0.350*** (44.16)
lnTP	0.0434*** (17.66)	0.0434*** (17.70)	0.0434*** (17.66)	0.0521*** (21.69)	0.0491*** (20.17)	0.0434*** (17.70)	0.0503*** (20.75)	0.0491*** (20.16)	0.0521*** (21.69)	0.0491*** (20.17)	0.0522*** (21.74)	0.0521*** (21.69)	0.0491*** (20.16)	0.0522*** (21.73)	0.0522*** (21.74)
常数项	0.0758 (1.011)	0.215* (1.751)	0.0859 (0.846)	1.620*** (19.46)	0.634*** (7.262)	0.221 (1.569)	−98.28*** (−32.26)	0.735*** (5.665)	1.624*** (15.25)	0.612*** (5.566)	1.381*** (15.11)	1.711*** (12.02)	0.780*** (2.480)	1.366*** (4.602)	1.465*** (9.954)
行业固定	否	是	否	否	否	是	是	是	否	否	否	是	是	否	是
省份固定	否	否	是	否	否	是	否	否	是	是	是	是	是	是	是
年份固定	否	否	否	是	否	否	是	否	是	否	是	是	否	是	是
年龄固定	否	否	否	否	是	否	否	是	否	是	是	否	是	是	是
样本数	52279	52279	52279	52279	52238	52279	52279	52238	52279	52238	52238	52279	52238	52238	52238
R−squared	0.365	0.366	0.365	0.398	0.384	0.366	0.386	0.385	0.398	0.384	0.402	0.399	0.385	0.402	0.402
企业数	20655	20655	20655	20655	20646	20655	20655	20646	20655	20646	20646	20655	20646	20646	20646
F	3629	568.9	2592	1903	234.0	535.4	601.6	177.5	1610	228.6	234.9	524.8	174.4	229.7	178.1

注：***、**、*分别表示1%、5%和10%的水平上显著。括号内为t统计量。

表 4-19　资本和劳动投入对本国增加值影响的实证结果（原始数据）

	(1) DVA1	(2) DVA1	(3) DVA1	(4) DVA1	(5) DVA1	(6) DVA1	(7) DVA1	(8) DVA1	(9) DVA1	(10) DVA1	(11) DVA1	(12) DVA1	(13) DVA1	(14) DVA1	(15) DVA1
FA	0.0172*** (7.621)	0.0172*** (7.610)	0.0172*** (7.621)	0.0177*** (7.842)	0.0145*** (6.231)	0.0172*** (7.610)	0.0178*** (7.861)	0.0145*** (6.217)	0.0177*** (7.842)	0.0145*** (6.231)	0.0144*** (6.203)	0.0177*** (7.829)	0.0145*** (6.217)	0.0144*** (6.203)	0.0144*** (6.189)
EMP	3.518*** (10.08)	3.493*** (10.00)	3.518*** (10.08)	3.098*** (8.831)	3.147*** (8.940)	3.493*** (10.000)	3.057*** (8.705)	3.122*** (8.861)	3.098*** (8.831)	3.147*** (8.940)	3.059*** (8.686)	3.074*** (8.754)	3.122*** (8.860)	3.059*** (8.686)	3.034*** (8.606)
TA	0.0381*** (25.94)	0.0382*** (25.95)	0.0381*** (25.94)	0.0369*** (25.06)	0.0384*** (25.93)	0.0382*** (25.95)	0.0370*** (25.13)	0.0384*** (25.95)	0.0369*** (25.06)	0.0384*** (25.93)	0.0379*** (25.60)	0.0370*** (25.08)	0.0384*** (25.95)	0.0379*** (25.59)	0.0379*** (25.62)
MBI	0.00706*** (17.51)	0.00706*** (17.50)	0.00706*** (17.51)	0.00709*** (17.61)	0.00690*** (17.07)	0.00706*** (17.50)	0.00710*** (17.63)	0.00690*** (17.05)	0.00709*** (17.61)	0.00690*** (17.07)	0.00688*** (17.03)	0.00708*** (17.59)	0.00690*** (17.05)	0.00688*** (17.02)	0.00687*** (17.00)
TP	0.445*** (153.9)	0.445*** (153.8)	0.445*** (153.9)	0.446*** (154.4)	0.445*** (153.5)	0.445*** (153.8)	0.446*** (154.3)	0.445*** (153.4)	0.446*** (154.4)	0.445*** (153.5)	0.445*** (153.7)	0.446*** (154.3)	0.445*** (153.4)	0.445*** (153.7)	0.445*** (153.7)
常数项	3188*** (15.70)	3782 (0.698)	2960 (0.669)	1794*** (4.461)	-34.60 (-0.0205)	3451 (0.493)	-1.568e+06*** (-10.67)	38.36 (0.00676)	1537 (0.347)	-676.7 (-0.144)	3858** (2.206)	1247 (0.178)	-711.7 (-0.0991)	3921 (0.827)	3503 (0.487)
行业固定	否	是	否	否	否	是	是	是	否	否	否	是	是	否	是
省份固定	否	否	是	否	否	否	否	否	是	是	否	是	是	是	是
年份固定	否	否	否	是	否	否	否	否	是	否	是	否	否	是	是
年龄固定	否	否	否	否	是	否	否	是	否	是	是	否	是	是	是
样本数	72171	72171	72171	72171	72112	72171	72171	72112	72171	72112	72112	72171	72112	72112	72112
R-squared	0.535	0.535	0.535	0.536	0.538	0.535	0.536	0.538	0.536	0.538	0.538	0.536	0.538	0.538	0.538
企业数	24938	24938	24938	24938	24926	24938	24938	24926	24938	24926	24926	24938	24926	24926	24926
F	10867	1697	7762	4966	601.6	1597	1653	463.8	4202	588.7	566.2	1365	456.1	554.7	435.7

注：***、**、*分别表示 1%、5% 和 10% 的水平上显著。括号内为 t 统计量。

稳健性检验。同样仍然采用增加值②和增加值③方法计算得到的本国增加值作为被解释变量,并分别以取对数和不取对数进行回归分析。结果表明(见表4-20),当取对数时,固定资产和就业人数前的回归系数符号与预期一致且在1%水平上统计显著。但当不取对数时,以增加值②方法计算得到的本国增加值作为被解释变量时固定资产前的回归系数符号与预期相反,而就业人数前的回归系数符号与预期一致,这可能与计算方法有关,因为按增加值②方法计算时,劳动者报酬作为差项得到,从而缩小了本国增加值来自资本项的收益,从而表现为本国增加值与固定资产之间表现为负相关。以增加值③方法计算得到的本国增加值作为被解释变量时固定资产前的回归系数表现为统计不显著,而就业人数前的回归系数符号与预期相反,产生这一结果的原因也可能与计算方法有关,因为按增加值③方法计算时,营业盈余作为差项得到,一定程度上扩大了本国增加值来自资本项的收益,从而使得本国增加值与就业人数之间表现为负相关。

表4-20 稳健性检验结果

	(1) lnDVA2	(2) lnDVA3	(3) DVA2	(4) DVA3
lnFA	0.0485*** (4.412)	0.0451*** (6.697)		
lnEMP	0.230*** (19.79)	0.246*** (33.58)		
lnTA	0.357*** (23.50)	0.0671*** (6.849)		
lnTP	0.0481*** (12.26)	0.0334*** (13.21)		
lnMBI		0.415*** (49.70)		
FA			-0.162*** (-18.59)	0.00220 (0.576)
EMP			86.24*** (65.33)	-3.710*** (-6.396)
TA			-0.0579*** (-10.44)	0.0455*** (18.66)

续表

	（1） lnDVA2	（2） lnDVA3	（3） DVA2	（4） DVA3
MBI			0.148*** （97.83）	0.0143*** （21.45）
TP			0.248*** （22.88）	0.423*** （88.65）
常数项	2.483*** （10.17）	1.327*** （4.047）	7426 （0.276）	2524 （0.213）
行业固定	是	是	是	是
省份固定	是	是	是	是
年份固定	是	是	是	是
年龄固定	是	是	是	是
样本数	49935	52213	72112	72112
R-squared	0.174	0.382	0.429	0.323
企业数	20233	20645	24926	24926
F	52.85	163.1	280.2	178.5

注：***、**、*分别表示1%、5%和10%的水平上显著。括号内为t统计量。

2. 外国增加值与资本劳动投入

就投入要素特别是劳动投入对属权增加值的影响，除了分析其对本国增加值的影响，还需要进一步关注其对外国增加值的影响。按照我们对属权增加值的分解和核算方式，劳动者报酬全部归属本国增加值，因此理论预期劳动投入对本国增加值产生正向影响。那么，作为对立面，劳动投入从逻辑上应该对外国增加值产生负向影响，即在给定增加值总额的情况下，劳动投入越多需要支付的劳动者报酬越多，从而外国增加值就越少。

由此，进一步实证考察劳动投入与外国增加值之间的关系。考虑如下回归方程：

$$\ln FVA_{it} = \alpha_0 + \alpha_1 \ln FA_{it} + \alpha_2 \ln EMP_{it} + \alpha_3 \ln VA_{it} + \varepsilon_{it}$$

式中，下标i和t分别表示企业和时间，FVA_{it}为外国增加值，FA_{it}为资本投入（固定资产投入），EMP_{it}为劳动投入（就业人数），VA_{it}为增加值总量（即本国增加值加上外国增加值），作为控制变量等，ε_{it}为随机扰动项。

对相关变量取对数后的统计特征见表4-21。

表 4-21　　　　　　　　　　　相关变量统计性描述

	样本数	均值	标准差	最小值	最大值
lnFVA1	60866	7.644	1.792	-3.935	15.909
lnFA	71902	9.133	1.667	0.693	16.448
lnEMP	72132	5.522	1.114	0	11.183
lnVA	70463	9.222	1.453	0	17.073

以 Hausman 检验以确定采用固定效应模型还是随机效应模型。检验结果为 Prob > chi2 = 0.000，表明在 1% 显著性水平下拒绝原假设，即拒绝随机效应，应该采用固定效应模型。

实际回归分析时，除控制了增加值总量外，还分别控制了行业效应、省份效应、年份效应和企业的年龄效应。回归结果见表 4-22。

回归结果表明，资本投入项前的回归系数符号仍然与理论预期一致且在 1% 水平显著，但劳动投入项前的回归系数符号与理论预期相反，可能是因为变量取对数后会导致部分外内增加值为负的样本数据被忽略，因此进一步对原始数据进行回归分析。

此时的计量模型为：

$$FVA_{it} = \alpha_0 + \alpha_1 FA_{it} + \alpha_2 EMP_{it} + \alpha_3 VA_{it} + \varepsilon_{it}$$

Hausman 检验表明，仍应采用固定效应模型。类似地，实际回归分析时，除控制了增加值总量（VA）外，还分别控制了行业效应、省份效应、年份效应和企业的年龄效应。回归结果见表 4-23。

对照各变量取对数的回归结果可知：（1）资本投入项前的回归系数符号仍与理论预期一致且显著性未改变即 1% 水平统计显著。（2）相比取对数的回归分析，劳动投入项前的回归系数与理论预期一致，即外国增加值与劳动投入呈反向变动的关系，且在 1% 水平统计显著。（3）资本投入项前的回归系数绝对值有较大幅度下降。（4）控制年份固定效应和企业年龄固定效应使劳动投入项前的回归系数有较明显的减小，而行业固定效应和省份固定效应则对其影响不明显。控制企业年龄固定效应使资本投入项前的回归系数有较明显的减小，而年份固定效应、行业固定效应和省份效应对其影响不明显。这一点与前面实证分析资本投入与劳动投入对本国增加值影响时类似。

表 4-22　资本和劳动投入对外国增加值影响的实证结果（取对数）

	(1) lnFVA1	(2) lnFVA1	(3) lnFVA1	(4) lnFVA1	(5) lnFVA1	(6) lnFVA1	(7) lnFVA1	(8) lnFVA1	(9) lnFVA1	(10) lnFVA1	(11) lnFVA1	(12) lnFVA1	(13) lnFVA1	(14) lnFVA1	(15) lnFVA1
lnEMP	0.236*** (19.21)	0.237*** (19.24)	0.236*** (19.21)	0.211*** (16.92)	0.208*** (16.67)	0.237*** (19.24)	0.209*** (16.73)	0.209*** (16.70)	0.211*** (16.92)	0.208*** (16.67)	0.202*** (16.13)	0.212*** (16.94)	0.209*** (16.70)	0.202*** (16.13)	0.202*** (16.16)
lnFA	0.230*** (22.18)	0.229*** (22.13)	0.230*** (22.18)	0.220*** (21.24)	0.212*** (20.29)	0.229*** (22.13)	0.221*** (21.33)	0.211*** (20.25)	0.220*** (21.24)	0.212*** (20.29)	0.205*** (19.68)	0.220*** (21.19)	0.211*** (20.25)	0.205*** (19.68)	0.205*** (19.64)
lnVA	0.418*** (60.70)	0.418*** (60.63)	0.418*** (60.70)	0.392*** (54.99)	0.394*** (55.80)	0.418*** (60.62)	0.395*** (55.77)	0.394*** (55.73)	0.392*** (54.99)	0.394*** (55.79)	0.385*** (53.85)	0.392*** (54.93)	0.394*** (55.73)	0.385*** (53.85)	0.385*** (53.79)
常数项	0.300*** (2.919)	0.679*** (3.351)	0.292* (1.766)	0.694*** (6.514)	0.245** (2.055)	0.666** (2.773)	-64.88*** (-12.89)	0.585*** (2.775)	0.685*** (4.099)	0.133 (0.228)	0.526*** (4.271)	0.910 (1.499)	0.566** (2.293)	0.352 (0.603)	0.679 (1.113)
行业固定	否	是	否	否	否	是	是	是	否	否	否	是	是	否	是
省份固定	否	否	是	否	否	是	否	否	是	是	否	是	是	是	是
年份固定	否	否	否	是	否	否	否	否	是	否	是	否	否	是	是
年龄固定	否	否	否	否	是	否	否	是	否	是	是	否	是	是	是
样本数	59805	59805	59805	59805	59757	59805	59805	59757	59805	59757	59757	59805	59757	59757	59757
R-squared	0.160	0.161	0.160	0.165	0.167	0.161	0.164	0.167	0.165	0.167	0.169	0.165	0.167	0.169	0.170
企业数	22510	22510	22510	22510	22497	22510	22510	22497	22510	22497	22497	22510	22497	22497	22497
F	2368	237.6	1421	816.8	85.55	222.7	236.4	65.51	668.2	83.62	81.44	194.1	64.38	79.72	62.28

注：***、**、*分别表示1%、5%和10%的水平上显著。括号内为t统计量。

第四章 增加值贸易本国收益影响因素分析

表 4-23　资本和劳动投入对外国增加值影响的实证结果（原始数据）

	(1) FVA1	(2) FVA1	(3) FVA1	(4) FVA1	(5) FVA1	(6) FVA1	(7) FVA1	(8) FVA1	(9) FVA1	(10) FVA1	(11) FVA1	(12) FVA1	(13) FVA1	(14) FVA1	(15) FVA1
EMP	-4.094*** (-9.200)	-4.091*** (-9.183)	-4.094*** (-9.200)	-4.436*** (-9.884)	-4.421*** (-9.823)	-4.091*** (-9.183)	-4.423*** (-9.847)	-4.416*** (-9.800)	-4.436*** (-9.884)	-4.421*** (-9.823)	-4.503*** (-9.989)	-4.431*** (-9.863)	-4.416*** (-9.800)	-4.503*** (-9.988)	-4.497*** (-9.966)
FA	0.0853*** (38.06)	0.0853*** (38.06)	0.0853*** (38.06)	0.0849*** (37.87)	0.0911*** (39.16)	0.0853*** (38.06)	0.0849*** (37.88)	0.0911*** (39.16)	0.0849*** (37.87)	0.0911*** (39.16)	0.0909*** (39.06)	0.0849*** (37.87)	0.0911*** (39.16)	0.0909*** (39.06)	0.0909*** (39.06)
VA	0.157*** (142.4)	0.157*** (142.4)	0.157*** (142.4)	0.157*** (142.4)	0.157*** (142.3)	0.157*** (142.4)	0.157*** (142.4)	0.157*** (142.2)	0.157*** (142.4)	0.157*** (142.3)	0.157*** (142.2)	0.157*** (142.3)	0.157*** (142.2)	0.157*** (142.2)	0.157*** (142.2)
常数项	1760*** (7.233)	1332 (0.199)	1865 (0.0756)	749.2 (1.514)	-5219** (-2.505)	1361 (0.0532)	-1.022e+06*** (-5.646)	-6318 (-0.902)	632.4 (0.115)	-5568 (-0.956)	-3671* (-1.698)	-394.5 (-0.0456)	-4930 (-0.192)	-3677 (-0.627)	-5035 (-0.566)
行业固定	否	是	否	否	否	是	是	是	否	否	否	是	是	否	是
省份固定	否	否	是	否	否	是	否	否	是	是	否	是	是	是	是
年份固定	否	否	否	是	否	否	否	否	是	否	是	否	否	是	是
年龄固定	否	否	否	否	是	否	否	是	否	是	是	否	是	是	是
样本数	72171	72171	72171	72171	72112	72171	72171	72112	72171	72112	72112	72171	72112	72112	72112
R-squared	0.352	0.352	0.352	0.352	0.355	0.352	0.352	0.355	0.352	0.355	0.355	0.352	0.355	0.355	0.355
企业数	24938	24938	24938	24938	24926	24938	24938	24926	24938	24926	24926	24938	24926	24926	24926
F	8546	854.5	5128	2855	290.7	801.0	828.5	223.0	2336	284.3	272.6	675.9	219.2	266.9	208.8

注：***、**、*分别表示1%、5%和10%的水平上显著。括号内为t统计量。

稳健性检验。同样仍然采用增加值②和增加值③方法计算得到的外国增加值作为被解释变量,并分别以取对数和不取对数进行回归分析。结果表明(见表4-24),当取对数时,固定资产和就业人数前的回归系数符号和基准回归时一样,与预期不一致。但当不取对数时,以增加值②方法计算得到的外国增加值作为被解释变量时固定资产和就业人数前的回归系数符号和基准回归一样与预期一致。以增加值③方法计算得到的外国增加值作为被解释变量时固定资产和就业人数前的回归系数符号与预期相反,产生这一结果的原因也可能与计算方法有关,因为按增加值③方法计算时,营业盈余作为差项得到,扩大了增加值中来自资本项收益的比重,而资本项的收益属于外国与本国按照资本投入比来划分的共享收益,外国增加值不仅与资本和劳动投入有关,也与外国资本投入比有关,在资本投入变动的情况下,尤其是资本投入比与资本项收益呈反向变动的情况下,就可能导致外国增加值与固定资产呈反向变动,而在总收益给定的情况下即总增加值给定的情况下,外国增加值与劳动投入(就业人数)之间呈现正相关。

表4-24 稳健性检验结果

	(1) lnDVA2	(2) lnDVA3	(3) DVA2	(4) DVA3
lnEMP	0.202*** (16.16)	0.163*** (11.22)		
lnFA	0.205*** (19.64)	0.196*** (15.97)		
lnVA	0.385*** (53.79)			
lnTP		0.214*** (43.40)		
EMP			-4.497*** (-9.966)	135.0*** (98.70)
FA			0.0909*** (39.06)	-0.161*** (-21.07)
VA			0.157*** (142.2)	

续表

	（1） lnDVA2	（2） lnDVA3	（3） DVA2	（4） DVA3
TP				0.854*** （84.60）
常数项	0.679 （1.113）	3.393*** （12.00）	-5035 （-0.566）	-22572 （-0.773）
行业固定	是	是	是	是
省份固定	是	是	是	是
年份固定	是	是	是	是
年龄固定	是	是	是	是
样本数	59757	47310	72112	72112
R-squared	0.170	0.147	0.355	0.297
企业数	22497	19541	24926	24926
F	62.28	40.83	208.8	160.1

注：***、**、*分别表示1％、5％和10％的水平上显著。括号内为t统计量。

六、全要素生产率对本国增加值影响的实证分析

根据前文理论分析，考虑如下回归方程：

$$\ln DVA_{it} = \alpha_0 + \alpha_1 tfp_{it} + \alpha_2 \ln FA_{it} + \alpha_3 \ln EMP_{it} + \alpha_4 X_{it} + \varepsilon_{it}$$

式中，下标i和t分别表示企业和时间，DVA_{it}为本国增加值，tfp_{it}为企业全要素生产率，FA_{it}为资本投入（固定资产投入），EMP_{it}为劳动投入（就业人数），后两项作为控制变量，ε_{it}为随机扰动项。

对相关变量取对数后的统计特征如下：

表4-25　　　　　　　相关变量统计性描述

	样本数	均值	标准差	最小值	最大值
lnDVA1	71600	8.513	1.294	0	16.067
tfp_ols_pr	70424	4.238	1.152	-5.182	10.513
lnFA	71902	9.133	1.667	0.693	16.448
lnEMP	72132	5.522	1.114	0	11.183

此处，我们选择以省份作为地区虚拟变量的 ols 回归估计得到的全要素生产率作为基准回归的变量数值。

以 Hausman 检验以确定采用固定效应模型还是随机效应模型。检验结果为 Prob > chi2 = 0.000，表明在 1% 显著性水平下拒绝原假设，即拒绝随机效应，应该采用固定效应模型。

实际回归分析时，除控制了资本投入和劳动投入外，还分别控制了行业效应、省份效应、年份效应和企业的年龄效应。回归结果见表 4 – 26。

回归结果表明，全要素生产率前的回归系数符号符合理论预期，且无论是否控制相关固定效应均达到 1% 水平的统计显著性。比较各列回归结果可知，控制年份固定效应和企业年龄固定效应使全要素生产率项前的回归系数有较明显的减小，而且这两个固定效应有一定的同向叠加效应，而行业固定效应和省份固定效应则对全要素生产率项的回归系数的影响不明显。对于选取的两个控制变量，其回归系数在控制四个固定效应时有类似的变化。

考虑到对变量取对数会导致部分国内增加值为负的样本数据被忽略，因此对原始数据进行回归作为对比（其中全要素生产率相应换算为自然指数为底的指数）。此时的计量模型为：

$$DVA_{it} = \alpha_0 + \alpha_1 TFP_{it} + \alpha_2 FA_{it} + \alpha_3 EMP_{it} + \alpha_4 X_{it} + \varepsilon_{it}$$

Hausman 检验表明，仍应采用固定效应模型。类似地，实际回归分析时，除控制了资本投入和劳动投入外，还分别控制了行业效应、省份效应、年份效应和企业的年龄效应。回归结果见表 4 – 27。

对照各变量取对数的回归结果可知，（1）全要素生产率项前的回归系数符号仍与理论预期一致且显著性未改变即 1% 水平统计显著。（2）劳动投入项和资本投入项前的回归系数符号仍与理论预期一致，且在 1% 水平统计显著。（3）相比取对数的回归分析，全要素生产率项前的回归系数绝对值有较大提高，劳动投入项前的回归系数绝对值也有较大幅度提高，但资本投入项前回归系数绝对值有较大幅度下降。（4）控制年份固定效应使得全要素生产率前的回归系数产生缩小效应，而企业年龄固定效应使得全要素生产率前的回归系数产生明显的扩大效应。而行业固定效应和省份固定效应则对其影响不明显。

表 4-26　全要素生产率对本国增加值影响的实证结果（取对数）

	(1) lnDVA1	(2) lnDVA1	(3) lnDVA1	(4) lnDVA1	(5) lnDVA1	(6) lnDVA1	(7) lnDVA1	(8) lnDVA1	(9) lnDVA1	(10) lnDVA1	(11) lnDVA1	(12) lnDVA1	(13) lnDVA1	(14) lnDVA1	(15) lnDVA1
tfp_ols_pr	0.263*** (79.80)	0.263*** (79.67)	0.263*** (79.80)	0.214*** (65.43)	0.227*** (68.58)	0.263*** (79.67)	0.225*** (68.52)	0.226*** (68.52)	0.214*** (65.43)	0.227*** (68.57)	0.208*** (63.48)	0.214*** (65.38)	0.226*** (68.51)	0.208*** (63.48)	0.208*** (63.42)
lnFA	0.134*** (25.55)	0.134*** (25.49)	0.134*** (25.55)	0.116*** (23.01)	0.119*** (23.11)	0.133*** (25.49)	0.122*** (23.93)	0.119*** (23.07)	0.116*** (23.01)	0.119*** (23.11)	0.109*** (21.54)	0.115*** (22.95)	0.119*** (23.07)	0.109*** (21.54)	0.109*** (21.49)
lnEMP	0.665*** (110.3)	0.665*** (110.2)	0.665*** (110.3)	0.587*** (98.18)	0.595*** (97.16)	0.665*** (110.2)	0.585*** (96.67)	0.595*** (97.12)	0.587*** (98.18)	0.595*** (97.15)	0.579*** (95.89)	0.587*** (98.16)	0.595*** (97.12)	0.579*** (95.89)	0.579*** (95.86)
常数项	2.506*** (48.82)	2.616*** (25.14)	2.518*** (28.14)	3.209*** (63.48)	2.408*** (42.96)	2.601*** (7.455)	-128.5*** (-51.26)	2.460*** (23.54)	3.253*** (10.06)	2.531*** (7.683)	2.931*** (51.68)	3.301*** (9.862)	2.602*** (7.628)	2.965*** (9.167)	3.009*** (8.986)
行业固定	否	是	否	否	否	是	是	是	否	否	否	是	是	否	是
省份固定	否	否	是	否	否	是	否	否	是	是	否	是	否	是	是
年份固定	否	否	否	是	是	否	是	否	否	否	是	否	否	是	是
年龄固定	否	否	否	否	是	否	否	是	否	是	是	否	是	是	是
样本数	69727	69727	69727	69727	69674	69727	69727	69674	69727	69674	69674	69727	69674	69674	69674
R-squared	0.306	0.307	0.306	0.362	0.343	0.307	0.346	0.344	0.362	0.343	0.367	0.363	0.344	0.367	0.368
企业数	24502	24502	24502	24502	24490	24502	24502	24490	24502	24490	24490	24502	24490	24490	24490
F	6635	666.0	3981	2854	264.4	624.3	772.0	203.3	2335	258.6	275.7	677.3	199.9	270.0	211.7

注：***、**、*分别表示1%、5%和10%的水平上显著。括号内为t统计量。

表 4-27　全要素生产率对本国增加值影响的实证结果（原始值）

	(1) DVA1	(2) DVA1	(3) DVA1	(4) DVA1	(5) DVA1	(6) DVA1	(7) DVA1	(8) DVA1	(9) DVA1	(10) DVA1	(11) DVA1	(12) DVA1	(13) DVA1	(14) DVA1	(15) DVA1
TFP	10.80*** (22.86)	10.80*** (22.85)	10.80*** (22.85)	10.51*** (22.24)	11.19*** (23.15)	10.80*** (22.85)	10.61*** (22.47)	11.19*** (23.14)	10.51*** (22.24)	11.19*** (23.15)	10.96*** (22.66)	10.52*** (22.23)	11.19*** (23.14)	10.96*** (22.66)	10.96*** (22.65)
FA	0.0853*** (32.81)	0.0853*** (32.81)	0.0853*** (32.81)	0.0842*** (32.44)	0.0834*** (30.95)	0.0853*** (32.81)	0.0844*** (32.49)	0.0834*** (30.95)	0.0842*** (32.44)	0.0834*** (30.95)	0.0825*** (30.62)	0.0842*** (32.43)	0.0834*** (30.94)	0.0825*** (30.62)	0.0825*** (30.61)
EMP	19.37*** (40.83)	19.36*** (40.76)	19.37*** (40.83)	18.51*** (38.64)	18.90*** (39.41)	19.36*** (40.76)	18.51*** (38.60)	18.89*** (39.34)	18.51*** (38.64)	18.90*** (39.41)	18.61*** (38.75)	18.50*** (38.57)	18.89*** (39.34)	18.61*** (38.75)	18.59*** (38.67)
常数项	229.9 (0.790)	2293 (0.298)	-182.0 (-0.0293)	-2142*** (-3.681)	-8583*** (-3.427)	1833 (0.185)	-2.510e+06*** (-11.94)	-7300 (-0.902)	-2575 (-0.413)	-4202 (-0.148)	-2349 (-0.906)	-1980 (-0.200)	-2829 (-0.0963)	-797.2 (-0.0282)	-389.7 (-0.0133)
行业固定	否	是	否	否	否	是	是	是	否	否	否	是	是	否	是
省份固定	否	否	是	否	否	是	否	否	是	是	否	是	是	是	是
年份固定	否	否	否	是	否	否	否	否	是	否	是	否	否	是	是
年龄固定	否	否	否	否	是	否	否	是	否	是	是	否	是	是	是
样本数	70424	70424	70424	70424	70370	70424	70424	70370	70424	70370	70370	70424	70370	70370	70370
R-squared	0.082	0.082	0.082	0.085	0.089	0.082	0.085	0.089	0.085	0.089	0.091	0.085	0.089	0.091	0.091
企业数	24627	24627	24627	24627	24616	24627	24627	24616	24627	24616	24616	24627	24616	24616	24616
F	1358	135.8	814.5	471.9	50.06	127.3	136.4	38.41	386.1	48.96	48.13	111.8	37.75	47.13	36.87

注：***、**、* 分别表示 1%、5% 和 10% 的水平上显著。括号内为 t 统计量。

稳健性检验。我们采用增加控制变量和以不同方法计算得到主解释变量这两个方面进行稳健性检验。表4-28中第（1）栏为增加了控制变量总产值，第（2）栏为增加了控制变量利润总额，第（3）栏为增加了这两个控制变量。从回归结果看，全要素生产率前的回归系数绝对值有所减少，但符号和显著性仍然不变。第（4）—（6）栏则是改变了全要素生产率的计算方法，分别采用省份虚拟变量下的固定效应法、OP法和LP法计算得到的全要素生产率，从回归结果看，全要素生产率前的回归系数的符号、值和显著性都没有改变。说明无论增加控制变量，还是改变全要素生产率计算方法，全要素生产率对本国增加值的影响均为正且显著稳健。

表4-28　　　　　　　　稳健性检验结果

	（1）lnDVA1	（2）lnDVA1	（3）lnDVA1	（4）lnDVA1	（5）lnDVA1	（6）lnDVA1
tfp_ols_pr	0.194*** (58.35)	0.177*** (41.07)	0.166*** (38.27)			
tfp_fe_pr				0.166*** (38.27)		
tfp_op_pr					0.166*** (38.27)	
tfp_lp_pr						0.166*** (38.27)
lnFA	0.0496*** (8.791)	0.103*** (17.90)	0.0561*** (8.689)	0.0561*** (8.689)	0.0561*** (8.689)	0.0561*** (8.689)
lnEMP	0.544*** (87.81)	0.496*** (67.65)	0.471*** (62.95)	0.423*** (59.80)	0.449*** (61.77)	0.393*** (56.67)
lnTA	0.176*** (23.15)		0.142*** (15.73)	0.142*** (15.73)	0.142*** (15.73)	0.142*** (15.73)
lnTP		0.0703*** (29.80)	0.0658*** (27.80)	0.0658*** (27.80)	0.0658*** (27.80)	0.0658*** (27.80)
常数项	1.994*** (5.939)	3.249*** (23.89)	2.433*** (16.77)	2.433*** (16.77)	2.467*** (7.945)	2.433*** (16.77)
行业固定	是	是	是	是	是	是

续表

	（1）lnDVA1	（2）lnDVA1	（3）lnDVA1	（4）lnDVA1	（5）lnDVA1	（6）lnDVA1
省份固定	是	是	是	是	是	是
年份固定	是	是	是	是	是	是
年龄固定	是	是	是	是	是	是
样本数	69674	51657	51657	51657	51657	51657
R-squared	0.376	0.390	0.395	0.395	0.395	0.395
企业数	24490	20535	20535	20535	20535	20535
F	216.7	168.3	170.2	170.2	170.2	170.2

注：***、**、*分别表示1%、5%和10%的水平上显著。括号内为t统计量。

第五节　增加值贸易出口中本国收益其他影响因素实证分析

上一节对增加值贸易出口中本国收益的基本影响因素进行了实证分析。本节将对其他因素对增加值贸易出口中本国收益的影响进行实证分析。

一、基本计量模型设定

根据前述理论分析，仍然采用以下计量模型的基本式：

$$DVA_{it} = \alpha + \beta E_{it} + \theta X_{it} + \varepsilon_{it}$$

式中，E_{it}表示上述分析中提到的影响本国增加值的各类基本因素，X_{it}表示包括年份、地区、企业寿命等一系控制变量。α、β、θ为回归系数，ε_{it}为随机误差项。

二、数据来源及处理

本部分实证分析的数据来源与第三章进行企业层面属权增加值核算的数据来源一样，来自于中国工业企业数据库和海关数据库。考虑到数据的真实性仍然使用 2000—2006 年的数据。数据匹配处理方法与第三章相同，得到了 2000—2006 年增加值贸易出口企业的非平衡面板数据，共得到 25153 家企业 72173 个数据。

三、主要变量统计性描述

本国增加值、外国增加值、总产值、就业人数、资本投入等基本变量的统计性描述同本章第四节。本节其他变量的统计性描述如下。

1. 本国外国资本投入比

我们以实收资本中本国资本与外国资本投入之比作为本国外国资本投入比，统计描述见表 4-29。

表 4-29　　　　　　本国外国资本投入比统计性描述

	样本数	均值	标准差	最小值	最大值
φ	72173	0.878	28.672	-5.468	6649

2. 增加值构成系数

根据上文定义，增加值构成系数为本国增加值与外国增加值之比，按照三种方法计算加工贸易出口增加值构成，得到三个增加值构成系数，统计描述见表 4-30。

表 4-30　　　　　　增加值构成系数统计性描述

	样本数	均值	标准差	最小值	最大值
γ_1	72093	8.39	1058.379	-17600	281000
γ_2	72093	12.492	1403.028	-28800	371000
γ_3	72162	2.627	131.38	-6707.965	25536.97

四、本国增加值与行业类别

首先验证基本影响因素对不同类别行业本国增加值的影响。仍然采用式（4-22）这一基本计量模型，并主要考察资本投入与劳动投入在不同类别行

业对本国增加值的影响。考虑如下回归方程,并进行分行业类别回归:

$$\ln DVA_{it} = \alpha_0 + \alpha_1 \ln FA_{it} + \alpha_2 \ln EMP_{it} + \alpha_3 X_{it} + \varepsilon_{it}$$

式中,下标 i 和 t 分别表示企业和时间,DVA_{it} 为本国增加值,FA_{it} 为资本投入(固定资产投入),EMP_{it} 为劳动投入(就业人数),X_{it} 为考虑到企业异质性的控制变量,包括资产规模、利润总额、销售收入等,ε_{it} 为随机扰动项。

分要素密集型行业对本国增加值的统计特征见表 4-31。

表 4-31　　　　　分要素密集型行业本国增加值统计性描述

	样本数	均值	标准差	最小值	最大值
劳动密集型	41347	9812.448	28672.98	-150000	1970000
资本密集型	10180	17203.21	124000	-279000	6780000
技术密集型	20644	25030.12	160000	-249000	9500000

以 Hausman 检验以确定采用固定效应模型还是随机效应模型。检验结果均为 Prob > chi2 = 0.000,表明在 1% 显著性水平下拒绝原假设,即拒绝随机效应,应该采用固定效应模型。

实际回归分析时,除控制了资产规模(lnTA)、销售收入(lnMBI)、利润总额(lnTP)等体现企业异质性的变量外,还分别控制了行业效应、省份效应、年份效应和企业的年龄效应。回归结果见表 4-32、表 4-33 和表 4-34。从回归结果可知,无论哪类行业,劳动投入(就业人数)前的回归系数均在 1% 水平统计显著且符号与理论预期一致,说明无论哪类要素密集型行业本国增加值与劳动投入间存在着显著正相关性。但资本投入(固定资产)前的回归系数仅劳动密集型行业无论是否控制相关固定效应均在 1% 水平统计显著且符号与理论预期一致,而资本密集型行业在控制年份固定效应的情况下在 10% 水平统计显著且符号与理论预期一致,技术密集型行业在控制年份固定效应和/或企业年龄固定效应的情况下在 1% 水平统计显著且符号与理论预期一致。说明本国增加值与资本投入的关系在不同要素密集型行业之间存在着一定的差异,这种差异从一个侧面证明在加工贸易过程中,以本国增加值为表征的本国收益主要来自于劳动报酬。进一步比较不同类型行业劳动投入前的回归系数可知,劳动密集型行业劳动投入前的系数显著大于资本密集型行业和技术密集型行业,反映了不同要素密集型行业的特征。

表4–32　劳动密集型行业本国增加值影响因素实证结果

	(1) lnDVA1	(2) lnDVA1	(3) lnDVA1	(4) lnDVA1	(5) lnDVA1	(6) lnDVA1	(7) lnDVA1	(8) lnDVA1	(9) lnDVA1	(10) lnDVA1	(11) lnDVA1	(12) lnDVA1	(13) lnDVA1	(14) lnDVA1	(15) lnDVA1
lnFA	0.0468*** (5.759)	0.0473*** (5.830)	0.0468*** (5.758)	0.0620*** (7.842)	0.0611*** (7.584)	0.0473*** (5.830)	0.0625*** (7.895)	0.0615*** (7.635)	0.0620*** (7.841)	0.0612*** (7.589)	0.0628*** (7.900)	0.0625*** (7.894)	0.0616*** (7.641)	0.0628*** (7.901)	0.0633*** (7.955)
lnEMP	0.290*** (33.08)	0.290*** (33.08)	0.290*** (33.08)	0.290*** (33.75)	0.282*** (32.26)	0.290*** (33.08)	0.290*** (33.75)	0.282*** (32.25)	0.290*** (33.74)	0.282*** (32.25)	0.294*** (33.93)	0.290*** (33.75)	0.282*** (32.24)	0.294*** (33.93)	0.294*** (33.93)
lnTA	0.112*** (9.515)	0.111*** (9.483)	0.112*** (9.514)	0.0374*** (3.195)	0.0601*** (5.080)	0.111*** (9.481)	0.0373*** (3.188)	0.0600*** (5.074)	0.0374*** (3.195)	0.0600*** (5.077)	0.0376*** (3.201)	0.0373*** (3.187)	0.0600*** (5.070)	0.0376*** (3.201)	0.0375*** (3.188)
lnMBI	0.447*** (45.08)	0.446*** (44.96)	0.447*** (45.08)	0.362*** (36.16)	0.397*** (39.57)	0.446*** (44.96)	0.361*** (36.11)	0.396*** (39.49)	0.362*** (36.16)	0.397*** (39.56)	0.360*** (35.78)	0.361*** (36.11)	0.396*** (39.48)	0.360*** (35.77)	0.359*** (35.71)
lnTP	0.0424*** (13.67)	0.0425*** (13.68)	0.0424*** (13.67)	0.0501*** (16.55)	0.0482*** (15.65)	0.0425*** (13.68)	0.0501*** (16.54)	0.0482*** (15.64)	0.0501*** (16.55)	0.0482*** (15.65)	0.0503*** (16.53)	0.0501*** (16.53)	0.0482*** (15.64)	0.0503*** (16.53)	0.0503*** (16.52)
常数项	0.319*** (3.122)	0.364* (1.783)	0.327*** (2.778)	1.709*** (15.65)	0.776*** (6.707)	0.368* (1.731)	1.691*** (8.318)	0.778*** (3.728)	1.683*** (5.972)	0.755*** (5.869)	1.444*** (12.03)	1.690*** (8.012)	0.753*** (3.482)	1.440*** (10.84)	1.421*** (6.554)
行业固定	否	是	否	否	否	是	是	是	否	否	否	是	是	否	是
省份固定	否	否	是	否	否	是	否	否	是	是	否	是	否	是	是
年份固定	否	否	否	是	否	否	是	否	是	否	是	否	是	是	是
年龄固定	否	否	否	否	是	否	否	是	否	是	是	否	是	是	是
样本数	29598	29598	29598	29598	29569	29598	29598	29569	29598	29569	29569	29598	29569	29569	29569
R-squared	0.339	0.340	0.339	0.376	0.363	0.340	0.377	0.364	0.376	0.363	0.380	0.377	0.364	0.380	0.381
企业数	11859	11859	11859	11859	11854	11859	11859	11854	11859	11854	11854	11859	11854	11854	11854
F	1820	507.0	1300	972.4	129.1	456.3	446.6	110.9	822.7	125.8	128.9	412.2	108.5	125.8	109.5

注：***，**，* 分别表示1%，5%和10%的水平上显著。括号内为 t 统计量。

表 4-33　资本密集型行业本国增加值影响因素实证结果

	(1) lnDVA1	(2) lnDVA1	(3) lnDVA1	(4) lnDVA1	(5) lnDVA1	(6) lnDVA1	(7) lnDVA1	(8) lnDVA1	(9) lnDVA1	(10) lnDVA1	(11) lnDVA1	(12) lnDVA1	(13) lnDVA1	(14) lnDVA1	(15) lnDVA1
lnFA	0.00679 (0.354)	0.00664 (0.346)	0.00679 (0.354)	0.0333* (1.748)	0.0149 (0.766)	0.00664 (0.346)	0.0329* (1.724)	0.0143 (0.736)	0.0333* (1.748)	0.0149 (0.766)	0.0273 (1.423)	0.0329* (1.724)	0.0143 (0.736)	0.0273 (1.423)	0.0268 (1.392)
lnEMP	0.216*** (10.31)	0.216*** (10.32)	0.216*** (10.31)	0.219*** (10.52)	0.209*** (9.884)	0.216*** (10.32)	0.219*** (10.54)	0.209*** (9.894)	0.219*** (10.52)	0.209*** (9.884)	0.222*** (10.61)	0.219*** (10.54)	0.209*** (9.894)	0.222*** (10.61)	0.223*** (10.63)
lnTA	0.165*** (6.016)	0.164*** (5.996)	0.165*** (6.016)	0.0956*** (3.428)	0.140*** (4.896)	0.164*** (5.996)	0.0958*** (3.436)	0.140*** (4.896)	0.0956*** (3.428)	0.140*** (4.896)	0.109*** (3.827)	0.0958*** (3.436)	0.140*** (4.896)	0.109*** (3.827)	0.109*** (3.833)
lnMBI	0.527*** (23.40)	0.527*** (23.39)	0.527*** (23.40)	0.424*** (17.50)	0.466*** (19.47)	0.527*** (23.39)	0.425*** (17.54)	0.466*** (19.50)	0.424*** (17.50)	0.466*** (19.47)	0.411*** (16.80)	0.425*** (17.54)	0.466*** (19.50)	0.411*** (16.80)	0.412*** (16.83)
lnTP	0.0446*** (6.488)	0.0445*** (6.457)	0.0446*** (6.488)	0.0542*** (7.960)	0.0479*** (6.931)	0.0445*** (6.457)	0.0540*** (7.920)	0.0476*** (6.890)	0.0542*** (7.960)	0.0479*** (6.931)	0.0532*** (7.791)	0.0540*** (7.920)	0.0476*** (6.890)	0.0532*** (7.791)	0.0530*** (7.748)
常数项	-0.420** (-2.070)	-0.246 (-0.496)	-0.420** (-2.070)	1.037*** (4.179)	-0.212 (-0.853)	-0.246 (-0.496)	1.254** (2.461)	-0.0811 (-0.157)	1.037*** (4.179)	-0.212 (-0.853)	0.661** (2.457)	1.254** (2.461)	-0.0811 (-0.157)	0.661** (2.457)	0.866* (1.662)
行业固定	否	否	否	否	否	是	是	是	否	否	否	是	是	否	是
省份固定	否	否	是	否	否	是	否	否	是	是	否	是	是	是	是
年份固定	否	否	否	是	是	否	是	是	是	是	是	否	否	是	是
年龄固定	否	是	否	否	否	否	否	是	否	否	是	否	是	是	是
样本数	7739	7739	7739	7739	7731	7739	7739	7739	7739	7731	7731	7739	7731	7731	7731
R-squared	0.402	0.403	0.402	0.423	0.412	0.403	0.424	0.413	0.423	0.412	0.429	0.424	0.413	0.429	0.430
企业数	3341	3341	3341	3341	3339	3341	3341	3339	3341	3339	3339	3341	3339	3339	3339
F	590.6	269.2	590.6	292.5	66.33	269.2	189.7	58.82	292.5	66.33	62.66	189.7	58.82	62.66	56.31

注：***、**、*分别表示1%、5%和10%的水平上显著。括号内为t统计量。

第四章 增加值贸易本国收益影响因素分析

表4-34 技术密集型行业本国增加值影响因素实证结果

	(1) lnDVA1	(2) lnDVA1	(3) lnDVA1	(4) lnDVA1	(5) lnDVA1	(6) lnDVA1	(7) lnDVA1	(8) lnDVA1	(9) lnDVA1	(10) lnDVA1	(11) lnDVA1	(12) lnDVA1	(13) lnDVA1	(14) lnDVA1	(15) lnDVA1
lnFA	0.0223 (1.609)	0.0224 (1.615)	0.0223 (1.609)	0.0408*** (3.009)	0.0334** (2.424)	0.0224 (1.615)	0.0409*** (3.018)	0.0335** (2.428)	0.0408*** (3.009)	0.0334** (2.424)	0.0392*** (2.883)	0.0409*** (3.018)	0.0335** (2.428)	0.0392*** (2.883)	0.0393*** (2.890)
lnEMP	0.287*** (18.66)	0.289*** (18.75)	0.287*** (18.66)	0.287*** (19.04)	0.265*** (17.23)	0.289*** (18.75)	0.289*** (19.15)	0.266*** (17.32)	0.287*** (19.04)	0.265*** (17.23)	0.279*** (18.36)	0.289*** (19.15)	0.266*** (17.32)	0.279*** (18.36)	0.280*** (18.46)
lnTA	0.193*** (10.32)	0.193*** (10.31)	0.193*** (10.32)	0.102*** (5.454)	0.134*** (7.088)	0.193*** (10.31)	0.102*** (5.435)	0.134*** (7.074)	0.102*** (5.454)	0.134*** (7.088)	0.0982*** (5.215)	0.102*** (5.435)	0.134*** (7.074)	0.0982*** (5.215)	0.0977*** (5.192)
lnMBI	0.412*** (26.55)	0.411*** (26.47)	0.412*** (26.55)	0.318*** (20.08)	0.348*** (21.83)	0.411*** (26.47)	0.316*** (19.98)	0.346*** (21.74)	0.318*** (20.08)	0.348*** (21.83)	0.307*** (19.25)	0.316*** (19.98)	0.346*** (21.74)	0.307*** (19.25)	0.305*** (19.14)
lnTP	0.0436*** (8.658)	0.0441*** (8.750)	0.0436*** (8.658)	0.0538*** (10.90)	0.0491*** (9.819)	0.0441*** (8.750)	0.0543*** (11.01)	0.0495*** (9.898)	0.0538*** (10.90)	0.0491*** (9.819)	0.0536*** (10.86)	0.0543*** (11.01)	0.0495*** (9.898)	0.0536*** (10.86)	0.0542*** (10.96)
常数项	-0.0200 (-0.138)	0.0225 (0.133)	-0.0200 (-0.138)	1.709*** (10.28)	0.738*** (4.277)	-0.0241 (-0.0742)	2.185*** (8.610)	0.857** (2.484)	1.709*** (10.28)	0.738*** (4.277)	1.581*** (8.706)	2.185*** (8.610)	0.857** (2.484)	1.581*** (8.706)	1.666*** (4.811)
行业固定	否	是	否	否	否	是	是	是	否	否	否	是	是	否	是
省份固定	否	否	是	是	否	是	否	否	是	是	是	否	是	是	是
年份固定	否	否	否	否	否	否	是	否	是	否	是	是	否	是	是
年龄固定	否	否	否	否	是	否	否	是	否	是	是	否	是	是	是
样本数	14942	14942	14942	14942	14938	14942	14942	14938	14942	14938	14938	14942	14938	14938	14938
R-squared	0.369	0.370	0.369	0.403	0.391	0.370	0.404	0.391	0.403	0.391	0.409	0.404	0.391	0.409	0.410
企业数	6106	6106	6106	6106	6104	6106	6106	6104	6106	6104	6104	6106	6104	6104	6104
F	1034	471.0	1034	542.5	93.71	471.0	352.0	85.38	542.5	93.71	92.02	352.0	85.38	92.02	84.59

注：***、**、* 分别表示1%、5%和10%的水平上显著。括号内为t统计量。

稳健性检验。与前面的检验类似，我们仍然采用增加值②和增加值③方法计算得到的本国增加值取对数作为被解释变量，并进行分行业类型进行回归。回归结果见表4-35。回归结果表明，各列劳动投入前的回归系数符号符合预期，且均具有统计显著性。说明本国增加值与劳动投入之间表现出明显的正相关性。由于增加值②和增加值③与增加值①的计算方法不同，各类型行业的该回归系数绝对值大小与基准回归有所差别，但各类型行业之间的差异性仍然是明显的。

表4-35　　　　　　　　　　稳健性检验结果

	(1) lnDVA2 劳动密集型	(2) lnDVA2 资本密集型	(3) lnDVA2 技术密集型	(4) lnDVA3 劳动密集型	(5) lnDVA3 资本密集型	(6) lnDVA3 技术密集型
lnFA	0.00975 (0.796)	-0.00937 (-0.277)	0.0388* (1.705)	0.0547*** (6.613)	0.00907 (0.444)	0.0442*** (3.044)
lnEMP	0.0400*** (3.009)	0.0631* (1.793)	0.0973*** (3.841)	0.252*** (28.11)	0.176*** (8.186)	0.267*** (16.46)
lnTA	0.0569*** (3.127)	0.0461 (0.925)	0.0261 (0.830)	0.0519*** (4.241)	0.115*** (3.794)	0.0815*** (4.047)
lnMBI	0.825*** (52.86)	0.851*** (19.84)	0.815*** (30.35)	0.438*** (41.86)	0.443*** (17.11)	0.357*** (20.92)
lnTP	-0.0289*** (-6.111)	-0.0536*** (-4.467)	-0.0440*** (-5.289)	0.0292*** (9.231)	0.0380*** (5.227)	0.0374*** (7.071)
常数项	-0.323 (-0.749)	-0.753 (-1.558)	-0.730** (-2.379)	1.228*** (4.124)	0.764*** (2.670)	1.444*** (7.413)
样本数	28571	7283	14081	29552	7724	14937
R-squared	0.277	0.258	0.270	0.371	0.398	0.376
企业数	11657	3240	5943	11852	3338	6105
F	74.79	26.67	45.23	120.9	55.01	80.06

注：***、**、*分别表示1%、5%和10%的水平上显著。括号内为t统计量。各列回归均控制了行业、省份、年份和企业年龄固定效应。

进一步验证劳动投入、资本投入与本国外国资本比、增加值构成系数的交叉效应。

先考察劳动投入与本国外国资本比的交叉效应，设定如下计量模型：

$$\ln DVA_{it} = \alpha_0 + \alpha_1 \ln EMP_{it} + \alpha_2 \varphi_{it} + \alpha_3 \varphi_{it} \times \ln EMP_{it} + \alpha_4 X_{it} + \varepsilon_{it}$$

式中，下标 i 和 t 分别表示企业和时间，DVA_{it} 为本国增加值，φ_{it} 为本国外国资本比，EMP_{it} 为劳动投入（就业人数），X_{it} 为考虑到企业异质性的控制变量（包括资产规模、利润总额、销售收入等），ε_{it} 为随机扰动项。

以 Hausman 检验以确定采用固定效应模型还是随机效应模型，检验结果均为 Prob > chi2 = 0.000，表明在 1% 显著性水平下拒绝原假设，即拒绝随机效应，应该采用固定效应模型。

实际回归分析时，除控制了资产规模（lnTA）、销售收入（lnMBI）、利润总额（lnTP）等体现企业异质性的变量外，还分别控制了行业效应、省份效应、年份效应和企业年龄效应。回归结果见表 4-36。回归结果表明，劳动投入与本国外国资本比的交叉项前的回归系数符号仅资本密集型行业符合预期，但不具有统计显著性，而技术密集型行业具有 1% 统计显著性，但其系数符号与预期相反。产生这一结果的可能原因是，我们在理论分析中均先验的假设了本国外国资本比、增加值构成系数等均大于零，但实际中这些系数均有小于零的异常值存在。此外我们假设不变的工资率，但数据可获得性问题，无法得到工资率加以控制，从而无法得到具体统计显著性意义的实证结果。

表 4-36　　劳动投入与本国外国资本投入比交叉效应实证结果

	(1) lnDVA1	(2) lnDVA1	(3) lnDVA1	(4) lnDVA1	(5) lnDVA1	(6) lnDVA1	(7) 劳动密集型	(8) 资本密集型	(9) 技术密集型
lnEMP	0.517*** (88.21)	0.440*** (73.28)	0.312*** (52.11)	0.368*** (52.88)	0.301*** (43.45)	0.290*** (41.55)	0.302*** (34.94)	0.229*** (10.93)	0.293*** (19.40)
φ	0.00163* (1.707)	0.00155* (1.662)	0.00148* (1.671)	0.00144* (1.668)	0.00155* (1.854)	0.00154* (1.837)	0.00174** (2.013)	-0.00450 (-0.251)	0.0920*** (4.395)
$\varphi \times$ lnEMP	-0.000228 (-1.419)	-0.000209 (-1.331)	-0.000197 (-1.319)	-0.000188 (-1.290)	-0.000211 (-1.490)	-0.000206 (-1.463)	-0.000224 (-1.596)	0.000836 (0.264)	-0.0120*** (-3.666)
lnTA		0.296*** (43.57)	0.104*** (14.87)	0.236*** (29.59)		0.0956*** (11.42)	0.0761*** (7.107)	0.125*** (4.995)	0.121*** (7.208)

续表

	(1) lnDVA1	(2) lnDVA1	(3) lnDVA1	(4) lnDVA1	(5) lnDVA1	(6) lnDVA1	(7) 劳动密集型	(8) 资本密集型	(9) 技术密集型
lnMBI			0.410*** (70.97)		0.387*** (52.77)	0.353*** (44.66)	0.364*** (36.20)	0.416*** (17.05)	0.306*** (19.26)
lnTP				0.0874*** (37.44)	0.0527*** (21.94)	0.0518*** (21.61)	0.0504*** (16.57)	0.0530*** (7.775)	0.0529*** (10.76)
常数项	4.951*** (39.44)	2.399*** (17.61)	1.004*** (7.667)	3.064*** (9.581)	2.092*** (15.08)	1.510*** (4.838)	1.477*** (4.415)	0.869* (1.669)	2.122*** (8.085)
样本数	71505	71503	71499	52413	52415	52413	29663	7761	14989
R-squared	0.299	0.326	0.392	0.364	0.399	0.402	0.379	0.432	0.412
企业数	24801	24801	24801	20677	20677	20677	11872	3345	6113
F	160.0	180.4	238.3	152.2	176.7	177.0	108.2	56.06	84.32

注：***、**、*分别表示1%、5%和10%的水平上显著。括号内为 t 统计量。

再考察劳动投入与增加值构成系数的交叉效应，设定如下计量模型：

$$\ln DVA_{it} = \alpha_0 + \alpha_1 \ln EMP_{it} + \alpha_2 \gamma_{it} + \alpha_3 \gamma_{it} \times \ln EMP_{it} + \alpha_4 X_{it} + \varepsilon_{it}$$

式中，下标 i 和 t 分别表示企业和时间，DVA_{it} 为本国增加值，γ_{it} 为增加值构成系数，EMP_{it} 为劳动投入（就业人数），X_{it} 为考虑到企业异质性的控制变量（包括资产规模、利润总额、销售收入等），ε_{it} 为随机扰动项。

以 Hausman 检验以确定采用固定效应模型还是随机效应模型，检验结果均为 Prob>chi2=0.000，表明在1%显著性水平下拒绝原假设，即拒绝随机效应，应该采用固定效应模型。

实际回归分析时，除控制了资产规模（lnTA）、销售收入（lnMBI）、利润总额（lnTP）等体现企业异质性的变量外，还分别控制了行业效应、省份效应、年份效应和企业年龄效应。回归结果见表4-37。回归结果表明，劳动投入与增加值构成系数的交叉项前的回归系数符号仅资本密集型行业符合预期，且在1%水平上统计显著，而技术密集型行业也具有1%水平上统计显著，但其系数符号与预期相反。因此，从总体上也不具有统计显著性的实证结果。

表 4-37　　　　劳动投入与增加值构成系数交叉效应实证结果

	(1) lnDVA1	(2) lnDVA1	(3) lnDVA1	(4) lnDVA1	(5) lnDVA1	(6) lnDVA1	(7) 劳动密集型	(8) 资本密集型	(9) 技术密集型
lnEMP	0.516*** (87.88)	0.440*** (73.00)	0.311*** (51.91)	0.367*** (52.52)	0.300*** (43.17)	0.289*** (41.26)	0.300*** (34.68)	0.226*** (10.85)	0.285*** (18.96)
γ	2.77e-05 (1.625)	2.93e-05* (1.757)	2.96e-05* (1.868)	6.15e-05** (2.419)	5.89e-05** (2.384)	6.00e-05** (2.433)	7.88e-05* (1.688)	0.00223*** (4.189)	0.000247* (1.908)
$\gamma \times$ lnEMP	2.70e-05 (1.379)	2.95e-05 (1.533)	2.90e-05 (1.590)	1.54e-05 (0.758)	1.39e-05 (0.701)	1.42e-05 (0.717)	-6.99e-06 (-0.189)	-0.000421*** (-3.791)	0.00150*** (3.665)
lnTA		0.297*** (43.59)	0.104*** (14.84)	0.237*** (29.58)		0.0957*** (11.40)	0.0766*** (7.143)	0.127*** (5.056)	0.121*** (7.122)
lnMBI			0.410*** (70.80)		0.387*** (52.69)	0.353*** (44.58)	0.364*** (36.16)	0.413*** (16.90)	0.307*** (19.29)
lnTP				0.0874*** (37.33)	0.0527*** (21.88)	0.0519*** (21.56)	0.0502*** (16.45)	0.0550*** (8.037)	0.0543*** (10.99)
常数项	4.957*** (39.48)	2.394*** (17.55)	0.971*** (2.899)	3.065*** (9.607)	2.101*** (15.15)	1.518*** (4.875)	1.497*** (6.906)	0.875* (1.684)	1.738*** (5.033)
样本数	71165	71165	71161	52212	52212	52212	29551	7728	14933
R-squared	0.299	0.326	0.392	0.364	0.399	0.402	0.379	0.432	0.411
企业数	24755	24755	24755	20641	20641	20641	11851	3339	6102
F	158.9	179.3	237.0	151.2	175.6	175.9	107.6	55.85	83.64

注：***、**、* 分别表示 1%、5% 和 10% 的水平上显著。括号内为 t 统计量。

然后考察资本投入与本国外国资本投入比的交叉效应，设定如下计量模型：

$$\ln DVA_{it} = \alpha_0 + \alpha_1 \ln FA_{it} + \alpha_2 \varphi_{it} + \alpha_3 \varphi_{it} \times \ln FA_{it} + \alpha_4 X_{it} + \varepsilon_{it}$$

式中，下标 i 和 t 分别表示企业和时间，DVA_{it} 为本国增加值，φ_{it} 为本国外国资本投入比，FA_{it} 为资本投入（固定资产），X_{it} 为考虑企业异质性的控制变量（包括资产规模、利润总额、销售收入等），ε_{it} 为随机扰动项。

以 Hausman 检验以确定采用固定效应模型还是随机效应模型，检验结果均为 Prob > chi2 = 0.000，表明在 1% 显著性水平下拒绝原假设，即拒绝随机效应，应该采用固定效应模型。

实际回归分析时，除控制了资产规模（lnTA）、销售收入（lnMBI）、利润总额（lnTP）等体现企业异质性的变量外，还分别控制了行业效应、省份效应、年份效应和企业年龄效应。回归结果见表4-38。回归结果表明，无论是否控制企业异质性相关变量，无论哪类要素密集型行业，资本投入与本国外国资本比前的回归系数符号均与预期一致且均在1%水平上统计显著。

表4-38　　　　资本投入与本国外国资本投入交叉效应实证结果

	(1) lnDVA1	(2) lnDVA1	(3) lnDVA1	(4) lnDVA1	(5) lnDVA1	(6) lnDVA1	(7) 劳动密集型	(8) 资本密集型	(9) 技术密集型
lnFA	0.250*** (46.50)	0.107*** (17.60)	0.0734*** (13.03)	0.106*** (15.54)	0.107*** (18.24)	0.0785*** (12.04)	0.0869*** (10.64)	0.0252 (1.314)	0.0409*** (3.038)
φ	0.00229*** (5.465)	0.00247*** (6.033)	0.00255*** (6.732)	0.00142*** (3.668)	0.00143*** (3.864)	0.00148*** (4.006)	0.00328*** (4.682)	0.0112*** (5.274)	0.0444*** (6.655)
$\varphi * \mathrm{lnFA}$	-0.0146*** (-6.880)	-0.0157*** (-7.533)	-0.0160*** (-8.331)	-0.00991*** (-5.049)	-0.00983*** (-5.228)	-0.0101*** (-5.383)	-0.0156*** (-5.481)	-0.0908*** (-5.408)	-0.334*** (-11.81)
lnTA		0.373*** (47.13)	0.110*** (13.90)	0.274*** (29.49)		0.0932*** (9.812)	0.0651*** (5.380)	0.112*** (3.934)	0.0953*** (5.108)
lnMBI			0.496*** (87.41)		0.455*** (61.62)	0.428*** (54.35)	0.436*** (43.12)	0.415*** (17.01)	0.312*** (19.70)
lnTP				0.0998*** (41.30)	0.0546*** (22.15)	0.0535*** (21.74)	0.0519*** (16.54)	0.0509*** (7.462)	0.0516*** (10.53)
常数项	5.425*** (14.46)	2.819*** (19.61)	0.982*** (7.281)	3.386*** (22.05)	1.923*** (13.26)	1.511*** (10.02)	1.664*** (4.836)	0.833 (1.605)	2.038*** (7.775)
样本数	71277	71277	71273	52268	52268	52268	29587	7731	14938
R-squared	0.219	0.254	0.360	0.313	0.370	0.372	0.342	0.434	0.420
企业数	24777	24777	24777	20654	20654	20654	11861	3339	6104
F	104.6	126.5	206.9	120.7	155.5	155.5	91.41	55.31	85.84

注：***、**、*分别表示1%、5%和10%的水平上显著。括号内为t统计量。

最后考察资本投入与增加值构成系数的交叉效应，设定如下计量模型：

$$\ln DVA_{it} = \alpha_0 + \alpha_1 \ln FA_{it} + \alpha_2 \gamma_{it} + \alpha_3 \gamma_{it} \times \ln FA_{it} + \alpha_4 X_{it} + \varepsilon_{it}$$

式中，下标 i 和 t 分别表示企业和时间，DVA_{it} 为本国增加值，γ_{it} 为增加值构成系数，FA_{it} 为资本投入（固定资产），X_{it} 为考虑到企业异质性的控制变量（包括资产规模、利润总额、销售收入等），ε_{it} 为随机扰动项。

以 Hausman 检验以确定采用固定效应模型还是随机效应模型，检验结果均为 Prob > chi2 = 0.000，表明在 1% 显著性水平下拒绝原假设，即拒绝随机效应，应该采用固定效应模型。

实际回归分析时，除控制了资产规模（lnTA）、销售收入（lnMBI）、利润总额（lnTP）等体现企业异质性的变量外，还分别控制了行业效应、省份效应、年份效应和企业年龄效应。回归结果见表 4-39。回归结果表明，资本投入与增加值构成系数的交叉项前的回归系数符号仅资本密集型行业符合预期，且在 1% 水平上统计显著，其他各列回归均未显示出统计显著性。因此，从总体上也不具有统计显著性的实证结果。

表 4-39　　　　　　资本投入与增加值构成系数交叉效应实证结果

	(1) lnDVA1	(2) lnDVA1	(3) lnDVA1	(4) lnDVA1	(5) lnDVA1	(6) lnDVA1	(7) 劳动密集型	(8) 资本密集型	(9) 技术密集型
lnFA	0.250*** (46.38)	0.107*** (17.53)	0.0436*** (7.884)	0.0661*** (10.03)	0.0710*** (12.28)	0.0524*** (8.179)	0.0632*** (7.942)	0.0244 (1.265)	0.0384*** (2.822)
γ	-1.03e-05 (-0.0744)	-4.85e-05 (-0.357)	-8.67e-05 (-0.707)	-3.22e-05 (-0.199)	-4.18e-05 (-0.266)	-4.65e-05 (-0.296)	-0.000125 (-0.748)	-0.00701*** (-3.884)	0.00122 (1.103)
$\gamma \times$ lnFA	7.52e-06 (0.476)	1.17e-05 (0.756)	1.46e-05 (1.045)	1.20e-05 (0.663)	1.28e-05 (0.724)	1.34e-05 (0.757)	2.35e-05 (1.203)	0.000929*** (4.041)	-9.24e-05 (-0.840)
lnTA		0.372*** (47.06)	0.0781*** (10.10)	0.194*** (21.40)		0.0629*** (6.769)	0.0378*** (3.218)	0.111*** (3.889)	0.0989*** (5.248)
lnEMP			0.306*** (50.82)	0.358*** (51.04)	0.286*** (40.89)	0.283*** (40.24)	0.294*** (33.90)	0.224*** (10.68)	0.279*** (18.39)
lnMBI			0.409*** (70.55)		0.367*** (48.87)	0.350*** (44.18)	0.359*** (35.71)	0.413*** (16.89)	0.305*** (19.10)

续表

	(1) lnDVA1	(2) lnDVA1	(3) lnDVA1	(4) lnDVA1	(5) lnDVA1	(6) lnDVA1	(7) 劳动密集型	(8) 资本密集型	(9) 技术密集型
lnTP				0.0877*** (37.52)	0.0531*** (22.09)	0.0524*** (21.80)	0.0505*** (16.60)	0.0534*** (7.827)	0.0549*** (11.09)
常数项	5.256*** (38.24)	2.940*** (7.936)	0.900*** (2.687)	2.895*** (19.57)	1.741*** (12.31)	1.465*** (9.959)	1.426*** (4.277)	0.853 (1.640)	1.666*** (4.811)
常数项	71202	71202	71161	52212	52212	52212	29551	7728	14933
R-squared	0.218	0.253	0.393	0.366	0.402	0.403	0.382	0.433	0.410
企业数	24761	24761	24755	20641	20641	20641	11851	3339	6102
F	104.0	125.8	235.9	151.2	176.2	175.4	107.6	55.03	82.39

注：***、**、*分别表示1%、5%和10%的水平上显著。括号内为t统计量。

五、本国增加值与资本结构

根据理论推导式（4-16），考虑如下计量方程：

$$\ln DVA_{it} = \alpha + \beta_0 \ln TW_{it} + \beta_1 \ln T_{it} + \beta_2 \gamma_{it} + \beta_3 \varphi_{it} + \theta X_{it} + \varepsilon_{it}$$

式中，下标i和t分别表示企业和时间，DVA_{it}为本国增加值，TW_{it}为劳动者报酬，T_{it}为生产税净额，γ_{it}为增加值构成系数（等于本国增加值与外国增加值之比），φ_{it}为本国外国资本投入比，X_{it}为考虑到企业异质性的控制变量（包括资产规模、利润总额、销售收入等），ε_{it}为随机扰动项。

以Hausman检验以确定采用固定效应模型还是随机效应模型。检验结果均为Prob>chi2=0.000，表明在1%显著性水平下拒绝原假设，即拒绝随机效应，应该采用固定效应模型。

实际回归分析时，除控制了资产规模（lnTA）、销售收入（lnMBI）、利润总额（lnTP）等体现企业异质性的变量外，还分别控制了行业效应、省份效应、年份效应和企业的年龄效应。回归结果见表4-40，表中（1）—（4）不同控制变量下的总体回归结果，（5）—（7）为分行业回归结果。（8）—（11）为不纳入增加值构成系数（γ）的回归结果，作为与前面几栏回归结果的对照。

第四章 增加值贸易本国收益影响因素分析

表 4-40　资本结构对本国增加值影响的实证结果（基于本国收益来源项考察）

	(1) lnDVA1	(2) lnDVA1	(3) lnDVA1	(4) lnDVA1	(5) 劳动密集型	(6) 资本密集型	(7) 技术密集型	(8) lnDVA1	(9) 劳动密集型	(10) 资本密集型	(11) 技术密集型
lnTW	0.782***	0.761***	0.717***	0.679***	0.695***	0.597***	0.691***	0.679***	0.696***	0.597***	0.691***
	(257.8)	(243.1)	(222.6)	(193.4)	(151.7)	(60.71)	(101.7)	(193.6)	(151.9)	(60.77)	(101.7)
lnT	0.112***	0.110***	0.105***	0.105***	0.0955***	0.126***	0.114***	0.105***	0.0955***	0.127***	0.114***
	(120.5)	(119.2)	(115.8)	(104.9)	(73.14)	(43.15)	(59.66)	(104.9)	(73.19)	(43.44)	(59.67)
φ	0.000248***	0.000256***	0.000256***	0.000280***	0.000194	-0.000814	0.0116***	0.000254***	0.000163	0.000321***	0.0117***
	(2.718)	(2.817)	(2.895)	(3.057)	(0.738)	(-1.611)	(5.025)	(3.428)	(1.573)	(3.046)	(5.109)
γ	-5.48e-06	-5.18e-06	-5.33e-06	-6.25e-06	-4.33e-06	0.000714**	2.94e-05				
	(-0.597)	(-0.568)	(-0.601)	(-0.480)	(-0.125)	(2.297)	(0.420)				
lnTA		0.101***	0.0243***	0.0258***	0.0164**	0.0553***	0.0336***	0.0258***	0.0164**	0.0548***	0.0337***
		(23.17)	(5.298)	(4.948)	(2.461)	(3.484)	(3.280)	(4.959)	(2.457)	(3.459)	(3.291)
lnMBI			0.167***	0.138***	0.136***	0.174***	0.128***	0.138***	0.136***	0.173***	0.128***
			(43.37)	(27.75)	(21.59)	(11.13)	(13.26)	(27.72)	(21.57)	(11.10)	(13.25)
lnTP				0.0331***	0.0314***	0.0350***	0.0347***	0.0331***	0.0314***	0.034**	0.0347***
				(22.17)	(16.65)	(7.968)	(11.67)	(22.20)	(16.70)	(7.797)	(11.66)
常数项	1.458***	0.443***	-0.0547	0.489***	0.364***	0.365	0.171	0.489***	0.489**	0.287	0.171
	(7.129)	(5.565)	(-0.698)	(2.683)	(2.824)	(1.217)	(0.803)	(2.680)	(2.501)	(1.577)	(0.803)
样本数	56399	56398	56395	42288	23718	6389	12181	42305	23731	6391	12183
R-squared	0.778	0.782	0.793	0.813	0.810	0.800	0.823	0.813	0.810	0.799	0.823
企业数	22448	22448	22448	18575	10626	3027	5429	18580	10631	3027	5429
F	956.3	968.0	1028	854.6	555.0	219.7	426.8	862.6	561.5	223.3	432.7

注：***、**、*分别表示1%、5%和10%的水平上显著。括号内为t统计量。各列回归均控制了行业、省份、年份和企业年龄固定效应。

从回归结果可知，本国外国资本比（φ）前的系数符号在总体样本回归中都预期一致且在1%水平上统计显著（（1）—（4）、（8）栏）。但在分行业回归时存在着不同行业间的差异，在把增加值构成系数纳入回归方程时，劳动密集型行业、资本密集型行业中本国外国资本比前的系数统计不显著，而技术密集型行业中本国外国资本比前的回归系数符号与预期一致且在1%水平上统计显著；在不把增加值构成项纳入回归方程时，劳动密集型行业中本国外国资本比前的系数仍统计不显著，而资本密集型行业和技术密集型行业中本国外国资本比前的回归系数符号与预期一致且在1%水平上统计显著。上述回归结果表明，本国增加值与资本结构之间存在着明显的行业差异。就劳动密集型行业而言，增加值主要贡献来自于劳动者报酬，而本国增加值部分包括全部劳动者报酬、生产税净额和按本国外国资本比分配得到的资本收益部分增值即折旧和营业盈余，这样就会导致资本收益部分在本国增加值中居于次要地位，从而使得本国增加值受本国外国资本比的影响在统计上不显著。而在资本密集型行业和技术密集型行业中，本国增加值中来自资本收益部分的比重相对较大，从而使得本国增加值受本国外国资本比的影响表现出统计显著性。从分行业回归系数的绝对值看，技术密集型行业大于资本密集型行业，本国外国资本比提高1个点，两类行业的本国增加值分别提高约0.012%和0.0003%。

增加值构成前的回归系数在总体回归中均不具有统计显著性，仅在资本密集型行业中其回归系数符号为正且在1%水平上统计显著。这说明在以纯本国收益项为基础计算中本国增加值与增加值构成间不存在明确的统计意义上的关系。

稳健性检验。与前面的检验类似，我们仍然采用增加值②和增加值③方法计算得到的本国增加值取对数作为被解释变量，并进行分行业类型进行回归。回归结果见表4-41和表4-42。回归结果表明，两表对应列本国外国资本投入比 φ 前的回归系数符号和显著性与表4-40类似，表明基准回归结果稳健。说明从本国收益项（劳动者报酬和生产税净额）考察，本国增加值与本国外国资本投入比之间存在正相关性。

表4-41　　　稳健性检验结果（以本国增加值②为被解释变量）

	(1) 总体	(2) 劳动密集型	(3) 资本密集型	(4) 技术密集型	(5) 总体	(6) 劳动密集型	(7) 资本密集型	(8) 技术密集型
lnTW	0.696*** (316.7)	0.709*** (244.3)	0.654*** (104.7)	0.695*** (167.7)	0.696*** (316.9)	0.709*** (244.4)	0.654*** (104.8)	0.695*** (167.8)
lnT	0.0697*** (62.49)	0.0643*** (46.34)	0.0843*** (23.84)	0.0726*** (32.77)	0.0697*** (62.54)	0.0643*** (46.39)	0.0842*** (23.89)	0.0726*** (32.79)
φ	0.000167* (1.724)	6.35e-05 (0.237)	0.000441 (0.713)	0.00464* (1.780)	0.000153** (1.966)	8.80e-05 (0.832)	0.000201* (1.676)	0.00449* (1.736)
γ	-3.32e-06 (-0.238)	3.50e-06 (0.0991)	-0.000152 (-0.397)	-3.55e-05 (-0.467)				
lnTA	0.0149*** (2.597)	0.0142** (2.025)	0.0155 (0.806)	0.0117 (1.006)	0.0148*** (2.587)	0.0142** (2.022)	0.0155 (0.806)	0.0117 (1.001)
lnMBI	0.180*** (31.67)	0.168*** (24.16)	0.204*** (10.53)	0.193*** (16.65)	0.180*** (31.69)	0.168*** (24.18)	0.204*** (10.54)	0.193*** (16.64)
lnTP	0.0167*** (10.01)	0.0153*** (7.615)	0.0220*** (4.009)	0.0170*** (4.887)	0.0167*** (10.02)	0.0152*** (7.618)	0.0222*** (4.067)	0.0171*** (4.911)
常数项	0.332*** (3.283)	0.249* (1.710)	0.215 (0.607)	-0.110 (-0.469)	0.332*** (3.283)	0.248* (1.705)	0.212 (0.601)	-0.110 (-0.466)
样本数	39314	22481	5758	11075	39331	22494	5760	11077
R-squared	0.885	0.890	0.865	0.888	0.885	0.890	0.865	0.888
企业数	17919	10334	2857	5179	17925	10340	2857	5179
F	1380	976.2	302.3	641.0	1393	986.6	307.8	650.7

注：***、**、*分别表示1%、5%和10%的水平上显著。括号内为t统计量。

表4-42　　　稳健性检验结果（以本国增加值③为被解释变量）

	(1) 总体	(2) 劳动密集型	(3) 资本密集型	(4) 技术密集型	(5) 总体	(6) 劳动密集型	(7) 资本密集型	(8) 技术密集型
lnTW	0.602*** (126.6)	0.597*** (93.22)	0.536*** (42.72)	0.646*** (72.41)	0.597*** (93.42)	0.602*** (126.7)	0.536*** (42.79)	0.646*** (72.42)
lnT	0.0966*** (70.98)	0.0851*** (46.67)	0.125*** (33.39)	0.106*** (42.20)	0.0852*** (46.74)	0.0966*** (71.00)	0.125*** (33.56)	0.106*** (42.23)
φ	0.000692*** (5.590)	0.000312 (0.854)	0.000344 (0.502)	0.0278*** (9.204)	0.000448*** (3.094)	0.000506*** (5.046)	0.000510*** (3.797)	0.0278*** (9.276)

续表

	(1) 总体	(2) 劳动密集型	(3) 资本密集型	(4) 技术密集型	(5) 总体	(6) 劳动密集型	(7) 资本密集型	(8) 技术密集型
γ	-4.52e-05** (-2.564)	1.95e-05 (0.405)	0.000105 (0.247)	3.73e-06 (0.0405)				
lnTA	0.0342*** (4.841)	0.0339*** (3.644)	0.0528*** (2.600)	0.0334** (2.489)	0.0337*** (3.623)	0.0341*** (4.839)	0.0532*** (2.626)	0.0333** (2.475)
lnMBI	0.217*** (32.28)	0.237*** (26.80)	0.212*** (10.65)	0.181*** (14.27)	0.236*** (26.80)	0.217*** (32.28)	0.212*** (10.65)	0.181*** (14.26)
lnTP	0.0163*** (8.082)	0.0139*** (5.290)	0.0185*** (3.290)	0.0198*** (5.069)	0.0139*** (5.285)	0.0165*** (8.149)	0.0183*** (3.271)	0.0197*** (5.059)
常数项	0.221* (1.883)	0.203 (1.127)	0.494 (1.286)	0.0684 (0.245)	0.484* (1.777)	0.220* (1.879)	0.491 (1.279)	0.0721 (0.258)
样本数	42248	23693	6379	12176	23706	42265	6381	12178
R-squared	0.685	0.664	0.698	0.718	0.664	0.685	0.698	0.718
企业数	18566	10617	3026	5430	10622	18571	3026	5430
F	427.2	256.2	126.7	232.6	259.2	431.1	129.0	235.7

注：***、**、*分别表示1%、5%和10%的水平上显著。括号内为t统计量。

根据理论推导式（4-17），考虑如下计量方程：

$$\ln DVA_{it} = \alpha + \beta_0 \ln ZJ_{it} + \beta_1 \ln \pi_{it} + \beta_2 \gamma_{it} + \beta_3 \varphi_{it} + \theta X_{it} + \varepsilon_{it}$$

其中，下标 i 和 t 分别表示企业和时间，DVA_{it} 表示本国增加值，ZJ_{it} 表示折旧即资本报酬，π_{it} 表示营业盈余，γ_{it} 表示增加值构成系数（等于本国增加值与外国增加值之比），φ_{it} 表示本国外国资本投入比，X_{it} 表示考虑到企业异质性的控制变量（包括资产规模、利润总额、销售收入等），ε_{it} 表示随机扰动项。

以 Hausman 检验以确定采用固定效应模型还是随机效应模型。检验结果均为 Prob > chi2 = 0.000，表明在1%显著性水平下拒绝原假设，即拒绝随机效应，应该采用固定效应模型。

实际回归分析时，除控制资产规模（lnTA）、销售收入（lnMBI）、利润总额（lnTP）等体现企业异质性的控制变量外，还分别控制使用了行业效应、省份效应、年份效应和企业的年龄效应。回归结果见表4-43，和表4-40类似，表格中（1）—（4）不同控制变量下的总体回归结果，（5）—（7）为分行业回归结果。

从回归结果可知，本国外国资本比（φ）前的系数符号为负与预期一致。但在加入不同控制变量情况下有所差异,在不加入控制变量和仅控制总资产的情况下,该系数在10%水平上统计显著,但进一步加入销售收入和利润总额时,该系数统计不显著。分行业回归时,在控制所有三个反映企业异质性的变量后,本国外国资本比前的系数符号与预期一致且均具有统计显著性,其中劳动密集型行业在10%水平上统计显著,而资本密集型行业和技术密集型行业则均在1%水平上统计显著。从分行业回归系数的绝对值看,劳动密集型行业本国外国资本比前的回归系数最小且比另两个行业小一个数量级,而技术密集型行业本国外国资本比前的回归系数绝对值最大,为0.0728,即本国外国资本比提高1个点,本国增加值将下降约0.073%,资本密集型行业本国外国资本比前回归系数次之,当本国外国比提高1个点,本国增加值将下降0.028%。

上述回归结果表明,基于资本项收益考察本国增加值与资本结构之间的关系也存在着行业差异。相对而言,劳动密集型行业的本国增加值受资本结构的影响较小,背后的原因与前述分析类似,由于劳动密集型行业的增加值主要贡献来自于劳动者报酬,而本国增加值部分包括全部劳动者报酬、生产税净额和按本国外国资本比分配得到的资本收益部分增值即折旧和营业盈余,这样就会导致资本收益部分在本国增加值中居于次要地位,从而使得本国增加值受本国外国资本比的影响较小。而在资本密集型行业和技术密集型行业中,本国增加值中来自资本收益部分的比重相对较大,从而使得本国增加值受本国外国资本比的影响较明显。

此外,在本计量模型中增加值构成系数均为正且除劳动密集型行业统计显著性为5%以外,其余回归统计显著性均为1%。

表4-43　　　　　资本结构对本国增加值影响的实证结果

(基于外国收益来源项考察)

	(1) lnDVA1	(2) lnDVA1	(3) lnDVA1	(4) lnDVA1	(5) 劳动密集型	(6) 资本密集型	(7) 技术密集型
lnZJ	0.122*** (30.31)	0.0888*** (21.93)	0.0689*** (17.70)	0.0674*** (17.14)	0.0619*** (12.29)	0.0757*** (7.108)	0.110*** (13.72)
lnπ	0.122*** (49.68)	0.104*** (42.42)	0.0574*** (22.98)	0.0500*** (9.762)	0.0506*** (7.806)	0.0877*** (6.188)	0.0819*** (7.749)

续表

	(1) lnDVA1	(2) lnDVA1	(3) lnDVA1	(4) lnDVA1	(5) 劳动密集型	(6) 资本密集型	(7) 技术密集型
φ	-0.000473* (-1.868)	-0.000423* (-1.705)	-0.000284 (-1.198)	-0.000258 (-1.098)	-0.00100* (-1.696)	-0.0280*** (-12.95)	-0.0728*** (-11.11)
γ	0.000198*** (3.838)	0.000192*** (3.798)	0.000154*** (3.191)	0.000149*** (3.099)	0.000221** (2.484)	0.0178*** (13.10)	0.0228*** (18.10)
lnTA		0.307*** (36.79)	0.115*** (13.12)	0.121*** (13.62)	0.104*** (9.064)	0.130*** (5.105)	0.146*** (8.338)
lnMBI			0.421*** (52.93)	0.411*** (50.64)	0.418*** (40.13)	0.434*** (18.06)	0.342*** (21.26)
lnTP				0.0124** (2.429)	0.00989 (1.532)	0.00415 (0.302)	0.0153 (1.460)
常数项	6.213*** (45.95)	3.604*** (11.07)	1.703*** (5.432)	1.695*** (5.477)	1.768*** (5.229)	1.110** (2.208)	1.860*** (6.605)
样本数	50556	50556	50556	49217	27727	7366	14124
R-squared	0.299	0.329	0.386	0.389	0.358	0.451	0.431
企业数	20395	20395	20395	20010	11444	3242	5934
F	112.2	128.0	162.9	158.3	93.89	55.65	83.19

注：***、**、*分别表示1%、5%和10%的水平上显著。括号内为 t 统计量。各列回归均控制了行业、省份、年份和企业年龄固定效应。

稳健性检验。与前面的检验类似，我们仍然采用增加值②和增加值③方法计算得到的本国增加值取对数作为被解释变量，并进行分行业类型进行回归。回归结果见表4-44和表4-45。回归结果表明，两表对应列本国外国资本投入比 φ 前的回归系数符号和显著性与表4-43类似，表明基准回归结果稳健。说明从资本项收益考察，本国增加值与本国外国资本投入比之间存在负相关性。

表4-44　　稳健性检验结果（以本国增加值②为被解释变量）

	(1) 总体	(2) 劳动密集型	(3) 资本密集型	(4) 技术密集型	(5) 总体	(6) 劳动密集型	(7) 资本密集型	(8) 技术密集型
lnZJ	0.348*** (108.3)	0.370*** (84.97)	0.302*** (35.89)	0.312*** (55.58)	0.367*** (84.28)	0.349*** (108.4)	0.322*** (37.55)	0.320*** (57.55)
lnπ	0.444*** (106.1)	0.445*** (79.46)	0.410*** (36.54)	0.431*** (58.46)	0.443*** (78.99)	0.444*** (106.1)	0.438*** (38.42)	0.443*** (60.82)

续表

	(1) 总体	(2) 劳动密集型	(3) 资本密集型	(4) 技术密集型	(5) 总体	(6) 劳动密集型	(7) 资本密集型	(8) 技术密集型
φ	-0.00416*** (-21.60)	-0.0103*** (-20.20)	0.0235*** (13.64)	-0.0722*** (-15.78)	-0.00542*** (-34.08)	-0.00461*** (-41.87)	-0.00350*** (-23.36)	-0.106*** (-36.15)
γ	-0.000113*** (-2.859)	0.000775*** (10.08)	-0.0170*** (-15.73)	-0.00856*** (-9.773)				
lnTA	0.0541*** (7.439)	0.0223** (2.262)	0.135*** (6.694)	0.0918*** (7.523)	0.0233** (2.350)	0.0541*** (7.445)	0.127*** (6.080)	0.0911*** (7.422)
lnMBI	0.161*** (24.25)	0.161*** (17.88)	0.194*** (10.15)	0.164*** (14.64)	0.162*** (17.98)	0.161*** (24.21)	0.167*** (8.530)	0.154*** (13.77)
lnTP	0.00436 (1.045)	0.00636 (1.141)	0.0131 (1.204)	0.000445 (0.0609)	0.00545 (0.976)	0.00453 (1.085)	0.0135 (1.206)	-0.000824 (-0.112)
常数项	-0.115 (-0.930)	0.109 (0.557)	-0.899** (-2.240)	0.116 (0.591)	0.0310 (0.106)	-0.216 (-0.854)	-0.910** (-2.202)	0.0809 (0.409)
样本数	49405	27813	7399	14193	27813	49405	7399	14193
R-squared	0.755	0.748	0.788	0.797	0.746	0.755	0.775	0.795
企业数	20050	11461	3254	5945	11461	20050	3254	5945
F	771.2	501.4	253.2	434.3	502.5	777.6	238.9	433.9

注：***、**、*分别表示1%、5%和10%的水平上显著。括号内为t统计量。各列回归均控制了行业、省份、年份和企业年龄固定效应。

表4-45　稳健性检验结果（以本国增加值③为被解释变量）

	(1) 总体	(2) 劳动密集型	(3) 资本密集型	(4) 技术密集型	(5) 总体	(6) 劳动密集型	(7) 资本密集型	(8) 技术密集型
lnZJ	0.142*** (43.88)	0.146*** (33.42)	0.130*** (14.71)	0.141*** (25.50)	0.144*** (32.82)	0.142*** (43.91)	0.134*** (15.20)	0.141*** (25.51)
lnYY2	0.636*** (285.5)	0.647*** (212.0)	0.611*** (102.8)	0.627*** (169.7)	0.647*** (211.3)	0.636*** (285.6)	0.613*** (103.0)	0.627*** (169.8)
φ	-0.00444*** (-28.10)	-0.00850*** (-23.66)	-0.000507 (-0.699)	-0.0980*** (-36.60)	-0.00517*** (-35.79)	-0.00446*** (-44.55)	-0.00350*** (-25.17)	-0.0980*** (-36.93)
γ	-4.41e-06 (-0.144)	0.000520*** (10.12)	-0.00188*** (-4.197)	-1.34e-06 (-0.0151)				

续表

	(1) 总体	(2) 劳动密集型	(3) 资本密集型	(4) 技术密集型	(5) 总体	(6) 劳动密集型	(7) 资本密集型	(8) 技术密集型
lnTA	0.0341*** (4.736)	0.0174* (1.786)	0.0443** (2.120)	0.0566*** (4.686)	0.0184* (1.890)	0.0339*** (4.711)	0.0449** (2.146)	0.0566*** (4.686)
lnMBI	0.182*** (25.77)	0.175*** (18.35)	0.220*** (10.56)	0.184*** (15.61)	0.176*** (18.39)	0.182*** (25.77)	0.216*** (10.39)	0.184*** (15.61)
lnTP	-0.00552*** (-2.623)	-0.00117 (-0.417)	-0.00987* (-1.703)	-0.0136*** (-3.732)	-0.00276 (-0.986)	-0.00549*** (-2.610)	-0.00856 (-1.475)	-0.0136*** (-3.736)
常数项	-0.117 (-0.913)	-0.317 (-1.075)	-0.756* (-1.902)	-0.0565 (-0.248)	-0.109 (-0.554)	-0.116 (-0.905)	-0.781** (-1.962)	-0.0565 (-0.248)
样本数	43425	24210	6591	12624	24212	43428	6592	12624
R-squared	0.842	0.837	0.845	0.874	0.836	0.842	0.845	0.874
企业数	18665	10600	3011	5576	10600	18665	3011	5576
F	1100	702.9	326.5	663.7	704.0	1110	330.3	673

注：***、**、*分别表示1%、5%和10%的水平上显著。括号内为 t 统计量。各列回归均控制了行业、省份、年份和企业年龄固定效应。

六、本国增加值与增加值率

根据理论推导式（4-18），考虑如下计量方程：

$$\ln DVA_{it} = \alpha + \beta_0 \ln II_{it} + \beta_1 \phi_{it} + \theta X_{it} + \varepsilon_{it}$$

其中，下标 i 和 t 分别表示企业和时间，DVA_{it} 表示本国增加值，II_{it} 表示中间产品投入，ϕ_{it} 表示增加值率，X_{it} 表示考虑到企业异质性的控制变量（包括资产规模、利润总额、销售收入等），ε_{it} 表示随机扰动项。

以 Hausman 检验以确定采用固定效应模型还是随机效应模型。检验结果均为 Prob > chi2 = 0.000，表明在1%显著性水平下拒绝原假设，即拒绝随机效应，应该采用固定效应模型。

实际回归分析时，除控制了资产规模（lnTA）、销售收入（lnMBI）、利润总额（lnTP）等体现企业异质性的变量外，还分别控制了行业效应、省份效应、年份效应和企业的年龄效应。回归结果见表4-46。

表 4-46　　　　　　　　增加值率对本国增加值影响实证结果

	(1) lnDVA	(2) lnDVA	(3) lnDVA	(4) lnDVA	(5) 劳动密集型	(6) 资本密集型	(7) 技术密集型
lnII	0.393*** (94.86)	0.331*** (74.89)	0.0551*** (8.884)	0.0462*** (6.192)	0.0741*** (7.656)	0.0712*** (3.431)	0.0253* (1.772)
φ	0.854*** (76.34)	0.830*** (75.11)	0.791*** (74.29)	0.777*** (58.80)	1.135*** (53.99)	0.670*** (17.01)	0.581*** (27.40)
lnTA		0.248*** (36.83)	0.135*** (20.05)	0.115*** (14.26)	0.0837*** (8.191)	0.128*** (5.244)	0.154*** (9.476)
lnMBI			0.479*** (61.02)	0.479*** (45.92)	0.498*** (37.58)	0.493*** (16.15)	0.433*** (21.09)
lnTP				0.0287*** (12.09)	0.0247*** (8.348)	0.0322*** (4.713)	0.0280*** (5.709)
常数项	3.635*** (10.68)	1.747*** (13.30)	0.876*** (6.889)	1.029*** (7.168)	0.844*** (4.048)	0.574 (1.121)	1.611*** (6.237)
样本数	71492	71490	71486	52416	29667	7760	14989
R-squared	0.361	0.379	0.425	0.431	0.430	0.451	0.434
企业数	24801	24801	24801	20682	11879	3344	6112
F	213.7	229.1	275.5	201.4	135.0	61.84	93.68

注：***、**、*分别表示1%、5%和10%的水平上显著，括号内为t统计量。各列回归均控制了行业、省份、年份和企业年龄固定效应。

从回归结果可知，增加值率（φ）前的系数符号无论是否控制反映企业异质性的变量、无论总体样本回归还是分要素密集型行业回归中都与预期一致且在1%水平上统计显著。从总体样本看，根据半对数模型的定义可知，增加值率提高0.1个点，将导致本国增加值率提高0.08%左右。分行业看，不同要素密集型行业增加值率对本国增加值的影响存在着一定的差异，劳动密集型行业的影响最大，资本密集型行业次之，技术密集型行业最小，且劳动密集型行业与另两个行业之间存在的差异更为明显。回归系数表明，增加值率提高0.1，将导致劳动密集型行业本国增加值率提高0.114%，导致资本密集型行业本国增加值率提高0.067%，导致技术密集型行业本国增加值率提高0.058%。

稳健性检验。与前面的检验类似，我们仍然采用增加值②和增加值③方法计算得到的本国增加值取对数作为被解释变量，以对应计算得到的增加值率作为核心解释变量,并进行分行业类型进行回归。回归结果见表 4-47。回归结果表明,增值率前的回归系数符号与基准回归一致,且均在 1% 水平统计显著。

表 4-47　　　　　　　　稳健性检验结果

	(1) lnDVA2	(2) 劳动密集型	(3) 资本密集型	(4) 技术密集型	(5) lnDVA3	(6) 劳动密集型	(7) 资本密集型	(8) 技术密集型
lnII	0.263***	0.366***	-0.160***	0.396***	-0.0557***	-0.0758***	-0.0187	0.0665***
	(23.59)	(27.16)	(-4.669)	(17.77)	(-6.610)	(-7.043)	(-0.781)	(3.759)
ϕ	3.625***	3.844***	2.231***	4.434***	0.255***	0.179***	0.375***	0.756***
	(135.6)	(114.8)	(34.38)	(76.88)	(24.51)	(16.20)	(10.05)	(21.45)
lnTA	0.00898	0.00696	0.0319	-0.0180	0.133***	0.119***	0.146***	0.153***
	(0.883)	(0.582)	(0.875)	(-0.888)	(15.13)	(10.60)	(5.583)	(8.728)
lnMBI	0.771***	0.681***	1.132***	0.690***	0.558***	0.597***	0.537***	0.398***
	(55.28)	(41.05)	(23.93)	(24.89)	(48.52)	(40.66)	(15.97)	(17.15)
lnTP	-0.0810***	-0.0696***	-0.0943***	-0.111***	0.0304***	0.0284***	0.0332***	0.0261***
	(-27.35)	(-20.27)	(-9.332)	(-18.20)	(11.94)	(8.886)	(4.614)	(4.997)
常数项	-2.790***	-3.061***	-1.721**	-3.044***	1.313***	1.224***	1.044*	1.625***
	(-15.70)	(-12.65)	(-2.294)	(-7.381)	(3.972)	(5.367)	(1.902)	(5.831)
样本数	50093	28660	7309	14124	52390	29649	7753	14988
R-squared	0.584	0.620	0.477	0.614	0.374	0.355	0.408	0.391
企业数	20264	11677	3246	5949	20680	11876	3343	6113
F	350.3	277.9	63.10	178.9	158.4	98.26	51.72	78.64

注:***、**、*分别表示 1%、5% 和 10% 的水平上显著。括号内为 t 统计量。各列回归均控制了行业、省份、年份和企业年龄固定效应。

七、本国增加值与不同类型劳动

由于 2000—2006 年中国工业企业数据库中只有 2004 年报告了从业人员的学历情况(包括研究生、本科、专科、高中和初中以下)和职称情况(包括反映专业技术职称的高级职称、中级职称、低级职称和反映职业资格的高级技师、技师、高级工、中级工等)。因此仅能采用截面数据来进行实证分析。

根据式（4-20），构建如下计量模型：

$\ln DVA_i = \alpha + \beta_1 \ln K_i + \beta_2 \ln L_i + \beta_3 \lambda_i + \beta_4 TFP_i + \beta_5 \ln II_i + \varepsilon_i$

其中，下标 i 表示企业，DVA_i 为本国增加值，K_i 为资本投入（固定资产投入），L_i 为劳动投入（就业人数），λ_i 为高技能劳动与低技术劳动投入比，γ_i 为增加值构成系数，TFP_i 为考虑到企业异质性的控制变量（包括资产规模、利润总额、销售收入等），II_i 为中间产品投入，ε_i 为随机扰动项。

根据数据情况，对于核心解释变量高技能劳动和低技能劳动投入比 λ 的计算采用了两种方法，第一种方法是按照学历情况进行划分（按学历加总的人数等于从业人员数），我们把大专及以上学历的从业人员归为高技能劳动力，把高中及初中以下的从业人员归为低技能劳动力，两类从业人数各自加总后的相比得到 λ_1。第二种方法是按照职称和职业资格进行划分，但由于部分从业人员不具有任何职称或职业资格，单纯按照职称和职业资格进行划分，存在着样本数减少且不能完全反映劳动投入构成，因此把具有职称的从业人员作为高技能劳动力，把其余从业人员（即把从业人数减去具有职称的从业人员数）作为低技能劳动力，两类从业人数各自加总后相比得到 λ_2。

高技能劳动与低技能劳动投入比 λ 的统计特征见表4-48。

表4-48　　　　　　　高技能低技能劳动投入比统计性描述

	样本数	均值	标准差	最小值	最大值
λ_1	13790	0.192	0.801	0	52.5
λ_2	13747	0.108	1.057	0	85

从高技能劳动与低技能劳动投入比 λ 的统计特征可以看出，按第一种方法获得的 λ_1 的标准差较小，样本数较多；而按第二种方法获得的 λ_2 的标准差较大，均值下降较大，样本数略有减少，说明企业间从业人员具有职称的情况存在明显的差异。

考虑到截面数据可能存在多重共线性、异方差和变量内生性等情况，分别采用多种估计方法进行回归估计。回归结果见表4-49，其中（1）列为普通最小二乘法估计，（2）列异方差稳健性标准误OLS估计，（3）列为加权最小二乘法估计，（4）为两阶段最小二乘法估计（2SLS），（5）为广义矩估计（GMM），在进行两阶段最小二乘法和广义矩估计时，我们以纯按职称和职业资格划分的高技能劳动和低技能劳动投入比作为工具变量,即把具有高级职称和中级职称的从业人员归为高技能劳动力,把其他职称和职业资格的从业人员归为低技能劳动力。

从回归结果看,高技能劳动与低技能劳动投入比 λ 前的回归系数符号与预期一致,且均具有统计显著性。

表4-49　　　　　不同类型劳动对本国增加值影响实证结果

	(1) OLS	(2) OLS_vce	(3) WLS	(4) 2SLS	(5) GMM
lnK	0.0685*** (15.15)	0.0685*** (13.40)	0.0614*** (15.17)	0.0632*** (5.498)	0.0642*** (5.952)
lnL	0.759*** (107.9)	0.759*** (82.57)	0.779*** (125.6)	0.763*** (34.93)	0.761*** (37.46)
λ	0.0695*** (10.63)	0.0695** (2.096)	0.221*** (13.90)	0.175* (1.733)	0.162* (1.871)
TFP	0.259*** (45.45)	0.259*** (31.18)	0.175*** (40.61)	0.277*** (17.40)	0.278*** (17.98)
lnII	0.165*** (28.14)	0.165*** (21.76)	0.155*** (31.57)	0.186*** (14.88)	0.186*** (14.68)
常数项	0.892*** (23.82)	0.892*** (19.98)	1.236*** (35.24)	0.654*** (8.717)	0.655*** (8.737)
样本数	12865	12865	12865	4400	4400
R-squared	0.790	0.790	0.798	0.787	0.789
F	9663	7472	10189	—	—

注:***、**、*分别表示1%、5%和10%的水平上显著。括号内为 t 统计量。

八、本国增加值与研发投入

由于2000—2006年中国工业企业数据库中只有2005年和2006年报告了研发投入情况,因此采用2005年、2006两年的数据构建面板数据来验证研发投入对本国增加值的影响。

考虑如下计量模型：

$$\ln DVA_{it} = \alpha + \beta_1 \ln FA_{it} + \beta_2 \ln EMP_{it} + \beta_3 \ln RD_{it} + \beta_4 X_{it} + \varepsilon_i$$

其中，下标 i 和 t 分别表示企业和时间，DVA_{it} 为本国增加值，FA_{it} 为资本投入（固定资产投入），EMP_{it} 为劳动投入（就业人数），RD_{it} 为研发投入，X_{it} 为考虑到企业异质性的控制变量（包括利润总额（TP）、全要素生产率（TFP）等）。

以 Hausman 检验以确定采用固定效应模型还是随机效应模型。检验结果均为 Prob > chi2 = 0.000，表明在 1% 显著性水平下拒绝原假设，即拒绝随机效应，应该采用固定效应模型。

实际回归分析时，除控制了反映企业异质性的变量外，还分别控制了行业效应、省份效应，但考虑到只有两年数据没有控制年份效应和企业的年龄效应。另外，考虑到具有研究投入数据的企业数量回归结果见表 4-50。

回归结果表明，研发投入项前的回归系数符号与理论预期一致，且均具有统计显著性。说明研发投入增加对本国增加值提高具有正向作用。

表 4-50　　研发投入对本国增加值影响实证结果

	(1) lnDVA1	(2) lnDVA1	(3) lnDVA1	(4) lnDVA1	(5) lnDVA1	(6) lnDVA1
lnFA	0.140** (2.080)	0.0866 (1.328)	0.248*** (3.438)	0.257*** (3.459)	0.248*** (3.438)	0.257*** (3.459)
lnEMP	0.461*** (5.699)	0.533*** (6.703)	0.333*** (3.737)	0.301*** (3.279)	0.333*** (3.737)	0.301*** (3.279)
lnRD	0.0334** (2.363)	0.0274** (2.002)	0.0277* (1.823)	0.0287* (1.880)	0.0277* (1.823)	0.0287* (1.880)
lnTP			0.103*** (4.459)	0.103*** (4.421)	0.103*** (4.459)	0.103*** (4.421)
TFP		0.235*** (7.405)				
常数项	5.260*** (6.690)	4.263*** (5.501)	4.150*** (4.888)	4.787*** (5.101)	4.150*** (4.888)	4.787*** (5.101)
行业固定	否	否	否	是	否	是
省份固定	否	否	否	否	是	是

续表

	（1） lnDVA1	（2） lnDVA1	（3） lnDVA1	（4） lnDVA1	（5） lnDVA1	（6） lnDVA1
样本数	2724	2696	2239	2239	2239	2239
R – squared	0.071	0.143	0.119	0.131	0.119	0.131
企业数	2075	2058	1745	1745	1745	1745
F	16.51	26.48	16.60	5.560	16.60	5.560

注：***、**、*分别表示1%、5%和10%的水平上显著。括号内为 t 统计量。

本章小结

本章首先基于属权增加值的基本关系式，运用数学模型探讨了影响本国属权增加值的基本因素，包括总产出、就业人数、资本、中间投入、全要素生产率等，并详细推导了它们对本国属权增值的数理关系，揭示背后的经济学含义。运用中国工业企业数据库和海关数据库构建非平衡面板数据，对各基本影响因素对本国增加值的影响进行了实证检验，结果均较好地证实了理论推论，并且结果均较稳健。研究结论是：本国属权增加值随总产出增加、劳动投入增加、资本投入增加、中间投入减少、全要素生产率提高而增加，反之则反是。

考虑到属权增加值形成的结构性特点，本章又从属权结构、资本结构、人力资本投入结构（不同类型劳动力）等方面理论探讨了这些结构性因素对属权增加值的影响。考虑到增加值与增加值率的关系，以及研发投入对现代生产增值的重要作用，尝试性探讨了增加值率和研发投入对本国增加值的影响。同样运用中国工业企业数据库和海关数据库构建非平衡面板数据，对上述因素对本国增加值的影响进行了实证检验。除属权结构性因素由于涉及较多交叉效应未通过实证检验，其他各项因素的实证检验均获得了与预期一致的检验结果，并通过了稳健性检验。研究结论是：本国属权增加值随资本结构改善、人力资本投入结构改善、增加值率提高、研发投入增加而增加，反之则反是。

第五章 属权属地增加值率背离影响因素分析

我们在第三章对属权增加值率与属地增加值率的背离情况进行了数据分类统计分析。那么是哪些因素导致了属权属地增加值率的背离呢？本章尝试从总体、分行业类型、分企业类型分别从基本因素、政策因素和结构因素三个方面运用计量分析的方法对这个问题进行探讨。

第一节 总体分析

本节从基本因素、政策因素、结构因素三类因素尝试分析影响属权属地增加值率背离的问题。

一、基本因素

由于属权属地增加值率的背离主要是由于统计角度不同产生的，属权增加值率由本国增加值除以总产值得到，而属地增加值率由全部增加值除以总产值得到，因此其本质上是本国增加值与全部增加值的差别。那么影响本国增加值、全部增加值、总产值的相关因素都可能成为影响属权属地增加值率背离的因素。这些影响因素包括规模、投入和产出等方面。根据数据可获得性，主要考察反映规模的总资产（TA）、反映投入的固定资产（FA）、从业人数（EMP）和反映产出的总产值（GV）、增加值总额（VA）、利润总额（TP）。

1. 相关性分析

先考察各基本因素与属权属地增加值率背离值（BLZ）的绝对值之间的相

关性关系①。由于背离值为 0－1 的数值，与其他变量非同一数量级，因此其他变量均取自然对数。

从相关性检验结果（见表 5－1）可知，属权属地增加值率背离值 BLZ1 与各变量之间均存在着 1% 水平统计显著的正相关性，即从统计上看，所有基本因素单独看都是属权属地增加值率背离值扩大的影响因素。其中利润总额与背离值的相关性最高，相关系数为 0.249，说明利润水平超高可能导致属权属地增加值率之间的背离越大。而从业人数与背离值的相关性最低，相关系数为 0.014，说明在所考察的这些基本因素中，相比较而言从业人数可能导致属权属地增加值率之间的背离较小。在其他几个因素中，除总产值与背离值之间的相关性相对较小外，其余因素与背离值之间的相关系数比较接近。各基本影响因素与属权属地增加值率背离值的相关系数的大小排序为：利润总额（TP）＞增加值总额（VA）＞固定资产（FA）＞总资产（TA）＞总产值（GV）＞从业人数（EMP）。同时，我们也发现各基本影响因素之间存在较高的正相关性。详见表 5－1。

表 5－1　　　　　　　背离值 BLZ1 与各基本因素相关系数

	(1) BLZ1	(2) lnTA	(3) lnFA	(4) lnEMP	(5) lnGV	(6) lnVA	(7) lnTP
(1) BLZ1	1.000						
(2) lnTA	0.114***	1.000					
(3) lnFA	0.120***	0.882***	1.000				
(4) lnEMP	0.014***	0.569***	0.520***	1.000			
(5) lnGV	0.087***	0.846***	0.713***	0.630***	1.000		
(6) lnVA	0.149***	0.777***	0.673***	0.614***	0.900***	1.000	
(7) lnTP	0.249***	0.680***	0.600***	0.399***	0.715***	0.718***	1.000

注：*** 表示 1% 水平统计显著。

而属权属地增加值率背离值 BLZ3 与各变量的相关性关系与属权属地增加

---

① 第三章的分析结果表明，按增加值①方法计算得到的属权属地增加值率背离值的绝对值与按增加值②方法计算得到的相等，但按增加值③方法计算则与前两种方法计算得到的结果不同。因此，这里我们把两种方法计算得到的背离值的绝对值记为 BLZ1，后一种方法计算得到的背离值的绝对值记为 BLZ3，分别进行分析。

值率背离值 BLZ1 有两个不同之处：一是其与从业人数之间呈显著负相关；二是与其正相关的变量中，增加值总额与其的相关性最高，相关系数为 0.282。各基本影响因素与属权属地增加值率背离值的相关系数的大小排序为：增加值总额（VA）＞总产值（GV）＞利润总额（TP）＞总资产（TA）＞固定资产（FA）＞从业人数（EMP）（负值）。详见表 5-2。

表 5-2　　　　　　　背离值 BLZ3 与各基本因素相关系数

	（1）BLZ3	（2）lnTA	（3）lnFA	（4）lnEMP	（5）lnGV	（6）lnVA	（7）lnTP
（1）BLZ3	1.000						
（2）lnTA	0.068***	1.000					
（3）lnFA	0.063***	0.882***	1.000				
（4）lnEMP	-0.035***	0.569***	0.520***	1.000			
（5）lnGV	0.124***	0.846***	0.713***	0.630***	1.000		
（6）lnVA	0.282***	0.777***	0.673***	0.614***	0.900***	1.000	
（7）lnTP	0.092***	0.680***	0.600***	0.399***	0.715***	0.718***	1.000

注：*** 表示 1% 水平统计显著。

2. 单因素考察

考虑如下计量方程：

$$BLZ_{it} = \alpha + \beta X_{it} + \varepsilon_{it}$$

其中，下标 i 和 t 分别表示企业和时间，BLZ_{it} 表示属权属地增加值率背离值的绝对值，X_{it} 表示上述各基本影响因素（均取自然对数），ε_{it} 表示随机扰动项。

属权属地增加值率背离值的统计性描述见表 5-3。其中 BLZ1 为按增加值①和增加值②计算得到的属权属地增加值率背离值，BLZ2 为按增加值③计算得到的属权属地增加值率背离值。

表 5-3　　　　　　　属权属地增加值率背离值统计性描述

	样本数	均值	标准差	最小值	最大值
BLZ1	72173	0.052	0.144	-5.692	9.769
BLZ2	72173	0.098	0.313	-48.716	28.939

使用面板数据进行回归分析时，需要进行 Hausman 检验以确定采用固定效应模型还是随机效应模型。先以 BLZ1 作为被解释变量，所有基本影响因素变量所得到的检验结果均为 Prob > chi2 = 0.000，表明在 1% 显著性水平下拒绝原假设，即拒绝随机效应，应该采用固定效应模型。然后以 BLZ3 作为被解释变量，其中反映规模的总资产（TA）、反映投入的固定资产（FA）、从业人数（EMP）这三个解释变量 Hausman 检验结果 Prob > chi2 > 0.1，即无法拒绝原假设，应该采用随机效应模型，而反映产出的总产值（GV）、增加值总额（VA）、利润总额（TP）这三个解释变量 Hausman 检验结果均为 Prob > chi2 = 0.000，表明在 1% 显著性水平下拒绝原假设，即拒绝随机效应，应该采用固定效应模型。

回归结果见表 5 – 4 和表 5 – 5。以属权属地增加值率背离值 BLZ1 为被解释变量的回归结果表明，各基本影响因素对属权属地增加值率背离值 BLZ1 均在 1% 统计显著性水平下有正向作用。这与前面的相关性分析是一致的。所不同的是，各基本影响因素变量的回归系数之间的差距相比相关系数有较明显的缩小。回归系数大小的排序关系为：总资产（TA）> 总产值（GV）> 从业人数（EMP）> 增加值总额（VA）> 利润总额（TP）> 固定资产（FA）。在控制相关固定效应后，各基本影响因素对属权属地增加值率背离值 BLZ1 仍然均在 1% 统计显著性水平下有正向作用。总体上各变量的回归系数变化较小，但排序关系发生了一定的变化，为：总产值（GV）> 总资产（TA）> 增加值总额（VA）> 利润总额（TP）> 从业人数（EMP）> 固定资产（FA）。

以属权属地增加值率背离值 BLZ3 为被解释变量的回归结果表明，各基本影响因素对属权属地增加值率背离值 BLZ3 的影响也均在 1% 水平下统计显著，但从业人数对其具有负向作用，其他变量均对其有正向作用。这也与相关性分析是一致的。与 BLZ1 的回归分析不同，各基本影响因素变量的回归系数之间的差距与相关系数一样也有较大的差距，从数量级看，甚至有所扩大。回归系数绝对值的大小关系为：增加值总额（VA）> 总产值（GV）> 总资产（TA）> 固定资产（FA）> 从业人数（EMP）（负值）> 利润总额（TP）。在控制了相关固定效应后，各基本影响因素对属权属地增加值率背离值 BLZ3 的影响也均在 1% 水平下统计显著，且符号与未控制相关固定效应时一致。总体上各变量的回归系数变化也较小，且其绝对值排序与未控制相关固定效应时基本一致，

表 5-4 基本因素对属权属地增加值率背离影响的实证结果（以背离值 BLZ1 为被解释变量）

	(1) BLZ1	(2) BLZ1	(3) BLZ1	(4) BLZ1	(5) BLZ1	(6) BLZ1	(7) BLZ1	(8) BLZ1	(9) BLZ1	(10) BLZ1	(11) BLZ1	(12) BLZ1
lnTA	0.0213*** (14.30)											
lnFA		0.0102*** (8.278)					0.0207*** (12.61)					
lnEMP			0.0206*** (15.05)					0.00741*** (5.846)				
lnGV				0.0210*** (18.34)					0.0173*** (12.08)			
lnVA					0.0190*** (26.50)					0.0214*** (16.88)	0.0200*** (26.34)	
lnTP						0.0173*** (38.31)						0.0180*** (39.58)
常数项	-0.172*** (-10.99)	-0.0418*** (-3.692)	-0.0621*** (-8.193)	-0.172*** (-14.09)	-0.121*** (-18.25)	-0.0460*** (-13.86)	-0.200** (-2.234)	-0.0566 (-0.638)	-0.0790 (-0.894)	-0.205** (-2.313)	-0.143*** (-4.968)	-0.0319 (-0.510)
样本数	72170	71904	72134	72169	70465	52727	72111	71845	72075	72110	70411	52686
R-squared	0.004	0.001	0.005	0.007	0.015	0.044	0.012	0.009	0.012	0.014	0.022	0.051
企业数	24939	24908	24933	24938	24634	20745	24927	24896	24921	24926	24623	20737
F	204.6	68.52	226.5	336.4	702.3	1467	4.556	3.494	4.472	5.587	8.185	14.63

注：***、**、* 分别表示 1%、5% 和 10% 的水平上显著，括号内为 t 统计量。(7)—(12) 分别控制了行业、省份、年份和企业年龄固定效应。

表 5-5　单基本因素对属权属地增加值率背离影响的实证结果（以背离值 BLZ3 为被解释变量）

	(1) BLZ3	(2) BLZ3	(3) BLZ3	(4) BLZ3	(5) BLZ3	(6) BLZ3	(7) BLZ3	(8) BLZ3	(9) BLZ3	(10) BLZ3	(11) BLZ3	(12) BLZ3
lnTA	0.0152*** (18.22)						0.0132*** (14.34)					
lnFA		0.0119*** (16.99)						0.00897*** (11.90)				
lnEMP			−0.00972*** (−9.282)						−0.00645*** (−5.798)			
lnGV				0.106*** (35.88)						0.125*** (38.12)		
lnVA					0.110*** (86.79)						0.123*** (92.83)	
lnTP						0.00691*** (4.891)						0.00636*** (4.439)
常数项	−0.0612*** (−6.942)	−0.0104 (−1.609)	0.152*** (25.69)	−1.030*** (−32.75)	−0.901*** (−77.16)	0.0653*** (6.270)	−0.0454** (−2.312)	0.00956 (0.517)	0.121*** (6.765)	−1.106*** (−4.832)	−0.806*** (−16.00)	0.0550 (0.279)
样本数	72170	71904	72134	72169	70465	52727	72111	71845	72075	72110	70411	52686
R-squared				0.027	0.141	0.001				0.031	0.161	0.002
企业数	24939	24908	24933	24938	24634	20745	24927	24896	24921	24926	24623	20737
F				1288	7532	23.92				12.41	71.25	0.633

注：***、**、* 分别表示 1%、5% 和 10% 的水平上显著，括号内为 t 统计量。(1)—(6) 分别控制了行业、省份、年份和企业年龄固定效应。(1)—(3) 和 (7)—(9) 根据 Hausman 检验结果采用随机效应回归模型，其余各列采用固定效应回归模型。

为：总产值（GV）>增加值总额（VA）>总资产（TA）>固定资产（FA）>从业人数（EMP）（负值）>利润总额（TP），即总产值与增加值总额前的回归系数排序发生了交换。

3. 两因素考察

考虑如下计量方程：

$$BLZ_{it} = \alpha + \beta_1 X_{it} + \beta_2 Y_{it} + \varepsilon_{it}$$

其中，下标 i 和 t 分别表示企业和时间，BLZ_{it} 表示属权属地增加值率背离值的绝对值，X_{it} 和 Y_{it}（$X_{it} \neq Y_{it}$）表示上述各基本影响因素（均取自然对数），ε_{it} 表示随机扰动项。

使用面板数据进行回归分析时，需要进行 Hausman 检验以确定采用固定效应模型还是随机效应模型。先以 BLZ1 作为被解释变量，除总资产（TA）和利润总额（TP）的检验结果接受原假设外，其他双因素变量所得到的检验结果均在5%显著性水平下拒绝原假设，因此，总资产和利润总额回归采用随机效应模型，其他双因素变量回归均采用固定效应模型。然后以 BLZ3 作为被解释变量，所有双因素变量所得到的检验结果均在1%显著性水平下拒绝原假设，因此均采用固定效应模型。

以 BLZ1 作为被解释变量的回归结果见表5-6和表5-7。在不控制各类固定效应的情况下，将总资产（TA）和固定资产（FA）以及固定资产（FA）和增加值总额（VA）纳入回归方程时，固定资产前的回归系数统计不显著，其他各列回归均在5%及以上水平统计显著。把利润总额（TP）作为其中一项影响因素时，其他影响因素对属权属地增加值率背离值的影响均为负（表5-6中第（5）（9）（12）（14）（15）列），说明利润总额是导致背离值扩大的主要因素。背后的原因可能是，从统计上看，利润是资本项的回报，而利润又是营业盈余主要来源，从而利润是外国增加值的主要来源。因此，利润总额的增加将导致外国增加值增加，从而导致属权增加值率下降，进而扩大属权属地增加值率之间的背离值。此外，把增加值总额（VA）作为一项影响因素时，总产值（GV）前的回归系数也转为负（表5-6中第（12）列），但其他影响因素前的回归系数仍为正。说明相比较而言，增加值总额对属权属地增加值率背离值扩大的影响大于总产值。根据前面的归类，利润总额、增加值总额均属于产

表 5-6 两基本因素对属权属地增加值率背离率背离影响的实证结果（以背离值 BLZ1 为被解释变量，无固定效应控制）

	(1) BLZ1	(2) BLZ1	(3) BLZ1	(4) BLZ1	(5) BLZ1	(6) BLZ1	(7) BLZ1	(8) BLZ1	(9) BLZ1	(10) BLZ1	(11) BLZ1	(12) BLZ1	(13) BLZ1	(14) BLZ1	(15) BLZ1
lnTA	0.0204*** (11.59)	0.0152*** (9.517)	0.00917*** (5.167)	0.00384** (2.545)											
lnFA	0.00134 (0.922)				-0.0110*** (-19.19)										
lnEMP		0.0155*** (10.58)				0.00544*** (4.222)	0.00317** (2.421)	0.000931 (0.781)	-0.00493*** (-4.464)						
lnGV			0.0172*** (12.56)			0.0190*** (13.23)	0.0200*** (16.43)			0.0119*** (7.844)	0.00801*** (5.869)	-0.00667*** (-4.467)	-0.00357** (-2.405)	-0.0465*** (-40.03)	
lnVA				0.0183*** (23.62)				0.0191*** (25.71)		0.0166*** (13.01)	0.0177*** (23.38)		0.0207*** (21.31)		-0.0123*** (-16.31)
lnTP					0.0189*** (54.65)				0.0176*** (38.52)			0.0177*** (38.44)		0.0247*** (51.74)	0.0196*** (43.45)
常数项	-0.175*** (-10.85)	-0.194*** (-12.29)	-0.227*** (-14.02)	-0.155*** (-10.50)	0.0590*** (11.63)	-0.103*** (-8.421)	-0.190*** (-13.16)	-0.130*** (-11.30)	-0.00307 (-0.300)	-0.191*** (-15.32)	-0.153*** (-17.87)	-0.0172** (-2.363)	-0.0983*** (-8.304)	0.405*** (34.53)	0.0526*** (7.702)
样本数	71904	72132	72166	70462	52725	71866	71900	70215	52549	72130	70426	52696	70462	52725	52122
R-squared	0.004	0.007	0.008	0.015	20745	0.005	0.007	0.015	0.045	0.008	0.016	0.044	0.015	0.089	0.057
企业数	24908	24933	24938	24634	—	24902	24907	24605	20714	24932	24628	20737	24633	20743	20629
F	101.5	158.7	181.6	354.4		121.8	169.4	353.3	742.2	198.2	368.4	743.1	357.0	1571	946.7

注：***、**、* 分别表示 1%、5% 和 10% 的水平上显著。括号内为 t 统计量。第（5）列为随机效应模型回归。

288

表 5-7 两基本因素对属权属地增加值率背离影响的实证结果（以背离值 BLZ1 为被解释变量，固定效应控制）

	(1) BLZ1	(2) BLZ1	(3) BLZ1	(4) BLZ1	(5) BLZ1	(6) BLZ1	(7) BLZ1	(8) BLZ1	(9) BLZ1	(10) BLZ1	(11) BLZ1	(12) BLZ1	(13) BLZ1	(14) BLZ1	(15) BLZ1
lnTA	0.0212*** (11.12)	0.0163*** (9.500)	0.0104*** (5.699)	0.00706*** (4.403)	-0.0116*** (-19.16)										
lnFA	-0.000744 (-0.508)					0.00387*** (2.964)	0.00169 (1.283)	0.000352 (0.291)	-0.00230** (-2.017)						
lnEMP		0.0132*** (8.798)				0.0164*** (10.98)				0.00955*** (6.162)	0.00695*** (4.953)	-0.0343** (-2.553)			
lrGV			0.0178*** (12.56)				0.0209*** (15.80)			0.0181*** (13.18)			-0.00150 (-0.966)	-0.0513*** (-38.84)	
lrVA				0.0191*** (24.10)				0.0202*** (25.98)			0.0191*** (24.23)				-0.0104*** (-13.00)
lnTP					0.0187*** (53.25)				0.0182*** (39.51)			0.0182*** (39.47)	0.0207*** (21.27)	0.0249*** (52.02)	0.0197*** (43.64)
常数项	-0.181*** (-5.209)	-0.221** (-2.464)	-0.273*** (-3.053)	-0.224*** (-2.714)	0.0808*** (7.559)	-0.106 (-1.200)	-0.214** (-2.407)	-0.147*** (-4.830)	0.00479 (0.175)	-0.197*** (-5.995)	-0.188** (-2.303)	-0.0167 (-0.266)	-0.153* (-1.864)	0.445*** (16.06)	0.0445 (0.754)
样本数	71845	72073	72107	70408	52684	71807	71841	70161	52508	72071	70372	52655	70408	52684	52081
R-squared	0.012	0.013	0.015	0.022	20737	0.012	0.014	0.022	0.051	0.015	0.022	0.051	0.022	0.094	0.061
企业数	24896	24921	24926	24623	—	24890	24895	24594	20706	24920	24617	20729	24622	20735	20621
F	4.473	5.172	5.807	8.278		4.468	5.496	8.126	14.50	5.850	8.325	14.55	8.179	28.09	17.49

注：***，**，*分别表示 1%，5% 和 10% 的水平上显著。括号内为 t 统计量。第（5）列为随机效应模型回归。各列分别控制了行业、省份、年份和企业年龄固定效应。

出类因素，上述结果说明，产出类因素是影响属权属地增加值率背离扩大的主要因素。

在控制各类固定效应的情况下，与不控制固定效应相比，各回归系数有小幅变化（即均未出现跨数量级的变化），虽个别变量前回归系数的统计显著性略有变化，但均在5%及以上水平统计显著。但除上述两个组合中固定资产前的回归系数统计不显著外，固定资产（FA）和总产值（GV）组合中的固定资产前的回归系数也统计不显著。此外，增加值总额（VA）和总产值（GV）组合中总产值前的回归系数不再统计显著。因此，从总体上看，可以得出与不控制固定效应一致的结论。

以BLZ3为被解释变量的回归结果见表5-8和表5-9。在不控制各类固定效应的情况下，在与总产值（GV）的组合中，各因素除增加值总额（VA）外，其余变量前的回归系数均为负值（表5-8中第（3）（7）（10）（13）（14）列），而在与增加值总额（VA）的组合中，各因素均变量前的回归系数为负（表5-8中第（4）（8）（11）（13）（15）列），而与利润总额（TP）的组合中，各因素除总产值（GV）和增加值总额（VA）外，其余变量前的回归系数统计不显著或也为负值（表5-8中第（5）（9）（12）（14）（15）列）。这表明，产出类因素仍然是使属权属地增加值率背离扩大的主要因素，但这时最主要因素是增加值总额，其次是总产值，最后是利润总额。同时值得注意的是无论与哪个因素组合，从业人数（EMP）前的回归系数均为负且1%水平下统计显著，说明在控制其他影响因素的情况下，从业人数增加有利于属权属地增加值率背离缩小。

在控制相关固定效应后，各变量前的回归系数有小幅变化，但系数符号和显著性仍与原来一致，上述组合关系也仍然成立。

与以BLZ1为被解释变量相比有所差异的原因在于，由于计算方法的差异BLZ3总体上大于BLZ1，即资本项对应所得营业盈余在增加值中的相对比重被放大，因此产出因素对属权属地增加值率背离的影响更为明显，从而使得三个产出类影响因素表现更为明显，并通过与其他两类因素组合表现出各自对属权属地增加值率背离影响的差异。但总体上，两者的结论是一致的，即产出类因素是影响属权属地增加值率背离的主要因素。

第五章 属权属地增加值率背离影响因素分析

表 5-8 两基本因素对属权属地增加值率背离影响的实证结果（以背离值 BLZ3 为被解释变量，无固定效应控制）

	(1) BLZ3	(2) BLZ3	(3) BLZ3	(4) BLZ3	(5) BLZ3	(6) BLZ3	(7) BLZ3	(8) BLZ3	(9) BLZ3	(10) BLZ3	(11) BLZ3	(12) BLZ3	(13) BLZ3	(14) BLZ3	(15) BLZ3
lnTA	0.0241*** (5.278)	0.0264*** (6.331)	-0.0766*** (-16.82)	-0.0771*** (-29.34)	0.00666 (1.555)										
lnFA	-0.00356 (-0.944)					0.00888*** (2.662)	-0.0340*** (-10.19)	-0.0366*** (-17.74)	0.00411 (1.188)						
lnEMP		-0.0134*** (-3.498)				-0.00759** (-2.042)				-0.0741*** (-18.98)	-0.0741*** (-31.20)	-0.0126*** (-3.155)			
lnGV			0.138*** (39.34)				0.116*** (37.22)			0.133*** (40.64)			-0.0898*** (-34.90)	0.0953*** (25.79)	
lnVA				0.124*** (92.21)				0.114*** (89.01)			0.122*** (93.00)		0.149*** (88.47)		0.115*** (88.53)
lnTP					0.00633*** (4.335)				0.00668*** (4.664)			0.00777*** (5.395)			
常数项	-0.122*** (-2.924)	-0.104** (-2.547)	-0.570*** (-13.71)	-0.229*** (-8.940)	-0.00104 (-0.0237)	0.0587* (1.860)	-0.826*** (-22.35)	-0.608*** (-30.58)	0.0292 (0.908)	-0.910*** (-28.46)	-0.608*** (-40.84)	0.129*** (5.672)	-0.306*** (-14.89)	-0.858*** (-23.03)	-0.0154*** (-19.78)
															-0.851*** (-72.39)
样本数	71904	72132	72166	70462	52725	71866	71900	70215	52549	72130	70426	52696	70462	52725	52122
R-squared	0.001	0.001	0.032	0.157	0.001	0.000	0.029	0.148	0.001	0.034	0.159	0.001	0.163	0.021	0.201
企业数	24908	24933	24938	24634	20745	24902	24907	24605	20714	24932	24628	20737	24633	20743	20629
F	16.28	20.87	789.0	4267	13.18	4.449	695.1	3965	12.61	826.5	4327	16.91	4468	344.9	3964

注：***、**、* 分别表示 1%、5% 和 10% 的水平上显著。括号内为 t 统计量。

表 5-9 两基本因素对属权属地增加值率背离影响的实证结果（以背离值 BLZ3 为被解释变量，固定效应控制）

	(1) BLZ3	(2) BLZ3	(3) BLZ3	(4) BLZ3	(5) BLZ3	(6) BLZ3	(7) BLZ3	(8) BLZ3	(9) BLZ3	(10) BLZ3	(11) BLZ3	(12) BLZ3	(13) BLZ3	(14) BLZ3	(15) BLZ3
lnTA	0.0214*** (4.326)	0.0233*** (5.183)	-0.0676*** (-14.33)	-0.0580*** (-20.82)											
lnFA	-0.00418 (-1.100)				0.0293 (0.599)	0.00677** (1.992)			0.00232 (0.646)						
lnEMP		-0.0163*** (-4.152)				-0.0126*** (-3.260)	-0.0323*** (-9.593)	-0.0295*** (-14.19)		-0.0749*** (-18.79)	-0.0678*** (-27.89)	-0.0181*** (-4.288)			
lnGV			0.148*** (40.59)				0.133*** (39.23)			0.150*** (42.46)			-0.0734*** (-27.26)	0.119*** (28.22)	
lnVA				0.131*** (95.39)				0.126*** (94.25)			0.133*** (97.55)		0.152*** (90.04)		0.130*** (95.49)
lnTP					0.00618*** (4.206)				0.00625*** (4.316)			0.00734*** (5.050)		-0.00957*** (-6.278)	-0.0149*** (-19.44)
常数项	-0.0544 (-0.602)	-0.0316 (-0.135)	-0.666*** (-2.888)	-0.326** (-2.273)	0.0312 (0.334)	0.119 (0.517)	-0.920*** (-4.038)	-0.575*** (-11.00)	0.0401 (0.464)	-0.946*** (-11.20)	-0.585*** (-4.145)	0.136 (0.688)	-0.347** (-2.442)	-1.003*** (-11.38)	-0.887*** (-8.860)
样本数	71845	72073	72107	70408	52684	71807	71841	70161	52508	72071	70372	52655	70408	52684	52081
R-squared	0.002	0.002	0.036	0.169	0.002	0.002	0.033	0.166	0.002	0.039	0.175	0.003	0.174	0.027	0.230
企业数	24896	24921	24926	24623	20737	24890	24895	24594	20706	24920	24617	20729	24622	20735	20621
F	0.725	0.858	14.02	74.83	0.630	0.667	13.00	72.83	0.631	15.20	78.04	0.786	77.68	7.448	79.91

注：***、**、* 分别表示 1%、5% 和 10% 的水平上显著。括号内为 t 统计量。各列分别控制了行业、省份、年份和企业年龄固定效应。

4. 三因素考察

考虑如下计量方程：

$$BLZ_{it} = \alpha + \beta_1 X_{it} + \beta_2 Y_{it} + \beta_3 Z_{it} + \varepsilon_{it}$$

其中，下标 i 和 t 分别表示企业和时间，BLZ_{it} 表示属权属地增加值率背离值的绝对值，X_{it}、Y_{it} 和 $Z_{it}(X_{it} \neq Y_{it} \neq Z_{it})$ 表示上述各基本影响因素（均取自然对数），ε_{it} 表示随机扰动项。

使用面板数据进行回归分析时，需要进行 Hausman 检验以确定采用固定效应模型还是随机效应模型。先以 BLZ1 作为被解释变量，所有三因素变量所得到的检验结果均为 Prob > chi2 = 0.000，表明在 1% 显著性水平下拒绝原假设，即拒绝随机效应，应该采用固定效应模型。然后以 BLZ3 作为被解释变量，所有三因素变量所得到的检验结果也均为 Prob > chi2 = 0.000，表明在 1% 显著性水平下拒绝原假设，即拒绝随机效应，也应该采用固定效应模型。

以 BLZ1 作为被解释变量的回归结果见表 5 - 10 和表 5 - 11。在不控制各类固定效应的情况下，与两因素考察时类似。首先，在有利润总额（TP）的三因素组合时，利润总额前的回归系数总是为正且在 1% 水平下统计显著，并会引起其他两个变量中至少一个变量前的回归系数符号为负或统计不显著（表 5 - 10 中第（4）（7）（9）（10）（13）（15）（16）（18）（19）（20）列）。说明利润总额在三因素考察情况下仍然是影响属权属地增加值率背离扩大的主要因素。其次，在不考虑利润总额的情况下，在有增加值总额（VA）的三因素组合时，增加值总额前的回归系数总是为正且在 1% 水平下统计显著，并会引起其他两个变量中一个变量前的回归系数符号为负或统计不显著（表 5 - 10 中第（3）（6）（8）（14）（17）列），说明增加值总额是仅次于利润总额的影响属权属地增加值率背离扩大的因素。再次，在不考虑利润总额和增加值总额的情况下，在有总产值（GV）的三因素组合中，总产值前的回归系数总是为正且在 1% 水平下统计显著。除了与总资产（TA）和从业人数（EMP）的组合（表 5 - 10 中第（5）列）外，其余组合中其他两个变量中一个变量前的回归系数符号不再统计显著（表 5 - 10 中第（2）（11）列）。说明总产值是继利润总额和增加值总额之后，影响属权属地增加值率背离扩大的因素。最后，在不考虑上述三个因素的情况下，即仅有总资产（TA）、固定资产（FA）和从业

表 5-10　三基本因素对属权属地增加值率背离影响的实证结果（以背离值 BLZ1 为被解释变量，无固定效应控制）

	(1) BLZ1	(2) BLZ1	(3) BLZ1	(4) BLZ1	(5) BLZ1	(6) BLZ1	(7) BLZ1	(8) BLZ1	(9) BLZ1	(10) BLZ1
lnTA	0.0154*** (8.447)	0.00897*** (4.515)	0.00394** (2.262)	-0.0139*** (-8.526)	0.00717*** (3.984)	0.00152 (0.967)	-0.0124*** (-8.477)	0.00657*** (3.926)	0.0226*** (14.26)	-0.00646*** (-4.676)
lnFA	-0.000442 (-0.302)	0.000274 (0.188)	-0.000592 (-0.432)	0.00111 (0.849)						
lnEMP	0.0157*** (10.55)				0.0109*** (7.082)	0.00762*** (5.363)	-0.00159 (-1.174)			
lnGV		0.0171*** (12.47)			0.0140*** (9.711)			-0.00635*** (-3.865)	-0.0572*** (-41.47)	
lnVA			0.0185*** (23.74)	0.0184*** (39.49)		0.0174*** (22.05)	0.0185*** (39.40)	0.0207*** (21.27)		-0.0110*** (-13.62)
lnTP									0.0245*** (51.33)	0.0199*** (43.68)
常数项	-0.192*** (-11.90)	-0.227*** (-13.68)	-0.152*** (-10.04)	0.0821*** (5.738)	-0.233*** (-14.32)	-0.165*** (-11.10)	0.0854*** (6.051)	-0.137*** (-8.893)	0.283*** (19.60)	0.106*** (7.962)
样本数	71866	71900	70215	52549	72128	70424	52694	70459	52723	52120
R-squared	0.007	0.008	0.015	0.047	0.009	0.016	0.047	0.016	0.095	0.057
企业数	24902	24907	24605	20714	24932	24628	20737	24633	20743	20629
F	105.1	119.7	237.3	520.2	137.5	245.9	520.3	243.2	1122	638.7

续表

	(11) BLZ1	(12) BLZ1	(13) BLZ1	(14) BLZ1	(15) BLZ1	(16) BLZ1	(17) BLZ1	(18) BLZ1	(19) BLZ1	(20) BLZ1
lnTA	0.00156 (1.178)									
lnFA	0.0117*** (7.572)	-0.000654 (-0.535)	-0.00385*** (-3.348)	0.00176 (1.429)	0.0107*** (9.414)	-0.00181* (-1.691)				
lnEMP		0.00808*** (5.743)	-0.00441*** (-3.329)				0.0102*** (7.047)	0.0171*** (12.69)	-0.000391 (-0.314)	
lnGV	0.0162*** (12.26)			-0.00433*** (-2.817)	-0.0505*** (-40.85)		-0.00731*** (-4.645)	-0.0531*** (-41.87)		-0.0502*** (-34.82)
lnVA		0.0179*** (23.28)		0.0209*** (21.43)		-0.0120*** (-15.40)	0.0206*** (21.21)		-0.0122*** (-15.62)	0.00860*** (9.024)
lnTP			0.0178*** (38.55)		0.0248*** (51.74)	0.0197*** (43.40)		0.0246*** (51.57)	0.0196*** (43.24)	0.0236*** (51.57)
常数项	-0.200*** (-13.74)	-0.149*** (-12.46)	0.00996 (0.907)	-0.108*** (-7.831)	0.348*** (26.41)	0.0656*** (6.219)	-0.114*** (-9.449)	0.381*** (32.14)	0.0540*** (6.532)	0.371*** (32.73)
样本数	71862	70177	52518	70212	52547	51951	70423	52694	52091	52120
R-squared	0.008	0.016	0.045	0.016	0.092	0.057	0.016	0.094	0.057	0.092
企业数	24901	24599	20706	24604	20712	20600	24627	20735	20621	20627
F	131.5	246.6	498.0	240.2	1077	629.7	254.7	1107	630.3	1060

注：***、**、*分别表示1%、5%和10%的水平上显著。括号内为t统计量。

表 5-11 三基本因素对属权属地增加值率背离影响的实证结果（以背离值 BLZ1 为被解释变量，固定效应控制）

	(1) BLZ1	(2) BLZ1	(3) BLZ1	(4) BLZ1	(5) BLZ1	(6) BLZ1	(7) BLZ1	(8) BLZ1	(9) BLZ1	(10) BLZ1
lnTA	0.0177*** (9.119)	0.0116*** (5.683)	0.00859*** (4.677)	-0.00788*** (-4.379)	0.00905*** (4.885)	0.00549*** (3.326)	-0.00674*** (-4.197)	0.00879*** (5.092)	0.0204*** (12.27)	-0.00320** (-2.121)
lnFA	-0.00235 (-1.595)	-0.00197 (-1.346)	-0.00274** (-1.991)	0.000601 (0.456)						
lnEMP	0.0136*** (8.944)				0.00843*** (5.381)	0.00581*** (4.017)	-0.00194 (-1.393)			
lnGV		0.0179*** (12.56)	0.0193*** (24.28)		0.0154*** (10.34)			-0.00465*** (-2.779)	-0.0586*** (-40.53)	
lnVA				0.0185*** (39.65)		0.0185*** (22.91)		0.0208*** (21.31)		-0.0100*** (-12.16)
lnTP							0.0186*** (39.58)		0.0246*** (51.34)	0.0199*** (43.49)
常数项	-0.216** (-2.419)	-0.269*** (-3.010)	-0.218*** (-2.636)	0.0560* (1.881)	-0.255*** (-7.296)	-0.213*** (-6.624)	0.0416 (0.646)	-0.191*** (-5.885)	0.314*** (4.981)	0.0723 (1.197)
样本数	71807	71841	70161	52508	72069	70370	52653	70405	52682	52079
R-squared	0.013	0.015	0.022	0.051	0.016	0.022	0.051	0.022	0.098	0.061
企业数	24890	24895	24594	20706	24920	24617	20729	24622	20735	20621
F	5.105	5.714	8.240	14.54	5.997	8.348	14.58	8.325	29.26	17.38

续表

	(11) BLZ1	(12) BLZ1	(13) BLZ1	(14) BLZ1	(15) BLZ1	(16) BLZ1	(17) BLZ1	(18) BLZ1	(19) BLZ1	(20) BLZ1
lnTA	0.000420 (0.315)	-0.000933 (-0.755)								
lnFA			-0.00174 (-1.491)	0.000638 (0.515)	0.00977*** (8.482)	-0.000772 (-0.708)				
lnEMP	0.00958*** (6.068)	0.00710*** (4.926)	-0.00296** (-2.138)				0.00808*** (5.486)	0.0143*** (10.36)	-0.000298 (-0.230)	
lnGV	0.0180*** (12.76)			-0.00185 (-1.159)	-0.0544*** (-39.71)		-0.00429*** (-2.629)	-0.0560*** (-40.24)		-0.0527*** (-34.15)
lnVA		0.0193*** (24.26)		0.0210*** (21.40)		-0.0103*** (-12.59)	0.0207*** (21.21)		-0.0104*** (-12.72)	0.00807*** (8.432)
lnTP			0.0183*** (39.42)		0.0249*** (51.96)	0.0198*** (43.53)		0.0248*** (51.76)	0.0197*** (43.43)	0.0237*** (51.71)
常数项	-0.199*** (-5.891)	-0.182** (-2.224)	0.0131 (0.472)	-0.138*** (-4.382)	0.390*** (13.72)	0.0650** (2.480)	-0.146*** (-4.774)	0.422*** (6.771)	0.0604** (2.394)	0.399*** (15.15)
样本数	71803	70123	52477	70158	52506	51910	70369	52653	52050	52079
R-squared	0.015	0.022	0.051	0.022	0.096	0.061	0.022	0.097	0.061	0.095
企业数	24889	24588	20698	24593	20704	20592	24616	20727	20613	20619
F	5.749	8.264	14.40	8.125	28.45	17.28	8.364	28.88	17.33	27.87

注：***、**、* 分别表示1%、5%和10%的水平上显著。括号内为 t 统计量。各列分别控制了行业、省份、年份和企业年龄固定效应。

人数（EMP）这三个因素组合时，固定资产前的回归系数为负但统计不显著。此外，固定资产（FA）与其他因素的组合中大部分回归系数表现为统计不显著或符号为负（表5-10列（1）—（4），（11）—（16）），说明，相对而言，固定资产在这三个因素中对属权属地增加值率背离扩大的影响最小。上述分析结论与前面两因素考察的结论在总体逻辑上是一致。

在控制各类固定效应的情况下，与不控制固定效应相比，各回归系数有小幅变化（即均未出现跨数量级的变化），并且个别变量前回归系数的统计显著性略有变化，但对绝大部分均仍在5%及以上水平统计显著，仍然能够得到与不控制固定效应一致的结论。唯一需要指出的是，在包含增加值总额（VA）的三因素组合中，与总资产（TA）、从业人数（EMP）的组合（表5-11列（5）），后两项因素均未出现回归系数符号变负或统计不显著。这说明在控制相关固定效应的情况下，增加值总额对属权属地增加值率背离扩大的影响力有所减弱。

以BLZ3为被解释变量的回归结果见表5-12和表5-13。在不控制各类固定效应的情况下，与两因素考察时类似。首先，在有增加值总额（VA）的三因素组合时，增加值总额前的回归系数总是为正且在1%水平下统计显著，并会引起其他两个变量前的回归系数符号为负且具有统计显著性（表5-12中第（3）（6）（8）（10）（12）（14）（16）（17）（19）（20）列）。说明增加值总额在三因素考察情况下是影响属权属地增加值率背离扩大的主要因素。其次，在不考虑增加值总额的情况下，在有总产值（GV）的三因素组合时，总产值前的回归系数总是为正且在1%水平下统计显著，并会引起其他两个变量前的回归系数符号为负且具有统计显著性（表5-12中第（2）（5）（9）（11）（15）（17）列），说明总产值是仅次于增加值总额的影响属权属地增加值率背离扩大的因素。再次，在不考虑增加值总额和总产值的情况下，在有利润总额（TP）的三因素组合中，利润总额前的回归系数总是为正且在1%水平下统计显著，并会引起其他两个变量中至少一个变量前的回归系数符号不再统计显著（表5-12中第（4）（7）（13）列）。说明利润总额是继增加值总额和总产值之后，影响属权属地增加值率背离扩大的因素。最后，在不考虑上述三个因素的情况下，即仅有总资产（TA）、固定资产（FA）和从业人数（EMP）这三个因素组合时，固定资产前的回归系数为负但统计不显著，从业人数前的回归

表 5-12 三基本因素对属权属地增加值率背离影响的实证结果（以背离值 BLZ3 为被解释变量，无固定效应控制）

	(1) BLZ3	(2) BLZ3	(3) BLZ3	(4) BLZ3	(5) BLZ3	(6) BLZ3	(7) BLZ3	(8) BLZ3	(9) BLZ3	(10) BLZ3
lnTA	0.0285*** (6.027)	-0.0681*** (-13.45)	-0.0705*** (-23.53)	0.00619 (1.211)	-0.0639*** (-13.87)	-0.0587*** (-21.57)	0.0131*** (2.858)	-0.0462*** (-15.97)	-0.0746*** (-14.83)	-0.0771*** (-33.00)
lnFA	-0.00199 (-0.524)	-0.0121*** (-3.251)	-0.00935*** (-3.971)	0.00142 (0.345)						
lnEMP	-0.0137*** (-3.554)				-0.0650*** (-16.47)	-0.0592*** (-24.06)	-0.0169*** (-3.966)			
lnGV		0.138*** (39.28)	0.124*** (92.43)		0.156*** (42.53)	0.131*** (95.66)		-0.0702*** (-24.67)	0.131*** (29.79)	0.131*** (95.90)
lnVA				0.00630*** (4.294)			0.00693*** (4.715)	0.149*** (88.86)		
lnTP				-0.00880 (-0.196)			0.0208 (0.471)		-0.00750*** (-4.952)	-0.0117*** (-15.19)
常数项	-0.107** (-2.552)	-0.545*** (-12.88)	-0.208*** (-8.006)	-0.00880 (-0.196)	-0.541*** (-13.02)	-0.155*** (-6.051)		-0.0332 (-1.245)	-0.457*** (-9.947)	-0.211*** (-9.332)
样本数	71866	71900	70215	52549	72128	70424	52694	70459	52723	52120
R-squared	0.001	0.032	0.158	0.001	0.038	0.167	0.001	0.168	0.028	0.228
企业数	24902	24907	24605	20714	24932	24628	20737	24633	20743	20629
F	15.08	525.5	2860	8.895	617.4	3069	14.00	3080	304.7	3097

续表

	(11) BLZ3	(12) BLZ3	(13) BLZ3	(14) BLZ3	(15) BLZ3	(16) BLZ3	(17) BLZ3	(18) BLZ3	(19) BLZ3	(20) BLZ3
lnTA	-0.0243*** (-7.194)									
lnFA	-0.0695*** (-17.61)	-0.0231*** (-11.02)	0.00780** (2.163)	-0.0200*** (-9.491)	-0.0287*** (-7.907)	-0.0338*** (-18.50)				
lnEMP	0.138*** (41.17)	-0.0679*** (-28.15)	-0.0149*** (-3.597)				-0.0523*** (-20.91)	-0.0639*** (-14.90)	-0.0650*** (-30.80)	
lnGV		0.124*** (93.96)		-0.0828*** (-31.47)	0.106*** (26.90)		-0.0709*** (-26.06)	0.120*** (29.67)		-0.101*** (-41.17)
lnVA			0.00749*** (5.160)	0.148*** (88.70)		0.120*** (90.48)	0.150*** (89.20)		0.126*** (94.74)	0.157*** (96.52)
lnTP			0.0729** (2.119)		-0.00833*** (-5.473)	-0.0144*** (-18.61)		-0.00784*** (-5.177)	-0.0130*** (-16.92)	-0.00734*** (-9.392)
常数项	-0.769*** (-20.80)	-0.445*** (-21.66)		-0.190*** (-8.037)	-0.706*** (-16.85)	-0.596*** (-33.09)	-0.225*** (-10.78)	-0.767*** (-20.37)	-0.607*** (-43.27)	-0.208*** (-10.71)
样本数	71862	70177	52518	70212	52547	51951	70423	52694	52091	52120
R-squared	0.035	0.163	0.001	0.166	0.023	0.209	0.171	0.028	0.224	0.242
企业数	24901	24599	20706	24604	20712	20600	24627	20735	20621	20627
F	568.0	2949	12.71	3025	249.8	2760	3148	305.1	3033	3350

注：***、**、*分别表示1%、5%和10%的水平上显著。括号内为t统计量。

表5-13 三基本因素对属权属地增加值率背离影响的实证结果（以背离值 BLZ3 为被解释变量，固定效应控制）

	(1) BLZ3	(2) BLZ3	(3) BLZ3	(4) BLZ3	(5) BLZ3	(6) BLZ3	(7) BLZ3	(8) BLZ3	(9) BLZ3	(10) BLZ3
lnTA	0.0256*** (5.070)	-0.0576*** (-10.98)	-0.0500*** (-15.87)	0.00242 (0.427)	-0.0557*** (-11.72)	-0.0419*** (-14.68)	0.00881* (1.742)	-0.0347*** (-11.64)	-0.0639*** (-12.10)	-0.0576*** (-22.68)
lnFA	-0.00224 (-0.583)	-0.0142*** (-3.798)	-0.0115*** (-4.857)	0.00143 (0.343)						
lnEMP	-0.0166*** (-4.211)				-0.0680*** (-16.90)	-0.0591*** (-23.65)	-0.0201*** (-4.592)			
lnGV		0.148*** (40.55)						-0.0610*** (-21.07)		
lnVA			0.131*** (95.66)		0.167*** (43.79)	0.137*** (98.61)		0.152*** (90.10)	0.142*** (30.75)	0.138*** (98.90)
lnTP				0.00613*** (4.160)			0.00687*** (4.653)		-0.00851*** (-5.584)	-0.0124*** (-16.10)
常数项	-0.0397 (-0.171)	-0.648*** (-2.829)	-0.310** (-2.187)	0.0243 (0.259)	-0.591*** (-6.587)	-0.222*** (-4.006)	0.0600 (0.296)	-0.107* (-1.906)	-0.638*** (-3.179)	-0.386*** (-3.796)
样本数	71807	71841	70161	52508	72069	70370	52653	70405	52682	52079
R-squared	0.002	0.036	0.170	0.002	0.041	0.179	0.003	0.177	0.031	0.242
企业数	24890	24895	24594	20706	24920	24617	20729	24622	20735	20621
F	0.868	13.90	74.66	0.627	16.22	79.49	0.805	78.36	8.659	84.88

续表

	(11) BLZ3	(12) BLZ3	(13) BLZ3	(14) BLZ3	(15) BLZ3	(16) BLZ3	(17) BLZ3	(18) BLZ3	(19) BLZ3	(20) BLZ3
lnTA						-0.0255*** (-13.85)				
lnFA	-0.0228*** (-6.712)	-0.0181*** (-8.572)	0.00615* (1.668)	-0.0178*** (-8.427)	-0.0257*** (-7.012)					
lnEMP	-0.0708*** (-17.54)	-0.0633*** (-25.73)	-0.0197*** (-4.523)				-0.0525*** (-20.66)	-0.0620*** (-14.11)	-0.0565*** (-25.99)	
lnGV	0.154*** (42.88)			-0.0677*** (-24.77)	0.127*** (28.97)		-0.0558*** (-19.83)	0.139*** (31.30)		-0.0849*** (-32.31)
lnVA		0.133*** (98.18)		0.151*** (90.23)		0.133*** (96.25)	0.152*** (90.68)		0.137*** (99.60)	0.160*** (98.29)
lnTP			0.00713*** (4.878)		-0.00951*** (-6.217)	-0.0143*** (-18.58)		-0.00891*** (-5.857)	-0.0130*** (-17.04)	-0.00845*** (-10.82)
常数项	-0.813*** (-9.409)	-0.465*** (-3.326)	0.0944 (1.083)	-0.229*** (-4.254)	-0.856*** (-9.448)	-0.654*** (-14.79)	-0.253*** (-4.802)	-0.948*** (-4.787)	-0.650*** (-15.32)	-0.304*** (-6.786)
样本数	71803	70123	52477	70158	52506	51910	70369	52653	52050	52079
R-squared	0.040	0.178	0.003	0.177	0.028	0.233	0.182	0.033	0.246	0.255
企业数	24889	24588	20698	24593	20704	20592	24616	20727	20613	20619
F	15.39	78.47	0.801	77.99	7.755	80.47	81.07	9.103	86.48	90.71

注：***、**、*分别表示1%、5%和10%的水平上显著。括号内为t统计量。各列分别控制了行业、省份、年份和企业年龄固定效应。

系数为负且统计显著。此外，从业人数（EMP）与其他因素的组合中大部分回归系数表现为统计不显著或符号为负（表 5-12 中第（5）—（7）列、（11）—（13）列、（17）—（19）列），说明，相对而言，从业人数在这三个因素中对属权属地增加值率背离扩大的影响最小，而且在控制其他因素的情况下，从业人数的增加有助于属权属地增加值率背离的缩小。上述分析结论仍然与前面两因素考察的结论在总体逻辑上是一致的。

在控制各类固定效应的情况下，与不控制固定效应相比，各回归系数有小幅变化（即均未出现跨数量级的变化），且变量前回归系数的统计显著性未产生变化，仍均在 1% 水平下统计显著。仍然能够得到与不控制固定效应一致的结论。

5. 四因素考察

考虑如下计量方程：

$$BLZ_{it} = \alpha + \beta_1 X_{it} + \beta_2 Y_{it} + \beta_3 Z_{it} + \beta_4 U_{it} + \varepsilon_{it}$$

其中，下标 i 和 t 分别表示企业和时间，BLZ_{it} 表示属权属地增加值率背离值的绝对值，X_{it}、Y_{it}、Z_{it} 和 $U_{it}(X_{it} \neq Y_{it} \neq Z_{it} \neq U_{it})$ 表示上述各基本影响因素（均取自然对数），ε_{it} 表示随机扰动项。

使用面板数据进行回归分析时，需要进行 Hausman 检验以确定采用固定效应模型还是随机效应模型。先以 BLZ1 作为被解释变量，所有四因素变量所得到的检验结果均为 Prob > chi2 = 0.000，表明在 1% 显著性水平下拒绝原假设，即拒绝随机效应，应该采用固定效应模型。然后以 BLZ3 作为被解释变量，所有四因素变量所得到的检验结果也均为 Prob > chi2 = 0.000，表明在 1% 显著性水平下拒绝原假设，即拒绝随机效应，也应该采用固定效应模型。

以 BLZ1 作为被解释变量的回归结果见表 5-14 和表 5-15。在不控制各类固定效应的情况下，与两因素、三因素考察时类似。首先，在有利润总额（TP）的四因素组合时，利润总额前的回归系数总是为正且在 1% 水平下统计显著，并会引起其他三个变量中至少一个变量前的回归系数符号为负或统计不显著（表 5-14 中第（3）（5）（6）列、第（8）—（10）列、第（12）—（15）列）。说明利润总额在四因素考察情况下仍然是影响属权属地增加值率背离扩大的主要因素。其次，在不考虑利润总额的情况下，在有增加值总额（VA）

表 5-14 四基本因素对属权属地增加值率背离影响的实证结果（以背离值 BLZ1 为被解释变量，无固定效应控制）

	(1) BLZ1	(2) BLZ1	(3) BLZ1	(4) BLZ1	(5) BLZ1	(6) BLZ1	(7) BLZ1	(8) BLZ1	(9) BLZ1	(10) BLZ1	(11) BLZ1	(12) BLZ1	(13) BLZ1	(14) BLZ1	(15) BLZ1
lnTA	0.00758*** (3.796)	0.00209 (1.179)	-0.0133*** (-7.908)	0.00656*** (3.506)	0.0198*** (11.14)	-0.0726*** (-4.515)	0.00488*** (2.880)	0.0197*** (12.27)	-0.00685*** (-4.753)	0.0182*** (12.06)					
lnFA	-0.000797 (-0.545)	-0.00140 (-1.015)	0.00127 (0.965)	-0.000352 (-0.257)	0.00430*** (3.367)	0.00103 (0.828)					0.000434 (0.349)	0.00857*** (7.406)	-0.00182* (-1.655)	0.00839*** (7.717)	
lnEMP	0.0111*** (7.133)	0.00774*** (5.396)	-0.00168 (-1.230)				0.00952*** (6.496)	0.0142*** (10.35)	0.00137 (1.058)		0.0101*** (6.847)	0.0155*** (11.27)	8.60e-05 (0.0670)		0.0146*** (11.36)
lnGV	0.0139*** (9.652)			-0.00645*** (-3.905)	-0.0575*** (-41.51)		-0.00913*** (-5.385)	-0.0613*** (-42.85)		-0.0588*** (-36.61)	-0.00760*** (-4.728)	-0.0556*** (-42.35)		-0.0534*** (-35.70)	-0.0558*** (-36.74)
lnVA		0.0176*** (22.18)	0.0185*** (39.38)	0.0209*** (21.40)		-0.0109*** (-13.48)	0.0206*** (21.19)		-0.0111*** (-13.62)	0.00845*** (8.891)	0.0208*** (21.33)		-0.0120*** (-15.03)	0.00872*** (9.105)	0.00846*** (8.891)
lnTP			0.0836*** (5.809)		0.275*** (18.75)	0.0200*** (43.63)		0.0244*** (51.24)	0.0199*** (43.51)	0.0234*** (51.27)		0.0247*** (51.57)	0.0197*** (43.20)	0.0236*** (51.56)	0.0235*** (51.45)
常数项	-0.230*** (-13.85)	-0.160*** (-10.54)	0.0836*** (5.809)	-0.135*** (-8.555)	0.275*** (18.75)	0.105*** (7.674)	-0.142*** (-9.179)	0.279*** (19.33)	0.104*** (7.770)	0.275*** (19.83)	-0.116*** (-8.362)	0.338*** (25.63)	0.0654*** (5.972)	0.328*** (25.83)	0.352*** (30.70)
样本数	71862	70177	52518	70212	52547	51951	70421	52692	52089	52118	70174	52516	51920	51949	52089
R-squared	0.009	0.016	0.047	0.016	0.096	0.057	0.017	0.098	0.057	0.096	0.017	0.096	0.057	0.094	0.095
企业数	24901	24599	20706	24604	20712	20600	24627	20735	20621	20627	24598	20704	20592	20598	20619
F	102.3	185.3	389.9	183.3	841.8	477.7	193.1	871.6	478.6	834.5	192.0	843.0	471.7	810.1	830.5

注：***、**、* 分别表示 1%、5% 和 10% 的水平上显著。括号内为 t 统计量。

表 5-15 四基本因素对属权属地增加值率背离影响的实证结果（以背离值 BLZ1 为被解释变量，固定效应控制）

	(1) BLZ1	(2) BLZ1	(3) BLZ1	(4) BLZ1	(5) BLZ1	(6) BLZ1	(7) BLZ1	(8) BLZ1	(9) BLZ1	(10) BLZ1	(11) BLZ1	(12) BLZ1	(13) BLZ1	(14) BLZ1	(15) BLZ1
lnTA	0.0107*** (5.219)	0.00736*** (3.956)	-0.0741*** (-4.057)	0.0102*** (5.271)	0.0175*** (9.394)	-0.00371** (-2.140)	0.00764*** (4.382)	0.0183*** (10.92)	-0.00336** (-2.108)	0.0169*** (10.70)					
lnFA	-0.00286* (-1.940)	-0.00342** (-2.467)	0.000794 (0.598)	-0.00256* (-1.856)	0.00436*** (3.386)	0.000524 (0.420)					-0.000401 (-0.320)	0.00809*** (6.940)	-0.000760 (-0.682)	0.00763*** (6.956)	
lnEMP	0.00887*** (5.598)	0.00618*** (4.232)	-0.0199 (-1.421)				0.00715*** (4.805)	0.0121*** (8.684)	0.000316 (0.238)		0.00811*** (5.421)	0.0128*** (9.135)	-0.000147 (-0.111)		0.0121*** (9.163)
lnGV	0.0154*** (10.33)			-0.00458*** (-2.724)	-0.0590*** (-40.61)	-0.0098*** (-12.00)	-0.00671*** (-3.897)	-0.0619*** (-41.55)		-0.0590*** (-35.78)	-0.00435*** (-2.617)	-0.0582*** (-40.79)		-0.0554*** (-34.92)	-0.0568*** (-35.46)
lnVA		0.0187*** (23.08)	0.0186*** (39.55)	0.0210*** (21.43)	0.0247*** (51.35)	0.0199*** (43.43)	0.0207*** (21.25)	0.0245*** (51.19)	-0.0101*** (-12.08)	0.00813*** (8.508)	0.0209*** (21.34)		-0.0103*** (-12.41)	0.00822*** (8.549)	0.00800*** (8.372)
lnTP				-0.185*** (-5.651)	0.310*** (4.914)	0.0725 (1.201)	-0.212** (-2.561)	0.309*** (4.908)	0.0198*** (43.35)	0.0225*** (51.15)		0.0248*** (51.73)	0.0198*** (43.35)	0.0228*** (51.67)	0.0236*** (51.51)
常数项	-0.271*** (-3.031)	-0.225*** (-2.721)	0.0586** (1.962)						0.0666*** (3.079)	0.289*** (4.861)	-0.143*** (-4.558)	0.381*** (13.39)	0.0653** (2.477)	0.357*** (13.21)	0.378*** (6.428)
样本数	71803	70123	52477	70158	52506	51910	70367	52651	52048	52077	70120	52475	51879	51908	52048
R-squared	0.016	0.023	0.051	0.022	0.098	0.061	0.023	0.100	0.061	0.098	0.023	0.098	0.061	0.097	0.098
企业数	24889	24588	20698	24593	20704	20592	24616	20727	20613	20619	24587	20696	20684	20590	20611
F	5.923	8.325	14.42	8.285	29.03	17.17	8.453	29.74	17.22	28.70	8.304	29.01	17.11	28.05	28.44

注：***，**，* 分别表示 1%、5% 和 10% 的水平上显著。括号内为 t 统计量。各列分别控制了行业、省份、年份和企业年龄固定效应。

的四因素组合时，增加值总额前的回归系数总是为正且在1%水平下统计显著，并会引起其他三个变量中至少一个变量前的回归系数符号为负或统计不显著（表5-14中第（2）（4）（7）（11）列），说明增加值总额是仅次于利润总额的影响属权属地增加值率背离扩大的因素。最后，在不考虑利润总额和增加值总额的情况下，在有总产值（GV）的四因素组合中，总产值前的回归系数总是为正且在1%水平下统计显著，而固定资产（FV）前的回归系数回归系数符号转负且不再统计显著（表5-14列（1））。说明总产值是继利润总额和增加值总额之后，影响属权属地增加值率背离扩大的因素。此外，固定资产（FA）与其他因素的组合中大部分回归系数表现为统计不显著或符号为负（表5-14列（1）—（6）、（11）—（14）），说明，相对而言，固定资产在余下的因素中对属权属地增加值率背离扩大的影响最小。上述分析结论与前面两因素、三因素考察的结论在总体逻辑上是一致的。

在控制各类固定效应的情况下，与不控制固定效应相比，各回归系数有小幅变化（即均未出现跨数量级的变化），并且个别变量前回归系数的统计显著性略有变化，但对绝大部分均仍在10%及以上水平统计显著，仍然能够得到与不控制固定效应一致的结论。

以BLZ3为被解释变量的回归结果见表5-16和表5-17所示。在不控制各类固定效应的情况下，与两因素、三因素考察时也类似。首先，在有增加值总额（VA）的四因素组合时，增加值总额前的回归系数总是为正且在1%水平下统计显著，并会引起其他三个变量前的回归系数符号为负且绝大多数具有统计显著性（表5-16中第（2）（4）（6）（7）列、第（9）（10）（11）列、第（13）（14）（15）列）。说明增加值总额在四因素考察情况下是影响属权属地增加值率背离扩大的主要因素。其次，在不考虑增加值总额的情况下，在有总产值（GV）的四因素组合时，总产值前的回归系数总是为正且在1%水平下统计显著，并会引起其他三个变量前的回归系数符号为负且绝大多数具有统计显著性（表5-16中第（1）（5）（8）（12）列），说明总产值是仅次于增加值总额的影响属权属地增加值率背离扩大的因素。最后，在不考虑增加值总额和总产值的情况下，在有利润总额（TP）的四因素组合中，利润总额前的回归系数总是为正且在1%水平下统计显著，而固定资产（FA）前的回归系数不再具有统计显著性，从业人数（EMP）前的回归系数为负且具有统计

表 5-16 四基本因素对属权属地增加值率背离影响的实证结果（以背离值 BLZ3 为被解释变量，无固定效应控制）

	(1) BLZ3	(2) BLZ3	(3) BLZ3	(4) BLZ3	(5) BLZ3	(6) BLZ3	(7) BLZ3	(8) BLZ3	(9) BLZ3	(10) BLZ3	(11) BLZ3	(12) BLZ3	(13) BLZ3	(14) BLZ3	(15) BLZ3
lnTA	-0.0593*** (-11.66)	-0.0560*** (-18.43)	0.0115** (2.176)	-0.0417*** (-13.04)	-0.0705*** (-12.44)	-0.0735*** (-27.06)	-0.0375*** (-12.81)	-0.0632*** (-12.39)	-0.0614*** (-25.38)	-0.0432*** (-16.77)					
lnFA	-0.00685 (-1.572)	-0.00328 (-1.395)	0.00337 (0.815)	-0.0668*** (-2.809)	-0.0584 (-1.436)	-0.0510** (-2.436)					-0.0133*** (-6.260)	-0.0202*** (-5.483)	-0.0220*** (-11.84)	-0.0156*** (-8.411)	
lnEMP	-0.0647*** (-16.31)	-0.0590*** (-24.05)	-0.0173*** (-4.030)				-0.0471*** (-18.63)	-0.0544*** (-12.50)	-0.0492*** (-22.55)		-0.0500*** (-19.93)	-0.0597*** (-13.69)	-0.0588*** (-27.14)		-0.0420*** (-19.18)
lnGV	0.156*** (42.40)	0.130*** (95.87)		-0.0694*** (-24.57)			-0.0569*** (-19.43)			-0.0809*** (-29.53)	-0.0668*** (-24.37)			-0.0955*** (-37.43)	-0.0856*** (-33.16)
lnVA			0.00690*** (4.681)	0.148*** (88.99)	0.131*** (29.67)	0.131*** (95.44)	0.150*** (89.43)	0.146*** (32.09)	0.136*** (98.96)	0.157*** (97.15)	0.149*** (89.37)	0.125*** (30.00)	0.128*** (95.17)	0.157*** (96.26)	0.158*** (97.30)
lnTP			0.00938 (0.208)	-0.0221 (-0.821)	-0.00753*** (-4.956)	-0.0117*** (-15.19)	-0.00720*** (-4.763)		-0.0107*** (-13.93)	-0.00692*** (-8.889)		-0.00788*** (-5.183)	-0.0126*** (-16.43)	-0.00738*** (-9.443)	-0.00707*** (-9.090)
常数项	-0.529*** (-12.53)	-0.149*** (-5.735)			-0.448*** (-9.597)	-0.202*** (-8.799)	-0.0116 (-0.437)	-0.441*** (-9.601)	-0.156*** (-6.922)	0.0210 (0.887)	-0.151*** (-6.376)	-0.666*** (-15.88)	-0.465*** (-25.14)	-0.128*** (-5.925)	-0.149*** (-7.662)
样本数	71862	70177	52518	70212	52547	51951	70421	52692	52089	52118	70174	52516	51920	51949	52089
R-squared	0.038	0.169	0.001	0.169	0.028	0.227	0.174	0.032	0.240	0.249	0.173	0.029	0.227	0.243	0.251
企业数	24901	24599	20706	24604	20712	20600	24627	20735	20621	20627	24598	20704	20692	20598	20619
F	461.2	2313	10.72	2320	226.9	2301	2411	268.3	2482	2605	2385	224.9	2298	2512	2629

注：***、**、* 分别表示 1%、5% 和 10% 的水平上显著。括号内为 t 统计量。

表 5-17 四基本因素对属权属地增加值率背离率影响的实证结果（以背离值 **BLZ3** 为被解释变量，固定效应控制）

	(1) BLZ3	(2) BLZ3	(3) BLZ3	(4) BLZ3	(5) BLZ3	(6) BLZ3	(7) BLZ3	(8) BLZ3	(9) BLZ3	(10) BLZ3	(11) BLZ3	(12) BLZ3	(13) BLZ3	(14) BLZ3	(15) BLZ3
lnTA	-0.0500*** (-9.521)	-0.0381*** (-12.00)	0.00684 (1.188)	-0.0288*** (-8.735)	-0.0586*** (-9.875)	-0.0527*** (-18.09)	-0.0265*** (-8.805)	-0.0543*** (-10.18)	-0.0453*** (-17.53)	-0.0328*** (-12.21)					
lnFA	-0.00758** (-2.017)	-0.00523** (-2.215)	0.00381 (0.911)	-0.00878*** (-3.732)	-0.00761* (-1.856)	-0.00710*** (-3.388)					-0.0113*** (-5.308)	-0.0180*** (-4.856)	-0.0166*** (-8.880)	-0.0133*** (-7.143)	
lnEMP	-0.0674*** (-16.68)	-0.0586*** (-23.52)	-0.0206*** (-4.659)				-0.0493*** (-19.21)	-0.0655*** (-12.51)	-0.0480*** (-21.62)		-0.0505*** (-19.85)	-0.0585*** (-13.10)	-0.0523*** (-23.57)		-0.0409*** (-18.33)
lnGV	0.166*** (43.66)			-0.0600*** (-20.91)			-0.0474*** (-15.96)			-0.0727*** (-25.92)	-0.0627*** (-18.63)			-0.0806*** (-29.90)	-0.0718*** (-26.47)
lnVA		0.137*** (98.83)	0.0524 (0.557)	0.151*** (90.26)	0.142*** (30.65)	0.138*** (98.42)	0.152*** (90.67)	0.156*** (32.91)	0.142*** (101.6)	0.160*** (98.45)	0.151*** (90.84)	0.143*** (31.50)	0.138*** (99.53)	0.160*** (97.92)	0.160*** (98.93)
lnTP			0.00684*** (4.614)		-0.00857*** (-5.603)	-0.0124*** (-16.11)		-0.00808*** (-5.312)	-0.0113*** (-14.77)	-0.00793*** (-10.17)		-0.00892*** (-5.839)	-0.0127*** (-16.67)	-0.00844*** (-10.81)	-0.00806*** (-10.37)
常数项	-0.631*** (-2.760)	-0.245* (-1.739)	0.0524 (0.557)	-0.0961* (-1.723)	-0.630*** (-3.137)	-0.376*** (-3.702)	-0.105 (-0.738)	-0.615*** (-3.066)	-0.287*** (-6.106)	-0.119 (-1.174)	-0.191*** (-3.575)	-0.810*** (-8.944)	-0.537*** (-12.16)	-0.230*** (-5.008)	-0.263*** (-2.643)
样本数	71803	70123	52477	70158	52506	51910	70367	52651	52048	52077	70120	52475	51879	51908	52048
R-squared	0.041	0.180	0.003	0.178	0.031	0.241	0.183	0.036	0.253	0.258	0.184	0.033	0.246	0.255	0.262
企业数	24889	24588	20698	24593	20704	20592	24616	20727	20613	20619	24587	20696	20584	20690	20611
F	16.02	79.24	0.806	78.10	8.533	83.38	81.17	9.926	89.17	91.62	81.05	9.155	85.70	89.59	93.56

注：***、**、* 分别表示 1%、5% 和 10% 的水平上显著。括号内为 t 统计量。各列分别控制了行业、省份、年份和企业年龄固定效应。

显著性（表 5-16 列（3））。说明利润总额是继增加值总额和总产值之后，影响属权属地增加值率背离扩大的因素。此外，从业人数（EMP）与其他因素的组合中大部分回归系数符号为负且均在 1% 水平下统计显著（表 5-16 第（1）—（3）列、第（7）—（9）列、第（11）—（13）列和第（15）列），说明，相对而言，从业人数在余下的因素中对属权属地增加值率背离扩大的影响最小，而且在控制其他因素的情况下，增加从业人数助于缩小属权属地增加值率背离。上述分析结论仍然与前面两因素、三因素考察的结论在总体逻辑上是一致的。

在控制各类固定效应的情况下，与不控制固定效应相比，各回归系数有小幅变化（即均未出现跨数量级的变化），且变量前回归系数的统计显著性未产生变化，仍均在 1% 水平下统计显著。仍然能够得到与不控制固定效应一致的结论。

6. 五因素及六因素考察

考虑如下计量方程：

$$BLZ_{it} = \alpha + \beta_1 X_{it} + \beta_2 Y_{it} + \beta_3 Z_{it} + \beta_4 U_{it} + \beta_5 V_{it} + (\beta_6 W_{it}) + \varepsilon_{it}$$

其中，下标 i 和 t 分别表示企业和时间，BLZ_{it} 表示属权属地增加值率背离值的绝对值，X_{it}、Y_{it}、Z_{it}、U_{it}、V_{it} 和 W_{it}（$X_{it} \neq Y_{it} \neq Z_{it} \neq U_{it} \neq V_{it} \neq W_{it}$）表示上述各基本影响因素（均取自然对数），$\varepsilon_{it}$ 表示随机扰动项。

使用面板数据进行回归分析时，需要进行 Hausman 检验以确定是采用固定效应模型还是随机效应模型。先以 BLZ1 作为被解释变量，所有检验结果均为 Prob > chi2 = 0.000，表明在 1% 显著性水平下拒绝原假设，即拒绝随机效应，应该采用固定效应模型。然后以 BLZ3 作为被解释变量，所有检验结果也均为 Prob > chi2 = 0.000，表明在 1% 显著性水平下拒绝原假设，即拒绝随机效应，也应该采用固定效应模型。

以 BLZ1 作为被解释变量的回归结果见表 5-18 和表 5-19。在不控制各类固定效应的情况下，与两因素、三因素和四因素考察时类似。首先，在有利润总额（TP）的五因素或六因素组合时，利润总额前的回归系数总是为正且在 1% 水平下统计显著，并会引起其他组合变量中至少一个变量前的回归系数符号为负或统计不显著（表 5-18 第（2）—（7）列）。说明利润总额在五因素或六因素考察情况下仍然是影响属权属地增加值率背离扩大的主要因素。其次，在不考虑利润总额的情况下，在有增加值总额（VA）的五因素组合时，增加值总额前的回归系数为正且在1%水平下统计显著，并会引起总产值（GV）前的回归系数符号为负且在1%水平下统计显著，固定资产（FA）前的回归系数统计不显著（表5-18第（1）列）。此外，总产值（GV）与其他因素的组合中回归系数符号为负且均在1%水平下统计显著，说明在控制所有三类因素相关变量的情况下，总产值对属权属地增加值率背离表现为缩小的作用。上述分析结论与前面两因素、三因素、四因素考察的结论在总体逻辑上也基本一致。

在控制各类固定效应的情况下，与不控制固定效应相比，各回归系数有小幅变化（即均未出现跨数量级的变化），并且个别变量前回归系数的统计显著性略有变化，但对绝大部分均仍在10%及以上水平统计显著，仍然能够得到与不控制固定效应一致的结论。

表5-18 五或六基本因素对属权属地增加值率背离影响的实证结果

（以背离值BLZ1为被解释变量，无固定效应控制）

	（1）BLZ1	（2）BLZ1	（3）BLZ1	（4）BLZ1	（5）BLZ1	（6）BLZ1	（7）BLZ1
lnTA	0.00539***(2.867)	0.0179***(9.967)	-0.00753***(-4.587)	0.0162***(9.522)	0.0158***(10.34)		0.0145***(8.514)
lnFA	-0.00124(-0.903)	0.00299**(2.332)	0.000878(0.704)	0.00317***(2.607)		0.00656***(5.960)	0.00204*(1.671)
lnEMP	0.00963***(6.519)	0.0139***(10.06)	0.00129(0.985)		0.0123***(9.454)	0.0133***(10.20)	0.0121***(9.216)
lnGV	-0.00921***(-5.408)	-0.0614***(-42.81)		-0.0592***(-36.71)	-0.0624***(-37.92)	-0.0578***(-37.23)	-0.0626***(-37.95)
lnVA	0.0208***(21.31)		-0.0111***(-13.46)	0.00862***(9.019)	0.00836***(8.801)	0.00860***(8.993)	0.00853***(8.930)
lnTP		0.0245***(51.21)	0.0199***(43.46)	0.0235***(51.24)	0.0234***(51.20)	0.0236***(51.44)	0.0234***(51.16)
常数项	-0.138***(-8.722)	0.274***(18.66)	0.103***(7.531)	0.269***(19.13)	0.271***(19.58)	0.320***(25.16)	0.268***(19.04)
样本数	70174	52516	51920	51949	52087	51918	51918
R-squared	0.017	0.099	0.057	0.096	0.099	0.097	0.099
企业数	24598	20704	20592	20598	20619	20590	20590
F	155.2	696.4	381.8	668.0	687.9	671.3	572.7

注：***、**、*分别表示1%、5%和10%的水平上显著。括号内为t统计量。

表 5-19　五或六基本因素对属权属地增加值率背离影响的实证结果

（以背离值 BLZ1 为被解释变量，固定效应控制）

	（1）BLZ1	（2）BLZ1	（3）BLZ1	（4）BLZ1	（5）BLZ1	（6）BLZ1	（7）BLZ1
lnTA	0.00942*** (4.864)	0.0162*** (8.691)	-0.00372** (-2.124)	0.0149*** (8.387)	0.0153*** (9.557)		0.0139*** (7.804)
lnFA	-0.00328** (-2.368)	0.00320** (2.475)	0.000470 (0.375)	0.00304** (2.482)		0.00623*** (5.616)	0.00206* (1.671)
lnEMP	0.00750*** (4.995)	0.0118*** (8.376)	0.000256 (0.191)		0.0103*** (7.756)	0.0109*** (8.163)	0.0100*** (7.517)
lnGV	-0.00669*** (-3.868)	-0.0621*** (-41.55)		-0.0595*** (-35.89)	-0.0619*** (-36.72)	-0.0586*** (-35.97)	-0.0621*** (-36.77)
lnVA	0.0209*** (21.37)		-0.0100*** (-11.92)	0.00829*** (8.627)	0.00807*** (8.453)	0.00817*** (8.498)	0.00824*** (8.578)
lnTP		0.0246*** (51.18)	0.0199*** (43.29)	0.0235*** (51.13)	0.0234*** (51.04)	0.0237*** (51.49)	0.0235*** (51.00)
常数项	-0.186*** (-5.703)	0.306*** (10.32)	0.0867*** (3.073)	0.289*** (10.25)	0.285*** (4.798)	0.350*** (12.94)	0.284*** (4.778)
样本数	70120	52475	51879	51908	52046	51877	51877
R-squared	0.023	0.100	0.061	0.099	0.100	0.099	0.100
企业数	24587	20696	20584	20590	20611	20582	20582
F	8.429	29.46	17.01	28.46	29.04	28.45	28.78

注：***、**、*分别表示1%、5%和10%的水平上显著。括号内为 t 统计量。各列分别控制了行业、省份、年份和企业年龄固定效应。

以 BLZ3 为被解释变量的回归结果见表 5-20 和表 5-21。在不控制各类固定效应的情况下，与两因素、三因素和四因素考察时也类似。首先，在有增加值总额（VA）的五因素或六因素组合时，增加值总额前的回归系数总是为正且在1%水平下统计显著，并会引起其他变量前的回归系数符号为负或统计不显著（表 5-20 第（1）列、第（3）—（7）列）。说明增加值总额在五因素或六因素考察情况下是影响属权属地增加值率背离扩大的主要因素。其次，在不考虑增加值总额的情况下，在有总产值（GV）的五因素组合时，总产值前的回归系数为正且在1%水平下统计显著，并会引起其他四个变量前的回归系数符号为负且绝大多数具有统计显著性（表5-20第（2）列），说明总产值是仅次于增加值总额的影响属权属地增加值率背离扩大的因素。此外，从业人数（EMP）与其他因素的组合中回归系数符号为负且均在1%水平下统计显著（表5-20中第（1）（2）（3）（5）（6）（7）列），说明在控制所有三类因素相关变量的情况下，增加从业人数助于缩小属权属地增加值率背离。而固定资产（FA）和总资产（TA）前的回归系数统计不显著或为负，说明固定资产和总资产对属权属地增加值率背离的影响相对不明显。上述分析结论仍然与前面两因素、三因素、四因素考察的结论在总体逻辑上是一致的。

在控制各类固定效应的情况下，与不控制固定效应相比，各回归系数有小幅变化（即均未出现跨数量级的变化），且变量前回归系数的统计显著性未产生变化，仍均在1%水平下统计显著。仍然能够得到与不控制固定效应一致的结论。

对影响属权属地增加值率背离的基本因素考察可以得到以下结论：

（1）实证表明，从规模、投入和产出三类因素看，产出类因素是影响属权属地增加值率背离扩大的主要因素。规模类因素和投入类因素对属权属地增加值率背离扩大的影响较小。在控制产出类因素的情况下，规模类和投入类因素可能使得属权属地增加值率背离缩小。

（2）对不同算法得到的属权属地增加值率背离，各类因素对其影响略有不同，这与背离值的计算方法不同有关，并且在逻辑上是自洽的。

表5-20　五或六基本因素对属权属地增加值率背离影响的实证结果

（以背离值BLZ3为被解释变量，无固定效应控制）

	(1) BLZ3	(2) BLZ3	(3) BLZ3	(4) BLZ3	(5) BLZ3	(6) BLZ3	(7) BLZ3
lnTA	-0.0355*** (-11.09)	-0.0623*** (-10.95)	-0.0611*** (-22.22)	-0.0415*** (-14.37)	-0.0358*** (-13.74)		-0.0362*** (-12.50)
lnFA	-0.00225 (-0.959)	-0.000701 (-0.172)	-8.55e-05 (-0.0409)	-0.00218 (-1.055)		-0.0100*** (-5.366)	0.00123 (0.592)
lnEMP	-0.0471*** (-18.72)	-0.0542*** (-12.36)	-0.0490*** (-22.34)		-0.0368*** (-16.62)	-0.0399*** (-18.00)	-0.0368*** (-16.56)
lnGV	-0.0563*** (-19.40)	0.145*** (31.92)		-0.0807*** (-29.40)	-0.0706*** (-25.24)	-0.0826*** (-31.29)	-0.0707*** (-25.24)

续表

	（1）BLZ3	（2）BLZ3	（3）BLZ3	（4）BLZ3	（5）BLZ3	（6）BLZ3	（7）BLZ3
lnVA	0.149***(89.58)		0.136***(98.44)	0.157***(96.72)	0.158***(97.72)	0.158***(96.95)	0.158***(97.29)
lnTP		-0.00721***(-4.752)	-0.0107***(-13.93)	-0.00695***(-8.919)	-0.00676***(-8.708)	-0.00712***(-9.153)	-0.00677***(-8.715)
常数项	-0.00980(-0.364)	-0.441***(-9.468)	-0.159***(-6.916)	0.0219(0.916)	0.0328(1.392)	-0.102***(-4.706)	0.0274(1.146)
样本数	70174	52516	51920	51949	52087	51918	51918
R-squared	0.175	0.032	0.239	0.248	0.255	0.250	0.254
企业数	24598	20704	20592	20598	20619	20590	20590
F	1937	212.6	1966	2064	2153	2092	1778

注：***、**、*分别表示1%、5%和10%的水平上显著。括号内为 t 统计量。

表 5-21　五或六基本因素对属权属地增加值率背离影响的实证结果
（以背离值 BLZ3 为被解释变量，固定效应控制）

	（1）BLZ3	（2）BLZ3	（3）BLZ3	（4）BLZ3	（5）BLZ3	（6）BLZ3	（7）BLZ3
lnTA	-0.0235***(-7.118)	-0.0524***(-8.819)	-0.0438***(-15.01)	-0.0300***(-9.972)	-0.0265***(-9.791)		-0.0260***(-8.643)
lnFA	-0.00415*(-1.760)	-0.00223(-0.541)	-0.00206(-0.982)	-0.00404*(-1.945)		-0.00827***(-4.407)	-0.000452(-0.217)
lnEMP	-0.0490***(-19.20)	-0.0551***(-12.32)	-0.0475***(-21.28)		-0.0378***(-16.81)	-0.0392***(-17.36)	-0.0376***(-16.63)
lnGV	-0.0469***(-15.93)	0.156***(32.72)		-0.0724***(-25.73)	-0.0630***(-22.06)	-0.0696***(-25.25)	-0.0630***(-22.02)
lnVA	0.151***(90.84)		0.142***(101.0)	0.160***(97.99)	0.160***(99.00)	0.160***(98.49)	0.160***(98.52)
lnTP		-0.00811***(-5.311)	-0.0113***(-14.78)	-0.00798***(-10.21)	-0.00768***(-9.879)	-0.00809***(-10.39)	-0.00770***(-9.890)
常数项	-0.0847(-1.523)	-0.569***(-6.021)	-0.284***(-6.032)	-0.0925*(-1.932)	-0.103(-1.019)	-0.199***(-4.360)	-0.103(-1.028)
样本数	70120	52475	51879	51908	52046	51877	51877

续表

	(1) BLZ3	(2) BLZ3	(3) BLZ3	(4) BLZ3	(5) BLZ3	(6) BLZ3	(7) BLZ3
R-squared	0.185	0.036	0.252	0.257	0.265	0.262	0.263
企业数	24587	20696	20584	20590	20611	20582	20582
F	80.89	9.749	87.48	89.95	93.85	92.04	92.11

注：*** 、 ** 、 * 分别表示 1%、5% 和 10% 的水平上显著。括号内为 t 统计量。各列分别控制了行业、省份、年份和企业年龄固定效应。

二、政策因素

中国发展加工贸易的过程中，政府的政策因素是一个重要的推进因素，主要可观察的政策手段是税收减免和政策补贴等优惠措施。根据数据可获得性，主要考察税金（TAX）、应交增值税（VAT）、应交所得税（INT）、补贴（SUB）等。

1. 相关性分析

先考察各政策因素与属权属地增加值率背离值（BLZ）的绝对值之间的相关性关系。由于背离值为 0-1 之间的数值，与其他变量非同一数量级，因此其他变量均取自然对数。

从相关性检验结果（见表 5-22）可知，属权属地增加值率背离值 BLZ1 与各变量之间均存在着 1% 水平统计显著的正相关性，即从统计上看，所有基本影响因素单独看都是属权属地增加值率背离值扩大的影响因素。其中应交所得税（INT）与背离值的相关性最高，相关系数为 0.273，说明应交所得税较高可能导致属权属地增加值率之间的背离越大，而补贴与背离值的相关性最低，相关系数为 0.059，说明在所考察的这些政策性因素中，相比较而言补贴可能导致属权属地增加值率之间的背离较小。各政策性因素与属权属地增加值率背离值的相关系数的大小排序为：应交所得税（INT）＞应交增值税（VA）＞税金（TAX）＞补贴（SUB）。同时，各政策性因素之间的相关系数明显高于各因素与背离值的相关系数。

而属权属地增加值率背离值 BLZ3 与各变量的相关性关系与属权属地增加

值率背离值 BLZ1 相比,相关系数变小,各变量与背离值的相关系数差距更小。但各政策性因素与属权属地增加值率背离值的相关系数的大小排序不变。见表 5-23。

表 5-22　　　　　背离值 BLZ1 与各政策因素相关系数

	(1) BLZ1	(2) lnTAX	(3) lnT	(4) lnVAT	(5) lnINT
(1) BLZ1	1.000				
(2) lnTAX	0.069***	1.000			
(3) lnVAT	0.105***	0.454***	1.000		
(4) lnINT	0.273***	0.490***	0.585***	1.000	
(5) lnSUB	0.059***	0.339***	0.419***	0.436***	1.000

注:***表示1%水平统计显著。

表 5-23　　　　　背离值 BLZ3 与各政策因素相关系数

	(1) BLZ3	(2) lnTAX	(3) lnT	(4) lnVAT	(5) lnINT
(1) BLZ3	1.000				
(2) lnTAX	0.060***	1.000			
(3) lnVAT	0.063***	0.454***	1.000		
(4) lnINT	0.113***	0.490***	0.585***	1.000	
(5) lnSUB	0.025***	0.339***	0.419***	0.436***	1.000

注:***表示1%水平统计显著。

2. 单因素考察

考虑如下计量方程:

$$BLZ_{it} = \alpha + \beta X_{it} + \varepsilon_{it}$$

其中,下标 i 和 t 分别表示企业和时间,BLZ_{it} 表示属权属地增加值率背离值的绝对值,X_{it} 表示上述各政策因素(均取自然对数),ε_{it} 表示随机扰动项。

使用面板数据进行回归分析时,需要进行 Hausman 检验以确定采用固定效应模型还是随机效应模型。先以 BLZ1 作为被解释变量,以税金(TAX)和应交增值税(VAT)分别作为解释变量所得到的检验结果均为 Prob > chi2 = 0.000,表明在1%显著性水平下拒绝原假设,即拒绝随机效应,应该采用固定效应模型。但以应交所得税(INT)和补贴(SUB)作为解释变量得到的检验结果均为 Prob > chi2 > 0.1，即无法拒绝原假设，应该采用随机效应模型。然后以 BLZ3 作为被解释变量，其中以税金（TAX）、应交增值税（VAT）和应交所得税（INT）三个解释变量 Hausman 检验结果 Prob > chi2 = 0.000，表明在 1% 显著性水平下拒绝原假设，即拒绝随机效应，应该采用固定效应模型。而补贴（SUB）作为解释变量得到的检验结果均为 Prob > chi2 > 0.1，即无法拒绝原假设，应该采用随机效应模型。

以属权属地增加值率背离值 BLZ1 为被解释变量的回归结果表明（表 5 - 24），无论是否控制相关固定效应，各政策因素对属权属地增加值率背离值 BLZ1 均在 1% 统计显著性水平下有正向作用。这与前面的相关性分析是一致的。按回归系数大小的排序关系为：应交所得税（INT）> 应交增值税（VAT）> 补贴（SUB）> 税金（TAX）。与相关系数排序相比，补贴和税金两项因素的排序发生了变化。

表 5 - 24　单政策因素对属权属地增加值率背离影响的实证结果

（以背离值 **BLZ1** 为被解释变量）

	(1) BLZ1	(2) BLZ1	(3) BLZ1	(4) BLZ1	(5) BLZ1	(6) BLZ1	(7) BLZ1	(8) BLZ1
lnTAX	0.00191*** (3.483)				0.00168*** (2.967)			
lnVAT		0.00522*** (9.543)				0.00526*** (9.456)		
lnINT			0.0129*** (42.41)				0.0129*** (40.50)	
lnSUB				0.00280*** (6.185)				0.00303*** (6.592)
常数项	0.0475*** (22.32)	0.0263*** (7.397)	0.00212 (1.175)	0.0480*** (21.77)	0.0308 (1.153)	-0.0392 (-0.419)	-0.0323*** (-2.764)	0.0169 (0.872)
样本数	48893	40940	30578	11928	48883	40909	30565	11926
R - squared	0.000	0.004			0.014	0.013		
企业数	19787	18644	13066	6708	19785	18634	13064	6708
F	12.13	91.08	—	—	3.358	2.459	—	—

注：***、**、* 分别表示 1%、5% 和 10% 的水平上显著。括号内为 t 统计量。第（5）（6）（7）（8）列分别控制了行业、省份、年份和企业年龄固定效应。第（3）（4）（7）（8）列为随机效应估计，其余各列为固定效应估计。

以属权属地增加值率背离值 BLZ3 为被解释变量的回归结果表明（表 5 - 25），在不控制相关固定效应的情况下，应交所得税（INT）和应交增值税（VAT）前的回归系数统计不显著，而在控制相关固定效应的情况下，应交所得税（INT）、应交增值税（VAT）和税金（TAX）前的回归系数统计不显著。产生与背离值 BLZ1 不同结果的原因可能在于，由于计算方法的差异 BLZ3 总体上要大于 BLZ1，即资本项对应所得营业盈余在增加值中的相对比重被放大，而生产税净额的相对比重被缩小，从而使得与生产税净额相关的税收项对背离值的影响缩小。

表 5 - 25　　单政策因素对属权属地增加值率背离影响的实证结果

（以背离值 BLZ3 为被解释变量）

	(1) BLZ3	(2) BLZ3	(3) BLZ3	(4) BLZ3	(5) BLZ3	(6) BLZ3	(7) BLZ3	(8) BLZ3
lnTAX	0.00191** (2.043)				0.000661 (0.681)			
lnVAT		0.000846 (0.748)				0.000310 (0.268)		
lnINT			0.00242 (1.625)				0.00143 (0.939)	
lnSUB				0.00305*** (3.863)				0.00361*** (4.475)
常数项	0.0918*** (25.27)	0.0956*** (13.00)	0.0994*** (11.84)	0.0931*** (24.41)	0.0473 (1.031)	0.0987 (0.508)	0.144* (1.721)	0.0623* (1.851)
样本数	48893	40940	30578	11928	48883	40909	30565	11926
R - squared	0.000	0.000	0.000		0.005	0.006	0.007	
企业数	19787	18644	13066	6708	19785	18634	13064	6708
F	4.174	0.559	2.640		1.227	1.127	1.153	

注：***、**、*分别表示 1%、5% 和 10% 的水平上显著。括号内为 t 统计量。第（5）—（8）列分别控制了行业、省份、年份和企业年龄固定效应。第（3）（4）（7）（8）列为随机效应估计，其余各列为固定效应估计。

3. 两因素考察

考虑如下计量方程：

$$BLZ_{it} = \alpha + \beta_1 X_{it} + \beta_2 Y_{it} + \varepsilon_{it}$$

其中，下标 i 和 t 分别表示企业和时间，BLZ_{it} 表示属权属地增加值率背离值的绝对值，X_{it} 和 $Y_{it}(X_{it} \neq Y_{it})$ 表示上述各政策因素（均取自然对数），ε_{it} 表示随机扰动项。

使用面板数据进行回归分析时，需要进行 Hausman 检验以确定采用固定效应模型还是随机效应模型。先以 BLZ1 作为被解释变量，税金（TAX）和补贴（SUB）、应交增值税（VAT）和补贴（SUB）这两个两因素组合的检验结果接受原假设外，其他两因素变量所得到的检验结果均在 1% 显著性水平下拒绝原假设。因此，这两个组合的回归采用随机效应模型，其他两因素变量回归均采用固定效应模型。然后以 BLZ3 作为被解释变量，税金（TAX）和应交所得税（INT）、应交增值税（VAT）和补贴（SUB）这两个两因素组合的检验结果接受原假设，其他两因素组合均在至少 10% 显著性水平下拒绝原假设，因此，这两个组合的回归采用随机效应模型，其他两因素变量回归均采用固定效应模型。

以 BLZ1 作为被解释变量的回归结果（表 5-26）表明，无论控制还是不控制各类固定效应，各因素变量前回归系数的符号和显著性保持一致，仅回归系数有小幅变化。和单因素考察时不同，与应交所得税（INT）的组合中除补贴（SUB）之外，会导致另一因素的回归系数为负或统计不显著。其他组合各变量前的回归系数均为正且均至少在 5% 水平统计显著。相比而言，各回归中应交所得税前的回归系数最大。

以 BLZ3 作为被解释变量的回归结果（表 5-27）表明，无论是否控制相关固定效应，无论与哪个政策因素组合，税金（TAX）和应交增值税（VAT）前的回归系数均变为统计不显著。而补贴（SUB）无论与哪个政策因素组合，其回归系数符号为正且均在 5% 及以上水平统计显著。应交所得税（INT）与税金（TAX）的组合时其回归系数统计不显著（不控制相关固定效应）或符号为负但统计显著（控制相关固定效应）。同单因素考察时一样，就回归系数大小而言，应交所得税前的回归系数仍为最大。以 BLZ3 为被解释变量的回归产生与 BLZ1 不同的结果原因同单因素考察的分析。

第五章 属权属地增加值率背离影响因素分析

表5-26 两政策因素对属权属地增加值率背离影响的实证结果（以背离值BLZ1为被解释变量）

	(1) BLZ1	(2) BLZ1	(3) BLZ1	(4) BLZ1	(5) BLZ1	(6) BLZ1	(7) BLZ1	(8) BLZ1	(9) BLZ1	(10) BLZ1	(11) BLZ1	(12) BLZ1
lnTAX	0.00162** (2.194)	-0.00317*** (-6.070)	0.00161*** (2.618)				0.00184** (2.400)	-0.00186*** (-3.487)	0.00214*** (3.307)			
lnVAT	0.00506*** (7.918)			-0.000346 (-0.574)	0.00316*** (4.529)		0.00509*** (7.847)			0.000219 (0.363)	0.00280*** (3.877)	
lnINT		0.0124*** (22.59)		0.0150*** (20.47)		0.0112*** (12.48)		0.0131*** (23.53)		0.0160*** (21.52)		0.0126*** (13.67)
lnSUB	0.0225*** (4.622)		0.00206*** (3.977)		0.00157** (2.391)	0.00118** (1.994)			0.00221*** (4.207)		0.00220*** (3.292)	0.00161*** (2.657)
常数项		0.0170*** (4.741)	0.0466*** (15.05)	-0.00521 (-0.953)	0.0369*** (7.513)	0.00150 (0.257)	-0.0260 (-0.783)	-0.0169 (-0.600)	0.0262 (1.200)	-0.0746** (-2.168)	-0.000482 (-0.0184)	-0.0172 (-0.357)
样本数	29265	23516	9592	19117	6537	6489	29260	23514	9590	19107	6537	6489
R-squared	0.005	0.039	—	0.044	—	0.059	0.016	0.063	—	0.072	—	0.109
企业数	14528	10834	5648	9875	4315	3830	14525	10834	5648	9872	4315	3830
F	35.94	260.5	—	212.8	—	83.04	2.134	7.614	—	6.604	—	3.156

注：***、**、*分别表示1%、5%和10%的水平上显著。括号内为t统计量。第(7)至(12)列分别控制了行业、省份、年份和企业年龄固定效应。第(3)(5)(9)(11)列为随机效应估计，其余各列为固定效应估计。

表 5-27　两政策因素对属权属地增加值率背离影响的实证结果（以背离值 BLZ3 为被解释变量）

	(1) BLZ3	(2) BLZ3	(3) BLZ3	(4) BLZ3	(5) BLZ3	(6) BLZ3	(7) BLZ3	(8) BLZ3	(9) BLZ3	(10) BLZ3	(11) BLZ3	(12) BLZ3
lnTAX	0.00161 (1.314)	0.000481 (0.595)	-0.000797 (-0.445)				0.000632 (0.496)	0.000729 (0.877)	-0.00181 (-0.964)			
lnVAT	0.00128 (1.225)			0.000118 (0.0574)	0.000540 (0.507)		0.00112 (1.035)			2.75e-05 (0.0131)	0.000675 (0.609)	
lnINT		0.0109*** (14.08)		-0.00304 (-1.211)		0.0111*** (5.225)		0.00992*** (12.36)		-0.00454* (-1.759)		0.0110*** (4.962)
lnSUB			0.00429*** (3.266)		0.00259** (2.555)	0.00538*** (3.815)			0.00421*** (3.134)		0.00348*** (3.380)	0.00545*** (3.722)
常数项	0.0875*** (10.36)	0.0487*** (10.36)	0.0893*** (10.00)	0.130*** (6.972)	0.0945*** (12.69)	0.0214 (1.546)	0.0593 (1.074)	0.000989 (0.0339)	0.0440 (0.533)	0.212* (1.781)	0.0749* (1.863)	-0.0765 (-0.659)
样本数	29255	23516	9592	19117	6537	6489	29260	23514	9590	19107	6537	6489
R-squared	0.000	0.000	0.003	0.000		0.017	0.006		0.027	0.016		0.040
企业数	14528	10834	5648	9875	4315	3830	14525	10834	5648	9872	4315	3830
F	1.772		5.388	0.742		23.05	0.817		1.048	1.418		1.065

注：***、**、* 分别表示 1%、5% 和 10% 的水平上显著。括号内为 t 统计量。(7)—(12) 列分别控制了行业、省份、年份和企业年龄固定效应。第 (2) (5) (8) (11) 列为随机效应估计，其余各列为固定效应估计。

4. 三因素及四因素考察

考虑如下计量方程：

$$BLZ_{it} = \alpha + \beta_1 X_{it} + \beta_2 Y_{it} + \beta_3 Z_{it} + (\beta_4 U_{it}) + \varepsilon_{it}$$

其中，下标 i 和 t 分别表示企业和时间，BLZ_{it} 表示属权属地增加值率背离值的绝对值，X_{it}、Y_{it}、Z_{it} 和 U_{it}（$X_{it} \neq Y_{it} \neq Z_{it} \neq U_{it}$）表示上述各政策因素（均取自然对数），$\varepsilon_{it}$ 表示随机扰动项。

使用面板数据进行回归分析时，需要进行 Hausman 检验以确定采用固定效应模型还是随机效应模型。先以 BLZ1 作为被解释变量，除税金（TAX）、应交增值税（VAT）和补贴（SUB）这三个政策因素变量组合的检验结果接受原假设，应该采用随机效应模型，其他三因素和全部因素变量组合所得到的检验结果均为 Prob > chi2 = 0.000，表明在 1% 显著性水平下拒绝原假设，应该采用固定效应模型。然后以 BLZ3 作为被解释变量，也有相同的检验结果，即税金、应交增值税和补贴的组合应采用随机效应模型，而其他组合采用固定效应模型。

以 BLZ1 作为被解释变量的回归结果（见表 5-28）表明，无论控制还是不控制各类固定效应，各因素变量前回归系数的符号及是否显著保持一致（但统计显著的变量显著性水平有所变化），仅回归系数有小幅变化。与两因素考察时类似，与应交所得税（INT）和/或补贴（SUB）的组合，会导致另一或两因素的回归系数为负或统计不显著。相比而言，各回归中应交所得税前的回归系数最大。

以 BLZ3 作为被解释变量的回归结果（见表 5-29）表明，与两因素考察时一样，无论是否控制相关固定效应，无论与哪个政策因素组合，税金（TAX）和应交增值税（VAT）前的回归系数均变为统计不显著。而应交所得税（INT）无论与哪个政策因素组合，其回归系数符号为正且均在 5% 及以上水平统计显著，补贴（SUB）除了在不控制相关固定效应的情况下，与税金和应交增值税的组合中其回归系数统计不显著外，其余组合中其回归系数符号为正且均在 5% 及以上水平统计显著。同单因素和两因素考察时一样，就回归系数大小而言，应交所得税前的回归系数仍为最大。以 BLZ3 为被解释变量的回归结果与 BLZ1 不同的结果原因同单因素和两因素考察的分析。

表 5-28　三或四政策因素对权属地增加值率背离影响的实证结果（以背离值 BLZ1 为被解释变量）

	(1) BLZ1	(2) BLZ1	(3) BLZ1	(4) BLZ1	(5) BLZ1	(6) BLZ1	(7) BLZ1	(8) BLZ1	(9) BLZ1	(10) BLZ1
lnTAX	-0.00269*** (-3.710)	-0.000457 (-0.499)	-0.000870 (-0.932)		0.000355 (0.246)	-0.00129* (-1.731)	-2.94e-05 (-0.0307)	0.000932 (0.955)		0.00141 (0.907)
lnVAT	0.00112* (1.759)	0.00335*** (4.099)		-0.00187 (-1.541)	-0.00188 (-1.412)	0.00141** (2.191)	0.00296*** (3.511)		-0.000543 (-0.427)	-0.000950 (-0.675)
lnINT	0.0122*** (15.89)		0.0107*** (10.72)	0.0103*** (7.273)	0.00898*** (5.805)	0.0131*** (16.65)		0.0121*** (11.74)	0.0119*** (7.829)	0.0106*** (6.314)
lnSUB	0.0112* (1.792)	0.0390*** (6.976)	0.00118* (1.795)	0.00401*** (4.337)	0.00382*** (3.844)		0.00206*** (2.746)	0.00159** (2.352)	0.00435*** (4.464)	0.00430*** (4.065)
常数项		0.00137* (1.858)	0.00681 (0.927)	0.00799 (0.655)	0.0148 (1.048)	-0.0202 (-0.523)	0.00176 (0.0604)	-0.0139 (-0.279)	-0.0207 (-0.323)	-0.0229 (-0.337)
样本数	15018	5454	5521	3831	3336	15017	5454	5521	3831	3336
R-squared	0.038		0.054	0.060	0.048	0.066		0.106	0.108	0.103
企业数	8121	3670	3358	2572	2269	8121	3670	3358	2572	2269
F	90.07	—	40.96	26.57	13.34	4.418	—	2.467	1.505	1.186

注：***、**、* 分别表示 1%、5% 和 10% 的水平上显著。括号内为 t 统计量。(6)—(10) 列分别控制了行业、省份、年份和企业年龄固定效应。(2) 列和 (7) 列为随机效应估计，其余各列为固定效应估计。

表 5-29 三或四政策因素对属权属地增加值率背离影响的实证结果（以背离值 BLZ3 为被解释变量）

	(1) BLZ3	(2) BLZ3	(3) BLZ3	(4) BLZ3	(5) BLZ3	(6) BLZ3	(7) BLZ3	(8) BLZ3	(9) BLZ3	(10) BLZ3
lnTAX	0.00194 (1.253)	0.000454 (0.335)	-0.000219 (-0.102)		0.00423 (1.622)	0.00198 (1.238)	-0.000490 (-0.345)	-0.000919 (-0.404)		0.00408 (1.453)
lnVAT	-0.00244* (-1.790)	0.00127 (1.047)		-0.00159 (-0.691)	0.000648 (0.270)	-0.00226 (-1.630)	0.00184 (1.465)		-0.000832 (-0.344)	0.00115 (0.452)
lnINT	0.00842*** (5.112)		0.0109*** (4.736)	0.0138*** (5.082)	0.0117*** (4.204)	0.00793*** (4.705)		0.0108*** (4.468)	0.0143*** (4.911)	0.0119*** (3.931)
lnSUB		0.00143 (1.300)	0.00604*** (3.985)	0.00938*** (5.328)	0.00875*** (4.890)		0.00271** (2.426)	0.00595*** (3.776)	0.00987*** (5.314)	0.00934*** (4.893)
常数项	0.0745*** (5.596)	0.0892*** (10.87)	0.0176 (1.037)	-0.00364 (-0.157)	-0.0263 (-1.033)	0.215*** (2.592)	0.0562 (1.300)	-0.0392 (-0.336)	-0.125 (-1.024)	-0.106 (-0.864)
样本数	15018	5454	5521	3831	3336	15017	5454	5521	3831	3336
R-squared	0.004	—	0.019	0.046	0.046	0.022	—	0.051	0.095	0.098
企业数	8121	3670	3358	2572	2269	8121	3670	3358	2572	2269
F	10.11	—	14.10	20.29	12.90	1.393	—	1.115	1.295	1.127

注：***、**、* 分别表示 1%、5% 和 10% 的水平上显著。括号内为 t 统计量。(6)—(10) 列分别控制了行业、省份、年份和企业年龄固定效应。(2) 列和 (7) 列为随机效应估计，其余各列为固定效应估计。

对影响属权属地增加值率背离的政策因素考察可以得到以下结论：

（1）实证表明，应交所得税是影响属权属地增加值率背离扩大的主要因素。由我国对外资企业通常采取一些税收优惠措施以吸引其投资进入，通常的做法是"两免三减半"，而这其中免和减的主要就是所得税。而税收的减免直接降低了本国增加值，进而降低了属权增加值率，从而扩大了属权属地增加值率背离。

（2）实证同样表明，补贴也是引起属权属地增加值率背离扩大的显著性因素，补贴一方面减少了生产税净额，同时增加了营业盈余，这一增一减导致本国增加值的绝对值和相对值都下降，从而扩大了属权属地增加值率背离。

三、结构因素

结构因素也可能是一项重要的影响因素。我们主要考察资本投入结构（本国外国资本投入比）、产出—增值结构（增加值率）、劳动资本投入结构（劳均资本）等因素。

1. 相关性分析

先考察各结构因素与属权属地增加值率背离值（BLZ）的绝对值之间的相关性关系。由于人均资本（PCA）与其他变量非同一数量级，因此将人均资本变量取自然对数。

从相关性检验结果（见表5-30）可知，属权属地增加值率背离值BLZ1与各变量之间均存在着5%水平以上统计显著的相关性，其中，与本国外国资本比（φ）、流动资本固定资本比（LGB）的相关系数为负，即呈负相关性。与人均资本（PCA）和无形资产占总资产比重（无形资产比，WXB）的相关系数为正，即呈正相关性。说明从统计上看，前两个结构性因素会导致属权属地增加值率背离值缩小，而后两个结构性因素会导致属权属地增加值率背离值扩大。从相关系数的绝对值看，人均资本与背离值的相关系数最大，并且与其他三个结构性因素与背离值的相关系数存在数量级的差异，而且其他三个所考察的结构性因素与背离值的相关系数绝对值十分接近。

而属权属地增加值率背离值BLZ3与各变量的相关性关系与属权属地增加值率背离值BLZ1相比，相关系数符号没有改变，但绝对值变小，而且与流动资本固定资本比的相系数不再统计显著,与本国外国资本比和无形资产占比的相关系数统计显著性下降为10%水平。

但由于除与人均资本相关系数显著性达到1%水平外,其余结构因素变量的相关系数显著性均低于1%,且各结构因素变量之间与其同背离值的相关系数符号在逻辑上并不完全一致,因此上述结论只是初步性,并不十分精确。

表5-30　　　　　背离值BLZ1与各结构因素相关系数

	(1) BLZ1	(2) φ	(3) LnPCA	(4) LGB	(5) WXB
(1) BLZ1	1.000				
(2) φ	-0.008**	1.000			
(3) lnPCA	0.128***	0.002	1.000		
(4) LGB	-0.009**	-0.0002	-0.110***	1.000	
(5) WXB	0.009**	0.007*	0.169***	-0.021***	1.000

注:***、**、*分别表示1%、5%和10%水平统计显著。

表5-31　　　　　背离值BLZ3与各结构因素相关系数

	(1) BLZ3	(2) φ	(3) LnPCA	(4) LGB	(5) WXB
(1) BLZ3	1.000				
(2) φ	-0.007*	1.000			
(3) lnPCA	0.100***	0.002	1.000		
(4) LGB	-0.000	-0.000	-0.110***	1.000	
(5) WXB	0.007*	0.007*	0.169***	-0.021***	1.000

注:***、*分别表示1%和10%水平统计显著。

2. 单因素考察

考虑如下计量方程:

$$BLZ_{it} = \alpha + \beta X_{it} + \varepsilon_{it}$$

其中,下标i和t分别表示企业和时间,BLZ_{it}表示属权属地增加值率背离值的绝对值,X_{it}表示上述各结构因素(其中人均资本取自然对数),ε_{it}表示随机扰动项。

使用面板数据进行回归分析时,需要进行Hausman检验以确定采用固定效应模型还是随机效应模型。先以 BLZ1 作为被解释变量,所有检验结果均在 1% 显著性水平下拒绝原假设,即拒绝随机效应,应该采用固定效应模型。然后以 BLZ3 作为被解释变量,其中以本国外国资本比(φ)流动资本固定资本比(LGB)为解释变量的 Hausman 检验结果表明无法拒绝随机效应,应该采用随机效应模型。而人均资本(PCA)和无形资产比(WXB)为解释变量的检验结果表明拒绝原假设,应该采用固定效应模型。

以属权属地增加值率背离值 BLZ1 为被解释变量的回归结果表明(表 5 - 32),无论是否控制相关固定效应,人均资本(PCA)和无形资产比(WXB)对属权属地增加值率背离值 BLZ1 均在 5% 及以上统计显著性水平下有负向作用,而本国外国资本比(φ)和流动资本固定资本比(LGB)前的回归系数符号为负但统计不显著。这一结果与前面的相关性分析是不一致的。原因可能在于:一是前述的相关系数的显著性不高,且相互之间的相关系数逻辑不一致;二是从 R 平方值看,这些回归特别是没有控制相关固定效应时的解释力极弱,并不能充分说明各因素对背离值的影响。

以属权属地增加值率背离值 BLZ3 为被解释变量的回归结果表明(表 5 - 33),在不控制相关固定效应的情况下,本国外国资本比(φ)和无形资产比(WXB)前的回归系数符号为负且具有统计显著性,只是本国外国资本比前的系数绝对值很小,经济显著性不明显,人均资本(PCA)前的回归系数符号为正且在 1% 水平统计显著,而流动资本固定资本比(LGB)前的回归系数符号为负但统计不显著。除无形资产比(WXB)的回归系数符号与前面的相关性分析的结果不一致,其余变量的回归系数符号与前面的相关性分析的结果一致。

表 5 - 32 单政策因素对属权属地增加值率背离影响的实证结果

(以背离值 BLZ1 为被解释变量)

	(1) BLZ1	(2) BLZ1	(3) BLZ1	(4) BLZ1	(5) BLZ1	(6) BLZ1	(7) BLZ1	(8) BLZ1
φ	-4.17e-05 (-1.089)				-3.96e-05 (-1.030)			
lnPCA		-0.00495*** (-4.548)				-0.00450*** (-4.108)		

续表

	(1) BLZ1	(2) BLZ1	(3) BLZ1	(4) BLZ1	(5) BLZ1	(6) BLZ1	(7) BLZ1	(8) BLZ1
LGB			-9.65e-07 (-0.113)				-9.58e-08 (-0.0112)	
WXB				-0.0747*** (-4.033)				-0.0467** (-2.417)
常数项	0.0518*** (118.4)	0.0697*** (17.63)	0.0518*** (117.8)	0.0532*** (94.23)	0.00541 (0.0614)	0.0217 (0.246)	0.00591 (0.0671)	0.0222 (0.726)
样本数	72173	71866	71904	72170	72114	71807	71845	72111
R-squared	0.000	0.000	0.000	0.000	0.008	0.009	0.008	0.009
企业数	24939	24902	24908	24939	24927	24890	24896	24927
F	1.186	20.69	0.0127	16.27	3.261	3.374	3.214	3.300

注：***、**、*分别表示1%、5%和10%的水平上显著。括号内为t统计量。第（5）（6）（7）（8）列分别控制了行业、省份、年份和企业年龄固定效应。

表5-33　单政策因素对属权属地增加值率背离影响的实证结果
（以背离值 BLZ3 为被解释变量）

	(1) BLZ3	(2) BLZ3	(3) BLZ3	(4) BLZ3	(5) BLZ3	(6) BLZ3	(7) BLZ3	(8) BLZ3
φ	-7.79e-05* (-1.916)				-7.75e-05* (-1.908)			
lnPCA		0.00833*** (2.967)				0.00919*** (3.230)		
LGB			-2.00e-07 (-0.0104)				8.14e-06 (0.425)	
WXB				-0.0880* (-1.829)				-0.0847* (-1.680)
常数项	0.0980*** (83.99)	0.0679*** (6.652)	0.0980*** (83.67)	0.0996*** (67.89)	0.0917*** (5.345)	0.0822 (0.359)	0.0915*** (5.324)	0.128 (1.605)
样本数	72173	71866	71904	72170	72114	71807	71845	72111
R-squared		0.000		0.000		0.002		0.002
企业数	24939	24902	24908	24939	24927	24890	24896	24927
F	—	8.805	—	3.345	—	0.659	—	0.600

注：***、**、*分别表示1%、5%和10%的水平上显著。括号内为t统计量。第（5）（6）（7）（8）列分别控制了行业、省份、年份和企业年龄固定效应。第（1）（3）（5）（7）列采用随机效应回归，其余采用固定效应回归。

3. 两因素考察

考虑如下计量方程：

$$BLZ_{it} = \alpha + \beta_1 X_{it} + \beta_2 Y_{it} + \varepsilon_{it}$$

其中，下标 i 和 t 分别表示企业和时间，BLZ_{it} 表示属权属地增加值率背离值的绝对值，X_{it} 和 Y_{it} ($X_{it} \neq Y_{it}$) 表示上述各结构因素（其中人均资本取自然对数），ε_{it} 表示随机扰动项。

使用面板数据进行回归分析时，需要进行 Hausman 检验以确定采用固定效应模型还是随机效应模型。先以 BLZ1 作为被解释变量，所有两因素变量所得到的检验结果均拒绝原假设，因此均采用固定效应模型。然后以 BLZ3 作为被解释变量，以本国外国资本比（φ）和流动资产固定资产比（LGB）这两个两因素组合的检验结果接受原假设，采用随机效应模型，而其他两因素组合均拒绝原假设，采用固定效应模型。

以 BLZ1 作为被解释变量的回归结果（表 5-34）表明，无论控制还是不控制各类固定效应，各因素变量前回归系数大小有小幅变化，系数的符号保持一致，绝大多数的显著性也保持一致，仅个别有变化但仍具有统计显著性。和单因素考察相同，人均资本（PCA）和无形资产比（WXB）对属权属地增加值率背离值 BLZ1 均在 5% 及以上统计显著性水平下有负向作用，而本国外国资本比（φ）和流动资本固定资本比（LGB）前的回归系数符号为负但统计不显著。

以 BLZ3 作为被解释变量的回归结果（表 5-35）表明，与单因素考察时基本一致，无论是否控制相关固定效应，无论与哪个结构因素组合，人均资本（PCA）前的回归系数符号为正且均在 1% 水平统计显著，无形资产比（WXB）前的回归系数符号为负且均具有统计显著性。流动资本固定资本比（LGB）前的回归系数统计不显著。不同的是，本国外国资本比（φ）前的回归系数也变为不显著。

4. 三因素及四因素考察

考虑如下计量方程：

$$BLZ_{it} = \alpha + \beta_1 X_{it} + \beta_2 Y_{it} + \beta_3 Z_{it} + (\beta_4 U_{it}) + \varepsilon_{it}$$

其中，下标 i 和 t 分别表示企业和时间，BLZ_{it} 表示属权属地增加值率背离值的绝对值，X_{it}、Y_{it}、Z_{it} 和 U_{it} ($X_{it} \neq Y_{it} \neq Z_{it} \neq U_{it}$) 表示上述各结构因素（其

表 5-34　两政策因素对属权属地增加值率背离影响的实证结果（以背离值 BLZ1 为被解释变量）

	(1) BLZ1	(2) BLZ1	(3) BLZ1	(4) BLZ1	(5) BLZ1	(6) BLZ1	(7) BLZ1	(8) BLZ1	(9) BLZ1	(10) BLZ1	(11) BLZ1	(12) BLZ1
φ	-4.30e-05 (-1.120)	-4.17e-05 (-1.087)	-4.32e-05 (-1.127)				-4.07e-05 (-1.059)	-3.96e-05 (-1.029)	-4.04e-05 (-1.052)			
lnPCA	-0.00496*** (-4.556)			-0.00500*** (-4.578)	-0.00495*** (-4.548)		-0.00451*** (-4.116)			-0.00454*** (-4.127)	-0.00450*** (-4.107)	
LGB		-9.61e-07 (-0.112)		-4.61e-06 (-0.535)		-1.00e-06 (-0.117)		-9.11e-08 (-0.0107)		-3.38e-06 (-0.394)		-1.38e-07 (-0.0162)
WXB			-0.0749*** (-4.044)		-0.0743*** (-4.000)	-0.0743*** (-3.997)			-0.0469** (-2.427)		-0.0461** (-2.380)	-0.0462** (-2.385)
常数项	0.0697*** (17.65)	0.0519*** (117.6)	0.0533*** (94.11)	0.0699*** (17.60)	0.0711*** (17.93)	0.0533*** (93.71)	0.0390 (1.262)	0.0216 (0.707)	0.00666 (0.0755)	0.0219 (0.248)	0.0229 (0.260)	0.00714 (0.0811)
样本数	71866	71904	72170	71866	71866	71904	71807	71845	72111	71807	71807	71845
R-squared	0.000	0.000	0.000	0.000	0.001	0.000	0.009	0.008	0.009	0.009	0.009	0.008
企业数	24902	24908	24939	24902	24902	24908	24890	24896	24927	24890	24890	24896
F	10.97	0.598	8.769	10.49	18.35	7.993	3.356	3.197	3.282	3.348	3.393	3.234

注：***、**、*分别表示1%、5%和10%的水平上显著。括号内为t统计量。第（7）至（12）列分别控制了行业、省份、年份和企业年龄固定效应。

表 5-35　单政策因素对属权属地增加值率背离影响的实证结果（以背离值 BLZ3 为被解释变量）

	(1) BLZ3	(2) BLZ3	(3) BLZ3	(4) BLZ3	(5) BLZ3	(6) BLZ3	(7) BLZ3	(8) BLZ3	(9) BLZ3	(10) BLZ3	(11) BLZ3	(12) BLZ3
φ	-0.000105 (-1.056)	-7.79e-05* (-1.916)	-0.000108 (-1.090)				-9.32e-05 (-0.934)	-7.74e-05* (-1.909)	-9.71e-05 (-0.968)			
lnPCA	0.00831*** (2.950)			0.00847*** (3.004)	0.00833*** (2.968)		0.00917*** (3.223)			0.00933*** (3.264)	0.00919*** (3.232)	
LGB		-2.08e-07 (-0.0108)		1.19e-05 (0.535)		5.69e-06 (0.257)		8.16e-06 (0.426)		1.15e-05 (0.516)		4.71e-06 (0.213)
WXB			-0.0885* (-1.839)		-0.0872* (-1.817)	-0.0880* (-1.834)			-0.0851* (-1.689)		-0.0859* (-1.708)	-0.0868* (-1.726)
常数项	0.0682*** (6.668)	0.0981*** (83.69)	0.0997*** (67.81)	0.0673*** (6.562)	0.0696*** (6.790)	0.0997*** (67.89)	0.0844 (1.051)	0.0916*** (5.330)	0.123 (0.536)	0.0816 (0.356)	0.0845 (0.369)	0.118 (0.517)
样本数	71836	71904	72170	71866	71866	71904	71807	71845	72111	71807	71807	71845
R-squared	0.000	0.000	0.000	0.000	0.000	0.000	0.002	—	0.002	0.002	0.002	0.002
企业数	24902	24908	24939	24902	24902	24908	24890	24896	24927	24890	24890	24896
F	4.950	—	2.267	4.545	6.053	1.715	0.661	—	0.602	0.656	0.677	0.586

注：***、**、* 分别表示 1%、5% 和 10% 的水平上显著。括号内为 t 统计量。第 (2) 和第 (8) 列采用随机效应回归，其余采用回归。第 (7) 至 (12) 列分别控制了行业、省份、年份和企业年龄固定效应。

中人均资本取自然对数),ε_{it}表示随机扰动项。

使用面板数据进行回归分析时,需要进行 Hausman 检验以确定采用固定效应模型还是随机效应模型。先以 BLZ1 作为被解释变量,所有组合的检验结果均拒绝原假设,采用固定效应模型。然后以 BLZ3 作为被解释变量,也有相同的检验结果,即均采用固定效应模型。

以 BLZ1 作为被解释变量的回归结果(见表 5-36)表明,与两因素考察时类似,无论控制还是不控制各类固定效应,各因素变量前回归系数大小有小幅变化,系数的符号保持一致,除无形资产比(WXB)的回归系数显著性从 1% 水平降为 5% 水平,其余变量的回归系数显著性不变。

以 BLZ3 作为被解释变量的回归结果(见表 5-37)表明,与两因素考察时一样,无论是否控制相关固定效应,无论与哪个结构因素组合,人均资本(PCA)前的回归系数符号为正且均在 1% 水平统计显著,无形资产比(WXB)前的回归系数符号为负且均具有统计显著性。本国外国资本比(φ)和流动资本固定资本比(LGB)前的回归系数统计不显著。

对影响属权属地增加值率背离的结构因素考察可以得到以下结论:实证表明,就研究所考察的这些结构因素而言,对属权属地增加值率背离的影响并不十分确定。从相关性看,本国外国资本比与背离值存在负相关性,人均资本与背离值存在正相关性,这与属权增加值率和属地增加值率计算背后的逻辑是一致。流动资本固定资本比与背离值存在负相关性,这一点在逻辑上也能够解释,因为流动资本主要用于购买中间产品、原材料和劳动投入,流动资本相对固定资本越多,对于加工贸易来说意味着劳动投入相对较多,从而导致属权属地增加值率背离缩小。而无形资产占比与背离值存在正相关性,意味着生产过程中投入的高级要素越多,而这部分要素往往是以资本为载体流入的,它属于外国收益或外国增加值部分,因此无形资产占比越高会导致背离值越大,这在逻辑上也是成立的。

然而,以单因素和多因素进行的面板数据回归分析结论与相关性分析并不能保持完全一致。从统计角度讲,无论是相关系数的显著性水平,还是回归方程的 R 平方,都说明解释力较弱。因而实证未能给出一致自洽的结果。相比较而言,以 BLZ3 为被解释变量的回归分析中人均资本的回归系数符号与相关性分析能始终保持一致。

表 5-36 三或四政策因素对属权属地增加值率背离影响的实证结果（以背离值 BLZ1 为被解释变量）

	(1) BLZ1	(2) BLZ1	(3) BLZ1	(4) BLZ1	(5) BLZ1	(6) BLZ1	(7) BLZ1	(8) BLZ1	(9) BLZ1	(10) BLZ1
φ	-4.30e-05 (-1.121)	-4.44e-05 (-1.158)	-4.31e-05 (-1.125)		-4.44e-05 (-1.158)	-4.07e-05 (-1.059)	-4.16e-05 (-1.081)	-4.04e-05 (-1.051)		-4.16e-05 (-1.081)
lnPCA	-0.00501*** (-4.586)	-0.00495*** (-4.557)		-0.00500*** (-4.579)	-0.00501*** (-4.587)	-0.00455*** (-4.135)	-0.00451*** (-4.115)		-0.00454*** (-4.126)	-0.00455*** (-4.134)
LGB	-4.61e-06 (-0.535)		-1.00e-06 (-0.117)	-4.64e-06 (-0.540)	-4.65e-06 (-0.540)	-3.38e-06 (-0.394)		-1.34e-07 (-0.0157)	-3.42e-06 (-0.399)	-3.42e-06 (-0.399)
WXB		-0.0745*** (-4.010)	-0.0745*** (-4.007)	-0.0743*** (-4.000)	-0.0745*** (-4.011)		-0.0463** (-2.389)	-0.0464** (-2.394)	-0.0461** (-2.380)	-0.0463** (-2.390)
常数项	0.0700*** (17.51)	0.0712*** (17.94)	0.0533*** (93.58)	0.0713*** (17.89)	0.0714*** (17.91)	0.0392 (1.268)	0.0400 (1.293)	0.0226 (0.738)	0.0231 (0.262)	0.0401 (1.298)
样本数	71866	71866	71904	71866	71866	71807	71807	71845	71807	71807
R-squared	0.000	0.001	0.000	0.001	0.001	0.009	0.009	0.009	0.009	0.009
企业数	24902	24902	24908	24902	24902	24890	24890	24896	24890	24890
F	7.410	12.68	5.751	12.33	9.581	3.331	3.375	3.217	3.367	3.350

注：***、**、* 分别表示 1%、5% 和 10% 的水平上显著。括号内为 t 统计量。第 (6) 至 (10) 列分别控制了行业、省份、年份和企业年龄固定效应。

表5-37 三或四政策因素对属权属地增加值率背离影响的实证结果（以背离值 BLZ3 为被解释变量）

	(1) BLZ3	(2) BLZ3	(3) BLZ3	(4) BLZ3	(5) BLZ3	(6) BLZ3	(7) BLZ3	(8) BLZ3	(9) BLZ3	(10) BLZ3
φ	-0.000105 (-1.056)	-0.000106 (-1.073)	-0.000108 (-1.095)		-0.000106 (-1.073)	-9.32e-05 (-0.934)	-9.48e-05 (-0.949)	-9.72e-05 (-0.974)		-9.48e-05 (-0.949)
lrPCA	0.00845*** (2.996)	0.00831*** (2.960)		0.00847*** (3.004)	0.00845*** (2.996)	0.00931*** (3.257)	0.00917*** (3.225)		0.00933*** (3.265)	0.00931*** (3.258)
LGB	1.19e-05 (0.535)		5.70e-06 (0.257)	1.18e-05 (0.533)	1.18e-05 (0.533)	1.15e-05 (0.516)		4.72e-06 (0.213)	1.14e-05 (0.513)	1.14e-05 (0.513)
WXB		-0.0877* (-1.827)	-0.0885* (-1.844)	-0.0871* (-1.816)	-0.0876* (-1.826)		-0.0863* (-1.716)	-0.0873* (-1.735)	-0.0859* (-1.707)	-0.0863* (-1.715)
常数项	0.0675*** (6.578)	0.0697*** (6.807)	0.0998*** (67.82)	0.0690*** (6.700)	0.0692*** (6.716)	0.0838 (1.044)	0.0861 (1.073)	0.123 (1.543)	0.0839 (0.366)	0.0856 (1.066)
样本数	71866	71866	71904	71866	71866	71807	71807	71845	71807	71807
R-squared	0.000	0.000	0.000	0.000	0.000	0.002	0.002	0.002	0.002	0.002
企业数	24902	24902	24908	24902	24902	24890	24890	24896	24890	24890
F	3.402	4.419	1.543	4.130	3.385	0.657	0.679	0.589	0.674	0.676

注：***、**、* 分别表示1%、5%和10%的水平上显著。括号内为 t 统计量。第（6）至（10）列分别控制了行业、省份、年份和企业年龄固定效应。

第二节 行业差异探究

本节进一步探究上述三类影响因素对不同类型行业属权属地增加值率背离的影响。不同类型行业仍然按劳动密集型、资本密集型和技术密集型分类。

一、基本因素的行业差异探究

考虑如下计量方程：

$$BLZ_{it} = \alpha + \beta_1 \ln TA_{it} + \beta_2 \ln FA_{it} + \beta_3 \ln EMP_{it} + \beta_4 \ln GV_{it} + \beta_5 \ln VA_{it} + \beta_6 \ln TP_{it} + \varepsilon_{it}$$

其中，下标 i 和 t 分别表示企业和时间，被解释变量和各解释变量的涵义同本章第一节中的定义，ε_{it} 表示随机扰动项。

首先，以属权属地增加值率背离值 BLZ1 作为被解释变量，使用面板数据对不同类型行业进行回归分析，Hausman 检验结果表明均拒绝原假设，即应采用固定效应模型。

从分行业回归结果看（见表 5-38），总体上各行业各回归系数的统计显著性保持不变或有所提升。劳动密集型行业和技术密集型行业的各变量回归系数符号与总体回归保持一致，但资本密集型行业则产生了变化，固定资产前的回归系数符号变为了负号，说明在控制其他因素的情况下，对于资本密集型行业而言，固定资产的增加有利于属权属地增加值率背离值的缩小。此外，就回归系数绝对值大小而言，资本密集型行业各因素变量总体上大于其他两个类型的行业回归和总体回归。

其次，以属权属地增加值率背离值 BLZ3 作为被解释变量，使用面板数据对不同类型行业进行回归分析，Hausman 检验结果表明也均拒绝原假设，即应采用固定效应模型。

从分行业回归结果看（见表 5-39），总体上各行业各回归系数的统计显著性保持不变，但个别变量有所变化，固定资产（FA）前的回归系数在总体回归时统计不显著，但在劳动密集型行业和资本密集型行业回归时统计显著，而技术密集型行业回归时仍不显著；利润总额（TP）前的回归系数在资本密集型行业回归时统计显著性下降。固定资产（FA）前的回归系数符号和统计显著性表现出明显的行业类型差异，对劳动密集型行业而言，仅增加值总额（VA）会导致属权属地增加值率背离扩大，在控制了增加值总额的情况下，其他因素在数量上的增加均有利于背离值缩小。对资本密集型行业来说，固定资产（FA）和增加值总额（VA）都是导致属权属地增加值率背离扩大的因素，但前者的影响要明显小于后者。对于技术密集型行业来说，其回归结果与总体回归结果基本一致。就回归系数绝对值大小而言，除固定资产（FA）之外，其他变量在各行业回归中与总体回归均比较接近。

表5–38 分行业基本因素对属权属地增加值率背离影响的实证结果

（以背离值LBZ1为被解释变量）

	(1) BLZ1 总体	(2) BLZ1 劳动密集型	(3) BLZ1 资本密集型	(4) BLZ1 技术密集型	(5) BLZ1 总体	(6) BLZ1 劳动密集型	(7) BLZ1 资本密集型	(8) BLZ1 技术密集型
lnTA	0.0145*** (8.514)	0.00719*** (4.241)	0.0544*** (6.443)	0.0176*** (5.369)	0.0139*** (7.804)	0.00707*** (4.041)	0.0521*** (5.763)	0.0158*** (4.617)
lnFA	0.00204* (1.671)	0.00401*** (3.397)	−0.0139** (−2.326)	0.00590** (2.386)	0.00206* (1.671)	0.00425*** (3.580)	−0.0133** (−2.172)	0.00542** (2.175)
lnEMP	0.0121*** (9.216)	0.00981*** (7.816)	0.0317*** (5.029)	0.00901*** (3.286)	0.0100*** (7.517)	0.00701*** (5.480)	0.0325*** (5.014)	0.00766*** (2.750)
lnGV	−0.0626*** (−37.95)	−0.0494*** (−29.46)	−0.113*** (−14.80)	−0.0700*** (−22.43)	−0.0621*** (−36.77)	−0.0485*** (−28.67)	−0.116*** (−14.15)	−0.0715*** (−22.06)
lnVA	0.00853*** (8.930)	0.00817*** (8.028)	0.00725* (1.873)	0.00958*** (5.517)	0.00824*** (8.578)	0.00799*** (7.813)	0.00670* (1.711)	0.00935*** (5.345)
lnTP	0.0234*** (51.16)	0.0191*** (42.53)	0.0334*** (15.69)	0.0277*** (30.86)	0.0235*** (51.00)	0.0192*** (42.47)	0.0334*** (15.54)	0.0278*** (30.71)
常数项	0.268*** (19.04)	0.220*** (14.74)	0.390*** (6.138)	0.265*** (10.20)	0.284*** (4.778)	0.235*** (4.741)	0.401** (2.433)	0.268*** (4.239)
样本数	51918	29406	7688	14824	51877	29377	7680	14820
R-squared	0.099	0.115	0.085	0.125	0.100	0.119	0.091	0.132
企业数	20590	11821	3333	6083	20582	11817	3331	6081
F	572.7	381.6	67.24	208.1	28.78	23.49	7.242	17.88

注：***、**、*分别表示1%、5%和10%的水平上显著。括号内为t统计量。

表 5-39 分行业基本因素对属权属地增加值率背离影响的实证结果

(以背离值 LBZ3 为被解释变量)

	(1) BLZ3 总体	(2) BLZ3 劳动密集型	(3) BLZ3 资本密集型	(4) BLZ3 技术密集型	(5) BLZ3 总体	(6) BLZ3 劳动密集型	(7) BLZ3 资本密集型	(8) BLZ3 技术密集型
lnTA	-0.0362*** (-12.50)	-0.0330*** (-12.43)	-0.0472*** (-7.295)	-0.0296*** (-3.867)	-0.0260*** (-8.643)	-0.0233*** (-8.541)	-0.0369*** (-5.387)	-0.0191** (-2.390)
lnFA	0.00123 (0.592)	-0.00482*** (-2.604)	0.0105** (2.284)	-0.00363 (-0.630)	-0.000452 (-0.217)	-0.00647*** (-3.495)	0.00798* (1.715)	-0.00536 (-0.922)
lnEMP	-0.0368*** (-16.56)	-0.0388*** (-19.71)	-0.0261*** (-5.406)	-0.0357*** (-5.581)	-0.0376*** (-16.63)	-0.0405*** (-20.27)	-0.0274*** (-5.563)	-0.0348*** (-5.347)
lnGV	-0.0707*** (-25.24)	-0.0690*** (-26.27)	-0.0682*** (-11.63)	-0.0773*** (-10.61)	-0.0630*** (-22.02)	-0.0628*** (-23.75)	-0.0514*** (-8.294)	-0.0702*** (-9.295)
lnVA	0.158*** (97.29)	0.161*** (100.9)	0.147*** (49.56)	0.161*** (39.86)	0.160*** (98.52)	0.164*** (102.9)	0.148*** (49.73)	0.164*** (40.08)
lnTP	-0.00677*** (-8.715)	-0.00349*** (-4.948)	-0.00296* (-1.815)	-0.0139*** (-6.614)	-0.00770*** (-9.890)	-0.00433*** (-6.144)	-0.00390** (-2.391)	-0.0150*** (-7.088)
常数项	0.0274 (1.146)	-0.0187 (-0.799)	0.0615 (1.265)	0.0955 (1.575)	-0.103 (-1.028)	-0.149* (-1.926)	-0.306** (-2.445)	-0.0549 (-0.372)
样本数	51918	29406	7688	14824	51877	29377	7680	14820
R-squared	0.254	0.402	0.389	0.165	0.263	0.417	0.406	0.173
企业数	20590	11821	3333	6083	20582	11817	3331	6081
F	1778	1973	461.3	288.7	92.11	124.9	49.71	24.46

注：***、**、* 分别表示 1%、5% 和 10% 的水平上显著。括号内为 t 统计量。

二、政策因素的行业差异探究

考虑如下计量方程：

$$BLZ_{it} = \alpha + \beta_1 \ln TAX_{it} + \beta_2 \ln VAX_{it} + \beta_3 \ln INT_{it} + \beta_4 \ln SUB_{it} + \varepsilon_{it}$$

其中，下标 i 和 t 分别表示企业和时间，被解释变量和各解释变量的涵义同本章第一节中的定义，ε_{it} 表示随机扰动项。

首先,以属权属地增加值率背离值 BLZ1 作为被解释变量,使用面板数据对不同类型行业进行回归分析,Hausman 检验结果表明均拒绝原假设,即应采用固定效应模型。

从分行业回归结果看(见表5-40),各类型行业之间的差异较大。劳动密集型行业回归得到的各变量系数的符号和显著性与总体回归基本保持一致,但资本密集型行业和技术密集型行业回归得到的各变量系数的符号和显著性与总体回归相比产生了较大的差异,且各自在是否控制相关固定效应的情况下也产生了变化。就资本密集型行业而言,一是无论是否控制相关固定效应,补贴(SUB)项的回归系数不再统计显著,说明补贴对这类行业的属权属地增加值率背离无显著影响;二是在不控制相关固定效应的情况下,仅应交所得税前的回归系数统计显著,在控制相关固定效应的情况下除补贴外的其他变量前的回归系数均统计显著且为符号为正,说明这三类税收都会对资本密集型行业的属权属地增加值率背离产生扩大的影响。就技术密集型行业而言,一是在不控制相关固定效应的情况下,补贴项的回归系数不再统计显著,但控制相关固定效应的情况下,该系数仍然统计显著,说明补贴对技术密集型行业属权属地增加值率背离仍然具有扩大效应;二是无论是否控制相关固定效应,应交增值税(VAT)项前的回归系数统计显著且符号为负,说明在控制其他因素的情况下,应交增值税对技术密集型行业属权属地增加值率背离具有缩小的影响。总体上,各类型行业回归时应交所得税前的回归系数与总体回归时一致,均为正且统计显著,说明无论哪个类型行业,应交所得税对属权属地增加值率背离均有扩大的影响。

表5-40 分行业政策因素对属权属地增加值率背离影响的实证结果

(以背离值 LBZ1 为被解释变量)

	(1) BLZ1 总体	(2) BLZ1 劳动密集型	(3) BLZ1 资本密集型	(4) BLZ1 技术密集型	(5) BLZ1 总体	(6) BLZ1 劳动密集型	(7) BLZ1 资本密集型	(8) BLZ1 技术密集型
lnTAX	0.000355 (0.246)	-0.00129 (-0.616)	0.00616 (1.430)	-0.000500 (-0.231)	0.00141 (0.907)	-0.000120 (-0.0505)	0.00945* (1.882)	0.000621 (0.266)
lnVAT	-0.00188 (-1.412)	-0.000246 (-0.119)	0.00576 (1.652)	-0.00739*** (-3.685)	-0.000950 (-0.675)	-0.000123 (-0.0552)	0.00795** (2.056)	-0.00494** (-2.209)

续表

	(1) BLZ1 总体	(2) BLZ1 劳动密集型	(3) BLZ1 资本密集型	(4) BLZ1 技术密集型	(5) BLZ1 总体	(6) BLZ1 劳动密集型	(7) BLZ1 资本密集型	(8) BLZ1 技术密集型
lnINT	0.00898*** (5.805)	0.00828*** (3.635)	0.00686* (1.725)	0.0121*** (5.030)	0.0106*** (6.314)	0.00984*** (3.786)	0.0124** (2.541)	0.0113*** (4.165)
lnSUB	0.00382*** (3.844)	0.00528*** (3.435)	0.00288 (1.014)	0.00219 (1.573)	0.00430*** (4.065)	0.00565*** (3.261)	0.00390 (1.152)	0.00315** (2.068)
常数项	0.0148 (1.048)	-0.00148 (-0.0723)	-0.0276 (-0.789)	0.0510** (2.124)	-0.0229 (-0.337)	0.0434 (0.821)	-0.146 (-1.562)	0.0165 (0.192)
样本数	3336	1766	588	982	3336	1766	588	982
R-squared	0.048	0.050	0.080	0.104	0.103	0.097	0.193	0.238
企业数	2269	1233	409	653	2269	1233	409	653
F	13.34	6.943	3.779	9.420	1.186	0.748	0.890	1.556

注：***、**、*分别表示1%、5%和10%的水平上显著。括号内为 t 统计量。

其次，以属权属地增加值率背离值 BLZ3 作为被解释变量，使用面板数据对不同类型行业进行回归分析，Hausman 检验结果表明也均拒绝原假设，即应采用固定效应模型。

从分行业回归结果看（见表5-41），各类型行业之间的差异也较大。各类型行业回归结果均与总体回归结果存在不同，劳动密集型行业除应交所得税（INT）和补贴（SUB）前的回归系数符号和统计显著性与总体回归保持一致外，税金（TAX）前的回归系数也具有统计显著性且符号为正。说明税金也是影响劳动密集型行业属权属地增加值率背离扩大的因素。资本密集型行业回归中与总体回归不同的是，应交所得税（INT）前的回归系数不具统计显著性，而应交增值税（VAT）前的回归系数则具有统计显著性且符号为正，说明应交增值税对资本密集型行业属权属地增加值率背离有扩大的影响，但应交所得税则没有显著影响。技术密集型行业在控制相关固定效应的情况下，所有回归系数均不具有统计显著性。说明这些政策因素对技术密集型行业属权属地增加值率背离均没有显著影响。

表 5-41　分行业政策因素对属权属地增加值率背离影响的实证结果

（以背离值 LBZ3 为被解释变量）

	(1) BLZ3 总体	(2) BLZ3 劳动密集型	(3) BLZ3 资本密集型	(4) BLZ3 技术密集型	(5) BLZ3 总体	(6) BLZ3 劳动密集型	(7) BLZ3 资本密集型	(8) BLZ3 技术密集型
lnTAX	0.00423 (1.622)	0.00693** (2.002)	-0.00240 (-0.278)	0.00174 (0.416)	0.00408 (1.453)	0.00734* (1.879)	0.00577 (0.578)	0.00130 (0.283)
lnVAT	0.000648 (0.270)	-0.00280 (-0.814)	0.0147** (2.098)	-0.00438 (-1.132)	0.00115 (0.452)	-0.00259 (-0.708)	0.0190** (2.470)	-0.00247 (-0.561)
lnINT	0.0117*** (4.204)	0.0124*** (3.298)	0.00994 (1.244)	0.00911* (1.964)	0.0119*** (3.931)	0.0135*** (3.165)	0.0156 (1.603)	0.00680 (1.270)
lnSUB	0.00875*** (4.890)	0.00862*** (3.388)	0.0212*** (3.719)	0.00209 (0.780)	0.00934*** (4.893)	0.00949*** (3.333)	0.0239*** (3.549)	0.00347 (1.156)
常数项	-0.0263 (-1.033)	-0.0179 (-0.528)	-0.126* (-1.799)	0.0655 (1.414)	-0.106 (-0.864)	0.000403 (0.00464)	-0.343* (-1.846)	-0.0767 (-0.453)
样本数	3336	1766	588	982	3336	1766	588	982
R-squared	0.046	0.051	0.149	0.017	0.098	0.111	0.270	0.128
企业数	2269	1233	409	653	2269	1233	409	653
F	12.90	7.040	7.670	1.437	1.127	0.869	1.372	0.729

注：***、**、* 分别表示 1%、5% 和 10% 的水平上显著。括号内为 t 统计量。

三、结构因素的行业差异探究

考虑如下计量方程：

$$BLZ_{it} = \alpha + \beta_1 \varphi_{it} + \beta_2 \ln PCA_{it} + \beta_3 LGB_{it} + \beta_4 WXB + \varepsilon_{it}$$

其中，下标 i 和 t 分别表示企业和时间，被解释变量和各解释变量的涵义同本章第一节中的定义，ε_{it} 表示随机扰动项。

首先，以属权属地增加值率背离值 BLZ1 作为被解释变量，使用面板数据对不同类型行业进行回归分析，Hausman 检验结果表明均拒绝原假设，即应采用固定效应模型。

从分行业回归结果看（见表 5-42），与政策因素行业差异探究类似，各类型行业之间的差异较大。劳动密集型行业回归得到的各变量系数的符号和显著性与总体回归基本保持一致，但资本密集型行业和技术密集型行业回归得到的各变量系数的符号和显著性与总体回归相比产生了较大的分异。就资本密集型行业而言，无形资产占比（WXB）变量前的回归系数统计不显著，而流动资本固定资本比（LGB）变量前的回归系数统计显著且符号为正，说明无形资产占比对资本密集型行业属权属地增加值率背离的影响很小，而流动资本固定资本比对背离值的扩大有影响。就技术密集型行业而言，人均资本（PCA）变量前的回归系数不再统计显著。说明人均资本对技术密集型行业属权属地增加值率背离的影响很小。

表5-42 分行业结构因素对属权属地增加值率背离影响的实证结果

（以背离值LBZ1为被解释变量）

	(1) BLZ1 总体	(2) BLZ1 劳动密集型	(3) BLZ1 资本密集型	(4) BLZ1 技术密集型	(5) BLZ1 总体	(6) BLZ1 劳动密集型	(7) BLZ1 资本密集型	(8) BLZ1 技术密集型
φ	-4.44e-05 (-1.158)	-4.18e-05 (-0.848)	-4.99e-05 (-0.707)	-0.000243 (-0.789)	-4.16e-05 (-1.081)	-4.01e-05 (-0.799)	-5.37e-05 (-0.762)	-0.000244 (-0.793)
lnPCA	-0.00501*** (-4.587)	-0.00454*** (-3.457)	-0.0107** (-2.370)	-0.00123 (-0.549)	-0.00455*** (-4.134)	-0.00358*** (-2.692)	-0.00953** (-2.070)	-0.00186 (-0.826)
LGB	-4.65e-06 (-0.540)	-5.34e-05 (-1.348)	0.00172*** (3.204)	-1.83e-06 (-0.204)	-3.42e-06 (-0.399)	-4.60e-05 (-1.165)	0.00185*** (3.419)	-6.99e-07 (-0.0785)
WXB	-0.0745*** (-4.011)	-0.0609*** (-2.653)	-0.0786 (-1.302)	-0.0980*** (-2.675)	-0.0463** (-2.390)	-0.0328 (-1.375)	-0.0320 (-0.493)	-0.0680* (-1.775)
常数项	0.0714*** (17.91)	0.0591*** (13.47)	0.116*** (5.842)	0.0650*** (7.172)	0.0401 (1.298)	0.0136 (0.162)	-0.00148 (-0.0345)	-0.00533 (-0.108)
样本数	71866	41167	10137	20562	71807	41129	10125	20553
R-squared	0.001	0.001	0.004	0.001	0.009	0.009	0.013	0.016
企业数	24902	14367	3963	7443	24890	14362	3960	7439
F	9.581	5.036	6.599	2.017	3.350	2.285	1.332	2.786

注：***、**、*分别表示1%、5%和10%的水平上显著。括号内为t统计量。

其次，以属权属地增加值率背离值BLZ3作为被解释变量，使用面板数据对不同类型行业进行回归分析，Hausman检验结果表明也均拒绝原假设，即应采用固定效应模型。

从分行业回归结果看（见表5-43），各类型行业之间的差异也较大。各类型行业回归结果均与总体回归结果存在不同，劳动密集型行业无形资产占比（WXB）变量前的回归系数统计不显著，且人均资本（PCA）变量的回归系数统计显著性有所下降。说明，无形资产占比对劳动密集型行业属权属地增加值率背离值BLZ3的影响很小。资本密集型行业所有结构因素变量前的回归系数均不具有统计显著性。说明研究所考察的这些结构因素对资本密集型行业属权属地增加值率背离的影响均不明显。而技术密集型行业各结构因素变量前的回归系数符号与总体样本时一致，仅统计显著性有所差别，但均具有统计意义。

表5-43 分行业结构因素对属权属地增加值率背离影响的实证结果
（以背离值 LBZ3 为被解释变量）

	(1) BLZ3 总体	(2) BLZ3 劳动密集型	(3) BLZ3 资本密集型	(4) BLZ3 技术密集型	(5) BLZ3 总体	(6) BLZ3 劳动密集型	(7) BLZ3 资本密集型	(8) BLZ3 技术密集型
φ	-0.000106 (-1.073)	-0.000117 (-0.745)	-6.23e-05 (-0.688)	-0.000894 (-1.417)	-4.16e-05 (-1.081)	-0.000102 (-0.632)	-5.34e-05 (-0.590)	-9.48e-05 (-0.949)
lnPCA	0.00845*** (2.996)	0.00850** (2.029)	0.00376 (0.652)	0.00874* (1.900)	-0.00455*** (-4.134)	0.00941** (2.209)	0.00788 (1.333)	0.00931*** (3.258)
LGB	1.18e-05 (0.533)	0.000130 (1.027)	0.000470 (0.684)	7.37e-06 (0.402)	-3.42e-06 (-0.399)	0.000126 (0.994)	0.000308 (0.443)	1.14e-05 (0.513)
WXB	-0.0876* (-1.826)	-0.0506 (-0.693)	0.0756 (0.977)	-0.242*** (-3.233)	-0.0463** (-2.390)	-0.0798 (-1.045)	0.134 (1.614)	-0.0863* (-1.715)
常数项	0.0692*** (6.716)	0.0618*** (4.414)	0.104*** (4.064)	0.0734*** (3.954)	0.0401 (1.298)	0.115 (0.430)	0.0317 (0.574)	0.0856 (1.066)
样本数	71866	41167	10137	20562	71807	41129	10125	71807
R-squared	0.000	0.000	0.000	0.001	0.009	0.002	0.012	0.002
企业数	24902	14367	3963	7443	24890	14362	3960	24890
F	3.385	1.376	0.528	4.071	3.350	0.505	1.219	0.676

注：***、**、*分别表示1%、5%和10%的水平上显著。括号内为 t 统计量。

第三节 企业类型差异

本节进一步探究上述三类因素对不同类型企业属权属地增加值率背离的影响。不同类型企业按第二、三章方法分为外资企业和非外资企业、外资纯出口企业和外资非纯出口企业，并进一步增加区分外商企业和中国港澳台企业。

一、基本因素的企业类型差异探究

采用与行业差异探究时一样的计量方程。首先，以属权属地增加值率背离值 BLZ1 作为被解释变量，使用面板数据对不同类型企业进行回归分析，Hausman 检验结果表明均拒绝原假设，即应采用固定效应模型。

从不同企业类型回归结果看（见表5-44），总体上，产出类因素对各类型企业属权属地增加值率背离的影响是相似的，利润总额（TP）是影响各类型企业属权属地增加值率背离扩大的主要因素，在控制其他因素的情况下，总产值（GV）均有抑制属权属地增加值率背离扩大的作用。但规模类因素和投入类因素的作用在各类型企业中表现存在一定的差异。对于非外资企业而言，这两类因素均对其属权属地增加值率无显著影响（表5-44第（3）列和第（10）列）。对于外资企业、外资纯出口企业和中国港澳台企业，固定资产（FA）对其属权属地增加值率背离均无明显影响。

其次，以属权属地增加值率背离值 BLZ3 作为被解释变量，使用面板数据对不同类型企业进行回归分析，Hausman 检验结果表明均拒绝原假设，即应采用固定效应模型。

从分不同企业类型回归结果看（见表5-45），外资企业、外资非纯出口企业、外商企业、中国港澳台企业的各影响因素变量回归系数符号和统计显著性均与总体回归保持一致。说明，各影响因素对不同来源地外资企业属权属地增加值率背离的影响没有差别。但非外资企业和外资纯出口企业与总体样本和其他类型企业之间存在着明显差异。就非外资企业而言（表5-45列（3）和列（10）），规模因素即总资产（TA）前的回归系数不具有统计显著性，说明其对非外资企业的属权属地增加值率背离不具有影响。而对于外资非纯出口企

第五章 属权属地增加值率背离影响因素分析

表 5-44 分企业类型基本因素对属权属地增加值率背离影响的实证结果（以背离值 LBZ1 为被解释变量）

	(1) BLZ1 总体	(2) BLZ1 外资	(3) BLZ1 非外资	(4) BLZ1 外资纯出口	(5) BLZ1 外资非纯出口	(6) BLZ1 外商	(7) BLZ1 港澳台	(8) BLZ1 总体	(9) BLZ1 外资	(10) BLZ1 非外资	(11) BLZ1 外资纯出口	(12) BLZ1 外资非纯出口	(13) BLZ1 外商	(14) BLZ1 港澳台
lnTA	0.0145*** (8.514)	0.0144*** (8.361)	0.00549 (1.509)	0.0152*** (4.803)	0.0125*** (5.189)	0.00999*** (5.018)	0.0196*** (6.763)	0.0139*** (7.804)	0.0138*** (7.640)	0.00498 (1.133)	0.0135*** (4.115)	0.0138*** (5.527)	0.00953*** (4.632)	0.0183*** (6.024)
lnFA	0.00204* (1.671)	0.00200 (1.618)	0.00123 (0.441)	-0.000519 (-0.219)	0.00381** (2.336)	0.00269* (1.944)	0.00117 (0.548)	0.00206* (1.671)	0.00203 (1.629)	-0.000945 (-0.276)	-0.000140 (-0.0582)	0.00345** (2.103)	0.00255* (1.842)	0.00113 (0.520)
lnEMP	0.0121*** (9.216)	0.0128*** (9.458)	-0.000125 (-0.0995)	0.00746*** (2.641)	0.0181*** (10.65)	0.0162*** (11.83)	0.0105*** (4.045)	0.0100*** (7.517)	0.0106*** (7.715)	0.000525 (0.342)	0.00669** (2.332)	0.0147*** (8.469)	0.0126*** (8.998)	0.00979*** (3.725)
lnGV	-0.0626*** (-37.95)	-0.0631*** (-37.77)	-0.0182*** (-4.862)	-0.0668*** (-20.02)	-0.0633*** (-29.49)	-0.0634*** (-35.39)	-0.0624*** (-20.80)	-0.0621*** (-36.77)	-0.0626*** (-36.64)	-0.0191*** (-4.043)	-0.0671*** (-19.80)	-0.0608*** (-27.28)	-0.0626*** (-34.11)	-0.0627*** (-20.46)
lnVA	0.00853*** (8.930)	0.00859*** (8.896)	0.00750*** (2.988)	0.00616*** (3.159)	0.00962*** (8.086)	0.0105*** (10.23)	0.00631*** (3.615)	0.00824*** (8.578)	0.00830*** (8.559)	0.00809*** (2.738)	0.00578*** (2.930)	0.00934*** (7.841)	0.0102*** (9.971)	0.00618*** (3.506)
lnTP	0.0234*** (51.16)	0.0236*** (50.87)	0.00464*** (5.400)	0.0234*** (25.55)	0.0243*** (41.02)	0.0250*** (49.66)	0.0225*** (27.80)	0.0235*** (51.00)	0.0236*** (50.70)	0.00486*** (4.601)	0.0233*** (25.41)	0.0241*** (40.44)	0.0250*** (49.42)	0.0225*** (27.68)
常数项	0.268*** (19.04)	0.270*** (18.97)	0.0539* (1.679)	0.370*** (12.44)	0.235*** (13.08)	0.272*** (17.81)	0.250*** (9.603)	0.284*** (4.778)	0.284*** (9.964)	0.0791 (1.463)	0.406*** (3.782)	0.226*** (7.496)	0.284*** (10.68)	0.274*** (5.448)
样本数	51918	51034	884	19405	31629	26148	24886	51877	50993	884	19401	31592	26119	24874
R-squared	0.099	0.099	0.150	0.083	0.110	0.172	0.068	0.100	0.101	0.343	0.090	0.116	0.176	0.072
企业数	20590	20182	592	9248	13971	10741	10618	20582	20174	592	9247	13961	10735	10613
F	572.7	566.7	8.408	152.9	365.4	533.2	172.6	28.78	34.15	1.249	13.24	24.29	37.24	11.66

注：***、**、* 分别表示 1%、5% 和 10% 的水平上显著。括号内为 t 统计量。第 (8) 至 (14) 列分别控制了行业、省份、年份和企业年龄固定效应。

表 5-45　分企业类型基本因素对属权属地增加值率背离影响的实证结果（以背离值 LBZ3 为被解释变量）

	(1) BLZ3 总体	(2) BLZ3 外资	(3) BLZ3 非外资	(4) BLZ3 外资纯出口	(5) BLZ3 外资非纯出口	(6) BLZ3 外商	(7) BLZ3 港澳台	(8) BLZ3 总体	(9) BLZ3 外资	(10) BLZ3 非外资	(11) BLZ3 外资纯出口	(12) BLZ3 外资非纯出口	(13) BLZ3 外商	(14) BLZ3 港澳台
lnTA	-0.0362*** (-12.50)	-0.0364*** (-12.42)	-0.00982 (-1.140)	-0.0323*** (-4.874)	-0.0395*** (-13.73)	-0.0317*** (-10.83)	-0.0429*** (-8.289)	-0.0260*** (-8.643)	-0.0261*** (-8.580)	-0.0109 (-1.069)	-0.0197*** (-2.877)	-0.0315*** (-10.52)	-0.0227*** (-7.478)	-0.0310*** (-5.759)
lnFA	0.00123 (0.592)	0.00126 (0.602)	0.00747 (1.131)	-0.00946* (-1.899)	-0.00303 (-1.549)	0.00149 (0.732)	0.00407 (1.065)	-0.000452 (-0.217)	-0.000397 (-0.188)	0.00163 (0.206)	0.00727 (1.449)	-0.00421** (-2.142)	0.000530 (0.260)	0.00181 (0.471)
lnEMP	-0.0368*** (-16.56)	-0.0381*** (-16.65)	-0.00765** (-2.566)	-0.0542*** (-9.133)	-0.0267*** (-13.07)	-0.0330*** (-16.40)	-0.0435*** (-9.422)	-0.0376*** (-16.63)	-0.0389*** (-16.71)	-0.00872** (-2.461)	-0.0542*** (-9.039)	-0.0288*** (-13.83)	-0.0341*** (-16.53)	-0.0445*** (-9.551)
lnGV	-0.0707*** (-25.24)	-0.0702*** (-24.78)	-0.0616*** (-6.940)	-0.0600*** (-8.577)	-0.0746*** (-28.96)	-0.0806*** (-30.60)	-0.0587*** (-10.98)	-0.0630*** (-22.02)	-0.0626*** (-21.65)	-0.0705*** (-6.450)	-0.0547*** (-7.734)	-0.0673*** (-25.18)	-0.0726*** (-26.86)	-0.0524*** (-9.651)
lnVA	0.158*** (97.29)	0.158*** (96.62)	0.0686*** (11.54)	0.166*** (40.59)	0.151*** (106.1)	0.157*** (104.4)	0.160*** (51.35)	0.160*** (98.52)	0.161*** (97.83)	0.0742*** (10.88)	0.172*** (41.63)	0.152*** (106.8)	0.159*** (105.4)	0.163*** (52.17)
lnTP	-0.00677*** (-8.715)	-0.00681*** (-8.659)	0.000893 (0.439)	-0.0144*** (-7.531)	-0.00161** (-2.262)	-0.000876 (-1.184)	-0.0133*** (-9.194)	-0.00770*** (-9.890)	-0.00776*** (-9.850)	0.00311 (1.278)	-0.0151*** (-7.864)	-0.00256*** (-3.586)	-0.00203*** (-2.722)	-0.0138*** (-9.597)
常数项	0.0274 (1.146)	0.0282 (1.168)	0.146* (1.923)	-0.121* (-1.939)	0.113*** (5.242)	0.0269 (1.199)	0.00970 (0.209)	-0.103 (-1.028)	-0.0806* (-1.671)	0.258** (2.069)	-0.330 (-1.473)	0.0313 (0.864)	-0.0886** (-2.264)	-0.0785 (-0.881)
样本数	51918	51034	884	19405	31629	26148	24886	51877	50993	884	19401	31592	26119	24874
R-squared	0.254	0.255	0.329	0.160	0.415	0.442	0.176	0.263	0.264	0.507	0.175	0.424	0.452	0.188
企业数	20590	20182	592	9248	13971	10741	10618	20582	20174	592	9247	13961	10735	10613
F	1778	1755	23.41	321.1	2087	2033	507.5	92.11	109.0	2.463	28.47	136.1	143.5	34.98

注：***、**、* 分别表示 1%、5% 和 10% 的水平上显著。括号内为 t 统计量。第（8）至（14）列分别控制了行业、省份、年份和企业年龄固定效应。

业而言，固定资产（FA）前的回归系数并不都具有统计显著性且符号为负（表5-45第（4）列和第（14）列），说明在控制其他因素的情况下，其对外资非纯出口企业的属权属地增加值率背离扩大具有抑制作用。

二、政策因素的企业类型差异探究

仍然采用与行业差异探究时一样的计量方程。首先，以属权属地增加值率背离值 BLZ1 作为被解释变量，使用面板数据对不同类型企业进行回归分析，Hausman 检验结果表明，除外资纯出口企业接受原假设外，其余类型企业均拒绝原假设，故外资纯出口企业回归采用随机效应模型，而其余类型企业回归采用固定效应模型。

从不同企业类型回归结果看（见表5-46），各类型企业之间的差异较大，除外商企业回归与总体样本回归各回归系数的符号和显著性保持一致外，其余类型企业均与总体样本有所差异。对外资企业而言，相比总体样本回归，补贴（SUB）前的回归系数仍然统计显著但符号变为负号，应交增值税（VAT）前的回归系数不再统计显著，而应交所得税（INT）前的回归系数统计显著且符号为正，说明补贴与应交增值税是影响外资企业属权属地增加值率背离扩大的主要因素，也就是说我国给予外资企业的所得税减免和补贴导致了外资企业属权属地增加值率背离扩大。对非外资企业和中国港澳台企业而言，所有考察的政策类因素前的回归系数均不具有统计显著性，说明这些政策类因素对非外资企业和港澳台企业属权属地增加值率背离没有产生显著影响。对于外资纯出口企业而言，补贴前的回归系数不具统计显著性，而应交所得税前的回归系数具有统计显著性且符号为正，说明应交所得税是外资纯出口企业属权属地增加值率扩大的主要因素，而补贴对其没有显著影响。对于外资非纯出口企业而言，补贴和应交所得税前的回归系数均统计显著且符号均为正，说明补贴和应交所得税是外资非纯出口企业属权属地增加值率背离扩大的影响因素，而应交生产增值税对其则没有显著影响。

其次，以属权属地增加值率背离值 BLZ3 作为被解释变量，使用面板数据对不同类型企业进行回归分析，Hausman 检验结果表明均拒绝原假设，即应采用固定效应模型。

从不同企业类型回归结果看（见表5-47），总体上，各类型企业之间的

表5-46 分企业类型政策因素对属权属地增加值率背离影响的实证结果（以背离值 LBZ1 为被解释变量）

	(1) BLZ1 总体	(2) BLZ1 外资	(3) BLZ1 非外资	(4) BLZ1 外资 纯出口	(5) BLZ1 外资非 纯出口	(6) BLZ1 外商	(7) BLZ1 港澳台	(8) BLZ1 总体	(9) BLZ1 外资	(10) BLZ1 非外资	(11) BLZ1 外资 纯出口	(12) BLZ1 外资非 纯出口	(13) BLZ1 外商	(14) BLZ1 港澳台
lnTAX	-4.44e-05 (-1.158)	0.000394 (0.249)	-0.000817 (-0.490)	-0.000322 (-0.125)	-0.000386 (-0.227)	-4.28e-05 (-0.799)	-3.82e-05 (-0.660)	-4.16e-05 (-1.081)	0.00158 (0.944)	-0.00163 (-0.571)	0.00117 (0.404)	0.000862 (0.476)	-4.32e-05 (-0.811)	-3.63e-05 (-0.627)
lnVAT	-0.00501*** (-4.587)	-0.00206 (-1.442)	0.00226 (1.020)	-0.00599*** (-2.820)	-0.00195 (-1.269)	-0.00914*** (-6.116)	-0.00229 (-1.316)	-0.00455*** (-4.134)	-0.000959 (-0.645)	0.000244 (0.0573)	-0.00505** (-2.221)	-0.000237 (-0.145)	-0.00835*** (-5.550)	-0.00182 (-1.034)
lnINT	-4.65e-06 (-0.540)	0.00993*** (5.714)	0.00193 (1.407)	0.0164*** (6.353)	0.0103*** (5.688)	-5.45e-05 (-0.813)	-2.21e-06 (-0.235)	-3.42e-06 (-0.399)	0.0114*** (6.221)	0.00255 (1.357)	0.0150*** (5.378)	0.0116*** (6.055)	-4.63e-05 (-0.697)	-1.21e-06 (-0.128)
lnSUB	-0.0745*** (-4.011)	0.00436*** (3.915)	-0.000389 (-0.424)	0.000958 (0.444)	0.00417*** (3.670)	-0.0981*** (-4.122)	-0.0318 (-1.018)	-0.0463** (-2.390)	0.00462*** (3.990)	0.00108 (0.464)	0.00195 (0.830)	0.00486*** (4.067)	-0.0811*** (-3.253)	0.0108 (0.334)
常数项	0.0714*** (17.91)	0.0140 (0.922)	-0.0106 (-0.486)	0.0147 (0.930)	0.0164 (1.002)	0.0958*** (16.37)	0.0543*** (9.163)	0.0401 (1.298)	-0.0291 (-0.370)	-0.0112 (-0.246)	-0.0200 (-0.171)	-0.0408 (-0.541)	0.0500 (1.616)	0.0241 (0.527)
样本数	71866	3069	267	526	2543	35684	35150	71807	3069	267	526	2543	35641	35134
R-squared	0.001	0.053	0.043	—	0.059	0.002	0.000	0.009	0.110	0.576	0.123	0.017	0.009
企业数	24902	2117	160	434	1746	13066	13054	24890	2117	160	434	1746	13057	13049
F	9.581	13.27	1.154	—	12.53	13.75	0.789	3.350	1.680	0.718	—	1.609	4.516	2.151

注：***、**、*分别表示1%、5%和10%的水平上显著。括号内为t统计量。第（8）至（14）列分别采用固定效应。第（4）和（11）列采用随机效应回归，其他各列采用固定效应回归。应。第（1）至（7）列分别控制了行业、省份、年份和企业年龄固定效应，年份、省、年份和企业年龄固定效应。

表 5-47 分企业类型政策因素对属权属地增加值率背离影响的实证结果（以背离值 LBZ3 为被解释变量）

	(1) BLZ3 总体	(2) BLZ3 外资	(3) BLZ3 非外资	(4) BLZ3 外资纯出口	(5) BLZ3 外资非纯出口	(6) BLZ3 外商	(7) BLZ3 港澳台	(8) BLZ3 总体	(9) BLZ3 外资	(10) BLZ3 非外资	(11) BLZ3 外资纯出口	(12) BLZ3 外资非纯出口	(13) BLZ3 外商	(14) BLZ3 港澳台
lnTAX	-0.000106 (-1.073)	0.0416 (1.459)	-0.00363** (-2.026)	0.00659 (1.296)	0.0218 (0.674)	-0.000130 (-0.785)	-7.28e-05 (-0.572)	-4.16e-05 (-1.081)	0.00374 (1.240)	-0.000605** (-2.462)	0.00640 (1.201)	0.00196 (0.568)	-0.000123 (-0.742)	-6.93e-05 (-0.544)
lnVAT	0.00845*** (2.996)	0.000524 (0.203)	0.00126 (0.534)	-0.00407 (-0.975)	0.0390 (1.328)	0.00721 (1.563)	0.0116*** (3.047)	-0.00455*** (-4.134)	0.00136 (0.508)	0.000858 (0.260)	-0.00331 (-0.799)	0.00575* (1.844)	0.00588 (1.377)	0.0124*** (3.208)
lnINT	1.18e-05 (0.533)	0.0128*** (4.083)	0.00472*** (2.935)	0.000637 (0.121)	0.0120*** (3.484)	0.000156 (0.756)	1.08e-05 (0.523)	-3.42e-06 (-0.399)	0.0124*** (3.778)	0.000629*** (2.699)	0.00200 (0.380)	0.0119*** (3.257)	0.000136 (0.653)	9.90e-06 (0.477)
lnSUB	-0.0876* (-1.826)	0.00988*** (4.912)	0.000402 (0.337)	0.00367 (0.849)	0.00970*** (4.475)	-0.0767 (-1.043)	-0.0918 (-1.339)	-0.0463** (-2.390)	0.00988*** (4.730)	0.00231 (1.154)	0.00728 (1.641)	0.00986*** (4.335)	-0.100 (-1.290)	-0.0667 (-0.935)
常数项	0.0692*** (6.716)	-0.0266 (-0.968)	0.00397 (0.207)	0.0736** (2.154)	-0.0349 (-1.121)	0.0819*** (4.533)	0.0510*** (3.924)	0.0401 (1.298)	-0.0577 (-0.407)	-0.0104 (-0.127)	-0.0226 (-0.0908)	-0.0833 (-0.581)	0.0162 (0.168)	0.176* (1.754)
样本数	71866	3069	267	526	2543	35684	35150	71807	3069	267	526	2543	35641	35134
R-squared	0.000	0.050			0.050	0.000	0.001	0.009	0.108			0.115	0.002	0.005
企业数	24902	2117	160	434	1746	13066	13054	24890	2117	160	434	1746	13057	13049
F	3.385	12.52	—	—	10.43	1.098	2.876	3.350	1.652	—	—	1.486	0.570	1.064

注：***、**、* 分别表示 1%、5% 和 10% 的水平上显著。括号内为 t 统计量。第 (8) 至 (14) 列分别控制了行业、省份、年份和企业年龄固定效应。第 (3) (4) (10) (11) 列采用随机效应回归，其他各列采用固定效应回归。

差异较大且均与总体样本回归时不同。对外资企业而言，应交所得税（INT）和补贴（SUB）前的回归系数符号均统计显著为正，说明这两类因素是外资企业属权属地增加值率背离扩大的主要影响因素。对非外资企业而言，税金（TAX）前的回归系数统计显著为负，而应交所得税（INT）前的回归系数统计显著为正，说明应交所得税是非外资企业属权属地增加值率背离扩大的主要影响因素，在控制其他因素的情况下，税金会抑制其背离扩大。对于外资纯出口企业和外商企业而言，所有考察的政策类因素前的回归系数均不具有统计显著性，说明这些政策类因素对这两类企业的属权属地增加值率背离扩大无显著影响。外资非纯出口企业有与外资企业类似的结果，不同之处在于，在控制相关固定效应后，对外资非纯出口企业而言，应交增值税对其属权属地增加值率背离扩大具有显著性的影响。对于中国港澳台企业而言，仅应交增值税（VAT）前的回归系数统计显著为正，说明该因素是所考察因素中影响属权属地增加值率背离扩大的唯一因素。

三、结构因素的企业类型差异探究

采用与行业差异探究时一样的计量方程。首先，以属权属地增加值率背离值 BLZ1 作为被解释变量，使用面板数据对不同类型企业进行回归分析，Hausman 检验结果表明，除港澳台企业接受原假设外，其余类型企业的回归均拒绝原假设，故港澳台企业回归采用随机效应模型，而其余类型企业回归采用固定效应模型。

从不同企业类型的回归结果看（见表 5-48），各类型企业之间的差异较大，除外商企业回归与总体样本回归各回归系数的符号和显著性保持一致外，其余类型企业均与总体样本有所差异。对外资企业而言，相比总体样本回归，人均资本（PCA）前回归系数符号为负且具有统计显著性，无形资产占比（WXB）前的回归系数符号仍具有统计显著性但符号变为负号，流动资产固定资产比（LGB）前的回归系数不具有统计显著性。说明人均资产和无形资产占比提高有助于降低外资企业属权属地增加值率背离。对于非外资企业而言，仅无形资产占比（WXB）前的回归系数具有统计显著性且符号为负，说明无形资产占比提高有助于降低非外资企业属权属地增加值率背离。对于外资纯出口

表 5-48　分企业类型结构因素对属权属地增加值率背离影响的实证结果（以背离值 LBZ1 为被解释变量）

	(1) BLZ1 总体	(2) BLZ1 外资	(3) BLZ1 非外资	(4) BLZ1 外资纯出口	(5) BLZ1 外资非纯出口	(6) BLZ1 外商	(7) BLZ1 港澳台	(8) BLZ1 总体	(9) BLZ1 外资	(10) BLZ1 非外资	(11) BLZ1 外资纯出口	(12) BLZ1 外资非纯出口	(13) BLZ1 外商	(14) BLZ1 港澳台
φ	0.000355 (0.246)	-4.49e-05 (-1.147)	-1.96e-05 (-0.573)	-3.36e-05 (-0.602)	-5.04e-05 (-0.814)	-0.00116 (-0.489)	0.000136 (0.106)	0.00141 (0.907)	-4.42e-05 (-1.135)	-1.87e-05 (-0.239)	-3.79e-05 (-0.680)	-4.29e-05 (-0.697)	0.000724 (0.281)	-0.000272 (-0.203)
lnPCA	-0.00188 (-1.412)	-0.00517*** (-4.656)	-0.000314 (-0.199)	-0.00151 (-0.849)	-0.00826*** (-5.258)	-0.00124 (-0.593)	-0.00268** (-2.209)	-0.000950 (-0.675)	-0.00468*** (-4.183)	-0.000844 (-0.446)	-0.00179 (-1.001)	-0.00648*** (-4.072)	-0.000629 (-0.290)	-0.00276** (-2.172)
LGB	0.00898*** (5.805)	-4.75e-06 (-0.549)	-0.000453 (-1.603)	-3.79e-08 (-0.00422)	-5.40e-05* (-1.784)	0.00804*** (3.251)	0.0132*** (9.905)	0.0106*** (6.314)	-3.48e-06 (-0.404)	-0.000370 (-1.221)	-4.58e-07 (-0.0510)	-3.27e-05 (-1.087)	0.00918*** (3.524)	0.0141*** (9.970)
WXB	0.00382*** (3.844)	-0.0743*** (-3.949)	-0.101*** (-3.085)	-0.0261 (-0.842)	-0.0848*** (-3.277)	0.00525*** (3.292)	-0.00168* (-1.656)	0.00430*** (4.065)	-0.0457** (-2.332)	-0.167*** (-3.751)	0.00891 (0.277)	-0.0632** (-2.324)	0.00516*** (3.129)	-0.00160 (-1.506)
常数项	0.0148 (1.048)	0.0723*** (17.87)	0.0300*** (4.682)	0.0464*** (8.272)	0.0941*** (15.04)	0.0296 (1.271)	0.0188** (1.996)	-0.0229 (-0.337)	0.0205 (0.230)	0.0370** (2.514)	-0.0736 (-1.477)	0.0794** (2.586)	0.0435 (0.467)	0.000980 (0.0150)
样本数	3336	70834	1032	28463	42371	1771	1298	3336	70775	1032	28452	42323	1771	1298
R-squared	0.048	0.001	0.035	0.000	0.002	0.040		0.103	0.009	0.236	0.008	0.015	0.144	
企业数	2269	24467	690	11816	17106	1213	947	2269	24455	690	11810	17093	1213	947
F	13.34	9.602	3.092	0.439	9.955	5.774	—	1.186	4.208	0.863	1.740	4.165	1.474	—

注：***、**、*分别表示 1%、5% 和 10% 的水平上显著。括号内为 t 统计量。第 (8) 至 (14) 列分别控制了行业、省份、年份和企业年龄固定效应。第 (7) 和第 (14) 列采用随机效应回归，其他各列采用固定效应回归。

企业而言，所有因素前的回归系数均不具有统计显著性，说明研究所考察的这些因素均对外资纯出口企业属权属地增加值率背离没有显著影响。对于中国港澳台地区的企业而言，与总体样本回归相比，流动资产固定资产比前的回归系数仍为正且统计显著，而人均资本前的回归系数具有了统计显著性且符号为负，无形资产占比前的回归系数仍具有统计显著性但符号变负。说明对流动资产固定资产比是中国港澳台地区的企业属权属地增加值率背离扩大的主要因素，而人均资本、无形资产占比则在控制其他因素的情况下具有抑制背离扩大的作用。

其次，以属权属地增加值率背离值 BLZ3 作为被解释变量，使用面板数据对不同类型企业进行回归分析，Hausman 检验结果表明均拒绝原假设，即应采用固定效应模型。

从不同企业类型的回归结果看（见表 5-49），总体上，各类型企业之间的差异较大，除外商企业回归与总体样本回归各回归系数的符号和显著性保持一致外，其余类型企业均与总体样本有所差异。对外资企业而言，相比总体样本回归，人均资本（PCA）前回归系数符号为正且具有统计显著性，无形资产占比（WXB）前的回归系数符号仍具有统计显著性但符号变为负号，流动资产固定资产比（LGB）前的回归系数不具有统计显著性。说明人均资产是影响外资企业属权属地增加值率背离扩大的主要因素，而无形资产占比提高有助于降低背离。对于非外资企业而言，仅本国外国资本比（φ）前的回归系数具有统计显著性且符号为负，说明本国外国资本比提高有助于降低非外资企业属权属地增加值率背离。对于外资纯出口企业而言，仅有人均资本（PCA）前的回归系数统计显著为正，说明人均资本是研究所考察的所有结构因素影响外资纯出口企业属权属地增加值率背离扩大的唯一因素。对于外资非纯出口企业而言，在控制相关固定效应前后的回归结果并不完全一致，主要是控制相关固定效应后无形资产占比（WXB）前回归系数的不再显著性，人均资本和流动资产固定资产比前的回归系数均统计显著为正，说明这两个因素是外资非纯出口企业属权属地增加值率背离扩大的主要影响因素，无形资产占比对其的影响不确定。对于中国港澳台地区的企业而言，所有因素前的回归系数均不具有统计显著性，说明研究所考察的这些因素均对中国港澳台地区的企业属权属地增加值率背离没有显著影响。

第五章 属权属地增加值率背离影响因素分析

表 5-49 分企业类型结构因素对属权属地增加值率背离影响的实证结果（以背离值 LBZ3 为被解释变量）

	(1) BLZ3 总体	(2) BLZ3 外资	(3) BLZ3 非外资	(4) BLZ3 外资纯出口	(5) BLZ3 外资非纯出口	(6) BLZ3 外商	(7) BLZ3 港澳台	(8) BLZ3 总体	(9) BLZ3 外资	(10) BLZ3 非外资	(11) BLZ3 外资纯出口	(12) BLZ3 外资非纯出口	(13) BLZ3 外商	(14) BLZ3 港澳台
φ	0.00423 (1.622)	-0.000104 (-1.026)	-0.000391*** (-3.710)	-7.48e-05 (-0.552)	-0.000140 (-1.504)	0.000571 (0.142)	0.00332 (0.866)	0.00408 (1.453)	-9.78e-05 (-0.966)	-0.000356*** (-2.647)	-8.18e-05 (-0.604)	-0.000127 (-1.366)	0.000493 (0.112)	0.00337 (0.822)
lnPCA	0.000648 (0.270)	0.00872*** (3.041)	0.00377 (1.142)	0.0207*** (7.538)	0.00439* (1.866)	0.000173 (0.0484)	0.00257 (0.691)	0.00115 (0.452)	0.00960*** (3.303)	0.00319 (0.816)	0.0181*** (6.217)	0.00566** (2.358)	0.000826 (0.222)	0.00218 (0.548)
LGB	0.0117*** (4.204)	1.20e-05 (0.537)	0.00110 (1.628)	6.82e-06 (0.318)	0.000180*** (3.962)	0.0128*** (3.041)	0.0101 (1.236)	0.0119*** (3.931)	1.16e-05 (0.519)	0.000597 (0.849)	5.38e-06 (0.250)	0.000188*** (4.146)	0.0129*** (2.884)	0.00650 (1.270)
WXB	0.00875*** (4.890)	-0.0862* (-1.774)	-0.104 (-1.269)	-0.0865 (-1.341)	-0.0857** (-2.211)	0.0117*** (4.328)	0.00202 (0.694)	0.00934*** (4.893)	-0.0847* (-1.664)	-0.0407 (-0.422)	-0.0932 (-1.401)	-0.0594 (-1.447)	0.0110*** (3.910)	0.00192 (0.595)
常数项	-0.0263 (-1.033)	0.0689*** (6.584)	0.0469*** (3.309)	0.0140 (1.423)	0.0945*** (10.08)	-0.0107 (-0.270)	0.00358 (0.0958)	-0.106 (-0.864)	0.0809 (0.350)	0.00147 (0.0217)	0.124* (1.686)	0.00791 (0.171)	0.0768 (0.481)	-0.0205 (-0.153)
样本数	3336	70834	1032	28463	42371	1771	1298	3336	70775	1032	28452	42323	1771	1298
R-squared	0.046	0.000			0.001	0.052	0.023	0.098	0.002			0.007	0.142	0.147
企业数	2269	24467	690	11816	17106	1213	947	2269	24455	690	11810	17093	1213	947
F	12.90	3.380			6.127	7.588	2.069	1.127	0.842			1.825	1.451	1.061

注：***，**，*分别表示 1%，5% 和 10% 的水平上显著。括号内为 t 统计量。第 (8) 至 (14) 列分别控制了行业、省份、年份和企业年龄固定效应。第 (3) (4) (10) (11) 列采用随机效应回归，其他各列采用固定效应回归。

本章小结

本章把影响属权属地增加值率背离的因素分为基本因素、政策因素和结构因素三个方面,并进一步考虑行业差异和企业类型差异,尝试采用计量方法实证探讨各类因素对属权属地增加值率背离的影响。

基本因素方面考察了规模因素(总资产)、投入因素(固定资产和从业人数)、产出因素(总产值、增加值总额、利润总额)等,政策因素方面主要考察了税收(税金、应交增值税、应交所得税)和补贴等,结构因素方面主要考察了资本投入结构(本国外国资本投入比)、产出增值结构(增加值率)、劳动资本投入结构(劳均资本)等。

考虑到各类别因素均存在多项考虑检验的因素,首先采用相关系数法判断各类别中各因素对属权属地增加值率背离影响的相关性大小,计量实证分析时分别采用从单因素到多因素的思路,逐步添加变量,综合探讨各因素对属权属地增加值率背离影响的大小。

总体上,基本因素对属权属地增加值率背离的影响,无论以相关系数考察还是以单因素回归分析或以多因素回归分析,产出因素大于规模因素大于投入因素,其中投入因素的从业人数可能对背离存在着负向影响,即从业人数越多,两者的背离越小。这在一方面说明,中国参与增加值贸易基于以劳动这一优势要素,另一方面也暗示着,提升劳动力素质会带来属权增加值的增加。政策因素对属权属地增加值率背离的影响,无论以相关系数考察还是以单因素回归分析或以多因素回归分析,税收因素大于补贴因素。多因素回归结果表明,各类税收因素存在一定程度互相抵冲的效果,相比较而言应交所得税对背离的影响最大。这在一方面客观反映了中国参与增加值贸易所采取的政策手段带来的影响,另一方面也提示着为保持中国参与增加值贸易的政策环境优势,同时兼顾本国收益提升,可以采用一些政策手段组合来达成。而结构因素对属权属地增加值率背离的影响并不十分明确。

行业差异方面,基本因素对劳动密集型行业和技术密集型行业属权属地增加值率背离的影响类似于总体分析时的情况。但资本密集型行业则有所不同,投入因素中的固定资产对背离具有负向影响。政策因素对不同类型行业的影响差异较大,其中劳动密集型行业与总体分析时情况一致,补贴因素对资本密集型行业无显著影响,税收因素中的应交增值税对技术密集型行业产生负向影响。这表明,政策因素对不同类型行业背离的影响存在差异,提示着应针对不同行业类型实施税收和补贴政策以减少背离,提升本国收益。

在企业类型差异方面,基本因素对各类型企业属权属地增加值率背离的影响是相似的。产出因素尤其利润总额是影响各类型企业属权属地增加值率背离扩大的主要因素,但规模类因素和投入类因素的作用在各类型企业中表现存在一定的差异。对于非外资企业而言,这两类因素均对其属权属地增加值率无显著影响。政策因素对不同企业类型的影响差异明显,提示应针对不同企业类型实施税收和补贴政策,以提升本国收益。

第六章 结论与对策建议

本章总结我们所提出的五个理论观点和十条经验研究获得的实证结论，并根据这些理论观点和实证结论，从积极扩大开放、提升优势要素等级、加强增加值贸易监测、打造更优开放环境、升级优势政策环境等五个方面，提出了改善中国增加值贸易属权结构、升级中国增加值的对策建议。

第一节 主要结论

本节从理论观点和实证研究两个方面提出主要结论。

一、理论观点

1. 生产要素跨国流动是形成增加值贸易的根本原因

区别于传统的总值贸易概念体系中假定或隐含假定生产要素不跨国流动，增加值贸易概念体系的提出的重要现实基础是生产要素跨国流动大量存在。无论是中间产品贸易，还是加工贸易，其存在的根本原因都是跨国公司在全球展开商品生产链或价值链的结果，都伴随着以跨国投资为载体的生产要素的跨国流动。因此，生产要素跨国流动是形成增加值贸易的根本原因。

生产要素跨国流动存在增加值贸易效应。生产要素国际流动突破了以商品为基础的国际分工限制，使国际分工从劳动分工深化到要素分工层面，大大扩展了国际分工内容和形式，并以增加值贸易使新的国际分工得以实现和进一步发展。在这个意义上，生产要素跨国流动与增加值贸易是相辅相成的经济全球化的过程。

2. 增加值贸易天然存在属权结构问题

增加值贸易本质是跨国公司通过生产要素跨国流动在全球展开价值链，客观上推进了要素合作型国际专业化。这种要素合作型国际专业化有力地推进了国际分工从商品分工向要素分工深化，促进增加值贸易迅速发展，也带来了增加值贸易的属权属地两重性问题。与传统全值贸易属权属地合一不同，一国增加值贸易从生产的角度看是生产要素跨国流入与本国要素共同贡献的结果，天然存在着属权属地分离，即从地域角度看，该增加值贸易属于本国，但从权属角度看，该增加值并不全部属于本国，从要素所有权的角度看一部分属于本国（本国增加值），另一部分属于外国（外国增加值）。两者的构成就是增加值贸易的属权结构。

3. *增加值贸易在东道国产生优势要素匹配效应*

以外资为载体的生产要素跨国流入展开增加值贸易的过程中，或者说要素合作型国际专业化不断推进的过程中，在东道国产生要素匹配效应——流入要素和本国要素实现优势匹配。本国的闲置要素或充裕要素凭借其高性价比以本国优势要素的形式与流入的高级要素之间形成匹配开展增加值贸易的生产。这一优势要素匹配效应显著扩大了本国的产出水平，通过流入要素带来的技术和知识溢出和扩散效应促进了本国优势要素质量提升，实现了本国优势要素升级。这一效应及其带来的影响尤其体现在劳动力和相关配套产能上。但也必须看到，这种因要素跨国流入形成的优势要素匹配效应展开增加值贸易生产的过程中，本国要素的报酬或收益相对流入的外国要素的报酬和收益要低。

4. *本国增加值受要素投入、资本结构、企业生产率等因素的影响*

从生产和统计核算的角度看，影响本国增加值的基本因素包括总产出、劳动投入、资本投入、中间投入、全要素生产率等。在给定其他条件的情况下，总产出、劳动投入、资本投入和全要素生产率等本国增加值有正向作用，但中间投入对本国增加值有负向作用。此外，本国增加值还受到增加值属权结构、企业资本结构、增加值率等的影响，并且属权结构和资本结构与劳动投入和资本投入之间存在着交叉效应。另外，不同类型劳动投入、研发投入等因素也都对本国增加值有影响。

5. *属权增加值率与属地增加值率背离受基本因素、结构因素和政策因素等影响*

本书提出属权增加值率与属地增加值率背离受到包括规模、投入和产出等基本因素的影响,也受到税收、补贴等政策调控因素的影响,还受到企业资本投入结构、产出—增值结构、劳动资本投入结构等的影响。

二、实证研究

1. 中国增加值贸易属权结构中本国增加值部分趋势下降

我们通过匹配中国工业企业数据库和海关数据库获得2000—2006年25153家加工贸易出口企业72713个样本。根据我们提出的增加值贸易分解测算方法和属权增加值测算方法得到的结果表明,2006年全部加工贸易出口企业纯属于本国增加值的劳动者报酬和生产税净额占增加值的平均比重比2000年下降了0.94%,而分割折旧和营业盈余的本国资本投入平均比重从2000年的20.3%下降到2006年的13.4%。

2. 劳动密集型行业的本国增加值比重高于其他类型行业

按照要素密集型区分,根据对样本企业的核算,劳动密集型行业纯归本国部分的增加值(即劳动者报酬和生产税净额之和)比重最高,虽然劳动密集型行业外国资本投入(82.2%)比明显高于资本密集型行业(77.5%),略低于技术密集型行业(82.9%),也就是说资本项收益中分得的比例相比资本密集型行业更低,与技术密集型行业类似,但最终本国增加值仍为最高。进一步把加工贸易企业分类为外资加工贸易企业和非外资加工贸易企业,上述结论对于外资加工贸易企业来说无论是否进一步区分为外资纯出口加工贸易企业还是外资非纯出口加工贸易企业都成立。由于非外资加工贸易企业外国资本投入比平均为39.4%,明显低于外资加工贸易企业的84.3%,对非外资加工贸易企业则上述结论不一定成立,表现为不同核算方法结论不再一致,从而两类加工贸易企业形成对比。

3. 中国增加值贸易属权属地增加值背离趋于扩大

运用匹配的企业数据计算表明,中国增加值贸易的属地增加值率总体上呈波动变化,而属权增加值率总体上呈下降趋势,说明中国增加值贸易属权属地增加值率背离趋于扩大,中国增加值贸易属权结构变化呈现不利于趋势或本国相对收益在下降。

4. 不同企业类型不同行业类型属权属地增加值背离差异明显

运用匹配的企业数据计算表明，考察期外资加工贸易企业的属权属地增加值背离相对值为 40.53%（按增加值①计算），明显高于非外资加工贸易企业的 14.84%。分要素密集型行业看，资本密集型行业属权增加值率与属地增加值率的背离较大，而劳动密集型行业和技术密集型行业属权增加值率与属地增加值率的背离相对较小。这一测算结果与中国增加值贸易中以低端劳动参与为主的现实吻合度较高。

5. 劳动报酬是中国增加值贸易本国增加值的主要来源

运用考察期内中国工业企业数据库与海关数据库匹配数据进行面板回归的结果表明，总产出、资本投入、劳动投入、全要素生产率对本国增加值有显著正向影响，而中间投入对本国增加值有显著负向影响。进一步回归分析外国增加值与劳动投入的关系发现，劳动投入对外国增加值有负向影响。间接证明了中国增加值贸易主要通过以低端劳动投入与外国流入要素结合而形成的，中国获得的增加值主要来自于劳动投入获得的报酬，而外国则获得了以资本为载体的高级要素的收益。分行业看，劳动密集型行业的本国增加值更依赖于劳动投入得到的报酬。

6. 投入要素与结构因素之间存在着交叉效应

运用考察期内中国工业企业数据库与海关数据库匹配数据进行面板回归的结果表明，增加值属权结构（本国增加值与外国增加值之比）、企业资本结构（本国外国资本投入比）、增加值率对本国增加值均有显著正向影响。进一步实证分析发现，资本投入与企业资本结构存在对本国增加值产生负向作用的交叉效应，表现为在给定资本投入的情况下本国外国资本投入比越高，本国增加值越低，或在给定本国外国资本投入比的情况下，资本投入越高，本国增加值越低。间接证明，中国增加值贸易中参与合作的本国要素相对外国流入要素是相对低级的，本国增加值主要来自于劳动报酬而非资本为载体的要素收益。

7. 劳动投入结构、研发投入对本国增加值存在显著影响

运用 2004 年的截面数据进行回归结果表明，以低技能劳动人数与高技能劳动人数之比为表征的劳动投入结构对本国增加值有显著的正向影响，表明中国增加值贸易中对本国增加值的贡献主要来自于低技能劳动的投入。以

2005—2006 年构成的具有研发投入数据的面板数据回归结果表明，研发投入对本国增加值有显著的正向影响。这揭示了企业研发能力建设有助于中国增加值贸易中本国增加值的提升。

8. 基本因素中产出类因素是导致属权属地增加值率背离的主要因素

实证结果表明，总产值、增加值总额、利润总额这些产出类因素是影响属权属地增加值率背离的主要因素，尤其是增加值总额和利润总额往往在属权属地增加值率背离扩大中起到了重要作用。相比而言，劳动投入、资本投入这两个投入因素和资产总额这个规模因素，虽然与属权属地增加值率背离值之间存在正相关性，但在控制产出类因素时，这些因素对属权属地增加值率背离的影响变弱，甚至表现为抑制背离扩大的作用。分行业类型和企业类型看，也有类似的结论。

9. 政策因素中应交所得税和补贴是引起属权属地增加值率背离的政策变量

实证结果表明，应交所得税是税收类政策变量中影响属权属地增加值率背离扩大的主要因素。这表明，我国通常采用的对外资企业"两免三减半"的所得税优惠政策，直接降低了本国增加值，从而在一定程度上扩大了属权属地增加值率背离。实证结果同样表明，补贴也是引起属权属地增加值率背离扩大的显著性因素，补贴减少了生产税净额，同时增加了营业盈余，这一增一减导致本国增加值的绝对值和相对值都下降，从而扩大了属权属地增加值率背离。分行业类型看，对于劳动密集型行业和技术密集型行业而言，上述结论仍然成立；但补贴对资本密集型行业属权属地增加值率背离无影响。分企业类型看，对外商投资企业而言，也有上述结果，对非外资企业和港澳台企业而言，相关税收和补贴均未表现出对属权属地增加值率背离的显著影响。

10. 结构因素对属权属地增加值背离的影响并不确定

从逻辑上看，资本结构（本国外国资本比、流动资本固定资本比）对属权属地增加值背离具有抑制作用，而劳动资本投入结构（劳均资本）、无形资产总资产比对属权属地增加值背离具有扩大作用，这一点得到相关数据的支持，但回归结果并不能得到一致的结论。分行业类型和企业类型看，也存在着较大的差异。值得注意的是，对资本密集型行业而言，流动资本固定资本比对其背离有扩大作用，劳均资本和无形资产总资产比提高有助于抑制外资企业属权属地增加值背离。

第二节 对策建议

本节根据作者的理论观点和实证研究（结论）提出改善和提升中国增加值贸易的五个对策建议。

一、积极扩大开放，深度参与经济全球化

中国的经济发展得益于融入迅速发展的经济全球化。通过大量吸引外资进入中国，大力发展加工贸易，融入跨国公司主导的全球价值链，使得大量闲置的低端要素尤其是低技能劳动力以本国优势要素的形式与以外资为载体的外国流入的高级要素形成要素国际合作，中国经济逐渐深度融入世界经济大循环，对外贸易飞速增长，增加值贸易比重不断增加，由此带来了中国经济总量的快速增长。虽然近年来出现了逆全球化的思潮，部分国家采取一些贸易保护主义措施，甚至实施破坏全球价值链的举措，试图实现所谓的国别经济脱钩，但这些做法最终是无法阻止以要素流动为基本特征的经济全球化的。原因在于，基于市场逻辑的世界经济是无法彻底阻止要素跨国流动，而且只有在市场引导下实现资源跨国优化配置，才能实现世界经济更好的发展。虽然，表现在中国增加值贸易属权结构上存在着相对不利性，但这种相对不利性背后的逻辑是清楚的，即参与要素的低端性是关键原因，因此要克服这种不利性的路径也是清楚的。事实表明，对外开放鼓励要素跨国流动，深度参与经济全球化给中国经济带来了前所未有的活力和动力。应毫不动摇地坚持扩大对外开放，既要鼓励要素跨国流入（外商直接投资），也要鼓励要素跨国流出（对外直接投资），充分发挥吸引要素跨国流入的本国优势要素和本国高流动性优势要素这两类优势要素的作用，真实实现双向开放，充分利用经济全球化推进我国经济沿着高质量发展要求向前迈进。

二、提升优势要素等级，改善中国增加值贸易属权结构

在我们的考察期内中国增加值贸易的属权结构存在着一定的不利趋势。关

键的抑制因素是中国参与生产要素跨国流入的增加值贸易往往是低级要素。这就表明，要改善中国增加值贸易属权结构必须从提升本国优势要素等级着手。就要实施要素升级战略，要素升级就是一国以不同方式获得高级要素的过程（张幼文，2020）。中国以低端劳动力作为优势要素切入增加值贸易，要改善中国增加值贸易属权结构，关键是要提升参与劳动力要素的等级。要通过改善本国的劳动力素质结构，逐渐从以低端劳动力为主走向以中高端劳动力为主的劳动力结构，使优势要素从低端劳动力转为中高端劳动力。改善劳动力素质结构的核心是教育和人才培养。因此，要进一步加大教育投入力度，改善教育投入结构，加强中高级技能人才和高级研究型人才培养。高级研究型人才是研究和开发活动的主力军，要努力促进研发活动形成对包括技术、品牌、市场渠道等高级要素培育的坚实支撑。劳动力要素升级特别是中高技能人才的大量培育主要依靠国内培养，以研发活动为基础的其他高级要素的培育也要依靠本国培育为主，但也不排斥通过引进消化吸收再创新、对外投资的逆向知识技术溢出等手段加速本国高级要素的培育和形成。

三、加强增加值贸易监测，正确把握中国增加值贸易属权结构变化

本书作者考察了影响中国增加值贸易本国增加值的因素，也考察了影响属权增加值率与属地增加值率背离的因素。这些影响中部分是增加值贸易主体——企业内部的因素，部分属于行业差异性因素，部分则属于政策性因素。要加强对企业开展增加值贸易的统计和监测，动态掌握中国增加值贸易属权结构的变化，针对性调整相关政策。一是要关注劳动投入结构和研发投入对本国增加值的影响。监测这两个因素对中国增加值贸易属权结构影响的动态变化，把握使之实现本国增加值最大化的最优劳动投入结构和研发投入水平。二是要关注不同行业类别增加值贸易属权结构变化，尤其要关注资本密集型行业和技术密集型行业，重点监测各类结构因素对增加值贸易属权结构的影响。三是要关注不同企业类型增加值贸易属权结构变化，尤其要监测对比外资企业与非外资企业的差别。四是要关注各类税收和补贴政策对增加值贸易属权结构的影响，分不同类型企业和不同类型行业监测各类政策举措带来影响的动态变化，实施政策效果评估，为形成实现本国增加值最大化的最优政策水平和政策组合提供依据。

四、打造更优开放环境,优化要素国际合作体制机制

中国发展增加值贸易不仅仅是简单利用低端劳动力这一初始阶段的优势生产要素,更得益于开放的环境所形成的经济要素和全球化经济要素(张幼文等,2013)。经济要素包括市场化水平、市场规模、生产配套能力、本地要素供给水平、基础设施、区位因素、政府经济管理能力等,全球化经济要素包括经济开放度、贸易投资便利化和贸易投资自由化协议等。这些经济要素和全球化经济要素在吸引国外高级要素流入中起到了关键性作用,形成了中国推进要素国际合作的体制和机制优势。未来提升增加值贸易属权结构水平需要进一步提升经济要素和全球化经济要素的质量水平作为关键性措施。尤其是在市场机制完善、负面清单简化、国民待遇公平化、人才引进和培育政策优化、研发投入鼓励等方面加强体制建设和机制构建,形成更加有利于本国权属增加值提升的要素国际合作的增加值贸易的体制机制。

五、升级优势政策环境,助力中国增加值贸易升级

中国的开放政策环境不仅应该体现在要素流入政策制度优势上,也应该体现在要素流出的政策制度优势上。这就需要升级优势政策环境,在培育和扩大本国高级优势要素的基础上,全力推进内外要素双向流动,促进全球要素跨国流动与合作。同样,中国增加值贸易也不能仅停留在要素流入形成的增加值贸易获得本国属权增加值或相应的贸易利益,还要通过鼓励本国高级优势要素在全球范围内寻求最佳组合,发展中国主导的它国属地的增加值贸易,以本国优势要素形成属权增加值,在要素跨国流动的全球化经济中获得内外双重增加值贸易的本国属权增加值,形成升级版的中国增加值贸易,实现增加值贸易下的本国贸易利益最大化。

参 考 文 献

[1] Cameron, Grant, and Philip Cross. The Importance of Exports to GDP and Jobs [J]. Canadian Economic Observer, 1999.

[2] Chen, X., L. Cheng, K. C. Fung, and L. Lau. The Estimation of Domestic Value – added and Employment Induced by Exports: An Application to Chinese Exports to the United States [J]. In China and Asia: Economic and Financial Interations, edited by Y. W. Cheung and K. Y. Wong. New York: Routledge, 2004.

[3] Daudin G., Rifflart C. and Schweisguth D.. Who Produces for Whom in the World Economy [J]. Canadian Journal of Economics/Revue canadienne d'economique, 2011, 44 (4): 1403 – 1437.

[4] David Hummels, Jun Ishii and Kei – Mu Yi. The Nature and Growth of Vertical Specialization in World Trade [J]. Journal of International Economics, 2001, 54 (1): 75 – 96.

[5] Dean, Feng & Wang, Measuring the Vertical Specialization in Chinese Trade [J]. OEWP U. S. Intenational Trade Commission, 2007 – 01 – A.

[6] Feenstra, Robert C. Integration of trade and disintegration oi production in the global economy [J]. Journal of Economic Perspectives, 1998, 12 (4), 31.

[7] Feenstra Robert C., Chang Hong. China's Exports and Employment [J]. NBER working paper No. 13552, 2007.

[8] Grossman G. and E. Rossi – Hansberg. Trading Tasks: A Simple Theory of Offshoring [J]. American Economic Review, 2008, 98 (5): 1978 – 1997.

[9] Hummels D., J. Ishii and K. Yi. The Nature and Growth of Vertical Specialization in World Trade [J]. Journal of international economics, 2001, 54: 75 – 96.

[10] Irwin, Douglas A. The United States in a New Global Economy? A Century's Perspective [J], American Economic Review, 1996, 86 (2): 41 - 46.

[11] Johnson R. C., Noguera G. Accounting for intermediates: Production Sharing and Trade in Value Added [J]. Journal of International Economics, 2012, 86 (2): 224 - 236.

[12] James Albrecht, Susam Vrroman. A Matching Model with Endogenous Skill Requirements [J]. International Economic Revies, 2002, 43 (1): 283 - 305.

[13] Kee H. and H. Tang. Domestic Value Added in Exports: Theory and Firm Evidence from China [J]. American Economic Review, 2016, 106 (6): 1402 - 1436.

[14] Koopman R., W. Powers, Z. Wang and S. Wei. How Much of Chinese Exports is Really Made in China? Assessing Domestic Value - Added When Processing Trade is Pervasive [J]. NBER Working Paper No. 14109, 2008.

[15] Koopman, Robert, Powers, et al. Give Credit Where Credit Is Due: Tracing Value Added in Global Production Chains [C], NBER Working Paper No. w16426, 2011.

[16] Koopman R., Z. Wang and S. J. Wei. Tracing Value - Added and Double Counting in Gross Exports [J]. American Economic Review, 2014, 104 (2): 459 - 494.

[17] Linden G., L. Kraemer and J. Dedrick. Who Captures Value in a Global Innovation System: the Case of Apple's iPod [J]. Irvine CA: Personal Computing Industry Center, 2007.

[18] Ma H., Z. Wang and K. F. Zhu. Domestic Content in China's Exports and Its Distribution by Firm Ownership [J]. Journal of Comparative Economics, 2015, 43 (1) 3 - 18.

[19] Mataloni, Raymond J., Jr., and Daniel R. Yorgason. Operations of U. S. Multinational Companies: Preliminary Results from the 2004 Benchmark Survey [J]. Survey of Current Business, 2006, 86 (11): 37 - 68.

[20] Maurer A. and Degain C. Globalization and Trade Flows_What You See is not

What You Get [J]. World Trade Organization Economic Research and Statistics Division, Staff Working Paper ERSD – 2010 – 12, 2010.

[21] Robert Stehrer. Trade in Value Added and the Value Added in Trade [J]. WIOD Working Paper, 2012.

[22] Tempest Rone. Barbie and the World Economy [J]. Los Angeles Times, September 22, 1996: A1 – A12.

[23] Upward R., Wang Z. and Zheng J.. Weighing China's Export Basket: The Domestic Content and Technology Intensity of Chinese Exports [J]. Journal of Comparative Economics, 2013, 41 (2): 527 – 543.

[24] UNCTAD. Global Value Chains and Development: Investment and Value Added Trade in the Global Economy [DB/OL]. 2013. http://unctad.org/en/PublicationsLibrary/diae2013d1_en.pdf.

[25] WTO&IDE – JETTRO. Trade Patterns and Global Value Chains in East Asia: From Trade in Goods to Trade in Tasks [DB/OL]. 2011. http://www.wto.org/english/res_e/booksp_e/stat_tradepat_globvalchains_e.pdf.

[26] Yi K. Can Vertical Specialization Explain the Growth of World Trade [J]. Journal of Political Economy, 2003, 111 (1): 52 – 102.

[27] 裴长洪, 刘洪愧. 中国怎样迈向贸易强国: 一个新的分析思路 [J]. 经济研究, 2017, 52 (5): 26 – 43.

[28] 陈东阳, 张宏. 中美双边贸易差额再测算及其驱动因素研究——属地与属权融合视角 [J]. 亚太经济, 2017 (4): 54 – 63.

[29] 程大中. 中国增加值贸易隐含的要素流向扭曲程度分析 [J]. 经济研究, 2014, 49 (9): 105 – 120.

[30] 戴觅, 余淼杰, Madhura Maitra. 中国出口企业生产率之谜: 加工贸易的作用 [J]. 经济学 (季刊), 2014, 13 (2): 675 – 698.

[31] 邓军. 所见非所得: 增加值贸易统计下的中国对外贸易特征 [J]. 世界经济研究, 2014 (1): 35 – 40, 88.

[32] 樊茂清, 黄薇. 基于全球价值链分解的中国贸易产业结构演进研究 [J]. 世界经济, 2014, 37 (2): 50 – 70.

[33] 高敏雪, 葛金梅. 出口贸易增加值测算的微观基础 [J]. 统计研究,

2013,30(10):8-15.

[34] 葛明,赵素萍. 总值贸易、贸易增加值与增加值贸易的逻辑关系与实证比较[J]. 武汉大学学报(哲学社会科学版),2017,70(2):61-72.

[35] 黄先海,郭晶. 中国出口国内增加值提升的来源:基于微观数据的结构分解[J]. 国际贸易问题,2019(10):37-52.

[36] 贾怀勤. 中国贸易统计如何应对全球化挑战——将增加值引入贸易统计:改革还是改进?[J]. 统计研究,2012,29(5):10-15.

[37] 李跟强,潘文卿. 国内价值链如何嵌入全球价值链:增加值的视角[J]. 管理世界,2016(7):10-22,187.

[38] 李昕. 贸易总额与贸易差额的增加值统计研究[J]. 统计研究,2012,29(10):15-22.

[39] 李昕,徐滇庆. 中国外贸依存度和失衡度的重新估算——全球生产链中的增加值贸易[J]. 中国社会科学,2013(1):29-55,205.

[40] 李鑫茹,陈锡康,段玉婉,祝坤福. 国民收入视角下的中美贸易平衡分析[J]. 世界经济,2018(6):3-27.

[41] 廖泽芳,宁凌. 中国的全球价值链地位考察——基于附加值贸易视角[J]. 国际商务(对外经济贸易大学学报),2013(6):21-30.

[42] 刘遵义,陈锡康,杨翠红等. 非竞争型投入占用产出模型及其应用——中美贸易顺差透视[J]. 中国社会科学,2007(5):91-103,206-207.

[43] 罗长远,张军. 附加值贸易:基于中国的实证分析[J]. 经济研究,2014(6):4-17.

[44] 鲁晓东,连玉君. 中国工业企业全要素生产率估计:1999—2007[J]. 经济学(季刊),2012,11(2):541-558.

[45] 马涛,刘仕国. 全球价值链下的增加值贸易核算及其影响[J]. 国际经济评论,2013(4):97-109,6.

[46] 彭支伟,张伯伟. 中国国际分工收益的演变及其决定因素分解[J]. 中国工业经济,2018(6):62-80.

[47] 王岚. 融入全球价值链对中国制造业国际分工地位的影响[J]. 统计研究,2014,31(5):17-23.

[48] 王岚,盛斌. 全球价值链分工背景下的中美增加值贸易与双边贸易利益

[J]. 财经研究, 2014, 40 (9): 97-108.

[49] 王直, 魏尚进, 祝坤福. 总贸易核算法: 官方贸易统计与全球价值链的度量 [J]. 中国社会科学, 2015 (9): 108-127, 205-206.

[50] 卫瑞, 张文城, 张少军. 全球价值链视角下中国增加值出口及其影响因素 [J]. 数量经济技术经济研究, 2015, 32 (7): 3-20.

[51] 夏明, 张红霞. 跨国生产、贸易增加值与增加值率的变化——基于投入产出框架对增加值率的理论解析 [J]. 管理世界, 2015 (2): 32-44.

[52] 夏明, 张红霞. 增加值贸易测算: 概念与方法辨析 [J]. 统计研究, 2015, 32 (6): 28-35.

[53] 杨继军. 增加值贸易对全球经济联动的影响 [J]. 中国社会科学, 2019 (4): 26-48, 204-205.

[54] 张杰, 刘元春, 郑文平. 为什么出口会抑制中国企业增加值率?——基于政府行为的考察 [J]. 管理世界, 2013 (6): 12-27, 187.

[55] 张杰、陈志远和刘元春. 中国出口国内附加值的测算与变化机制 [J]. 经济研究, 2013 (10): 124-137.

[56] 张二震, 方勇. 要素分工与中国开放战略的选择 [J]. 南开学报, 2005 (6): 9-15.

[57] 张咏华. 中国制造业增加值出口与中美贸易失衡 [J]. 财经研究, 2013 (2): 15-25.

[58] 张幼文等. 要素流动——全球化经济学原理 [M]. 北京: 人民出版社, 2013.

[59] 张幼文. 从廉价劳动力优势到稀缺要素优势——论"新开放观"的理论基础 [J]. 南开学报, 2005 (6): 1-8.

[60] 张幼文. 世界经济学的基础理论与学科体系 [J]. 世界经济研究, 2020 (7): 3-16+135.

[61] 郑丹青, 于津平. 中国出口贸易增加值的微观核算及影响因素研究 [J]. 国际贸易问题, 2014 (8): 3-13.

[62] 周琢, 陈钧浩. 外资企业生产出口过程中的贸易增加值构成研究——以生产要素的国别属性为视角 [J]. 世界经济研究, 2013 (5): 54-59.

[63] 周琢,祝坤福. 外资企业的要素属权结构与出口增加值的收益归属 [J]. 中国工业经济, 2020 (1): 118-135.

[64] 祝坤福,陈锡康,杨翠红. 中国出口的国内增加值及其影响因素分析 [J]. 国际经济评论, 2013 (4): 116-127, 7.

[65] 祝福坤,余心玎,魏尚进,等. 全球价值链中跨国公司活动测度及其增加值溯源 [J]. 经济研究, 2022 (3): 136-154.

后　　记

　　全球化是当今时代最为显著和重要的特征，也是人们考察当代人类世界的一个关键切入点。尽管面临着波折和退缩的风险，但要退回到国与国之间互相封闭、相互隔离的状态几无可能。全球化最为核心的是经济全球化，而要素跨国流动则使得经济活动的全球化逐渐向全球化的经济运行状态转变，成为全球化经济的本质特征。跨国公司作为要素跨国流动实施者，成为全球化经济的微观主体。由此，全球价值链、产品内分工、要素分工、中间产品贸易、增加值贸易等一系列概念应运而生，用于描述全球化经济的现象并探究全球化经济背后的规律。

　　增加值贸易最初作为一种统计方法提出，为的是测度全球价值链各环节的增值，以解决重复计算问题，从而还原国际贸易真实面貌。但稍加深入思考，我们不难发现，全球化经济下以要素跨国流动为基础的国际贸易形成背后的分工与生产机制发生了改变，蕴含着国际贸易的模式和利益分配发生了极大的变化。国际贸易理论中贸易模式与贸易利益历来是其两大相互关联的研究主题。无论传统国际贸易理论还是现代国际贸易理论视野中，贸易和分工以及相应的贸易模式分析以产品或产业为基础，以国界划分贸易利益或收益界限比较清楚且可行，使得它能比较好地解释对以商品贸易为主要纽带的经济全球化的过程。然而，全球化经济使得分工、生产与贸易交织在一起，贸易模式出现了新的实践变化，贸易利益或收益的划分界限也需要与时俱进。因此，在这个意义上可以认为增加值贸易是一种新的贸易模式，对其贸易利益的分析在传统国界（属地）的基础上必须进一步考察属权问题。

　　中国作为新兴的发展中经济体，搭上了20世纪80年代以要素跨国流动迅速扩大的经济全球化浪潮的快车，积极吸引外资发展加工贸易，主动嵌入全球价值链，从而实现了经济的快速发展。毫无疑问，中国已经成为增加值贸易发展的主要参与者和重要推动者，但发展增加值贸易给中国带来的收益状况及其背后的机制和影响因素值得深入探究，也是中国从贸易大国走向贸易强国必须关注和加强研究的重要问题。

后 记

本书是我主持承担的国家社科基金一般项目《中国增加值贸易的国民属性、影响因素与要素优势升级研究》（项目号：15BJL075）的成果。该课题在一定程度是我博士论文研究主题的拓展和延伸。我的博士论文研究的主题是外资型贸易模式的国民收益问题，在博士论文中我主要从要素流入带来的结构效应和收入效应探讨国民收益，侧重于宏观层面。而本课题则侧重于微观层面，在进一步理清增加值贸易属权结构形成机制及其基本特征和带来的效应的基础上，运用微观企业数据，从属权角度对增加值贸易的国民收益进行细致深入地分析和研究。

2011年，我进入上海社会科学院世界经济研究所攻读博士学位，有幸师从时任所长的张幼文研究员。张老师是我国世界经济学学科建设的先驱之一，他提出的"新开放观"在学界具有重大而广泛影响。博士就读期间，正逢张老师的"全球化经济学"理论体系形成之际，有幸参与了《要素流动：全球化经济学原理》专著的写作，还荣幸地参与了张老师主持的国家社科重大项目《贸易大国转型发展的目标升级与战略创新研究》的部分研究。在张老师指导下，我的研究兴趣和重点落在了要素流动下国际贸易的国民收益问题上。本课题申请时，虽已经博士毕业，但当我求教于张老师时，他仍如在我博士就读期间一样，抽出宝贵的时间给予悉心指导。

课题研究报告提交社科基金办后，获得了匿名评审专家专业而又中肯的意见建议，您们的评审意见为我进一步完善并形成本书稿提供了有益而重要的指导，感谢各位匿名评审专家。虽然，课题结项鉴定获得了"良好"评价，本人也尽最大能力加以改进和完善，但专家所指出的数据挖掘、理论深度等问题却是客观存在的。

感谢师兄周琢，同事杨丹萍教授、阎永哲博士等在课题研究和书稿形成的过程中提供的无私帮助！感谢宁波大学商学院为本书的出版提供资助！

此外，本书的出版得到了中国财政经济出版社周桂元编审的大力支持和帮助。在此对他的辛勤劳动表示诚挚的感谢！

限于本人现有的学术水平和能力，作为一项探索性研究，其意义更多在于铺路砖的作用吧。我深知本书仍然存在其他许多不足甚至错漏之处，欢迎学界同行批评指教。

作者

2023年4月16日于英国